EDGAR ALLAN POE

Die Morde in der Rue Morgue
und andere Erzählungen

Edgar Allan Poe verfasste mehr als 70 Kurzgeschichten, von denen sich die bekanntesten 21 hier versammelt finden: *Die Grube und das Pendel* handelt von den grauenhaften Foltermethoden zur Zeit der Spanischen Inquisition, *Die Maske des Roten Todes* erzählt von der Unaufhaltbarkeit einer Seuche und *Das Fass Amontillado* von einem perfiden Racheakt. Doch Poe konnte nicht nur das Unheimliche und Makabre in Worte fassen, er erschuf auch den ersten analytisch denkenden Privatdetektiv der Literatur: In *Der entwendete Brief* und *Die Morde in der Rue Morgue* stellt der exzentrische Le Chevalier C. Auguste Dupin seine scharfsinnigen Fähigkeiten unter Beweis.

EDGAR ALLAN POE

Die Morde in der Rue Morgue
und andere Erzählungen

RECLAM

Ein Manuskript per Flaschenpost

Qui n'a plus qu'un moment à vivre
N'a plus rien à dissimuler.

Wer nur noch einen Moment zu leben hat,
hat nichts mehr zu verbergen.

QUINAULT, *Atys*[1]

Zu meinem Vaterland und meiner Familie habe ich wenig zu sagen. Ungerechtigkeiten und der Lauf der Zeit haben mich aus dem einen vertrieben und der anderen entfremdet. Ererbter Wohlstand gewährte mir eine Ausbildung von nicht gerade üblichem Format, und eine beschauliche Geisteshaltung ermöglichte es mir, die in frühen Studien sehr emsig gespeicherte Fülle von Kenntnissen methodisch zu ordnen. – Vor allem das Studium der deutschen Moralisten bereitete mir großes Vergnügen; nicht aus irgendeiner unbesonnenen Bewunderung deren beredter Verrücktheit heraus, sondern der Leichtigkeit wegen, mit der meine strengen Denkgewohnheiten es mir ermöglichten, die Falschheiten aufzudecken. Oft wurde mir die Trockenheit meines Geistes vorgeworfen; ein Mangel an Vorstellungskraft ist mir als Verbrechen angerechnet worden; und für den Pyrrhonismus[2] meiner Betrachtungsweisen war ich allzeit berüchtigt. In der Tat befürchte ich, dass mein Verstand durch einen starken Hang zu den Naturwissenschaften von einem in dieser Zeit sehr üblichen Irrtum angesteckt wurde – ich meine die Angewohnheit, selbst die für einen derartigen Bezug am wenigsten geeigneten Vorkommnisse auf die Gesetze jener Wissenschaften zu beziehen. Im Großen und Ganzen könnte niemand weniger anfällig dagegen sein als ich, von dem *ignes fatui*[3] des Aberglaubens aus den genau abgesteckten Grenzen der Wahrheit herausgeführt zu werden. Ich habe es für angebracht gehalten, so viel vorauszuschicken für den Fall, dass die unglaubliche Geschichte, die ich zu erzählen habe, eher für das Ausschweifen einer rohen Phantasie gehalten wird als für die verlässliche Erfahrung eines Geistes, der Träumereien und Hirngespinsten unzugänglich ist und sie für null und nichtig erklärt.

Nach vielen Jahren des Reisens in der Fremde schiffte ich mich im Jahr 18 . . zu einer Fahrt vom Hafen von Batavia[4] auf der reichen, stark bevölkerten Insel Java zu dem Archipel der Sundainseln ein. Ich fuhr als Passagier – ohne weiteren Anlass als eine Art nervöser Unrast, die mich heimsuchte wie eine Furie.

Unser Fahrzeug war ein schönes Schiff von ungefähr vierhundert Tonnen, mit Kupfer verbolzt und in Bombay aus malabrischem Teakholz[5] gefertigt. Es war mit Baumwolle und Öl von den Lakkadiven[6] beladen. Wir hatten auch Kokosfaser, Jagremelasse, Büffelbutter, Kokosnüsse und einige Kisten Opium an Bord. Die Ladung war ungeschickt verstaut worden, folglich konnte das Fahrzeug leicht kentern.

Mit einem bloßen Hauch von Wind stachen wir in See und standen viele Tage lang vor der Ostküste Javas, ohne dass irgendein anderer Zwischenfall die Eintönigkeit unseres Kurses unterbrochen hätte als die gelegentliche Begegnung mit einigen der kleinen Zweimaster der Küstenschifffahrt des Archipels, zu dem wir unterwegs waren.

Als ich mich eines Abends über die Heckreling lehnte, gewahrte ich im Nordwesten eine sehr eigentümliche einzelne Wolke. Sie war sowohl ihrer Farbe wegen bemerkenswert als auch deshalb, weil sie die erste war, die wir seit unserer Abfahrt von Batavia gesehen hatten. Ich beobachtete sie aufmerksam bis zum Sonnenuntergang, als sie sich ganz plötzlich ost- und westwärts ausbreitete, den Horizont mit einem schmalen Dunststreifen umgürtete und aussah wie ein langer Strich flachen Strandes. Kurz darauf wurde meine Aufmerksamkeit von der dunkelroten Erscheinung des Mondes und der eigenartigen Beschaffenheit des Meeres gefesselt. Letztere war einer raschen Veränderung ausgesetzt, und das Wasser schien ungewöhnlich durchsichtig. Obwohl ich den Grund deutlich sehen konnte, zeigte mir doch das Lot, das ich warf, fünfzehn Faden[7] Tiefe an. Die Luft wurde nun unerträglich heiß und war mit spiralförmigem Brodem geladen, ähnlich dem, der von erhitztem Eisen aufsteigt. Als die Nacht hereinbrach, erstarb jeglicher Lufthauch; eine vollkommenere Windstille ist unvorstellbar. Auf der Achterhütte brannte die Flamme einer Kerze ohne die geringste erkennbare Bewegung, und ein langes Haar, das ich zwischen Daumen und Zeigefinger hielt, hing herab, ohne dass auch nur das leiseste Schwingen zu entdecken war. Da der Kapitän jedoch sagte, er könne kein Anzeichen von Gefahr wahrnehmen, und da wir unweigerlich gegen die Küste trieben, befahl er, die Segel zu reffen und den Anker zu werfen. Es wurde keine Wache aufgestellt, und die Mannschaft, die hauptsächlich aus Malaien bestand, streckte sich gemächlich auf dem Deck aus. Nichts Gutes ahnend, ging ich unter Deck. Tatsächlich war meine Angst vor einem Samum[8] allem Anschein nach gerechtfertigt. Ich teilte dem Kapitän meine Befürchtungen mit; er aber schenkte meinen Worten keine Aufmerksamkeit und entfernte sich, ohne mich einer Antwort zu würdigen. Mein Unbehagen hinderte mich jedoch daran zu schlafen, und gegen Mitternacht ging ich auf Deck. – Als ich meinen Fuß auf die oberste Stufe der Kajütentreppe setzte, stutzte ich vor einem lauten, summenden Ton ähnlich jenem, den die schnellen Umdrehungen eines Mühlrades erzeugen, und bevor ich dessen Bedeutung noch ermitteln konnte, spürte ich, wie das Schiff bis ins Innerste erbebte. Im nächsten Augenblick wurde es von einer schäumenden Wildnis, die von vorn nach achtern über uns brauste und vom Vorder- bis zum Hintersteven über die gesamten Decks fegte, auf die Seite geschleudert.

Die außerordentliche Heftigkeit des Sturms erwies sich in großem Maß als die Rettung des Schiffs: Obwohl es ganz voll Wasser gelaufen war, erhob es sich doch, da die Masten über Bord gegangen waren, nach einer Minute beschwerlich aus dem

Meer, taumelte eine Weile unter dem ungeheuren Druck des Unwetters und richtete sich schließlich auf.

Durch welches Wunder ich der Vernichtung entkommen war, ist unmöglich zu sagen. Betäubt von dem Wellenschlag, fand ich mich, als ich wieder zu mir kam, eingeklemmt zwischen Achtersteven und Ruder wieder. Unter großen Schwierigkeiten kam ich auf meine Füße zu stehen, schaute benommen umher und war anfangs von der Vorstellung ergriffen, wir befänden uns inmitten der Brecher einer Brandung; so schreckenerregend, jenseits der ungezügeltsten Einbildungskraft war der Strudel gebirgigen und schäumenden Ozeans, der uns umschlang. Nach einer Weile hörte ich die Stimme eines alten Schweden, der sich just in dem Moment, als wir den Hafen verließen, bei uns eingeschifft hatte. Ich schrie ihn aus Leibeskräften an, und er kam sogleich wankend nach achtern. Wir fanden bald heraus, dass wir die einzigen Überlebenden des Unglücks waren. Außer uns waren alle auf Deck über Bord gefegt worden – der Kapitän und die Maate müssen im Schlaf umgekommen sein, denn die Kabinen waren mit Wasser überschwemmt. Ohne Hilfe konnten wir nicht erwarten, viel für die Sicherheit des Schiffes zu tun, und unsere Bemühungen wurden zunächst von der Erwartung, augenblicklich unterzugehen, gelähmt. Unser Ankertau war auf den ersten Hauch des Orkans hin natürlich wie Bindfaden gebrochen, sonst wären wir unverzüglich versenkt worden. Wir lenzten mit entsetzlicher Geschwindigkeit vor der schweren See, und das Wasser schlug wahre Sturzwellen über uns. Die Spanten des Hinterschiffs waren ungemein ramponiert, und in fast jeder Hinsicht hatten wir beträchtlichen Schaden erlitten; aber zu unserer äußersten Freude entdeckten wir, dass die Pumpen unversehrt waren und unser Ballast sich kaum verlagert hatte. Der größte Ansturm des Unwetters war schon über uns hinweggezogen, und wir sahen keine große Gefahr in der Gewalt des Windes; vielmehr erwarteten wir sein völliges Abflauen mit Bestürzung; denn wir glaubten sicher, dass wir in der dadurch entstehenden gewaltigen Dünung unserer beschädigten Verfassung wegen unvermeidlich zugrunde gehen müssten. Doch diese sehr berechtigte Befürchtung schien sich keineswegs bald bewahrheiten zu wollen. Fünf ganze Tage und Nächte lang – während derer unsere einzige Nahrung in einer kleinen Menge Jagremelasse bestand, die wir uns unter großen Schwierigkeiten aus dem Vorderdeck besorgt hatten – flog der Kahn mit einem Tempo, das jeder Berechnung trotzte, vor rasch aufeinander folgenden Windböen dahin, die, ohne der anfänglichen Heftigkeit des Samums gleichzukommen, immer noch fürchterlicher waren als ein jegliches Unwetter, das ich zuvor erlebt hatte. Die ersten vier Tage lang lag unser Kurs mit geringfügigen Abweichungen bei Südost zu Süd, so dass wir entlang der Küste Neuhollands[9] gefahren sein müssen. – Am fünften Tag wurde die Kälte extrem, obwohl der Wind sich auf einen Strich weiter nordwärts gedreht hatte. – Die Sonne ging mit einem kränklich gelben Schimmer auf und kletterte nur sehr wenige Grade über den Horizont – wobei sie kein maßgebliches Licht entsandte. – Es waren keine Wolken sichtbar, doch der Wind nahm zu und blies mit launenhafter, ungleichmäßiger Heftigkeit. Gegen Mittag, so genau wir die Zeit erraten konnten, wurde unsere Aufmerksamkeit wieder von dem Erscheinungsbild der Sonne gefesselt. Sie spendete kein Licht im eigentlichen Sinn, sondern ein trübes, Unheil verkündendes Glühen ohne Widerschein, als ob alle ihre Strahlen polarisiert seien. Gerade bevor sie in der geschwollenen See versank, ging das Feuer in ihrer Mitte plötzlich aus, als werde es von irgendeiner unberechenbaren Macht rasch gelöscht. Sie war nur noch ein matter, silberartiger Kranz, als sie in den unergründlichen Ozean hinabeilte.

Vergeblich warteten wir auf das Anbrechen des sechsten Tages – für mich ist dieser Tag noch nicht angebrochen – für den Schweden wird er nie anbrechen. Von dieser Zeit an waren wir in pechschwarze Dunkelheit gehüllt, so dass wir einen Gegenstand auf zwanzig Schritt Entfernung vom Schiff nicht hätten sehen können. Ewige Nacht umgab uns fortan, nicht einmal gelindert durch den phosphoreszierenden Glanz des Meeres, an den wir in den Tropen gewöhnt gewesen waren. Obwohl das Unwetter weiterhin mit unverminderter Gewalt wütete, beobachteten wir auch, dass das übliche Aufkommen von Gischt oder Schaum, die uns bisher begleitet hatten, nicht länger auszumachen war. Ringsumher war Entsetzen, undurchdringliche Düsterkeit und eine schwarze, verschmelzende Wüste aus Ebenholz. – Abergläubisches Grauen kroch nach und nach in das Gemüt des alten Schweden, und meine eigene Seele war in stilles Staunen gehüllt. Wir vernachlässigten jegliche Wartung des Schiffes, die wir für schlimmer als nutzlos hielten, machten uns so gut wie möglich am Stumpf des Besanmastes fest und schauten bitterlich in die Welt des Meeres hinaus. Wir hatten keinerlei Mittel, die Zeit zu berechnen, noch konnten wir unsere Lage irgendwie erraten. Doch waren wir uns sehr wohl bewusst, dass wir weiter südwärts vorgedrungen waren als je ein Seemann zuvor, und verspürten große Verwunderung darüber, nicht auf die üblichen Hindernisse aus Eis zu treffen. Unterdessen drohte jeder Augenblick, unser letzter zu sein, jede berghohe Welle beeilte sich, uns zu überwältigen. Die Dünung überragte alles, was ich für möglich erachtet hatte, und dass wir nicht augenblicklich begraben wurden, ist ein Wunder. Mein Gefährte sprach von der Leichtigkeit unserer Ladung und erinnerte mich an die ausgezeichneten Eigenschaften unseres Schiffes; aber ich konnte mir nicht helfen, die äußerste Hoffnungslosigkeit der Hoffnung selber zu verspüren, und bereitete mich düsteren Mutes auf jenen Tod vor, von dem ich dachte, dass ihn nichts länger als eine Stunde hinausschieben könne, da das Anschwellen der ungeheuren schwarzen Wogen mit jedem Knoten Weges, den das Schiff zurücklegte, entsetzlicher und grässlicher wurde. Mal rangen wir in einer Höhe jenseits der des Albatrosses nach Luft – mal wurde uns schwindlig von der Rasanz unserer Talfahrt in eine wässrige Hölle, wo die Luft stillstand und kein Ton den Schlummer des Kraken[10] störte.

Wir befanden uns am tiefsten Punkt eines dieser Abgründe, als ein jäher Schrei meines Gefährten angsterfüllt über die Nacht hereinbrach. »Sieh da! Sieh!«, schrie er, kreischte er mir in die Ohren, »allmächtiger Gott! Sieh da! Sieh!« Als er sprach, gewahrte ich das gedämpfte, unheilvolle Leuchten eines roten Lichtscheins, der die Seitenwände der gewaltigen Kluft, in der wir lagen, hinabströmte und ein zuckendes Schimmern auf unser Deck warf. Ich wandte meine Augen nach oben; da bot sich mir ein Anblick, der mir das Blut in den Adern erstarren ließ. In entsetzlicher Höhe genau über uns und just auf der Kippe des jähen Gefälles schwebte ein riesenhaftes Schiff von vielleicht viertausend Tonnen. War es auch auf den Kamm einer Welle von mehr als hundertmal seiner eigenen Höhe emporgehoben, so übertraf seine offenbare Größe dennoch die eines jeden Schiffes der Ostindienlinie[11], das es gibt. Sein gewaltiger Rumpf war von einem dumpfen Tiefschwarz, das durch keine der an Schiffen üblichen Schnitzereien aufgeheitert wurde. Eine einzige Reihe messingner Kanonen ragte aus den offenen Geschützluken hervor, und die polierten Oberflächen spiegelten das Feuer unzähliger Gefechtslaternen wider, welche in der Takelage hin und her schwangen. Was uns aber in erster Linie Schrecken und Staunen einflößte, war, dass das Schiff jener übernatürlichen See und jenem unbändigen Orkan mit vollen Segeln trotzte. Als wir es zum ersten Mal erspäht hatten, war allein sein Bug zu sehen, da es langsam aus dem düsteren, grauenvollen Schlund hinter sich emporstieg. Für die Dauer eines Augenblicks äußersten Entsetzens hielt es auf dem schwindeligen Grat inne, als sei es in die Betrachtung der eigenen Erhabenheit versunken, erbebte dann, wankte und – stürzte hinab.

Ich weiß nicht, welch plötzliche Selbstbeherrschung meinen Geist in diesem Moment überkam. Ich taumelte so weit nach achtern, wie ich konnte, und erwartete furchtlos den drohenden

Untergang. Unser eigenes Gefährt ließ nun schließlich vom Kampf ab und versank mit der Nase im Meer. Die kolossale, niederfahrende Masse prallte folglich auf den Teil seines Gerippes, der sich schon unter Wasser befand, und das unvermeidliche Ergebnis davon war, dass ich mit unwiderstehlicher Gewalt in die Takelage des Fremden geschleudert wurde.

Als ich fiel, drehte das Schiff ab und ging über Stag; der darauf folgenden Verwirrung schrieb ich es zu, dass ich der Beachtung der Mannschaft entging. Ohne große Schwierigkeiten gelangte ich unbemerkt zu der Großluke, die halb offen stand, und fand bald eine Gelegenheit, mich im Laderaum zu verbergen. Warum ich das tat, kann ich kaum sagen. Ein unbestimmtes Gefühl der Scheu, das mich auf den ersten Anblick der Seeleute des Schiffes hin überkommen hatte, war vielleicht die Ursache für mein Verstecken. Ich war nicht gewillt, mich einem Menschenschlag anzuvertrauen, der dem flüchtigen Blick, den ich um mich geworfen hatte, so viele Anzeichen von rätselhafter Ungewöhnlichkeit, so viel Grund für Zweifel und Argwohn geboten hatte. Deshalb hielt ich es für angebracht, mir ein Versteck in dem Laderaum zu schaffen. Dies bewerkstelligte ich, indem ich einen kleinen Teil der Schotten derart verrückte, dass sich mir ein bequemer Zufluchtsort zwischen den gewaltigen Schiffsbalken bot.

Kaum hatte ich meine Arbeit vollendet, als mich Schritte im Laderaum nötigten, Gebrauch davon zu machen. Ein Mann passierte mein Versteck mit kraftlosem, unsicherem Gang. Sein Gesicht konnte ich nicht sehen, bekam aber Gelegenheit, seine allgemeine Erscheinung zu betrachten. Sie zeugte von hohem Alter und von Gebrechlichkeit. Seine Knie wankten unter der Last seiner Jahre, sein ganzes Gerippe bebte unter dieser Bürde. Mit leiser, gebrochener Stimme murmelte er einige Worte in einer Sprache vor sich hin, die ich nicht verstehen konnte, und durchstöberte in einer Ecke einen Stapel einzigartig anmutender Gerätschaften und morscher Seekarten. Sein Gebaren war eine wilde Mischung aus der Launenhaftigkeit der zweiten Kindheit und der Ehrfurcht erweckenden Würde eines Gottes. Schließlich ging er auf Deck, und ich sah ihn nicht wieder.

***

Ein Gefühl, für das ich keinen Namen habe, hat von meiner Seele Besitz ergriffen – eine Empfindung, die keine Analyse gestattet, für die die Lehren vergangener Zeiten unzulänglich sind, und zu der, so fürchte ich, selbst die zukünftige Welt mir keinen Schlüssel bieten wird. Für eine Geisteshaltung wie die meine ist letztere Überlegung ein Übel. Niemals werde ich – niemals, das weiß ich – zufriedengestellt sein, was die Beschaffenheit meiner Eindrücke betrifft. Doch ist es nicht verwunderlich, dass diese Eindrücke unbestimmt sind, da ihr Ursprung in so gänzlich neuartigen Quellen liegt. Ein neuer Sinn – ein neues Sein wird meiner Seele hinzugefügt

***

Es ist lange her, seit ich das Deck dieses schrecklichen Schiffes erstmals betrat, und nun, glaube ich, werden die Strahlen meines Schicksals in einem Brennpunkt gesammelt. Unbegreifliche Männer! Eingehüllt in Grübeleien einer Art, die ich nicht erahnen kann, übergehen sie mich sang- und klanglos. Es ist meinerseits völlig töricht, mich zu verbergen, denn die Leute *sehen nicht*. Gerade eben erst ging ich genau vor den Augen des Maats an diesem vorüber – vor kurzem noch wagte ich mich in die Privatkajüte des Kapitäns hinein und entnahm daraus die Materialien, mit denen ich schreibe und geschrieben habe. Ich werde dieses Tagebuch von Zeit zu Zeit fortsetzen. Es ist wahr, dass ich keine Gelegenheit finden mag, es der Welt zu übermitteln, aber ich werde nicht versäumen, den Versuch zu machen. Im letzten Augenblick werde ich die Aufzeichnungen in einer Flasche verschließen und diese ins Meer werfen.

***

Ein Ereignis hat sich zugetragen, das mir neuen Anlass zu Überlegungen gab. Sind solche Dinge das Werk gesetzlosen Zufalls? Ich hatte mich auf Deck vorgewagt und mich, ohne irgendwelche Aufmerksamkeit auf mich zu ziehen, auf einen Haufen Tauwerk und alte Segel auf dem Boden der Jolle geworfen. Während ich über die Einzigartigkeit meines Schicksals nachsann, besudelte ich unbewusst den Rand eines sauber gefalteten Leesegels, das nahe mir auf einem Fass lag, mit einem Teerpinsel. Das Leesegel ist nun angeschlagen, und die gedankenlosen Pinselstriche vernetzen sich zu dem Wort ENTDECKUNG.

***

Ich habe in letzter Zeit viele Betrachtungen über die Konstruktion des Fahrzeuges angestellt. Obwohl es gut bestückt ist, ist es, glaube ich, kein Kriegsschiff. Seine Takelage, seine Bauart und seine allgemeine Ausrüstung widerlegen alle eine derartige Vermutung. Was es *nicht ist*, kann ich mit Leichtigkeit feststellen – was es *ist*, so fürchte ich, ist unmöglich zu sagen. Ich weiß nicht, wie es kommt, aber wenn ich das seltsame Modell und das einzigartige Spierengerüst betrachte, die gewaltige Größe und übermäßigen Leinwandflächen, den durchaus einfachen Bug und das veraltete Heck, durchfährt mich ab und zu blitzartig ein Gefühl von Vertrautheit, und immer sind solch undeutliche Schatten von Erinnerungen vermischt mit einem sonderlichen Gedenken alter, fremdländischer Chroniken und lang vergangener Zeiten.

***

Ich habe mir die Balken des Schiffes angesehen. Es ist aus einem mir fremden Material gebaut. Das Holz hat eine seltsame Eigenschaft, die es mir untauglich für den Zweck erscheinen lässt, für den es verwandt wurde. Ich meine seine außerordentliche *Porosität*, unabhängig von dem wurmstichigen Zustand, der eine Folge der Fahrten in diese Gewässer ist, und abgesehen von der

Fäulnis, die mit dem Alter einhergeht. Es mag vielleicht nach einer allzu gewagten Äußerung klingen, aber das Holz trüge jedes Merkmal spanischer Korkeiche, wäre diese durch irgendein unnatürliches Verfahren noch ausgedehnt worden.

Als ich obigen Satz gerade noch einmal las, erinnerte ich mich genau an einen sonderbaren Spruch eines alten, holländischen Seebären. »Es ist so sicher«, soll er gesagt haben, wenn irgendein Zweifel an seiner Glaubhaftigkeit gehegt wurde, »so sicher, wie es ein Meer gibt, auf dem die Schiffe selber an Umfang wachsen werden wie die lebenden Körper der Seeleute.«

***

Vor ungefähr einer Stunde erdreistete ich mich, in eine Gruppe der Besatzung vorzustoßen. Sie zollten mir keinerlei Aufmerksamkeit, und obwohl ich genau in der Mitte aller stand, schien ihnen meine Anwesenheit überhaupt nicht bewusst zu sein. Wie der eine, den ich als ersten im Laderaum gesehen hatte, trugen alle die Anzeichen uralter Greisenhaftigkeit. Ihre Knie zitterten vor Gebrechlichkeit; ihre Schultern waren vor Altersschwäche tief gebeugt; ihre verschrumpelte Haut raschelte im Wind; ihre Stimmen waren leise, zittrig und gebrochen; ihre Augen schillerten von der jahrelang abgesonderten Flüssigkeit; und ihre grauen Haare flatterten schrecklich in dem Unwetter. Um sie herum, überall auf dem Deck verstreut, lagen mathematische Instrumente von wunderlichster und altmodischster Machart.

***

Vor einer Weile erwähnte ich das Anschlagen eines Leesegels. Seit jener Zeit hat das Schiff, das dadurch genau vor den Wind geworfen wurde, seinen schrecklichen Kurs gen Süden beibehalten; jeden Fetzen Leinwand vom Flaggenknopf bis zu den unteren Fockspieren gehisst, schlingerte es alle Augenblicke mit den Raanocken des Bramsegels in die abscheulichste Wasserhölle, die sich ein Mensch nur vorstellen kann. Ich habe das Deck gerade verlassen, wo ich es unmöglich finde, festen Fuß zu fassen, wiewohl die Mannschaft wenig Unannehmlichkeiten zu verspüren scheint. Es kommt mir wie das Wunder aller Wunder vor, dass unser ungeheurer Brocken nicht sogleich und ein für alle Male verschlungen wird. Wir sind sicherlich dazu verdammt, immerfort vor den Pforten der Ewigkeit umherzukreuzen, ohne uns endgültig in die bodenlose Tiefe zu stürzen. Wogen, tausendmal ungeheuerlicher, als ich sie je gesehen habe, entgleiten wir mit der Leichtigkeit der pfeilschnellen Seemöwe; und die kolossalen Wassermassen bäumen sich über uns auf wie Dämonen der Tiefe, aber wie Dämonen, die auf einfache Drohungen beschränkt sind, denen Vernichtung verboten ist. Ich sehe mich veranlasst, dieses häufige Entkommen dem einzigen natürlichen Grund zuzuschreiben, mit dem sich solche Wirkung erklären lässt. – Ich muss annehmen, dass das Schiff unter dem Einfluss irgendeiner starken Strömung oder eines heftigen Soges steht.

∗∗∗

Ich habe dem Kapitän von Angesicht zu Angesicht gegenüber gestanden, noch dazu in seiner eigenen Kajüte – aber wie ich es erwartet hatte, schenkte er mir keine Aufmerksamkeit. Obwohl es an seiner Erscheinung in den Augen eines zufälligen Betrachters nichts gibt, das ihn mehr oder weniger als Mensch auszeichnet, so mischte sich dennoch ein Gefühl ununterdrückbarer Ehrfurcht und Scheu unter die Verwunderung, mit der ich ihn betrachtete. Seine Größe entspricht fast der meinen, das heißt ein Meter dreiundsiebzig. Er ist von kräftiger, stämmiger Statur, weder plump noch das Gegenteil. Aber es ist die Einzigartigkeit des Ausdrucks, der sein Gesicht beherrscht – es ist die fesselnde, die wunderbare, schaurige Augenscheinlichkeit des so hohen, so außerordentlichen Alters, die in meiner Seele eine Vorahnung – ein unaussprechliches Gefühl erregt. Seine Stirn ist zwar nicht sehr runzlig, scheint aber von Myriaden von Jahren geprägt zu sein. – Seine grauen Haare sind Zeugnisse der Vergangenheit, und seine noch graueren Augen sind Weissagungen der Zukunft. Überall auf dem Kajütenboden verstreut lagen seltsame Folianten mit eisernen Verschlüssen, brüchige wissenschaftliche Instrumente und überholte, längst vergessene Karten. Sein Kopf war auf seine Hände heruntergebeugt, und er war mit feurigem, doch unstetem Blick in ein Papier vertieft, das ich für ein Dekret hielt und das auf alle Fälle einen königlichen Namenszug trug. Wie der erste Seemann, den ich im Laderaum gesehen hatte, murmelte er leise und mürrisch einige Silben in einer fremden Sprache vor sich hin, und obwohl der Sprecher nahe bei meinem Ellbogen saß, schien seine Stimme mein Ohr aus einer Meile Entfernung zu erreichen.

***

Das Schiff und alle darauf sind von dem Geist alter Zeiten durchdrungen. Die Mannschaft gleitet hin und her wie Gespenster begrabener Jahrhunderte; ihre Augen drücken Bitterkeit und Unbehagen aus, und wenn ihre Finger bei dem wilden Funkeln der Gefechtslaternen in meinen Weg geraten, fühle ich mich, wie ich mich nie zuvor gefühlt habe, obwohl ich mein Leben lang mit Altertümern Handel getrieben und die Schatten eingestürzter Säulen in Baalbek[12], Tadmor[13] und Persepolis[14] eingesogen habe, bis gar das Innerste meiner Seele zu einer Ruine wurde.

***

Wenn ich mich umsehe, schäme ich mich meiner früheren Befürchtungen. Erzitterte ich vor dem Sturm, der uns bisher begleitet hat, muss mich dann nicht ein Krieg zwischen Wind und Ozean entsetzen – um eine Vorstellung davon zu übermitteln, wofür die Wörter Tornado und Samum zu gemein und schwach sind? In der unmittelbaren Nachbarschaft des Schiffes ist alles von der Schwärze ewiger Nacht und ein Chaos schaumlosen Wassers; aber in der Entfernung ungefähr einer Seemeile kann man hin und wieder zu beiden Seiten verblüffende Wälle aus Eis sehen die sich in den trostlosen Himmel emportürmen und wie die Wände des Universums aussehen.

✳✳✳

Wie ich es mir gedacht hatte, ist das Schiff von einer Strömung ergriffen; falls diese Bezeichnung korrekterweise einer Flut gegeben werden kann, die unter weißem Eis heulend und kreischend mit der Geschwindigkeit eines jäh niederstürzenden Wasserfalls gen Süden braust.

✳✳✳

Ich bilde mir ein, dass es gänzlich unmöglich ist, sich einen Begriff von der Grauenhaftigkeit meiner Gefühle zu machen; doch überwiegt die Neugierde darauf, die Mysterien dieser abscheulichen Gegenden zu ergründen, sogar meine Verzweiflung und wird mich auch über die grässlichste Erscheinung des Todes hinwegtrösten. Es ist offensichtlich, dass wir irgendeiner aufregenden Erkenntnis entgegeneilen – irgendeinem Geheimnis, das niemand je teilen wird, das zu erfassen Vernichtung bedeutet. Vielleicht führt uns die Strömung zum Südpol selbst. Hier muss eingeräumt werden, dass eine scheinbar so wilde Annahme von aller Wahrscheinlichkeit begünstigt wird.

✳✳✳

Die Mannschaft geht mit unruhigem, zittrigem Schritt auf Deck auf und ab; auf ihren Gesichtern liegt jedoch eher ein Ausdruck gieriger Hoffnung als teilnahmsloser Verzweiflung.

Mittlerweile bläst der Wind immer noch von der Achterhütte her, und da eine Menge Segel prangen, wird das Schiff ab und zu wahrhaftig völlig aus dem Meer gehoben! Oh, Schrecken folgt auf Schrecken! – Das Eis öffnet sich plötzlich zur Rechten und zur Linken, und wir wirbeln schwindelerregend in ungeheuren, konzentrischen Kreisen rund um die Wand eines gigantischen Amphitheaters herum, deren oberer Rand sich in der Dunkelheit und der Entfernung verliert. Aber es wird mir wenig Zeit bleiben, über mein Schicksal nachzusinnen – die Kreise werden schnell kleiner – wir treiben wie toll in der Gewalt des Strudels – und inmitten des Tosens, Brausens und Donnerns von Meer und Sturm bebt das Schiff, o Gott! – und geht unter.

Anmerkung: »Ein Manuskript per Flaschenpost« wurde ursprünglich 1831 veröffentlicht, und erst viele Jahre später lernte ich die Karten von Mercator kennen, auf denen der Ozean dargestellt wird, als rausche er durch vier Mündungen in den Schlund des (Nord-)Pols, um von den Eingeweiden der Erde aufgesogen zu werden; den Pol selbst stellt ein schwarzer Felsen dar, der sich in ungeheure Höhen emportürmt.[15]

1833   *Übersetzung von Erika Engelmann*

Das Stelldichein[1]

Wart auf mich dort! Ich werde nicht fehlen,
Dich in jenem hohlen Tal zu treffen.

(Leichenrede beim Tode seiner Gattin
von Henry King, Bischof von Chichester.)

Unglückseliger und rätselhafter Mann! – Verwirrt von dem
Feuer deiner eigenen Phantasie und in die Flammen deiner eigenen Jugend gestürzt! Wieder sehe ich dich vor mir! Noch einmal ist deine Gestalt vor mir erstanden! – nicht – oh, nicht wie
du bist – in dem kalten Tal und Schatten–, sondern wie du *sein
solltest* – ein Leben herrlicher Gedankenverlorenheit vergeu-
dend in jener Stadt trüber Visionen, deinem eigenen Venedig,
das ein von den Sternen geliebtes Elysium des Meeres ist, und
die weiten Fenster seiner Palladio-Paläste[2] schauen mit tiefer
und bitterer Bedeutung hinunter auf die Geheimnisse seiner
stillen Wasser. Ja! Ich wiederhole es – wie du *sein solltest*. Sicherlich gibt es andere Welten als diese – andere Gedanken als
die Gedanken der Menge – andere Erwägungen als die Erwägungen des Sophisten. Wer denn sollte Bedenken gegen dein
Vorgehen erheben? Wer dich deiner träumerischen Stunden
wegen tadeln oder diese Beschäftigungen als ein Verschwenden
des Lebens rügen, die ja nur die Überflutungen deiner immerwährenden Kräfte waren?

Es war in Venedig, unter dem gedeckten Bogengang dort, der
Ponte di Sospiri genannt wird, dass ich die Person, von welcher
ich spreche, zum dritten oder vierten Male traf. Verwirrt ist die
Erinnerung, mit der ich mir die Umstände jenes Treffens ins
Gedächtnis rufe. Jedoch erinnere ich mich – oh! wie könnte ich
es vergessen? – an die tiefe Mitternacht, an die Seufzerbrücke,
an weibliche Schönheit und an das Genie der Romantik, das den
schmalen Kanal auf und ab schritt.

Es war eine Nacht von ungewöhnlicher Düsterkeit. Die große Uhr der Piazza hatte die fünfte Stunde des italienischen Abends eingeläutet. Der Platz des Campanile lag still und verlassen da, und die Lichter in dem alten Dogenpalast starben schnell dahin. Ich kehrte von der Piazzetta über den Canal Grande nach Hause zurück. Aber als meine Gondel gegenüber der Mündung des Kanals von San Marco ankam, brach plötzlich eine weibliche Stimme aus ihrem tiefsten Grund in einem wilden, hysterischen und lang andauernden Schrei über die Nacht herein. Der Klang ließ mich erbeben, und ich sprang auf, während der Gondoliere sein einziges Ruder entgleiten ließ und es in der pechschwarzen Dunkelheit für immer verlor, und so waren wir der Führung der Strömung überlassen, die sich hier von dem größeren in den kleineren Kanal fortsetzt. Wie ein ungeheurer schwarzgefiederter Kondor trieben wir langsam hinunter zur Seufzerbrücke, als Tausende von Leuchtern von den Fenstern und Treppenhäusern des Dogenpalastes her aufflammten und die tiefe Düsternis plötzlich in einen bleifarbenen und übernatürlichen Tag verwandelten.

Ein Kind war den Armen seiner eigenen Mutter entglitten und von einem der oberen Fenster des hohen Bauwerks in den tiefen, trüben Kanal gefallen. Die stillen Wasser hatten sich sanft über ihrem Opfer geschlossen; und obgleich meine eigene Gondel die einzige in Sicht war, hatte sich manch ein kühner Schwimmer schon in den Strom geworfen und suchte an der Oberfläche vergebens nach dem Schatz, der, o weh! nur in dem Abgrund zu finden war. Auf den breiten schwarzen Marmorplatten am Eingang des Palastes und ein paar Stufen über dem Wasser stand eine Gestalt, die niemand, der sie damals gesehen, seither je vergessen haben kann. Es war die Marchesa Aphrodite – die Angebetete ganz Venedigs – die Strahlendste der Strahlenden – die Lieblichste, wo alle schön waren – aber dennoch die junge Gattin des alten und arglistigen Mentoni und die Mutter jenes hübschen Kindes, ihres ersten und einzigen, das jetzt tief unter dem finsteren Wasser mit bitterem Herzen ihrer süßen Liebkosungen gedachte und sein kleines Leben in dem Bestreben, ihren Namen zu rufen, aushauchte.

Sie stand allein. Ihre kleinen, bloßen und silbrigen Füße schimmerten unter ihr in dem schwarzen Spiegel von Marmor. Ihr Haar, aus seiner Ballsaalfrisur bislang nicht mehr als halb für die Nacht gelöst, wand sich inmitten einer Fülle von Diamanten gekräuselt wie eine junge Hyazinthe rund um ihren klassischen Kopf. Ein schneeweißes und gazeartiges Gewand schien fast die einzige Bedeckung ihrer zierlichen Gestalt zu sein; aber die Mittsommer- und Mitternachtsluft war heiß, träge und still, und keine Bewegung in der statuenhaften Gestalt selbst regte auch nur die Falten jenes Kleidungsstückes aus reinstem Dunst, das um sie hing wie der schwere Marmor um Niobe[3] hängt. Jedoch – seltsam! – ihre großen, leuchtenden Augen waren nicht nach unten gewandt auf das Grab, in dem ihre strahlendste Hoffnung begraben lag – sondern starrten gebannt in eine ganz verschiedene Richtung! Das Gefängnis der Alten Republik ist, denke ich, das stattlichste Gebäude in ganz Venedig – aber wie konnte jene Dame ihren Blick so fest darauf heften, wenn tief unter ihr ihr einziges Kind im Ersticken lag? Auch gähnt jene dunkle, düstere Nische direkt gegenüber dem Fenster ihres Gemachs – was also konnte da in ihrem Schatten sein – in ihrer Bauweise – in ihren efeuumschlungenen und ehrfurchterweckenden Gesimsen – worüber die Marchesa di Mentoni sich nicht tausendmal zuvor gewundert hatte? Unsinn! – Wer erinnert sich nicht daran, dass in einem Moment wie diesem das Auge wie ein gesprungener Spiegel die Bilder seines Kummers vervielfältigt und an unzählbaren, weit entlegenen Orten den Gram sieht, der dicht bevorsteht?

Viele Stufen über der Marchesa und innerhalb des Wasserportals stand in voller Bekleidung die satyrgleiche Gestalt Mentonis selbst. Er war gelegentlich damit beschäftigt, auf einer Gitarre zu klimpern, und schien wahrhaft zu Tode *ennuyé*, als er zwischenzeitlich Anweisungen für das Auffinden seines Kindes gab. Benommen und entsetzt hatte ich selber nicht die Kraft, mich aus der aufrechten Stellung zu rühren, die ich eingenommen, als ich den Aufschrei anfangs gehört hatte, und muss den Augen der erregten Gruppe eine gespenstische und unheilvolle Erscheinung geboten haben, wie ich mit bleichem Antlitz und starren Gliedern mitten unter ihnen in jener Begräbnisgondel dahintrieb.

Alle Anstrengungen erwiesen sich als umsonst. Viele der am eifrigsten Suchenden ließen in ihren Bemühungen nach und gaben sich einer finsteren Trübsal hin. Es schien nur wenig Hoffnung für das Kind (wie viel weniger als für die Mutter!); aber nun trat aus dem Innern jener dunklen Nische, die schon als Teil des Gefängnisses der Alten Republik und als dem Gitterwerk der Marchesa gegenüberliegend erwähnt wurde, eine in einen Mantel gehüllte Gestalt in den Bereich des Lichts, hielt einen Moment lang am Rand des schwindligen Abstiegs inne und tauchte kopfüber in den Kanal. Als sie einen Augenblick später mit dem noch lebenden und atmenden Kind in ihrem Griff auf den Marmorplatten an der Seite der Marchesa stand, löste sich ihr von Wasser durchtränkter, schwerer Mantel und enthüllte, in Falten um ihre Füße fallend, den von Staunen ergriffenen Zuschauern die anmutige Person eines sehr jungen Mannes, von dessen Namens Klang der größere Teil Europas zu jener Zeit erschallte.

Nicht ein Wort sprach der Erretter. Aber die Marchesa! Sie wird nun ihr Kind entgegennehmen – sie wird es an ihr Herz drücken – sie wird sich an seine kleine Gestalt klammern und es über und über mit ihren Liebkosungen bedecken. Ach! die Arme *eines Anderen* haben es von dem Fremden entgegengenommen, die Arme *eines Anderen* haben es weggenommen und es unbemerkt weit fort in den Palast getragen! Und die Marchesa! Ihre Lippe – ihre schöne Lippe zittert: Tränen sammeln sich in ihren Augen – in jenen Augen, die wie Plinius' Akanthus »sanft und fast fließend« sind.[4] Ja! Tränen sammeln sich in diesen Augen –

und siehe! die ganze Frau erschaudert aus voller Seele, und die Statue hat sich belebt! Die Blässe des marmornen Antlitzes, das Schwellen der marmornen Brust und gar die Reinheit der marmornen Füße gewahren wir plötzlich überzogen mit einer Flut unbändigen Karmesins; und ein leichter Schauder lässt ihren zierlichen Leib erbeben wie der sanfte Hauch in Neapel die üppigen Silberlilien im Gras.

Warum *sollte* die Dame erröten? Auf diese Frage gibt es keine Antwort – außer dass sie, die Zurückgezogenheit ihres eigenen Boudoirs verlassend, es in der treibenden Hast und dem Schrecken eines Mutterherzens versäumt hatte, die winzigen Füße ihren Pantoffeln zu unterjochen, und völlig vergessen, ihren venezianischen Schultern jenes Gewand überzuwerfen, das ihnen gebührt. Welchen anderen, möglichen Grund könnte es für ihr derartiges Erröten gegeben haben? – für das Aufblitzen der wilden, anziehenden Augen? für die ungewöhnliche Erregung des pochenden Busens? – für den krampfhaften Druck der zitternden Hand? – die Hand, die, als Mentoni sich in den Palast wandte, zufällig auf die Hand des Fremden fiel. Welchen Grund könnte es gegeben haben für den leisen – den einzigartig leisen Ton dieser unbedeutenden Worte, die die Dame eilig äußerte, als sie ihm Lebewohl sagte? »Du hast gesiegt«, sagte sie, oder das Murmeln des Wassers täuschte mich, »du hast gesiegt – wir werden uns treffen – eine Stunde nach Sonnenaufgang – so soll es denn sein!«

***

Der Aufruhr hatte sich gelegt, die Lichter im Palast waren erloschen, und der Fremde, den ich nun wiedererkannte, stand allein auf den Steinplatten. Er zitterte vor unfassbarer Erregung, und sein Auge blickte auf der Suche nach einer Gondel umher. Ich konnte nicht anders, als ihm die Dienste meiner eigenen anzubieten; und er willigte in das Anerbieten ein. Nachdem wir an dem Wasserportal ein Ruder bekommen hatten, setzten wir zusammen den Weg zu seinem Wohnsitz fort, während er seine Fassung schnell wiedergewann und von unserer früheren, oberflächlichen Bekanntschaft mit großer, offensichtlicher Herzlichkeit sprach.

Es gibt einige Themen, bei denen es mir Spaß bereitet, auf Einzelheiten einzugehen. Die Person des Fremden – lasst mich ihn, der für die ganze Welt noch ein Fremder war, bei diesem Namen nennen – die Person des Fremden ist eines dieser Themen. Seine Größe mag eher unter als über dem Durchschnitt gelegen haben: wiewohl es Augenblicke heftiger Leidenschaft gab, in denen seine Gestalt sich regelrecht *ausdehnte* und die Behauptung Lügen strafte. Die leichte, fast schlanke Symmetrie seines Körperbaus versprach mehr von jener bereitwilligen Behändigkeit, die er an der Seufzerbrücke bekundet hatte, als von der herkulischen Kraft, die er, wie man wusste, in gefährlicheren Lagen mühelos aufbrachte. Mit dem Mund und Kinn einer Gottheit – einzigartige, wilde, volle, fließende Augen, deren Schattierungen von reinem Haselnussbraun bis zu intensivem und glänzendem Pechschwarz variierten – und eine Überfülle lockigen schwarzen Haares, unter dem eine Stirn von ungewöhnlicher Breite hin und wieder ganz hell und elfenbeinfarben hervorschimmerte – nannte er Züge sein eigen, wie ich sie klassisch, regelmäßiger noch nie gesehen habe, es sei denn vielleicht die marmornen des Kaisers Commodus[5]. Jedoch war sein Antlitz nichtsdestoweniger eines von denen, die jedermann zu einer Zeit seines Lebens gesehen hat und danach nie wieder. Es hatte keinen besonderen – es hatte keinen entschieden vorherrschenden Ausdruck, der einem in Erinnerung bleibt; ein Antlitz, das gesehen und sofort vergessen wird – aber vergessen mit dem vagen und nie schwindenden Verlangen, es sich ins Gedächtnis zurückzurufen. Nicht dass das Wesen einer jeden reißenden Leidenschaft jemals versagte, sein eigenes, klares Abbild auf den Spiegel jenes Gesichtes zu werfen – aber dass der Spiegel, auf Spiegelart, keine Spur der Leidenschaft festhielt, wenn die Leidenschaft gewichen war.

Als ich ihn in der Nacht unseres Abenteuers verließ, ersuchte er mich, so empfand ich, auf sehr dringliche Weise, *sehr* früh am nächsten Morgen bei ihm vorzusprechen. Mithin fand ich mich kurz nach Sonnenaufgang bei seinem Palazzo ein, einem jener gewaltigen Bauwerke düsteren, jedoch phantastischen Prunks, die sich über den Wassern des Canal Grande in der Nachbarschaft des Rialto emportürmen. Ich wurde ein ausladendes, gewundenes Mosaiktreppenhaus hinauf in ein Gemach geleitet, dessen unvergleichliche Pracht mit einem wahren Funkeln durch die aufgehende Tür barst, das mich blind und schwindlig vor Üppigkeit machte.

Ich wusste, dass mein Bekannter wohlhabend war. Gerüchte hatten seine Besitztümer in Wendungen geschildert, die ich sogar gewagt hatte Wendungen lächerlicher Übertreibung zu nennen. Aber als ich mich umschaute, konnte ich mich nicht dazu bringen zu glauben, dass der Reichtum irgendeines Menschen in Europa die königliche Großartigkeit gewährt haben könne, die hier ringsum glühte und loderte.

Obwohl, wie ich schon sagte, die Sonne aufgegangen war, war der Raum noch festlich beleuchtet. Dieser Umstand sowie ein Hauch von Erschöpfung auf dem Antlitz meines Freundes lassen mich schließen, dass er sich während der ganzen vorangegangenen Nacht nicht zur Ruhe begeben hatte. Die offensichtliche Absicht der Bauweise und der Verzierungen des Gemachs war es gewesen zu blenden und zu verblüffen. Wenig Aufmerksamkeit war auf das *Dekorum* dessen, wofür der technische Ausdruck *Einklang* steht, gerichtet worden, wie auch auf die Angemessenheit der Herkunft. Das Auge wanderte von Gegenstand zu Gegenstand und verweilte auf keinem – weder auf den *Grotesken* der griechischen Maler noch auf den Skulpturen der besten Tage Italiens, noch auf den gewaltigen Schnitzereien des ungebildeten Ägyptens. In jedem Teil des Raumes zitterten üppige Drapierungen zur Schwingung leiser, schwermütiger Musik, deren Ursprung nicht auszumachen war. Die Sinne wurden von gemischten, unharmonischen Düften überwältigt, die von seltsamen, gerollten Weihrauchspendern aufstiegen zusammen mit flimmernden und flackernden Zungen smaragdfarbenen und violetten Feuers. Die Strahlen der jüngst aufgegangenen Sonne ergossen sich über das Ganze durch Fenster, deren jedes aus einer einzigen Scheibe karmesinrot getönten Glases bestand. Wie sie in tausend Widerscheinen auf Vorhängen, die von ihren Leisten wie Katarakte geschmolzenen Silbers flossen, hin und her blitzten, verwoben sich die Strahlen natürlichen Glanzes schließlich flatternd mit dem künstlichen Licht und wälzten sich in gebändigten Massen auf einem Teppich aus kostbarem, fließend anmutendem Stoff von Chili-goldener Farbe.

»Ha! ha! ha! – ha! ha! ha!« – lachte der Eigentümer, als ich den Raum betrat, winkte mich zu einem Sitz und warf sich selbst in voller Länge zurück auf eine Ottomane. »Ich sehe«, sagte er, als er gewahr wurde, dass ich mich nicht sogleich in die Manier einer so einzigartigen Begrüßung fügen konnte, »ich sehe, dass Sie sich über meine Wohnung wundern – über meine Statuen – meine Gemälde – die Originalität meiner Schöpfung von Architektur und Dekoration – völlig trunken, he? von meiner Großartigkeit? Aber vergeben Sie mir, mein lieber Herr (hier nahm seine Stimme einen Ton an, als sei sie die Herzlichkeit selbst), vergeben Sie mir mein unbarmherziges Lachen. Sie schienen so *überaus* erstaunt. Außerdem sind manche Dinge so vollkommen lustig, dass man lachen oder sterben *muss*. Lachend zu sterben muss der glorreichste aller glorreichen Tode sein! Sir Thomas More[6] – ein sehr feiner Mann war Sir Thomas More – Sir Thomas More starb lachend, Sie erinnern sich. Auch in den *Absurditäten* von Ravisius Textor[7] gibt es eine lange Liste von Charakteren, die dasselbe großartige Ende fanden. Wissen Sie aber«, fuhr er in Gedanken versunken fort, »dass es in Sparta (was nun Palaeochori ist), in Sparta, sage ich, westlich der Zitadelle inmitten eines Chaos von kaum erkennbaren Ruinen eine Art *Sockel* gibt, auf dem die Buchstaben ΛΑΣΜ noch leserlich sind. Sie sind unzweifelhaft ein Teil des Wortes ΓΕΛΑΣΜΑ[8]. Nun gab es in Sparta Tausende von Tempeln und Heiligtümern für Tausende verschiedener Gottheiten. Wie außerordentlich seltsam, dass der Altar des Lachens alle anderen überlebt haben soll! Aber im gegenwärtigen Augenblick«, nahm er den Faden mit einer einzigartigen Veränderung von Stimme und Gebärde wieder auf, »habe ich kein Recht, auf Ihre Kosten vergnügt zu sein. Sie mochten sehr wohl erstaunt gewesen sein. Europa kann nichts hervorbringen so fein wie dies, mein kleines, königliches Kabinett. Meine anderen Wohnungen haben keineswegs dieselbe Anordnung; bloße *Ultras* modischer Fadheit. Dies ist besser als Mode – nicht wahr? Doch braucht es nur geschaut zu werden, um zu einer Sucht anzuwachsen – das heißt für diejenigen, die es sich auf Kosten ihres ganzen Erbvermögens leisten können. Ich war jedoch auf der Hut gegen jede Art solcher Entweihung. Mit einer Ausnahme sind Sie neben mir selbst und meinem Kammerdiener das einzige menschliche Wesen, das in die Geheimnisse dieser hoheitlichen Bereiche eingeweiht wurde, seitdem sie ausgeschmückt wurden, wie Sie sie sehen!«

Ich verneigte mich anerkennend; denn zusammen mit der unerwarteten Exzentrizität seiner Ansprache und seines Gebarens hinderte mich die überwältigende Empfindung von Glanz und Duft und Musik daran, meine Hochachtung davor in Worten auszudrücken, woraus ich ein Kompliment hätte gestalten können.

»Hier«, fuhr er im Aufstehen und, als er durch die Wohnung schlenderte, auf meinen Arm gelehnt fort, »hier sind Gemälde von den Griechen bis Cimabue und von Cimabue bis zur gegenwärtigen Stunde. Viele wurden, wie Sie sehen, mit wenig Rücksicht auf die Ansichten des Kunstgeschmacks gewählt. Sie sind jedoch alle geeigneter Wandschmuck für ein Gemach wie dieses. Hier sind auch einige *chefs-d'œuvres* der unbekannten Großen – und hier unvollendete Entwürfe von Künstlern, zu ihren Lebzeiten gefeiert, deren Namen der Scharfsinn der Kunstakademien nur der Stille und mir überlassen hat. Was halten Sie«, sagte er und wandte sich abrupt um, als er sprach, »was halten Sir von dieser Madonna della Pietà?«

»Es ist Guidos eigene!«,[9] sagte ich mit all der Begeisterung meines Wesens denn ich hatte ihren ungemeinen Liebreiz ausgiebig betrachtet. »Es ist Guidos eigene! – wie *können* Sie sie nur erworben haben? – Sie bedeutet für die Malerei zweifellos, was die Venus für die Bildhauerkunst bedeutet.«

»Ach!«, sagte er nachdenklich, – »die Venus – die schöne Venus? – die Venus der Medici? – die mit dem zu klein geratenen Kopf und dem vergoldeten Haar? Ein Teil ihres linken Armes (hier senkte er seine Stimme derart, dass sie nur mit Mühe zu vernehmen war) und der ganze rechte sind Restaurationen, und in der Koketterie dieses rechten Armes liegt, so denke ich, die Quintessenz aller Affektiertheit. Geben Sie mir den Canova[10]! Der Apoll ist auch eine Kopie – daran gibt es keinen Zweifel – blinder Narr, der ich hin, der ich die berühmte Offenbarung des Apoll nicht wahrzunehmen vermag! Ich kann mir nicht helfen – haben Sie Mitleid mit mir! – ich kann mir nicht helfen, ich ziehe den Antinous[11] vor. War es nicht Sokrates, der sagte, dass der Bildhauer seine Statue in dem Marmorblock fand? Dann war auch Michelangelos Couplet keineswegs originell –

Non ha l'ottimo artista alcun concetto
Che un marmo solo in se non circonscriva.[12]«

Es wurde schon oder sollte doch bemerkt werden, dass wir uns in der Manier wahrer Gentlemen stets der Andersartigkeit gemeinen Betragens bewusst sind, ohne sogleich in der Lage zu sein, genau zu bestimmen, worin diese Andersartigkeit besteht. Nachdem ich dieser Bemerkung erlaubt hatte, sich mit voller Kraft auf die äußerliche Haltung meines Bekannten zu beziehen, spürte ich, dass sie an diesem ereignisvollen Morgen noch vollkommener auf seine moralische Verfassung und seinen Charakter bezogen werden konnte. Auch kann ich diese Besonderheit des Geistes, die ihn so wesentlich von allen anderen menschlichen Geschöpfen abzusetzen schien, nicht besser bestimmen, als indem ich sie eine Eigenart angestrengten und fortwährenden Denkens nenne, das selbst seine unbedeutendsten Tätigkeiten durchdrang – sich in seine spielerischen Momente einmischte – und sich mit dem wahren Aufblitzen seiner Fröhlichkeit verwob – wie Ottern, die sich aus den Augen der grinsenden Masken an den Simsen der Tempel von Persepolis[13] winden.

Ich konnte mir jedoch nicht helfen, durch den aus Leichtigkeit und feierlichem Ernst gemischten Ton hindurch, mit dem er sich rasch über Angelegenheiten geringerer Wichtigkeit ausließ, wiederholt einen gewissen Hauch von Beunruhigung wahrzunehmen – einen Grad nervöser *Inbrunst* in Handlung und Sprache – eine ruhelose Reizbarkeit in einer Weise, die mir die ganze Zeit über unberechenbar schien und bei manchen Gelegenheiten sogar Furcht einjagte. Häufig auch, wenn er mitten in einem Satz innehielt, dessen Anfang er offensichtlich vergessen hatte, schien er mit höchster Aufmerksamkeit zu lauschen, als ob entweder in augenblicklicher Erwartung eines Besuchers, oder Klängen, die allein in seiner Vorstellungskraft vorhanden gewesen sein können.

Es geschah während einer dieser Träumereien oder Pausen offenbarer Zerstreutheit, dass ich, eine Seite der vortrefflichen Tragödie *Orfeo*[14] des Dichters und Denkers Politian (die erste einheimische italienische Tragödie) umblätternd, die in meiner Nähe auf einer Ottomane lag, einen mit Bleistift unterstrichenen Passus entdeckte. Es war ein Passus gegen Ende des dritten Aktes – ein Passus herzergreifendster Erregung – ein Passus, den, wiewohl von Unreinheit befleckt, kein Mann lesen wird, ohne vor neuartigem Gefühl zu erbeben – keine Frau, ohne zu seufzen. Die ganze Seite war mit frischen Tränen getränkt, und auf dem gegenüberliegenden Durchschussblatt standen die folgenden englischen Zeilen, geschrieben in einer Handschrift so ganz verschieden von den eigentümlichen Buchstaben meines Bekannten, dass ich einige Mühe hatte, sie als seine eigene wieder zu erkennen.

Du warst das Alles für mich, Liebes,
    Wonach meine Seele sich sehnte –
Ein grünes Eiland auf dem Meer, Liebes,
    Eine Quelle und ein Heiligtum,
Umrankt von zauberhaften Früchten und Blumen;
    Und all die Blumen waren mein.

Ach, Traum, zu strahlend, um zu währen;
    Ach, sternhelle Hoffnung, die du aufgingst,
Nur um bewölkt zu werden!
    Eine Stimme aus der Zukunft schreit
»Voran!« – doch über der Vergangenheit
    (Düstrer Schlund!) liegt schwebend mein Geist,
Stumm, regungslos, entsetzt!

Denn weh! o weh! für mich
    Ist das Licht des Lebens dahin.
»Nimmer – nimmer – nimmermehr«
    (So spricht das ernste Meer
Zu dem Sand an der Küste)
    Wird der vom Blitz versengte Baum erblühn
Oder getroffen der Adler emporsteigen!

Weh mir! denn an jenem verfluchten Tage
    Trugen sie dich davon über die Woge
Von Liebe zu adligem Alter und Frevel
    Und entweihten Kissen –
Von mir und unsrem dunst'gen Himmelsstrich,
    Dort, wo die Silberweide trauert!

Dass diese Zeilen auf Englisch geschrieben waren – eine Sprache, deren ich den Verfasser nicht mächtig geglaubt hatte –, bot mir wenig Anlass zu Überraschung. Ich war mir des Ausmaßes seiner Kenntnisse und der einzigartigen Freude, die es ihm bereitete, sie zu verbergen, zu wohl bewusst, um über eine ähnliche Entdeckung erstaunt zu sein; aber ich muss gestehen, dass die Datierung keine geringe Verwunderung in mir auslöste. Sie lautete ursprünglich auf *London* und wurde später sorgfältig ausgestrichen – jedoch nicht wirkungsvoll genug, um das Wort vor einem prüfenden Auge zu verbergen. Ich sage, dass dies keine geringe Verwunderung in mir auslöste; denn ich erinnere mich gut, dass ich in einer früheren Unterhaltung mit meinem Freund eigens gefragt hatte, ob er in London die Marchesa di Mentoni (die vor ihrer Vermählung einige Jahre in jener Stadt verweilt hatte) zu irgendeiner Zeit getroffen hatte, als seine Antwort, wenn ich mich nicht täusche, mir zu verstehen gab, dass er die Metropole Großbritanniens nie besucht habe. Ich mag hier ebenso erwähnen, dass ich mehr als einmal gehört habe (selbstverständlich ohne einem Bericht, der so viele Unwahrscheinlichkeiten birgt, Glauben zu schenken), dass die Person, von der ich spreche, nicht nur von Geburt, sondern auch ihrer Bildung nach *Engländer* ist.

∗∗∗

»Es gibt ein Gemälde«, sagte er, ohne sich bewusst zu sein, dass ich die Tragödie bemerkte, »es gibt noch ein Gemälde, das Sie nicht gesehen haben.« Und einen Vorhang zur Seite werfend, enthüllte er ein vollständiges Porträt der Marchesa Aphrodite.

Menschliche Kunst hätte die Darstellung ihrer übermenschlichen Schönheit nicht besser treffen können. Dieselbe himmlische Figur, die in der vorangegangenen Nacht auf den Stufen des Dogenpalastes vor mir gestanden hatte, stand noch einmal vor mir. Aber in dem Ausdruck ihres Antlitzes, das über und über im Lächeln erstrahlte, lauerte noch (unverständliche Anomalie!) dieser Tupfen Schwermut, der stets als untrennbar von der Vollkommenheit des Schönen erscheinen wird. Ihr rechter Arm lag angewinkelt über ihrer Brust. Mit dem linken deutete sie hinab auf eine seltsam gestaltete Vase. Ein kleiner elfenhafter Fuß, allein sichtbar, berührte die Erde nur so eben – und, in der strahlenden Atmosphäre, die ihren Liebreiz zu umgeben und einzuschließen schien, kaum auszumachen, schwebte ein Paar zärtlichst ersonnener Flügel. Mein Blick fiel von dem Gemälde auf die Gestalt meines Freundes, und die machtvollen Worte von Chapmans *Bussy D'Ambois*[15] bebten instinktiv auf meinen Lippen:

> Er ist dort oben
> Wie eine römische Statue! Er wird dort stehen,
> Bis der Tod ihn zu Marmor gemacht hat!

»Kommen Sie!«, sagte er endlich und wandte sich einem reichlich verzierten, massiv silbernen Tisch zu, auf dem zusammen mit zwei großen etruskischen Vasen, die in derselben außergewöhnlichen Form gestaltet waren wie die im Vordergrund des Porträts, einige Kelche mit phantastischen Mustern und gefüllt mit was ich für Johannisberger hielt standen. »Kommen Sie!«, sagte er jählings, »lassen Sie uns trinken! Es ist früh, aber lassen Sie uns trinken. Es ist *in der Tat* früh«, fuhr er fort, als ein Cherub mit einem schweren goldenen Hammer die Wohnung von der ersten Stunde nach Sonnenaufgang erklingen ließ, – es ist *in der Tat* früh, aber was macht das aus? Lassen Sie uns trinken! Lassen Sie uns auf das Wohl jener ernsten Sonne trinken, die diese vergnüglichen Lampen und Duftspender so eifrig zu überwältigen suchen!« Und nachdem er mich dazu gebracht hatte, ihr einen Becher voll zuzutrinken, schluckte er in rascher Folge mehrere Kelche des Weines.

»Träumen«, fuhr er, den Ton oberflächlicher Unterhaltung wieder aufnehmend, fort, als er eine der prächtigen Vasen an das bunte Licht eines Duftspenders hielt, »träumen war das Gewerbe meines Lebens. Deshalb habe ich mir, wie Sie sehen, ein Nest der Träume entworfen. Hatte ich im Herzen von Venedig ein besseres errichten können? Sie gewahren um sich herum, das stimmt, einen Mischmasch architektonischer Verzierungen. Die Keuschheit der Ionia[16] wird von den vorsintflutlichen Gerätschaften beleidigt, und Ägyptens Sphinxen strecken sich auf goldenen Teppichen aus. Unziemlich ist die Wirkung jedoch allein für den Furchtsamen. Angemessenheit des Ortes und besonders der Zeit sind die Schreckgespenster, die die Menschheit vor der Betrachtung des Erhabenen ängstigen. Ich war selbst einmal ein Dekorateur: Aber diese Steigerung der Torheit hat sich auf meiner Seele niedergeschlagen. Das kommt meiner Absicht nun umso mehr zugute. Wie diese arabesken Duftspender windet sich meine Seele in Feuer, und das Delirium dieser Szene rüstet mich für die zügelloseren Visionen des Landes der wirklichen Träume, wohin ich nun rasch scheide.« Hier hielt er jäh inne, neigte seinen Kopf auf die Brust und schien einem Klang zu lauschen, den ich nicht vernehmen konnte. Endlich richtete er seinen Körper auf, schaute nach oben und stieß die Zeilen des Bischofs von Chichester aus:

Wart auf mich dort! Ich werde nicht fehlen,
Dich in jenem hohlen Tal zu treffen.

Die Kraft des Weines gestehend, warf er sich im nächsten Augenblick in voller Länge auf eine Ottomane.

Nun war ein schneller Schritt im Treppenhaus vernehmlich, und ein lautes Klopfen an der Tür folgte rasch. Ich eilte, um einer zweiten Störung zuvorzukommen, als ein Page aus dem Haushalt Mentonis in den Raum platzte und mit vor Gemütsbewegung erstickter Stimme die unzusammenhängenden Worte stammelte: »Meine Herrin! – meine Herrin! – vergiftet! – vergiftet! – Oh, schöne – oh, schöne Aphrodite!«

Entsetzt flog ich zu der Ottomane und bemühte mich, den Schläfer zu einer Empfänglichkeit für die überraschende Kunde aufzurütteln. Aber seine Glieder waren steif – seine Lippen waren blaugrau – seine zuletzt strahlenden Augen starrten im *Tod*. Ich taumelte zurück zum Tisch – meine Hand fiel auf einen gesprungenen und schwarz angelaufenen Kelch[17] – und das Bewusstsein der ganzen schrecklichen Wahrheit durchzuckte plötzlich blitzartig meine Seele.

1834   *Übersetzung von Erika Engelmann*

Ligeia

> Und darin liegt der Wille, der nicht
> stirbt. Wer kennt die Geheimnisse des
> Willens mit seiner mächtigen Kraft?
> Denn Gott ist nichts als ein macht-
> voller Wille, der alle Dinge aufgrund
> seiner Stärke durchdringt. Der
> Mensch unterwirft sich den Engeln
> oder dem Tode einzig nur durch die
> Schwäche seines kraftlosen Willens.
>
> JOSEPH GLANVILL[1]

Selbst um meines Seelenheils willen vermag ich mich nicht zu
erinnern, wie, wann oder auch nur genau wo ich zuerst die Bekanntschaft der Lady Ligeia machte. Lange Jahre sind seither vergangen, und mein Erinnerungsvermögen ist geschwächt durch
tiefes Leid. Oder vielleicht kann ich mich dieser Umstände *jetzt*
nicht mehr erinnern, weil der Charakter meiner Geliebten, ihre
seltene Gelehrsamkeit, ihre einzigartige und doch sanfte Form
der Schönheit und die hinreißende und fesselnde Beredtheit ihrer leisen, melodiösen Sprache wahrlich ihren Weg mit so be-
harrlichen und verstohlenen Schritten in mein Herz fanden,
dass mir alle äußeren Umstände unbemerkt und unbekannt
blieben. Doch mir deucht, dass ich ihr erstmals und dann recht
häufig in irgendeiner großen, alten, verfallenden Stadt am Rhein
begegnet bin. Von ihrer Familie – ja, da hörte ich sie sprechen.
Dass sie unvordenklich alten Ursprungs war, kann nicht bezweifelt werden. Ligeia! Ligeia! Vergraben in Studien einer Art,
die mehr als alles andere dazu angetan sind, die Eindrücke der
Außenwelt verlöschen zu lassen, genügt mir dies eine süße
Wort allein – Ligeia –, um vor meinen Augen das Bild von ihr
heraufzubeschwören, die nicht mehr ist. Und jetzt, da ich dies
schreibe, flammt die Erinnerung auf, dass ich von ihr, meiner

Freundin und Verlobten, der Gefährtin meiner Studien und schließlich der Vermählten meines Herzens, den Familiennamen *nie gekannt* habe. War es eine spielerische Herausforderung meiner Ligeia? Oder war es eine Prüfung für die Stärke meiner Zuneigung, dass ich keine Nachforschungen in dieser Sache anstellen würde? Oder war es eher eine Laune meinerseits – eine wild-romantische Gabe auf dem Altar äußerster leidenschaftlicher Hingabe? Ich erinnere mich nur verschwommen der Tatsache selbst – was Wunder, dass ich die Umstände, die sie herbeiführten oder begleiteten, gänzlich vergessen habe? Und wahrlich, wenn je der Geist der *Romanze* – wenn je die bleiche und nebelflüchtige *Ashtophet*[2] des götzendienerischen Ägypten, wie die Sage es will, über eine dem Unheil geweihte Ehe geherrscht hat, so sicherlich über der meinen.

Doch da ist ein teures Angedenken, bei dem mich mein Gedächtnis nicht verlässt. Es gilt dies der *Person* Ligeias. Von Statur war sie hochgewachsen, eher schlank, und in ihren letzten Tagen sogar abgezehrt. Ich würde vergeblich die Majestät, die gelassene Ruhe ihres Auftretens oder die unbegreifliche Leichtigkeit und Geschmeidigkeit ihres Ganges zu beschreiben suchen. Sie kam und ging wie ein Schatten. Nie bemerkte ich ihr Eintreten in mein abgeschiedenes Studierzimmer, bis ich die geliebte Musik ihrer sanften, süßen Stimme vernahm und sie ihre Marmorhand auf meine Schulter legte. Was die Schönheit des Antlitzes betrifft, so war ihr keine andere ebenbürtig. Es war die strahlende Erscheinung eines Opiumtraums – eine hochfliegende, geistbeflügelnde Vision, wilder und göttlicher noch als die Traumgesichte, die um die schlummernden Seelen der Töchter von Delos[3] schwebten. Doch waren ihre Züge nicht von jener Regelmäßigkeit, die man uns fälschlicherweise in den klassischen Arbeiten der heidnischen Bildhauer zu verehren gelehrt hat. »Es gibt keine exquisite Schönheit«, sagt Bacon, Lord Verulam, wo er zutreffend von allen Formen und *Genera* des Schönen spricht, »ohne etwas *Befremdliches* in den Proportionen.«[4]

Doch wenn ich auch sah, dass die Züge Ligeias nicht von klassischer Regelmäßigkeit waren – wenn ich auch wahrnahm, dass ihre Schönheit in der Tat »exquisit« war, und empfand, dass viel »Befremdliches« sie durchdrang, so suchte ich doch vergebens, die Unregelmäßigkeit zu entdecken und meine Empfindung von der »Befremdlichkeit« auf ihren Ursprung zurückzuführen. Ich betrachtete eingehend die Kontur der hohen und bleichen Stirn: sie war ohne Fehl – wie kalt war in der Tat schon das Wort, wenn man es auf etwas so göttlich Erhabenes anwandte! –, die Haut wie von reinstem Elfenbein, die gebieterische Höhe und Ruhe, die sanfte Wölbung über den Schläfen; und dann das rabenschwarze, das schimmernde, das wallende und naturgelockte Haargeflecht, das so ganz den vollen Sinn des Homerischen Epithetons »hyazinthenartig« erfüllte. Ich betrachtete die delikaten Linien der Nase – und nirgendwo, außer in den anmutigen Medaillons der Hebräer, hatte ich je eine ähnliche Vollendung gesehen. Da war die gleiche wundervolle Sanftheit, die gleiche, kaum merkliche Tendenz zur Krümmung, der gleiche harmonische Schwung der Nasenflügel, der den freien Geist verriet. Ich sah den hinreißenden Mund an. Hier feierte in der Tat alles Himmlische Triumphe: der herrliche Schwung der kurzen Oberlippe, der sanfte, sinnliche Schlummer der Unterlippe, die verspielten Grübchen, die ausdrucksvolle Farbe, die Zähne, die mit einer fast bestürzenden Brillanz jeden Strahl des heiligen Lichts widerspiegelten, der ihnen zufiel in Ligeias heiterem und gelassenem, doch auch frohlockend-strahlendstem aller Lächeln. Ich erforschte die Form des Kinns – und auch hier fand ich die milde Fülle, die Sanftheit und Majestät, die Weite und Geistigkeit des Griechischen – jene Kontur, die der Gott Apoll dem Kleomenes[5], dem Sohn Athens, nur im Traum entdeckte. Und dann versenkte ich mich tief in Ligeias große Augen.

Für die Augen haben wir keine Vorbilder selbst in entferntesten Zeiten. Es mag auch sein, dass in diesen Augen meiner Geliebten das Geheimnis lag, auf das Lord Verulam anspielt. Sie waren, so muss es mir scheinen, weit größer als die gewöhnlichen Augen unseres Menschengeschlechts. Sie waren sogar intensiver als die intensivsten Gazellenaugen beim Stamme des Tals von Nourjahad.[6] Doch geschah es nur zuweilen, in Augenblicken höchster Erregung, dass diese Besonderheit auffallend bei Ligeia hervortrat. Und in solchen Augenblicken war ihre Schönheit – vielleicht erschien es auch nur meiner überhitzten Phantasie so – die Schönheit von Wesen, die überirdisch oder doch unirdisch sind, die Schönheit der sagenumwobenen Huri[7] der Türken. Die Farbschattierung der Augen war ein tief strahlendes Schwarz, und weit über sie herab senkten sich lange, pechschwarze Wimpern. Die Brauen, leicht unregelmäßig in ihrem Schwung, zeigten den gleichen Farbton. Das »Befremdliche« jedoch, das ich in ihren Augen fand, lag nicht in der Form oder der Farbe oder dem Glanz und musste wohl auf ihren *Ausdruck* zurückgehen. Ach, Wort ohne tiefere Bedeutung, hinter dessen anspruchsvollem bloßen Klang wir unsere Unkenntnis von so viel Geistigkeit verbergen. Der Ausdruck von Ligeias Augen! Wie habe ich lange Stunden darüber nachgesonnen! Wie habe ich eine ganze Mittsommernacht hindurch gebebt, ihn zu ergründen! Was war es – dieses Etwas, das unergründlicher war als der Brunnen des Demokritos[8] –, das tief in den Pupillen meiner Geliebten verborgen lag? Was *war* es nur? Ich war besessen von der Leidenschaft, es zu ergründen. Diese Augen! Diese großen, schimmernden, himmlischen Gestirne! Sie wurden für mich zum Zwiegestirn der Leda[9], und ich für sie zum andächtigen Sternendeuter.

Unter den vielen Unbegreiflichkeiten der Wissenschaft von der Seele ist kein Punkt faszinierender und aufregender als die Tatsache – von der Schulweisheit, so glaube ich, nie entdeckt –, dass wir uns in unseren Versuchen, etwas längst Vergessenes ins Gedächtnis zurückzurufen, oft geradezu an der *Schwelle* zur Erinnerung befinden, ohne doch am Ende in der Lage zu sein, uns wirklich zu erinnern. Und wie oft habe ich gerade so in meiner intensiven Versenkung in Ligeias Augen das volle Wissen um ihren Ausdruck sich nähern gespürt – sich nähern, doch noch nicht ganz mein – und so am Ende sich wieder gänzlich entziehen! Und ich fand (seltsames, o seltsamstes aller Geheimnisse!) einen Kreis von Analogien für jenen Ausdruck in den alltäglichsten Gegenständen der Welt. Ich will sagen, dass unmittelbar nach der Zeit, als Ligeias Schönheit mich überwältigt hatte und in mir wie in einem Schrein ruhte, viele Erscheinungen der dinglichen Welt ein Gefühl in mir auslösten, wie es mich immer wieder angesichts ihrer großen und leuchtenden Augen überkam. Doch konnte ich deswegen jenes Gefühl nicht besser definieren oder analysieren oder auch nur ständig im Blick behalten. Ich bemerkte es, so darf ich wiederholen, beim Anblick der aufstrebenden Weinrebe, bei der Betrachtung eines Nachtfalters, eines Schmetterlings, einer Schmetterlingspuppe, eines dahinfließenden Stroms. Ich habe es im Ozean gespürt oder im Fallen einer Sternschnuppe. Ich habe es im Blick von sehr, sehr alten Menschen gefunden. Und es gibt ein oder zwei Sterne am Himmel (einer insbesondere, ein Stern sechster Größenordnung, doppelt und wechselvoll, nahe dem großen Stern in der »Leier«), bei deren Beobachtung durchs Teleskop ich des Gefühls gewärtig wurde. Es hat mich ergriffen bei gewissen Klängen von Saiteninstrumenten und nicht selten auch bei der Lektüre von Büchern. Unter zahllosen anderen Beispielen erinnere ich mich an eine Stelle in einem Band von Joseph Glanvill, die (vielleicht nur wegen ihrer Wunderlichkeit – wer vermag dies schon zu sagen?) nie verfehlt hat, dieses Gefühl in mir zu erwecken: «Und darin liegt der Wille, der nicht stirbt. Wer kennt die Geheimnisse des Willens mit seiner mächtigen Kraft? Denn Gott ist nichts als ein machtvoller Wille, der alle Dinge aufgrund seiner Stärke durchdringt. Der Mensch unterwirft sich den Engeln oder dem Tode einzig nur durch die Schwäche seines kraftlosen Willens.«[10]

Lange Jahre und ständiges Nachsinnen haben mich dahin gebracht, tatsächlich eine entfernte Verbindung zwischen diesem

Zitat des englischen Moralisten und einem Zug im Charakter Ligeias aufzuspüren. Die *Intensität* des Denkens, Handelns oder Redens war möglicherweise bei ihr ein Ergebnis oder doch wenigstens ein Indiz jener gigantischen Willenskraft, die während unseres langen Zusammenlebens versäumte, auf andere, unmittelbare Weise Zeugnis von sich abzulegen. Von allen Frauen, die ich je gekannt, war die äußerlich ruhige, immer gelassene Ligeia jene, die auf das ungestümste ein Opfer der heftigen Beutegier grausamer Leidenschaften war. Und von diesen Leidenschaften konnte ich mir kein Bild machen, es sei denn durch die übernatürliche Weite jener Augen, die mich zugleich begeisterten und erschreckten – durch die fast magische Melodie, Modulation, Klarheit und Ruhe ihrer so sanften Stimme – und durch die stürmische Energie (doppelt wirkungsvoll im Kontrast zur Art ihres Sprechens) der wilden Worte, die sie für gewöhnlich äußerte.

Ich habe von Ligeias Gelehrsamkeit gesprochen: sie war grenzenlos, so wie ich sie bei einer Frau nie kennen gelernt habe. Sie war äußerst bewandert in den klassischen Sprachen, und soweit sich meine eigene Vertrautheit mit den modernen Idiomen Europas erstreckte, habe ich sie nie im Irrtum gefunden. In der Tat, gab es überhaupt ein Thema der zuhöchst bewunderten, weil einfach zuhöchst dunklen, gerühmten Gelehrsamkeit der Akademie, bei dem sich Ligeia *jemals* im Irrtum befunden hätte? Auf welch eigene, bestürzende Weise dieser eine Zug im Wesen meiner Frau sich meiner Aufmerksamkeit just zu diesem späten Zeitpunkt wieder aufdrängt! Ich sagte, ihr Wissen sei von einer Art gewesen, wie ich es nie bei einer Frau kennen gelernt habe – aber wo lebt denn der Mann, der *all* die weiten Gebiete der moralischen, physikalischen und mathematischen Wissenschaften abgeschritten hätte, und dies erfolgreich? Ich sah damals noch nicht, was ich heute mit aller Klarheit sehe, dass die Errungenschaften Ligeias ungeheuer, ja überwältigend waren; doch war ich mir ihrer unendlichen Überlegenheit genügend bewusst, um mich mit einem kindlichen Vertrauen ihrer Führung durch die chaotische Welt metaphysischer Untersuchungen zu überlassen, mit denen ich mich während der frühen Jahre unserer Ehe stark beschäftigte. Mit welch großem Triumph, mit welch lebhaftem Vergnügen, mit wie viel von dem, was die Hoffnung so himmlisch macht, *fühlte* ich, wenn sie sich über mich beugte bei wenig betriebenen, ja wenig bekannten Studien, jene herrliche Geisteslandschaft vor mir sich entfalten, deren lange, prachtvolle und unbetretene Pfade ich endlich beschreiten würde, einem Ziel an Weisheit entgegen, das zu heilig und kostbar war, um nicht verboten zu sein!

Wie bitter war da der Gram, mit dem ich einige Jahre später sah, wie meinen wohlbegründeten Erwartungen Schwingen wuchsen und sie mir davonflogen! Ohne Ligeia war ich nichts als ein Kind, das durchs Dunkel tappt. Ihre Gegenwart, ihre Deutungen allein erhellten auf das lebhafteste die vielen Geheimnisse des Transzendenten, in die wir uns versenkt hatten. Ohne den strahlenden Schimmer ihrer Augen erschienen leuchtende und goldene Schriftzeichen trüber als saturnisches Blei. Und jetzt erhellten diese Augen seltener und seltener die Seiten, über denen ich grübelte. Ligeia erkrankte. Die wilden Augen loderten auf in einem allzu blendenden Glanz; die bleichen Hände nahmen den durchsichtig-wächsernen Farbton des Todes an, und die blauen Venen auf ihrer hohen Stirn pulsierten ungestüm im Rhythmus schon der geringsten Gemütsbewegung. Ich sah, dass sie sterben würde – und im Geiste rang ich verzweifelt mit dem erbarmungslosen Azrael[11]. Doch das Ringen meiner leidenschaftlichen Frau war zu meinem Erstaunen noch energievoller als mein eigenes. Es hatte viel in ihrer unbeugsamen Natur gegeben, das mir den Glauben erwachsen ließ, der Tod würde ohne Schrecken zu ihr kommen – doch weit gefehlt. Der Worte sind keine, um eine angemessene Idee von der verbissenen Entschlossenheit des Widerstandes zu vermitteln, in der sie mit dem großen Schatten rang. Ich stöhnte vor

Qual bei diesem erbarmungswürdigen Schauspiel. Ich würde besänftigt, würde argumentiert haben; doch gegenüber der Tiefe ihres wilden Verlangens zu leben – zu leben – *nichts als* zu leben –, waren Trost und vernünftiger Zuspruch gleichermaßen von äußerster Torheit. Doch bis zum allerletzten Augenblick, im krampfartigen Aufbäumen ihres unbeugsamen Geistes, wurde die äußerliche Ruhe ihres Verhaltens nicht erschüttert. Ihre Stimme wurde noch sanfter, noch leiser – doch will ich nicht auf den wahnwitzigen Sinn ihrer ruhig gesprochenen Worte näher eingehen. Mein Geist schwindelte, als ich gebannt einer kaum noch dem Irdischen verhafteten Melodie lauschte – Höhenflügen und Hoffnungen, wie sie die Sterblichen zuvor nie gekannt.

Dass sie mich liebte, hätte ich nie bezweifelt; und ich hätte leicht wissen können, dass in einem Herzen wie dem ihren die Liebe nicht mit gewöhnlicher Leidenschaft regierte. Doch erst in ihrem Tode überwältigte mich die volle Macht ihrer Liebe. Für Stunden ohne Ende hielt sie meine Hand umschlossen und schüttete mir ihr überflutendes Herz aus, dessen mehr als leidenschaftliche Hingabe an Vergötterung grenzte. Wie hatte ich es verdient, durch solche Geständnisse gesegnet zu werden? – wie es verdient, zum Verlust der Geliebten verdammt zu werden in eben der Stunde, da sie diese Geständnisse machte? Aber ich kann es nicht ertragen, weiter davon zu sprechen. Nur eines sei mir erlaubt zu sagen, dass ich zu guter Letzt in Ligeias mehr als weiblicher Hingabe an eine Liebe, die ach so unverdient war und einem Unwürdigen galt, das Prinzip ihrer Sehnsucht erkannte, die sich mit wildem, tiefem Verlangen auf ein Leben richtete, das ihr nun so unwiderruflich entfloh. Es ist dies wilde Verlangen – es ist diese heiße Inbrunst der Gier nach Leben – *nichts als* Leben –, die zu schildern meine Kräfte versagen und meine Worte nicht ausreichen.

Um die Mitte der Nacht, da sie mich verließ, winkte sie mich gebieterisch an ihre Seite und bat mich, ihr einige Verse zu wiederholen, die sie vor wenigen Tagen selbst gedichtet hatte. Ich gehorchte. Es waren diese Verse:

Seht! Es ist Galanacht
    Im Lauf der einsam späten Jahre!
Der Engel Schar, voll Flügelpracht, im Schmuck
    Der Schleiertracht und tränenüberströmt,
Sitzt im Theaterrund, ein Schauspiel
    Anzusehn voll Hoffnung und voll Furcht,
Dieweil der Chor im Wechselspiel
    Den Klang der Sphären haucht.

Mimen in der Gestalt von Gott hoch oben
    Murmeln und munkeln sacht
Und hasten her und hin –
    Nur Puppen sie, die kommen und gehen
Ganz auf Geheiß gestaltlos vager Wesen,
    Die der Szene Ort verschieben, bald hierhin, bald dorthin,
Und aus ihren Kondorschwingen entschweben lassen
    Unsichtbares Weh!

Dies Narrenspiel! – seid unbesorgt,
    Vergessen wird es nimmer!
Dies Trugbild, das verfolgt wird immerdar
    Von einer Menge, die es nie begreift,
Die sich im Kreise dreht, der stets zurückkehrt
    Zu dem immerselben Anfang,
Und dieser Wahnsinn und mehr noch diese Sünde
    Und Horror die Seele des Stücks.

Doch seht, im Mittelkreis des grimassierenden Tumults
    Schleicht ein Phantom sich ein!
Ein blutrot Ding, das sich entwindet
    Aus ungeschauter Einsamkeit!

Es windet sich! – und windet sich! – in Todesqualen,
  Die Mimen werden seine Beute,
Und die Engel schluchzen, da des Wurmes Zahn
  Vor Menschenblut sich färbt.

Aus – aus sind nun die Lichter – alle aus!
  Und über jede zuckende Gestalt
Fällt nieder wie ein Sturmesbrausen
  Der Vorhang, gleich dem Leichentuch.
Die Engel aber, bleich und fahl,
  Erheben sich, entschleiern ihr Gesicht und lassen wissen,
Dass dieses Drama die Tragödie »Mensch«
  Und dass sein Held »Eroberer Wurm« geheißen.

»O Gott!«, schrie Ligeia, sprang auf und reckte ihre Arme mit einer krampfhaften Gebärde gen Himmel, als ich diese Zeilen beendete – »O Gott! O himmlischer Vater! – muss all dies unabänderlich so sein? – soll dieser Eroberer nicht ein einziges Mal selbst überwältigt werden? Sind wir nicht Teil und Bestandteil Deiner selbst? Wer – wer kennt die Geheimnisse des Willens mit seiner mächtigen Kraft? Der Mensch unterwirft sich den Engeln *oder dem Tode* einzig nur durch die Schwäche seines kraftlosen Willens.«

Und dann, wie überwältigt vom Gefühl, ließ sie ihre weißen Arme kraftlos fallen und kehrte feierlich auf ihr Totenbett zurück. Und als sie ihre letzten Seufzer tat, da kam, vermischt mit diesen, ein leises Murmeln über ihre Lippen. Ich neigte ihr mein Ohr zu und vernahm wiederum die Schlussworte der Stelle aus Glanvill: »*Der Mensch unterwirft sich den Engeln oder dem Tode einzig nur durch die Schwäche seines kraftlosen Willens.*«

Sie starb, und ich, den der Gram in den Staub niederwarf, konnte die öde Verlassenheit meiner Behausung in der dunklen, verfallenden Stadt am Rhein nicht länger ertragen. Ich hatte keinen Mangel an dem, was die Welt Reichtum nennt. Ligeia hatte mir weit mehr, sehr viel mehr hinterlassen, als für gewöhnlich den Sterblichen zufällt. Und so erwarb ich nach einigen Monaten des matten und ziellosen Wanderns in einer der wildesten und abgelegensten Gegenden des schönen England eine Abtei, deren Namen ich nicht nennen möchte, und setzte sie einigermaßen instand. Die düstere und zugleich trostlose Pracht des Gebäudes, der nahezu verwilderte Charakter des Grundstücks, die vielen melancholischen und altehrwürdigen Erinnerungen, die sich mit beiden verbanden, standen so recht im Einklang mit dem Gefühl gänzlicher Verlassenheit, das mich in diese abgelegene und ungesellige Region des Landes getrieben hatte. Und obwohl das Äußere der Abtei, überwuchert vom grünenden Verfall, nur wenig Veränderungen zuließ, widmete ich mich in kindlicher Launenhaftigkeit und vielleicht auch in der schwachen Hoffnung, meinen Kummer zu lindern, einer Ausschmückung des Innern, die mehr als königliche Pracht entfaltete. Für solche Torheiten hatte ich schon in meiner Kindheit einen Geschmack entwickelt, und nun suchten sie mich wieder heim, als ob ich vor Kummer närrisch geworden. Ach, ich fühle es, wie viel aufdämmernder Wahnsinn in den prachtvollen und phantastischen Vorhängen, in den erhabenen ägyptischen Statuen, in den wilden Simsen und Möbeln, in den wahnwitzigen Mustern der Teppiche aus dichtgewebtem Gold hätte entdeckt werden können! Ich war zum hilflosen Sklaven in den Fesseln des Opiums geworden, und meine Werke und Weisungen hatten das Kolorit meiner Träume angenommen. Doch ich sollte nicht bei der Beschreibung dieser Absurditäten verweilen. Nur von jenem einen, auf immer verfluchten Gemach lasst mich sprechen, in das ich in einem Augenblick geistiger Umnachtung vom Altare weg als meine Braut – als Nachfolgerin der unvergessenen Ligeia – die blonde, blauäugige Lady Rowena Trevanion von Tremaine führte.

Da ist kein Detail der Architektur und Dekoration dieses Brautgemachs, das mir nicht jetzt noch vor Augen stünde. Wo war das Mitgefühl der hochmütigen Angehörigen der Braut, als sie in ihrer Goldgier gestatteten, dass eine junge Frau und geliebte Tochter die Schwelle zu einem *derart* geschmückten Gemach überschritt? Ich sagte schon, dass ich mich an die Details des Brautgemachs sehr genau erinnere – doch überkommt mich trauriges Vergessen, was Dinge von zentraler Bedeutung anbelangt –, und hier, in dem phantastischen Prunk, gab es kein System, keinen Anhaltspunkt, der dem Gedächtnis als Anker hätte dienen können. Der Raum lag in einem hohen Turm der burgartigen Abtei, war fünfeckig und von beträchtlicher Größe. Die gesamte Südseite des Fünfecks nahm das einzige Fenster ein – eine riesengroße, ungeteilte Scheibe aus venezianischem Glas – eine einzige bleifarbene Glasfläche, so dass die Strahlen der Sonne oder des Mondes, die hindurchschienen, mit einem gespenstischen Glanz auf die Gegenstände im Inneren fielen. Über den oberen Teil dieses gewaltigen Fensters breitete sich das Rankenwerk eines uralten Weinstocks aus, der die massigen Wände des Turms emporklomm. Die Decke aus düsterem Eichenholz war hoch und gewölbt und ausgiebig mit der wildesten und grotestesten Art von Schnitzwerk halb im gotischen, halb im druidischen Stil verziert. Vom höchsten Punkt dieses melancholischen Gewölbes hing an einer einzelnen langgliedrigen Goldkette eine gewaltige Weihrauchschale, ebenfalls aus Gold, mit sarazenischen Mustern verziert und mit vielen Öffnungen versehen, die so gestaltet waren, dass eine stetige Folge bunter Flammen hinein- und herauszüngelten, als seien sie von einem schlangengleichen Leben beseelt.

Einige Ottomanen und goldene Kandelaber im orientalischen Stil standen hier und da im Raum verteilt – und da war noch die Liegestatt – das Brautbett – nach indischem Vorbild, niedrig und aus solidem Ebenholz geschnitzt, mit einem Baldachin darüber, der einem Sargtuch glich. In jeder der fünf Ecken des Raumes stand aufrecht ein gigantischer Sarkophag aus schwarzem Granit; fünf Sarkophage, die aus den Königsgräbern im Tal der Könige[12] stammten und deren ehrwürdige Deckel mit uralten Skulpturen verziert waren. Aber erst in den Wandbehängen des Gemachs zeigte sich, ach, die überschwänglichste Phantasterei von allen. Die aufstrebenden Wände von gigantischer, fast schon unproportionierter Höhe waren von der Decke bis zum Boden im weiten Faltenwurf mit schweren, undurchdringlich wirkenden Wandteppichen behangen – Stoffe aus einem Material, das gleichermaßen als Teppich auf dem Boden, als Überwurf für die Ottomanen und das Ebenholzbett, als Baldachin über diesem und in den prunkvollen Windungen der Vorhänge, die teilweise das Fenster überschatteten, wiederzufinden war. Dieses Material war ein schweres Goldgewebe. Es war über und über in unregelmäßigen Abständen mit arabesken Figuren bedeckt, die etwa einen Fuß im Durchmesser aufwiesen und in tiefschwarzen Mustern in den Goldstoff gewirkt waren. Doch diese Figuren enthüllten sich nur als wahre Arabesken, wenn man sie von einem bestimmten Standpunkt aus betrachtete. Durch einen heute geläufigen Kunstgriff, der sich allerdings in sehr entfernte Epochen der Antike zurückverfolgen lässt, veränderte sich ihr Anblick je nach Standpunkt. Einem Betrachter, der den Raum betrat, mussten sie wie simple Monstrositäten erscheinen; doch wenn er weiter fortschritt, änderte sich ihre Erscheinung allmählich; und Schritt um Schritt, je nach dem Standpunkt des Besuchers, sah er sich umgeben von einer endlosen Folge gespenstischer Formen, wie sie dem Aberglauben der Normannen entspringen oder in den schuldbeladenen Träumen eines Mönchs aufsteigen mögen. Der gespenstisch-flüchtige Effekt wurde dabei noch wesentlich durch einen künstlich erzeugten Luftstrom hinter den Wandbehängen erhöht, was dem Ganzen eine schreckliche und beklemmende Lebendigkeit verlieh.

In Hallen dieser Art – in einem Brautgemach wie diesem – verbrachte ich mit der Lady von Tremaine die unheiligen Stunden des ersten Monats unserer Ehe – verbrachte sie und war nur wenig beunruhigt. Dass meine Frau die stürmische Launenhaftigkeit meiner Stimmungen fürchtete, dass sie mich mied und nur wenig liebte – es konnte mir nicht entgehen; doch dies bereitete mir eher Freude als alles andere. Ich verabscheute sie mit einem Hass, der eher dämonisch als menschlich war. Meine Gedanken flohen (oh, mit welch tiefem Bedauern!) zurück zu Ligeia, der geliebten, der majestätischen, der schönen, der begrabenen. Ich schwelgte in Erinnerungen an ihre Reinheit, ihre Weisheit, ihre hehre, ja ätherische Natur, ihre leidenschaftliche und abgöttische Liebe. Nun erst entbrannte mein Geist in einem vollen und freien Feuer, das alle ihre Feuer übertraf. Im Taumel meiner Opiumträume (denn ich lag gewohnheitsmäßig in den Banden dieser Droge) rief ich immer wieder laut ihren Namen in das Schweigen der Nacht oder bei Tag durch die stillen Winkel der Bergschluchten, so, als ob ich durch das wilde Verlangen, die feierliche Leidenschaft, die verzehrende Glut meiner Sehnsucht nach der Dahingeschiedenen sie selbst wieder zurückführen könnte auf die irdischen Pfade, die sie – ach, *konnte* es für immer sein? – verlassen hatte.

Gegen Anfang des zweiten Monats unserer Ehe wurde Lady Rowena von einer plötzlichen Krankheit befallen, von der sie sich nur langsam erholte. Das Fieber, das sie verzehrte, ließ ihre Nächte unruhig werden. Und in ihrem verwirrten Zustand des Halbschlummers sprach sie von Lauten, von Bewegungen in und um das Turmgemach, deren Ursprung, so glaubte ich, nur im Aufruhr ihrer Phantasie zu finden war oder vielleicht in den phantasmagorischen Einflüssen des Gemachs selbst. Schließlich erholte sie sich, wurde gar wieder gesund. Doch verging nur eine kurze Zeit, ehe ein zweiter, heftigerer Anfall sie auf das Krankenbett zurückwarf; und von dieser Attacke erholte sich ihr Körper, der schon immer schwach gewesen, nie wieder ganz. Ihre Krankheitssymptome waren von Stund an alarmierend, und noch alarmierender ihre stete Wiederkehr, und sie spotteten gleichermaßen allem Wissen und allen großen Bemühungen ihrer Ärzte. Zugleich mit der Steigerung ihres chronischen Leidens, das offenkundig schon zu tief in sie eingedrungen war, um durch irdische Heilmittel noch ausgemerzt werden zu können, konnte ich nicht umhin, eine ähnliche Steigerung an nervöser Reizbarkeit sowie an Schreckhaftigkeit bei den geringsten Anlässen zur Furcht zu beobachten. Sie sprach wiederum, und jetzt häufiger und beharrlicher, von den Lauten – den kaum hörbaren Lauten – und von den ungewöhnlichen Bewegungen in den Wandbehängen; Erscheinungen, auf die sie schon vorher hingewiesen hatte.

Eines Nachts, der September zog schon herauf, lenkte sie mit mehr als gewöhnlichem Nachdruck meine Aufmerksamkeit auf dieses qualvolle Thema. Sie war gerade aus einem unruhigen Schlummer erwacht, und ich hatte halb besorgt, halb entsetzt das Mienenspiel ihrer eingefallenen Züge betrachtet. Ich saß zur Seite ihres Ebenholzbettes auf einer der indischen Ottomanen. Sie richtete sich halb auf und sprach in einem inbrünstigen leisen Flüstern von Lauten, die sie *gerade jetzt* hörte, die ich aber nicht vernahm – von Bewegungen, die sie *gerade jetzt* sah, die ich aber nicht zu sehen vermochte. Der Wind rauschte heftigbewegt hinter den Wandbehängen, und ich wollte ihr zeigen (was, so will ich zugeben, mir nicht *gänzlich* glaubhaft erschien), dass jenes fast unhörbare Atmen und jenes sanfte Spiel der Gestalten auf der Wand nur die natürlichen Folgen des Luftstroms waren, der wie üblich zirkulierte. Doch eine tödliche Blässe, die ihr Antlitz überzog, bewies mir schon, dass meine Bemühungen, sie zu beruhigen, fruchtlos sein würden. Sie schien in Ohnmacht zu fallen, und keiner unserer Diener war in Rufweite. Ich erinnerte mich, wo sich eine Karaffe leichten Weins befand, der ihr von den Ärzten verordnet worden war, und hastete quer durch den Raum, die Karaffe zu holen. Aber als ich in den Lichtkreis der Weihrauchschale trat, erregten zwei Umstände beunruhigender Art meine Aufmerksamkeit. Ich fühlte, wie ein spürbares, aber nicht sichtbares Objekt leicht an mir vorbeistreifte; und ich sah, dass auf dem goldenen Teppich, genau in der Mitte des strahlenden Lichterkranzes der Weihrauchschale, ein Schatten lag – ein schwacher, unbestimmter Schatten von engelsgleicher Erscheinung –, so wie man sich den Schatten eines Schattens vorstellen würde. Doch ich war verstört und erregt von einer übermäßigen Dosis Opium und beachtete diese Dinge kaum und sprach auch nicht zu Rowena davon. Als ich den Wein gefunden hatte, durchquerte ich den Raum erneut und füllte einen Pokal, den ich der halb Bewusstlosen an die Lippen hielt. Doch sie war wieder halbwegs zu sich gekommen und ergriff selbst den Pokal, wahrend ich auf die nächste Ottomane sank und mit meinen Augen an ihr hing. Es war in diesem Moment, dass ich deutlich sanfter Schritte auf dem Teppich und bei der Bettstatt gewärtig wurde; und Sekunden später, als Rowena im Begriff war, den Wein an ihre Lippen zu führen, sah ich – oder träumte dies nur – drei oder vier große Tropfen einer glitzernden, rubinroten Flüssigkeit in den Pokal fallen, so, als entsprängen sie einer unsichtbaren Quelle inmitten der Leere des Raumes. Ich sah es wohl – doch nicht Rowena. Sie trank den Wein, ohne zu zögern, und ich wagte es nicht, sie mit einem Geschehnis vertraut zu machen, das letztlich – wie ich meinte – wohl die Vorspiegelung einer allzu lebhaften Einbildungskraft gewesen sein musste, die durch das Entsetzen Rowenas, durch das Opium und durch die ungewohnte Stunde krankhaft überhitzt war.

Doch kann ich es vor mir selbst nicht verbergen, dass unmittelbar nach dem Ereignis mit den Rubintropfen im Zustand meiner Frau eine schnelle Wendung zum Schlimmeren eintrat, so dass ihre Dienerschaft sie in der dritten darauf folgenden Nacht für das Grab vorbereitete und ich in der vierten Nacht allein bei ihrem verhüllten Leichnam saß, allein in dem bizarren Gemach, das sie als meine Braut betreten hatte. Wilde Visionen, opiumgeboren, flirrten wie Schatten vor meinen Augen. Mit unstetem Blick starrte ich auf die Sarkophage in den Ecken des

Gemachs, auf die wechselvollen Figuren der Wandbehänge und auf das Züngeln der bunten Flammen in der Weihrauchschale über mir. Dann fiel mein Blick, als ich mir die Ereignisse der vergangenen Nacht ins Bewusstsein zurückrief, auf die Stelle unter dem Lichtkreis der Weihrauchschale, wo ich die vage Andeutung des Schattens gesehen hatte. Der Schatten jedoch war verschwunden; ich atmete befreit auf, und mein Blick schweifte hinüber zur bleichen und starren Gestalt auf dem Bett. Da stürmten tausend Erinnerungen an Ligeia auf mich ein – und dann überfiel mein Herz mit der ungestümen Gewalt einer Flut das ganze unaussprechliche Weh, mit dem ich *sie* als verhüllten Leichnam gesehen hatte. Die Nacht schwand dahin, und voll bitterer Gedanken an die eine, die einzige, die über alles Geliebte verweilte ich und starrte versunken auf die sterbliche Hülle Rowenas.

Es mag um Mitternacht gewesen sein, vielleicht auch früher oder später, denn ich hatte den Sinn für die Zeit verloren, als ein sanftes, leises, doch deutlich vernehmbares Schluchzen mich aus meinen Träumen auffahren ließ. Ich *fühlte*, dass es von dem Ebenholzbett her kam – dem Lager des Todes. Ich lauschte, gepeinigt von abergläubischem Entsetzen – doch das Schluchzen wiederholte sich nicht. Ich marterte meine Augen, um irgendeine Bewegung des Leichnams zu entdecken – doch nicht die geringste Bewegung war zu sehen. Dennoch konnte ich mich nicht getäuscht haben. Ich *hatte* den Laut ja gehört, wie schwach er auch immer gewesen war, und meine Seele war zu neuem Leben erwacht. Entschlossen und standhaft richtete ich meine ganze Aufmerksamkeit auf den toten Körper. Viele Minuten vergingen, ehe irgendetwas geschah, was das Geheimnis hätte erhellen können. Endlich wurde klar, dass ein leichter, sehr schwacher und kaum wahrnehmbarer Anflug von Farbe die Wangen wie auch die feinen, tiefliegenden Äderchen der Augenlider belebte. Eine Art unsäglicher Horror und Entsetzen, wofür die Sprache der Menschen keinen zureichenden Ausdruck kennt, ließ meinen Herzschlag anhalten und meine Glieder so, wie ich saß, versteinern. Doch endlich bewirkte mein Pflichtgefühl, dass ich meine Fassung zurückgewann. Ich durfte nicht länger daran zweifeln, dass wir in unserem Tun voreilig gewesen waren – dass Rowena noch lebte. Die Notwendigkeit verlangte, dass auf der Stelle etwas geschehe; doch der Turm lag gänzlich abseits von denjenigen Räumen der Abtei, welche die Bediensteten beherbergten – keiner von ihnen war in Rufweite –; ich hatte keine Möglichkeit, sie zur Hilfe herbeizurufen, ohne das Zimmer für lange Minuten zu verlassen – gerade dies aber konnte ich nicht wagen. So rang ich also allein in meinem Bemühen darum, den unentschlossen schwebenden Geist in den Körper zurückzurufen. Binnen kurzem wurde jedoch klar, dass ein Rückfall eingetreten war; die Farbe wich wieder aus den Augenlidern und den Wangen und hinterließ eine Blässe, die kälter war als Marmor; die Lippen welkten noch mehr dahin und kniffen sich in einem grässlichen Ausdruck des Todes zusammen; eine widerwärtige Feuchte und Kälte überzog rapide den ganzen Körper; und sofort darauf hatte sich auch die übliche Leichenstarre wieder eingestellt. Ich fiel schaudernd zurück auf die Ottomane, von der ich so alarmiert aufgeschreckt war, und überließ mich wieder den leidenschaftlichen Wachträumen von Ligeia.

So war eine Stunde verronnen, als ich (konnte es überhaupt sein?) zum zweiten Male gewisser vager Laute, die aus der Richtung des Bettes kamen, gewärtig wurde. Ich lauschte in höchstem Entsetzen. Der Laut wiederholte sich – es war ein Seufzen. Ich stürzte hin zu der Toten und sah – sah in aller Deutlichkeit – ein Zittern auf den Lippen. Einen Moment später entspannten sie sich und enthüllten eine blendende Reihe von Perlenzähnen. Ungläubiges Staunen kämpfte jetzt in meiner Brust mit einer tiefen, ehrfürchtigen Scheu, die mich bisher allein beherrscht hatte. Ich fühlte, dass ich in Dunkelheit versank und dass mein Denken abirrte; und nur dank einer gewaltigen Anstrengung gelang es mir, mich aufzuraffen und der Aufgabe zu stellen, wel-

53

che die Pflicht mir einmal mehr gebot. Ein schwaches Glühen überzog nun die Stirn, die Wangen und den Hals; eine spürbare Wärme durchdrang den ganzen Körper; sogar ein leichtes Pulsieren des Herzens war bemerkbar. Rowena *lebte*, und mit verstärktem Eifer widmete ich mich der Aufgabe der Wiedererweckung. Ich rieb und benetzte ihre Schläfen und Hände und wandte jeden Kunstgriff an, den Erfahrung und eine nicht geringe medizinische Belesenheit mir nahezulegen vermochten. Doch vergebens. Plötzlich wich die Farbe wieder, der Puls verstummte, die Lippen nahmen erneut den Ausdruck des Todes an, und einen Augenblick später zeigte der ganze Körper wieder die eisige Kälte, die aschgraue Färbung, die tiefe Starre, die eingesunkenen Umrisse und all jene ekelhaften Eigenschaften dessen, der schon für viele Tage sein Grab gefunden hatte.

Und wieder versank ich in Visionen von Ligeia – und wiederum (was Wunder, dass mich schaudert, da ich dies niederschreibe?), *wiederum* drang vom Ebenholzbett her ein leises Schluchzen an mein Ohr. Aber warum soll ich die unsagbaren Schrecken jener Nacht auf das genaueste wiedergeben? Warum bei der Enthüllung verweilen, wie Mal um Mal bis in die graue Morgendämmerung hinein dieses scheußliche Drama der Wiederbelebung seine Erneuerung fand; wie jeder schreckliche Rückfall nur ein grausameres und offenbar immer hoffnungsloseres Verfallen an den Tod war; wie jede Agonie den Anblick eines Kampfes mit einem unsichtbaren Feind bot; und wie jeder Kampf eine ich weiß nicht wie zu beschreibende wilde Veränderung in der Erscheinung des Leichnams zur Folge hatte? Man möge mich zum Schlussakt eilen lassen.

Der größte Teil der furchtbaren Nacht war vergangen, und sie, die schon tot gewesen, regte sich erneut – und jetzt nachdrücklicher als bisher, obgleich sie aus einem Zustand des Verfalls erwachte, der in seiner völligen Hoffnungslosigkeit erschreckender als alles Vorherige erschien. Ich hatte schon lange aufgehört, zu kämpfen oder mich zu bewegen, und saß erstarrt auf der Ottomane, ein hilfloses Opfer im Wirbel heftigster Emotionen, deren am wenigsten schreckliche, am wenigsten verzehrende vielleicht noch maßlose Furcht war. Der Leichnam, ich wiederhole es, regte sich, und jetzt lebhafter als zuvor. Das Farbenspiel des Lebens überflutete mit ungewöhnlicher Macht das Antlitz – die Glieder entkrampften sich – und wären nicht die Augenlider noch immer schwer zusammengepresst gewesen und hätten nicht die Binden und Tücher des Grabes der Gestalt ihre Leichenerscheinung verliehen, ich hätte mir vorgaukeln können, dass Rowena in der Tat die Fesseln des Todes gänzlich abgestreift habe. Aber selbst wenn sich dieser Gedanke nicht einmal jetzt vollständig bei mir durchsetzte, so war doch kein Raum mehr für Zweifel, als dieses Etwas im Leichentuch sich vom Bett erhob und wankend, mit unsicherem Schritt, mit geschlossenen Augen und nach der Art eines Schlafwandlers kühn und unübersehbar in die Mitte des Zimmers vordrang.

Ich zitterte nicht – ich rührte mich nicht –, denn ein Wirbel unfassbarer Vorstellungen, die sich mit dem Auftreten, der Statur und dem Verhalten der Gestalt verknüpften, bestürmte mein Denken und hatte mich in Stein verwandelt. Ich rührte mich nicht – starrte nur die Erscheinung an. Es herrschte eine wahnwitzige Verwirrung in meinen Gedanken – ein unkontrollierbarer Tumult. Konnte es denn wahrhaft und wirklich die *lebende* Rowena sein, die vor mir stand? Konnte es in der Tat *überhaupt* Rowena sein – die blonde, blauäugige Lady Rowena Trevanion von Tremaine? Warum, *warum* bloß sollte ich daran zweifeln? Die Binde war fest um ihren Mund geschlungen – doch warum sollte es nicht der Mund der atmenden Lady von Tremaine sein? Und die Wangen – sie erblühten rosig wie im Mittag ihres Lebens – ja, sie mochten wirklich die schönen Wangen der lebenden Lady von Tremaine sein. Und das Kinn mit den Grübchen wie ehedem – war es nicht ganz das ihre? Aber *war sie denn größer geworden seit dem Beginn ihrer Krankheit?* Welch unaussprechlicher Wahn ergriff mich bei diesem Gedanken? Ein Sprung, und ich war bei ihr! Sie zuckte vor meiner Berührung zurück und ließ die geisterhaften Leichentücher gelöst von ihrem Haupt gleiten, die es umschlossen hatten, und es ergossen sich in die brausende Atmosphäre des Gemachs überquellende Massen von langem, aufgelöstem Haar: *es war schwärzer als die Rabenfittiche der Mitternacht!* Und jetzt öffneten sich langsam *die Augen* der Gestalt, die vor mir stand. »Hier nun endlich«, schrie ich laut auf, »kann ich niemals, niemals irren – dies sind die großen und schwarzen und wilden Augen – meiner verlorenen Geliebten – der Lady – der LADY LIGEIA!«

1838   *Übersetzung von Manfred Pütz*

In der Klemme[1]

Welcher Zufall, werte Dame,
hat Sie derart beraubt?

Comus[2]

Es war ein ruhiger und stiller Nachmittag, als ich in der treff-
lichen Stadt Edina umherschlenderte. Der Trubel und Tumult in
den Straßen waren fürchterlich. Männer redeten. Frauen
kreischten. Kinder glucksten. Schweine grunzten. Karren, die
ratterten. Bullen, die brüllten. Kühe, die muhten. Pferde, die
wieherten, Katzen, die miauten. Hunde, die tanzten. *Tanzten!*
Konnte es denn möglich sein? *Tanzten!* Weh mir, dachte ich, die
Tage *meines* Tanzens sind vorüber! So ist es immer. Welche Unmenge düsterer Erinnerungen wird mitunter geweckt in einem
Geist der Genialität und phantasievollen Betrachtung, besonders der Genialität, die verurteilt ist zu der immerwährenden
und ewigen und fortbestehenden und, wie man sagen könnte,
der – *fortgesetzten* – ja, der *fortgesetzten* und *fortdauernden*, bitteren, zermürbenden, störenden und, wenn mir der Ausdruck
erlaubt sei, der *sehr* störenden Einflussnahme der heiteren und
göttlichen und himmlischen und erhebenden und erbaulichen
und läuternden Wirkung dessen, was zu Recht bezeichnet werden kann als das beneidenswerteste, das *wahrlich* beneidenswerteste – nein! das wohltuend schönste, das köstlich zarteste
und gleichsam das *hübscheste* (wenn ich einen so gewagten Ausdruck benutzen darf) *Ding* (vergib mir, lieber Leser!) der Welt –
aber meine Gefühle gehen immer mit mir durch. In *solch* einem
Geist, ich wiederhole, welche Unmenge von Erinnerungen wird
da von einer Belanglosigkeit wachgerufen! Die Hunde tanzten!
Ich – ich *konnte* nicht! Sie wedelten – ich weinte. Sie machten
Luftsprünge – ich schluchzte laut. Ergreifende Umstände! die
dem klassisch gebildeten Leser jenen vorzüglichen Passus in Be-

zug auf die Tauglichkeit der Dinge ins Gedächtnis rufen muss, der am Anfang des dritten Bandes jenes bewundernswerten und ehrwürdigen chinesischen Romans *Jo-Go-Slow*[3] zu finden ist.

Auf meinem einsamen Spaziergang durch die Stadt hatte ich zwei schlichte, jedoch getreue Gefährten. Diana, mein Pudel! süßestes aller Geschöpfe! Sie hatte ein dickes Haarbüschel über ihrem einen Auge und ein blaues Band elegant um den Hals geschlungen. Diana war nicht mehr als fünf Zoll hoch, doch ihr Kopf war ein wenig größer als ihr Körper, und ihr außerordentlich knapp abgeschnittener Schwanz verlieh dem interessanten Tier einen Hauch verletzter Unschuld, was sie bei jedermann beliebt machte.

Und Pompey, mein Neger[4]! – süßer Pompey! wie sollte ich dich jemals vergessen? Ich hatte mich bei Pompey eingehakt. Er war drei Fuß groß (ich bin gern eigen) und etwa siebzig oder vielleicht achtzig Jahre alt. Er hatte O-Beine und war sehr stämmig. Sein Mund sollte nicht klein genannt werden, noch seine Ohren kurz. Seine Zähne jedoch waren gleich Perlen, und seine großen, vollen Augen waren blendend weiß. Die Natur hatte ihn mit keinem Hals bedacht und hatte seine Knöchel (wie üblich bei dieser Rasse) in die Mitte des oberen Teils der Füße platziert. Er war mit rührender Einfachheit gekleidet. Seine einzigen Kleidungsstücke waren eine Halsbinde von neun Zoll Höhe und ein fast neuer, graubrauner, wollener Überrock, der ehemals in den Diensten des großen, stattlichen und berühmten Dr. Moneypenny gestanden hatte. Es war ein guter Überrock. Er war gut geschnitten. Er war gut gemacht. Der Überrock war fast neu. Pompey hielt ihn mit beiden Händen hoch, um ihn vom Schmutz fernzuhalten.

Da waren drei Personen mit von der Partie, und ihrer zwei sind schon Thema der Beschreibung gewesen. Da war eine dritte – diese Person war ich selbst. Ich bin die Signora Psyche Zenobia. Ich bin *nicht* Suky Snobbs.[5] Meine Erscheinung ist Achtung gebietend. Bei der denkwürdigen Gelegenheit, von der ich spreche, trug ich ein karmesinrotes Satinkleid mit einer himmelblauen arabischen *Mantille*. Und das Kleid war mit grünen *Agraffen* besetzt und hatte sieben anmutige Volants orangefarbener *Aurikeln*. So war ich denn die Dritte im Bunde. Da war der Pudel. Da war Pompey. Da war ich selbst. Wir waren *drei*. Also heißt es, dass es ursprünglich nur drei Furien gab – Melty, Nimmy und Hetty – das Sinnen, die Erinnerung und das Geigenspiel.

Auf den Arm des galanten Pompey gestützt und in gebührendem Abstand von Diana gefolgt, schritt ich weiter eine der dichtbevölkerten Straßen des nun verlassenen Edina entlang. Auf einmal bot sich unserem Blick eine Kirche – eine gotische Kathedrale – gewaltig, würdevoll und mit einem hohen Turm, der in den Himmel aufragte. Von welchem Wahnsinn war ich nun besessen? Warum eilte ich meinem Verhängnis entgegen? Ich war von dem unkontrollierbaren Verlangen ergriffen, die schwindelnde Höhe zu erklimmen und von dort die unermessliche Weite der Stadt zu überblicken. Das Portal der Kathedrale stand einladend offen. Die Vorsehung siegte. Ich betrat den verhängnisvollen Bogengang. Wo blieb mein Schutzengel? – falls es solche Engel wirklich gibt. *Falls!* Quälender Einsilber! Welch eine Welt der Rätsel und Bedeutung und Zweifel und Ungewissheit ist in deinen fünf Buchstaben enthalten! Ich betrat den verhängnisvollen Bogengang! Ich trat ein, und ohne meine orangefarbenen *Aurikeln* zu verletzen, durchschritt ich das Portal und fand mich in der Vorhalle wieder. Also heißt es, floss der mächtige Fluss Alfred unversehrt und unbenetzt unter dem Meer hindurch.

Ich dachte, das Treppenhaus nähme nie ein Ende. *Rund!* Ja, sie gingen rund herum und hinauf, und herum und hinauf und herum und hinauf, bis ich mir nicht helfen konnte zu argwöhnen, mit dem scharfsinnigen Pompey, auf dessen stützenden Arm ich mich mit allem Vertrauen jugendlicher Zuneigung lehnte – ich *konnte* mir nicht helfen zu argwöhnen, dass das obere Ende der sich spiralförmig windenden Leiter versehentlich, oder vielleicht absichtlich, entfernt worden war. Ich hielt inne, um Atem zu schöpfen; und währenddessen ereignete sich etwas von zu gewichtiger Natur – aus moralischer und auch metaphysischer Sicht –, um ohne Bemerkung übergangen werden zu können. Es schien mir – fürwahr, ich war mir des Tatbestandes ziemlich sicher – ich konnte mich nicht täuschen – nein! ich hatte die Bewegungen meiner Diana einige Augenblicke lang aufmerksam und besorgt beobachtet – ich sage, dass ich mich nicht täuschen *konnte* – Diana *witterte eine Ratte*! Unverzüglich lenkte ich Pompeys Aufmerksamkeit auf das Thema, und er – er stimmte mir zu. Vernunftmäßig blieb nun kein Raum für Zweifel. Die Ratte war gewittert worden – von Diana. Himmel! Werde ich jemals die heftige Erregung dieses Augenblicks vergessen? Die Ratte! – sie war da – das heißt, sie war irgendwo da. Diana witterte die Ratte. Ich – *ich konnte* nicht! Also heißt es, dass die preußische Isis für manch einen süß und sehr stark duftet, während sie für andere völlig geruchlos ist.

Das Treppenhaus war überwunden, und es lagen nur noch drei oder vier weitere Aufwärtsstufen zwischen uns und der Spitze. Wir stiegen weiter, und nun blieb nur noch eine Stufe. Eine Stufe! Eine kleine, kleine Stufe! Von einer solch kleinen Stufe in dem gewaltigen Treppenhaus menschlichen Lebens, welch unermessliche Summe menschlichen Glücks oder Unglücks hängt davon ab! Ich dachte an mich selbst, dann an Pompey und dann an das geheimnisvolle und unerklärliche Geschick, das uns umgab. Ich dachte an Pompey! – ach, ich dachte an Liebe! Ich dachte an die vielen falschen *Stufen*, die ich betreten hatte und wieder betreten könnte. Ich beschloss vorsichtiger zu sein, zurückhaltender. Ich trennte mich von Pompeys Arm, überwand ohne seine Hilfe die eine übrig gebliebene Stufe und erreichte die Glockenstube. Unmittelbar danach folgte mir mein Pudel. Pompey allein blieb zurück. Ich stand am Kopf des Treppenhauses und ermutigte ihn hinaufzusteigen. Er streckte mir seine Hand entgegen und wurde dadurch unglücklicherweise genötigt, den festen Halt seines Überrocks aufzugeben. Werden die Götter ihre Verfolgung nie einstellen? Der Überrock fällt, und mit einem seiner Füße trat Pompey auf den langen und nachschleppenden Schoße des Überrocks. Er stolperte und fiel. Diese Folge war unvermeidlich. Er fiel vorwärts und schlug mir mit seinem verfluchten Kopf voll an die – an die Brust, stürzte mich mitsamt ihm selbst auf den harten, schmutzigen und abscheulichen Boden der Turmstube. Aber meine Vergeltung kam sicher, jäh und restlos. Ihn wütend mit beiden Händen bei der Wolle packend, riss ich eine große Menge schwarzen, gekräuselten und lockigen Zeugs aus und warf es von mir, mit allen Zeichen der Verachtung. Es fiel zwischen die Seile des Glockenstuhls und blieb dort. Pompey erhob sich und sagte kein Wort. Aber er betrachtete mich mitleidig mit seinen großen Augen und – seufzte. Bei Gott – dieser Seufzer! Er sank in mein Herz. Und das Haar – die Wolle! Hätte ich diese Wolle erreichen können, ich hätte sie in meinen Tränen gebadet als Zeugnis des Bedauerns. Aber ach! sie war nun weit außerhalb meiner Reichweite. Wie sie so zwischen dem Tauwerk der Glocke flatterte, wähnte ich sie lebendig. Ich wähnte sie auf dem Kopf stehend vor Missfallen. Also heißt es, trägt die *happydandy Flos Aeris* von Java[6] eine wunderschöne Blüte, die weiterlebt, wenn sie mit den Wurzeln aus der Erde gezogen wird. Die Einheimischen hängen sie an einer Schnur von der Decke und genießen ihren Duft jahrelang.

Unser Streit war nun beigelegt, und wir sahen uns in dem Raum nach einer Öffnung um, durch welche man die Stadt Edina überblicken konnte. Fenster gab es keine. Das einzige Licht, das Einlass fand in die düstere Kammer, kam aus einer quadratischen Öffnung von ungefähr einem Fuß Durchmesser, etwa sieben Fuß hoch über dem Boden. Was jedoch kann die Kraft eines wahren Genies nicht zustande bringen? Ich beschloss, zu diesem Loch hinaufzuklettern. Eine große Menge von Zahnrädern, Zahnstangen und anderen kabbalistisch anmutenden Geräts stand gegenüber dem Loch, nahe daran. Zwischen den Rädern und der Wand, in der sich das Loch befand, war kaum genug Platz für meinen Körper – ich brannte jedoch darauf hochzusteigen und war entschlossen, nicht locker zu lassen. Ich rief Pompey an meine Seite.

»Siehst du diese Öffnung, Pompey? Ich wünsche hindurchzuschauen. Du wirst hier stehen, gerade unter dem Loch – so. Jetzt strecke eine deiner Hände aus und lass mich daraufsteigen – so. Jetzt die andere Hand, Pompey, und mit ihrer Hilfestellung werde ich auf deine Schultern gelangen.«

Er tat alles, was ich wünschte, und oben angelangt, fand ich heraus, dass ich Kopf und Hals mit Leichtigkeit durch die Öffnung stecken konnte. Der Ausblick war herrlich. Nichts könnte großartiger sein. Ich hielt lediglich einen Augenblick im Schauen inne, um Diana zu bitten, sich zu benehmen, und Pompey zu versichern, dass ich behutsam sein und mich auf seinen Schultern so leicht wie möglich machen wolle. Ich sagte ihm, ich wolle zarte Rücksicht auf seine Gefühle nehmen, *ossi zart que beefsteak*. Nachdem ich meinem treuen Freund diese Gerechtigkeit hatte widerfahren lassen, gab ich mich selbst mit großem Vergnügen und Entzücken dem Genuss der Aussicht hin, die sich so einnehmend vor meinen Augen ausbreitete.

Ich werde mich jedoch einer detaillierten Schilderung enthalten. Ich werde die Stadt Edinburgh nicht beschreiben. Jeder ist einmal in der Stadt Edinburgh gewesen – in dem klassischen Edina. Ich werde mich auf die bedeutungsvollen Einzelheiten meines eigenen beklagenswerten Abenteuers beschränken. Nachdem ich meine Neugierde in Bezug auf die Erstreckung, Situierung und allgemeine Erscheinung der Stadt einigermaßen befriedigt hatte, hatte ich Muße, die Kirche, in welcher ich war, und die zierliche Bauart des Turmes zu betrachten. Ich bemerkte, dass die Öffnung, durch die ich meinen Kopf gestreckt hatte, ein Loch im Zifferblatt einer gigantischen Uhr war und von der Straße wie ein großes Schlüsselloch ausgesehen haben muss, wie wir es von den Zifferblättern französischer Taschenuhren kennen. Zweifellos bestand der wahre Zweck darin, es dem Arm eines Bediensteten zu gestatten, die Zeiger der Uhr, wenn nötig, von innen nachzustellen, ich bemerkte auch mit Erstaunen die ungeheure Größe dieser Zeiger, deren längster nicht weniger als zehn Fuß in der Länge gemessen haben kann und, wo am breitesten, acht oder neun Zoll in der Breite. Sie waren anscheinend von massivem Stahl, und ihre Kanten sahen scharf aus. Nachdem ich diese und einige andere Eigenschaften wahrgenommen hatte, wandte ich meine Augen wieder dem prachtvollen Ausblick darunter zu und versank bald in Betrachtung.

Daraus wurde ich nach einigen Minuten von der Stimme Pompeys aufgerüttelt, der behauptete, er könne es nicht länger aushalten, und mich darum ersuchte, freundlicherweise herunterzukommen. Das war unsinnig, und ich legte ihm dies in einer Rede von etlicher Länge dar. Er antwortete, aber mit offensichtlichem Missverständnis meiner Gedanken zu diesem Thema. Demzufolge ärgerte ich mich und versicherte ihm geradeheraus, dass er ein Narr sei, dass er sich als *ignoramus e-clench-eye*[7] bloßgestellt habe, dass seine Vorstellungen nichts als *insommary Bovis*[8] seien und seine Worte wenig besser als *an ennemy-werrybor'em*[9]. Dies schien ihm zu genügen, und ich nahm meine Betrachtungen wieder auf.

Es mag etwa eine halbe Stunde nach diesem Wortwechsel gewesen sein, als mich, tief versunken in das himmlische Schauspiel unter mir, etwas sehr Kaltes, das mit sanftem Druck auf meinen Nacken drückte, überraschte. Es ist wohl überflüssig zu bemerken, dass ich einen unbeschreiblichen Schrecken bekam. Ich wusste, dass Pompey unter meinen Füßen war und dass Diana gemäß meinen ausdrücklichen Anweisungen auf ihren Hinterbeinen in der entferntesten Ecke des Raumes saß. Was konnte es sein? O weh! ich entdeckte es nur zu bald. Meinen Kopf behutsam nach einer Seite drehend, fand ich zu meinem äußersten Schrecken, dass sich der große, schimmernde, krummsäbelartige Minutenzeiger der Uhr im Laufe seiner stündlichen Umdrehung *auf meinen Hals gesenkt hatte*. Da war, das wusste ich, keine Sekunde zu verlieren. Ich schnellte sofort zurück, aber es war zu spät. Es bestand keinerlei Aussicht, meinen Kopf durch den Schlund dieser grässlichen Falle zu zwingen, in welcher ich so gänzlich gefangen war und die enger und enger wurde mit einer zu schrecklichen Geschwindigkeit, um sich einen Begriff davon zu machen. Die Pein dieses Augenblicks ist unvorstellbar. Ich warf meine Hände hoch und bemühte mich mit all meiner Kraft, das gewaltige Eisen nach oben zu drücken. Ich hätte ebenso gut versuchen können, die Kathedrale selbst zu heben. Tiefer, tiefer, tiefer kam es, näher und noch näher. Ich schrie zu Pompey um Hilfe; aber er sagte, ich hätte seine Gefühle verletzt, als ich ihn »ein ignorantes altes Schielauge« genannt hatte. Ich brüllte nach Diana, aber sie sagte nur »wau-wau-wau«, und dass ich ihr befohlen hätte, »sich unter keinen Umständen aus der Ecke zu rühren«. Also hatte ich von meinen Genossen keine Erleichterung zu erwarten.

Inzwischen hatte die gewaltige und abscheuliche *Sense der Zeit* (denn nun hatte ich das buchstäbliche Gewicht dieses klassischen Ausdrucks erfahren) ihren Lauf weder unterbrochen, noch war es wahrscheinlich, dass sie es tun würde. Tiefer und immer noch tiefer kam sie. Sie hatte ihre scharfe Kante schon einen ganzen Zoll tief in mein Fleisch gegraben, und meine Empfindungen wurden undeutlich und verworren. Einmal wähnte ich mich selbst in Philadelphia mit dem stattlichen Dr. Moneypenny, ein andermal in dem rückwärtigen Salon des Herrn Blackwood, wo ich seine unschätzbaren Anweisungen erhielt. Und dann wiederum überkam mich die süße Erinnerung an bessere und frühere Zeiten, da die Welt nicht nur Wüste und Pompey nicht ganz und gar grausam gewesen war.

Das Ticken des Uhrwerks amüsierte mich. *Amüsierte mich,*

sage ich, denn meine Empfindungen grenzten nun an vollkommene Glückseligkeit, und die nichtigsten Umstände spendeten mir Vergnügen. Das ewige Tick-tack, Tick-tack, Tick-tack der Uhr war die wohlklingendste Musik in meinen Ohren und erinnerte mich gelegentlich sogar an die reizenden, gesalbten Ansprachen Dr. Ollapods.[10] Dann waren da die großen Zahlen auf dem Zifferblatt – wie intelligent, wie intellektuell sie alle aussahen! Und jetzt schickten sie sich an, die Mazurka zu tanzen, und ich glaube, es war die Ziffer V, deren Aufführung am meisten zu meiner Zufriedenheit ausfiel. Sie war offenbar eine gebildete Dame. Keine Prahlliese, und überhaupt nichts Unfeines in ihren Bewegungen. Um ihren Scheitelpunkt wirbelnd, vollführte sie die Pirouette bewundernswert. Ich unternahm einen Versuch, ihr einen Stuhl zu reichen; denn ich sah, dass sie ermüdet schien von der Anstrengung, und erst da wurde ich mir meiner beklagenswerten Lage gänzlich bewusst. In der Tat beklagenswert! Der Zeiger hatte sich zwei Zoll tief in meinen Hals gegraben. Ein Gefühl heftigsten Schmerzes überkam mich. Ich betete, sterben zu dürfen, und in der Qual des Augenblicks konnte ich nicht umhin, jene erlesenen Verse des Dichters Miguel de Cervantes zu wiederholen:

Vanny Buren, tan escondida
Query no te senty venny
Pork and pleasure, delly morry
Nommy, torny, darry, widdy!

Aber nun bot sich ein neues Grauen, und eines, das fürwahr ausreicht, die stärksten Nerven erbeben zu lassen. Unter dem grausamen Druck des Uhrwerks traten meine Augen gänzlich aus ihren Höhlen. Während ich noch überlegte, wie ich nur irgend ohne sie auskommen sollte, purzelte eines tatsächlich aus meinem Kopf, rollte die steile Seite des Spitzturmes hinunter und blieb in der Regenrinne liegen, die entlang der Dachtraufe des

Hauptschiffes verlief. Der Verlust des Auges war nicht so schlimm wie der unverschämte Ausdruck von Unabhängigkeit und Verachtung, mit dem es mich, nachdem es heraus war, ansah. Da lag es in der Rinne, gerade unter meiner Nase, und die Mienen, die es annahm, hätte man lächerlich nennen können, wären sie nicht ekelhaft gewesen. So ein Blinken und Blinzeln hatte es nie zuvor gegeben. Dieses Betragen seitens meines Auges in der Rinne war nicht nur wegen seiner offensichtlichen Unverschämtheit und schändlichen Undankbarkeit störend, sondern war auch ausgenommen lästig wegen der Sympathie, die immer zwischen zwei Augen des gleichen Kopfes besteht, egal, wie weit voneinander entfernt sie sind. Ich wurde gewissermaßen gezwungen zu blinken und zu blinzeln, ob ich wollte oder nicht, in genauem Einklang mit dem schurkischen Ding, das gerade unter meiner Nase lag. Es wurde mir jedoch durch das Herausfallen des anderen Auges bald Erleichterung verschafft. Im Fallen schlug es dieselbe Richtung ein (möglicherweise ein abgekartetes Spiel) wie sein Kollege. Beide rollten zusammen aus der Rinne, und, ehrlich gesagt, war ich sehr froh, sie loszuwerden.

Der Zeiger war jetzt viereinhalb Zoll tief in meinem Hals, und es blieb nur noch ein kleines bisschen Haut zu durchtrennen. Meine Empfindungen waren jene vollkommener Glückseligkeit; denn ich fühlte, dass ich spätestens in ein paar Minuten aus meiner unerquicklichen Lage erlöst werden sollte. Und in dieser Erwartung wurde ich ganz und gar nicht enttäuscht. Um genau fünfundzwanzig Minuten nach fünf am Nachmittag war der riesige Minutenzeiger genügend weit in seiner schrecklichen Umdrehung fortgeschritten, um das kleine Überbleibsel meines Halses zu zerteilen. Es tat mir nicht leid, den Kopf, der mich in solch eine Klemme gebracht hatte, sich schließlich endgültig von meinem Körper trennen zu sehen. Erst kugelte er an der Seite des Spitzturmes hinunter, blieb dann ein paar Sekunden in der Rinne liegen, um schließlich mit einem Sturz seinen Weg zur Mitte der Straße einzuschlagen.

Ich will offen zugeben, dass meine Gefühle nun von einzigartiger – nein, von rätselhaftester, erstaunlichster und unverständlichster Art waren. Meine Sinne waren hier und dort in ein und demselben Augenblick. Einmal stellte ich mir mit meinem Kopf vor, dass ich, der Kopf, die echte Signora Psyche Zenobia war, ein andermal war ich überzeugt davon, dass ich selbst, der Körper, die wahre Identität besaß. Um meine Gedanken zu diesem Thema zu klären, tastete ich in meiner Tasche nach meiner Schnupftabakdose, wurde mir aber, als ich sie ergriffen hatte und bestrebt war, mir eine Prise ihres wohltuenden Inhalts in gewöhnlicher Weise zuzuführen, sofort meines eigenartigen Gebrechens bewusst und warf die Dose sogleich hinunter zu meinem Kopf. Mit großer Genugtuung nahm er eine Prise und schenkte mir als Entgegnung ein anerkennendes Lächeln. Kurz darauf hielt er mir eine Rede, die ich ohne Ohren nur undeutlich vernehmen konnte. Ich schnappte jedoch genug auf, um zu wissen, dass mein Wunsch, unter solchen Umständen am Leben zu bleiben, ihn erstaunte. In den abschließenden Sätzen zitierte er das berühmte Wort des Ariost

Il pover hommy che non sera corty
And have a combat tenty erry morty

und verglich mich auf diese Weise mit dem Helden, der, da er in der Hitze des Gefechts nicht bemerkte, dass er tot war, fortfuhr, die Schlacht mit unauslöschlicher Tapferkeit zu schlagen. Es gab nun nichts, was mich daran gehindert hätte, von meiner Erhöhung herabzusteigen, und so tat ich es. Was genau Pompey so *besonders* seltsam an meiner Erscheinung fand, war ich bislang nie in der Lage herauszufinden. Der Kerl öffnete seinen Mund von einem Ohr zum andern und schloss beide Augen so fest, als wollte er versuchen, Nüsse zwischen den Lidern zu knacken. Schließlich warf er seinen Überrock von sich, machte einen Satz nach dem Treppenhaus und verschwand. Ich schleuderte dem Schurken diese heftigen Worte des Demosthenes nach:

Andrew O'Phlegethon, du beeilst dich wahrlich zu fliehen!

und wandte mich dann dem Liebling meines Herzens zu, der einäugigen, der zottelhaarigen Diana. Ach, welch entsetzlicher Anblick bot sich meinen Augen! *War* das eine Ratte, die ich in ihrem Loch sich verstecken sah? *Sind* dies die abgenagten Knochen des kleinen Engels, der von dem Ungeheuer grausam verschlungen worden ist? Ihr Götter! Und was *muss* ich da gewahren – *ist* das die dahingeschiedene Seele, der Schatten, der Geist meines geliebten Hündchens, die ich mit solch schwermütigem Liebreiz in der Ecke sitzen sehe? Horch! denn sie spricht, und, beim Himmel, es ist in dem Deutsch Schillers:

Unt stubby duk, so stubby dun
Duk she! duk she!

Ach! und sind nicht ihre Worte nur zu wahr?

Und sterb' ich doch, so sterb' ich denn
Durch sie – durch sie!

Süßes Geschöpf! *Auch* sie hat sich für mich geopfert. Hundlos, negerlos, kopflos, was bleibt der unglücklichen Signora Psyche Zenobia *nun*? Ach – *nichts*! Ich bin am Ende.

1838   *Übersetzung von Erika Engelmann*

Der Untergang des Hauses Usher

Son cœur est un luth suspendu;
Sitôt qu'on le touche il résonne.

Sein Herz ist eine schwebende Laute;
Berühre sie, und sie ertönt.

DE BÉRANGER[1]

Einen ganzen trüben, dunklen und stillen Herbsttag lang, als die
Wolken drückend tief am Himmel hingen, war ich ganz für
mich durch einen seltsam öden Landstrich geritten und befand
mich in Sicht des düsteren Stammsitzes der Usher, als die
Abendschatten länger wurden. Ich weiß nicht, wie es kam – aber
beim ersten Blick auf das Gebäude überkam ein Gefühl unerträglicher Schwermut meinen Sinn. Ich sage unerträglich, denn
dieses Gefühl wurde nicht durch den mindesten angenehmen,
weil dann poetischen Schimmer gemildert, mit dem das Gemüt
noch die unfreundlichsten Natureindrücke der Verlassenheit
oder des Schauerlichen in sich aufzunehmen pflegt. Ich betrachtete die Szene vor mir – das Haus selbst mit dem anspruchslosen
landschaftlichen Hintergrund einer Domäne – die kahlen Mauern – die leeren Fenster, die hohlen Augen glichen – ein paar
dichte Schilfgruppen – einige wenige weißliche, abgestorbene
Baumstämme – mit tiefster seelischer Bedrücktheit, die ich mit
keiner anderen besser vergleichen kann, die es auf Erden gibt, als
mit der des Nach-Traums eines Opiumsüchtigen – mit dem bitteren Sprung zurück ins Leben des Alltags – dem furchtbaren
Zerreißen des Vorhangs. Eiseskälte, Widerwille, Beklommen-
heit krochen in mein Herz, meinen Sinn verdunkelte eine durch
nichts abzuschwächende Düsterkeit, die kein Ansporn der
Phantasie zu etwas Erhebenderem emporquälen konnte. Was
war es – ich hielt an, um nachzudenken –, das mich beim Betrachten des Hauses Usher so entnervte? Es war ein ganz und

gar unlösbares Rätsel; auch konnte ich nicht mit den schattenhaften Vorstellungen fertig werden, die auf mich eindrangen, während ich grübelte. Ich war gezwungen, einen unbefriedigenden Schluss zu ziehen: während es zweifellos ein Zusammentreffen von an sich ganz gewöhnlichen Naturdingen gibt, denen die Macht innewohnt, uns auf diese Weise zu beeindrucken, dringt unsere Analyse dieser Macht nicht so tief, dass wir darüber begründete Betrachtungen anstellen könnten. Es wäre durchaus möglich, sagte ich mir, dass ein verschiedenartiger Aufbau der Besonderheiten des Bildes, der Einzelheiten der Szenerie genügt hätten, den traurigen Eindruck einzuschränken oder ihn vielleicht sogar aufzuheben. Ich handelte nach dieser Idee, lenkte das Pferd an den Steilrand eines schwärzlichen, unheimlichen Teichs, der sich mit ungetrübter Oberfläche vor dem Haus breitete, und schaute – aber nur mit noch lebhafterem Schauder – auf die darin wiedergegebenen umgekehrten Bilder des grauen Schilfs, der geisterhaften Stämme und der leeren Höhlen der Fenster.

Trotzdem fasste ich den Vorsatz, in diesem Haus der Düsterkeit für einige Wochen Aufenthalt zu nehmen. Sein Besitzer, Roderick Usher, war in meiner Knabenzeit einer meiner munteren Spielkameraden gewesen, aber seit unserem letzten Zusammentreffen waren viele Jahre vergangen. In einem entfernten Landesteil hatte mich vor kurzem ein Brief erreicht – ein ungestüm dringlicher Brief von ihm, der keine andere Antwort als persönliches Erscheinen zuließ. Die Handschrift zeugte von nervöser Aufgeregtheit. Der Schreiber sprach von akuter körperlicher Krankheit – von geistigen Störungen, die ihn bedrückten – und von dem ernstlichen Verlangen, mich, seinen besten und wirklich einzigen Freund, wiederzusehen; es sei seine Absicht, mit Hilfe meines freundlichen Wesens einen Versuch zu unternehmen, eine gewisse Erleichterung seines krankhaften Zustandes zu erreichen. Es war die besondere Art, in der er dies und manches andere sagte, ein offenbares *Herzensbedürfnis*, das in seiner Bitte schwang – was mir gar keine Gelegenheit gab, noch zu zögern; so entsprach ich unverzüglich seiner Aufforderung, auch wenn ich sie trotz allem für etwas seltsam hielt.

Obwohl wir als Knaben eng verbunden gewesen waren, wusste ich doch eigentlich wenig von meinem Freund. Seine Zurückhaltung war immer etwas übertrieben gewesen und entsprach seiner Veranlagung. Ich wusste aber, dass seine sehr alte Familie von jeher für besondere Feinfühligkeit im Wesen bekannt war, die sich im Lauf der Zeiten in vielen Werken hoher Kunst manifestiert und sich neuestens auch in wiederholten großzügigen und doch unaufdringlichen Akten von Wohltätigkeit gezeigt hatte. Auch hatten sich die Usher leidenschaftlich der Musik gewidmet, wobei ihnen vielleicht knifflige theoretische Dinge wichtiger waren als die allgemein anerkannten und leicht zu erfassenden Schönheiten dieser Kunst. Ich hatte auch von der bemerkenswerten Tatsache erfahren, dass der zu allen Zeiten hochgeschätzte Stamm der Usher nie eine lebensfähige Seitenlinie hervorgebracht habe; mit anderen Worten, alle Mitglieder der Familie stammten mit wenigen und nur kurz dauernden Ausnahmen direkt voneinander ab. Dieser Mangel an Nebenlinien, überlegte ich, während ich die unberührte Erhaltung des Landsitzes neben die der Familie allgemein zugeschriebene Eigenart stellte und über den möglichen Einfluss nachdachte, den ersteres im Lauf der Jahrhunderte auf den Familiencharakter ausgeübt hatte – dieser Mangel und der daraus folgende unentwegte Übergang des Erbes zusammen mit dem Namen vom Vater auf den Sohn hatten wahrscheinlich dazu geführt, dass beides, die ursprüngliche Bezeichnung für das Anwesen und der eigentliche Familienname, im Bewusstsein der Leute in den altmodischen Begriff von zweierlei Bedeutung, ›Haus Usher‹ verschmolzen war, den sie für die Familie und das Herrenhaus verwendeten.

Ich habe bereits gesagt, dass das ganze Ergebnis meines etwas kindischen Experiments – einen Blick in den Teich zu tun – darin bestand, den ersten seltsamen Gesamteindruck zu vertiefen. Das Bewusstwerden der Zunahme meines Aberglaubens – warum sollte ich es nicht so bezeichnen? – diente zweifellos dazu, ihn noch schneller anwachsen zu lassen. Dies ist, wie ich seit langem weiß, das paradoxe Gesetz aller Gefühle, denen Furcht zugrunde liegt. Wohl deswegen entstand in mir, als ich vom Bild des Hauses im Wasser den Blick wieder zu ihm hob, eine merkwürdige Vorstellung – eine Vorstellung, die so lächerlich ist, dass ich sie nur erwähne, um die Macht der Eindrücke darzutun, die mich beschwerten. Ich hatte meiner Phantasie so viel freien Lauf gelassen, dass ich tatsächlich glaubte, um das ganze Haus und den Besitz überhaupt hänge eine auch der unmittelbaren Umgebung eigene, ganz besondere Atmosphäre – eine Atmosphäre, die mit der natürlichen nichts zu tun hatte, sondern aus den morschen Bäumen, den grauen Mauern und dem stillen Teich aufstieg – ein giftiger, geheimnisvoller Dunst, trüb, träg, bleifarben und eigentlich nur zu ahnen.

Ich schüttelte diese Vorstellung ab, die nur traumhaft sein *konnte*, und betrachtete das wahre Aussehen des Hauses genauer. Das Hauptmerkmal schien mir sein außerordentlich hohes Alter zu sein, denn die Zeiten hatten es gründlich verfärbt. Kleinpilze bedeckten die ganze Front und hingen in feinen, spinnwebartigen Strängen von den Dachrinnen. Dies alles war aber weit entfernt von irgendwelchem besonderen Verfall. An keiner Stelle war das Mauerwerk zusammengebrochen, und zwischen seinem soliden Zusammenhang und der krümeligen Beschaffenheit der einzelnen Steine bestand ein aufregender Widerspruch. Dies erinnerte mich an altes Holzwerk, das in irgendeinem vergessenen Gewölbe in langen Jahren modert und in breiten Flächen erhalten bleibt, weil kein Hauch frischer Luft es anrührt. Außer diesen Hinweisen auf ausgedehnte Verwitterung gab das Mauergefüge aber wenig Anzeichen von mangelnder Stabilität. Vielleicht hätte das Auge eines kritischen Beobachters einen kaum wahrnehmbaren Riss entdeckt, der vom

Dach über die Vorderfront seinen Weg die ganze Mauer hinunter in einer Zickzacklinie machte, bis er sich in dem dunklen Wasser des Teichs verlor.

Nachdem ich diese Dinge beobachtet hatte, ritt ich über einen kurzen Weg vors Haus. Ein bereitstehender Stallknecht nahm mir das Pferd ab, ich betrat durch den gotischen Türbogen die Halle. Ein leise auftretender Diener führte mich von da schweigend durch eine Menge dunkler, verwinkelter Gänge zum Arbeitszimmer seines Herrn. Manches, was ich auf diesem Weg traf, trug dazu bei – wieso, weiß ich nicht –, die unbestimmten Gefühle zu verstärken, von denen ich bereits gesprochen habe. Die Dinge ringsumher, Deckenschnitzereien, dunkle Wandgobelins, ebenholzschwarze Fußböden und phantastische Rüstungstrophäen, die rasselten, als ich vorbeiging, waren mir seit meiner Kindheit so ähnlich bekannt; ich zögerte noch, mir zuzugeben, wie vertraut mir Derartiges war, weil ich mich wunderte, wie eigenartig die Vorstellungen waren, die ganz gewöhnliche Gegenstände in mir aufsteigen ließen. Auf einer der Treppen lernte ich den Hausarzt der Familie kennen. Sein Gesicht, fand ich, trage einen aus Schlauheit und Verlegenheit gemischten Ausdruck. Er sprach mich mit einer gewissen nervösen Unruhe an und ging weiter. Der Diener öffnete eine Tür und meldete mich seinem Herrn.

Das Zimmer, in dem ich mich befand, war sehr groß und hoch. Schmale Spitzbogen stellten die Fenster dar und lagen so weit über dem dunklen Eichenholzfußboden, dass man vom Zimmer aus nicht hinaufreichen konnte. Schwache Strahlen rötlichen Lichts fanden den Weg durch die vergitterten Scheiben und erhellten wenigstens die größeren Gegenstände im Raum hinreichend deutlich, aber das Auge bemühte sich vergeblich, in die entfernteren Winkel des Zimmers oder in die Vertiefungen der gewölbten, geschnitzten Decke vorzudringen. Dunkle Draperien hingen an den Wänden. Die Einrichtung war verschwenderisch und ungemütlich, antik und abgenützt. Viele Bücher und Musikinstrumente lagen im Zimmer verstreut, belebten das Bild aber nicht. Ich spürte, dass ich eine von Kummer geschwängerte Luft einatmete. Etwas wie ernste, tiefe und hoffnungslose Düsterheit hing über allem, durchdrang alles.

Bei meinem Eintreten erhob sich Usher von einem Sofa, auf dem er ausgestreckt gelegen hatte, und begrüßte mich mit lebhafter Wärme, die, wie ich zuerst dachte, viel von der übertriebenen Herzlichkeit – der gezwungenen Bemühung des blasierten Mannes von Welt – an sich habe. Ein Blick in sein Gesicht überzeugte mich aber von seiner vollkommenen Aufrichtigkeit. Wir setzten uns, und als er einige Augenblicke nichts sagte, betrachtete ich ihn mir einem Gefühl, bei dem sich Mitleid und Scheu die Waage hielten. In so verhältnismäßig kurzer Zeit hat sich noch kein Mensch so furchtbar verändert wie Roderick Usher! Nur mit Mühe kam ich so weit, das glanzlose Wesen vor mir mit dem Kameraden der frühen Knabenzeit in Übereinstimmung zu bringen. Allerdings hatte die Art seines Gesichts von jeher etwas Bemerkenswertes gehabt: die Leichenblässe der Haut, große, feuchte, unvergleichlich leuchtende Augen, etwas schmale und blutleere, aber ungemein schön geschwungene Lippen, eine nach jüdischer Form dezent gebogene Nase, jedoch mit bei Juden selten vorkommenden breiten Nüstern, das feingebildete Kinn, das keinen Vorsprung hatte und von Mangel an Charakterfestigkeit sprach, das spinnwebartig weiche, feine Haar. Diese Einzelheiten ergaben zusammen mit der ungewöhnlich breiten Stirnfläche bis zu den Schläfen ein Gesicht, das man nicht leicht vergaß. Nun war durch die bloße stärkere Ausprägung des vorherrschenden Charakters dieser Züge und in dem Ausdruck, den sie sonst vermittelt hatten, eine so große Veränderung vor sich gegangen, dass ich zweifelte, mit wem ich sprach. Die nun geisterhafte Blässe der Haut und vor allem der wundersame Glanz der Augen überraschten und erschreckten mich sogar. Das seidenweiche Haar hatte er ungehindert wachsen lassen, und da es wie ein natürliches, gazeartiges Gespinst das Gesicht eher umflutete als umgab, konnte ich das arabeskenhafte Gebilde nur mit Mühe mit der Vorstellung des schlicht Menschlichen in Einklang bringen.

An der Art, wie mein Freund sich gab, fiel mir sofort etwas Widersprüchliches – Zerfahrenes – auf; ich fand bald heraus, dass es sich aus dem ständigen schwachen und vergeblichen Bemühen herleitete, ein immerwährendes Zucken – eine außergewöhnliche nervöse Erregung – zu unterdrücken. Auf etwas dieser Art war ich gefasst gewesen, nicht weniger durch seinen Brief als in Erinnerung an gewisse knabenhafte Eigenheiten und durch Schlüsse, die ich von seiner besonderen körperlichen Bildung und seinem Temperament ableitete. Sein Gehabe war abwechselnd lebhaft und trotzig. Seine Stimme wechselte rasch von zittriger Unentschlossenheit (wenn die Lebensgeister in unsicherer Schwebe waren) zu jener Art energischer Knappheit – jener abrupten, gewichtigen und hohlklingenden Sprechweise – zu jenen bleiernen, ausbalancierten und sorgfältig modulierten gutturalen Äußerungen, die man bei dem unheilbaren Trinker oder dem süchtigen Opiumraucher in der Zeit der intensivsten Erregung beobachten kann.

Solcherart sprach er über den Zweck meines Besuchs, von seinem dringenden Wunsch, mich wiederzusehen, und von dem Trost, den er sich von mir erhoffe. Mit einer gewissen Ausführlichkeit ging er darauf ein, was seine Vorstellung von der Natur seiner Krankheit sei. Er leide, sagte er, an einem konstitutionellen und der Familie eigenen Übel und verzweifle längst, ein Heilmittel dagegen zu finden – es sei, fügte er sofort hinzu, ein rein nervöser Reizzustand, der zweifellos bald vorübergehen werde und sich in einer Unzahl unnatürlicher Empfindungen äußere. Er schilderte mir einige näher, die mich sehr interessierten und bestürzten, wenn auch vielleicht die Benennung dafür und die ganze Art seiner Erzählung viel zu dieser Wirkung beitrugen. Er litt heftig unter einer krankhaften Überschärfe der Sinne; nur die fadeste Nahrung war ihm verträglich; er konnte nur Kleidung aus bestimmten Stoffen tragen; die Düfte aller Blumen bedrückten ihn; seine Augen wurden sogar von einem schwachen Licht gequält, und es gab nur ganz besondere Klänge, die von Saiteninstrumenten ausgehen mussten, die ihm keinen Abscheu verursachten.

Ich fand heraus, dass er der Sklave einer anormalen Art von Furcht war. »Ich werde zugrunde gehen«, sagte er, »ich *muss* an dieser jammervollen Krankheit zugrunde gehen. So, so und auf keine andere Weise werde ich umkommen. Ich fürchte mich vor künftigen Ereignissen, aber nicht sie selbst, sondern ihre Folgen. Mich schaudert bei dem bloßen Gedanken vor jedem, auch dem alltäglichsten Vorfall, der diese unerträgliche Verwirrung der Seele noch verschlimmern könnte. Vor einer Gefahr schrecke ich nicht zurück, außer ihre einzige Wirkung ist – maßlose Angst. In meinem entnervten, jämmerlichen Zustand, ich fühle es, wird früher oder später die Zeit kommen, da ich im Kampf mit dem Hirngespinst FURCHT Verstand und Leben verliere.«

Nach und nach bildete ich mir aus abgerissenen, mehrsinnigen Andeutungen ein Bild eines anderen sonderbaren Zugs seines Geisteszustands. Gewisse abergläubische Einbildungen über das Haus, das er bewohnte und das er seit vielen Jahren nicht zu verlassen gewagt hatte, hätten ihn in ihren Bann gezogen; er sprach aber über diesen von ihm angenommenen übermächtigen Einfluss in so unbestimmten Ausdrücken, dass ich sie hier nicht wiedergeben kann. Es sei ein Einfluss, den gewisse Eigentümlichkeiten der Form und der Substanz seines Familiensitzes in langer Leidenszeit über seinen Geist gewonnen hätten: ein Einfluss, den das *Materielle* der grauen Mauern, Türmchen und des dunklen Teichs, auf den dies alles hinunterblicke, auf seine *geistige* Existenz zerrüttend ausübe.

Er räumte aber ein, wenn auch zögernd, dass viel von dem eigenartigen Trübsinn, der ihn bedrückte, auch auf einen natürlicheren und weitaus handgreiflicheren Ursprung zurückzuführen sei – auf die ernstliche und lang andauernde Erkrankung –

auf das offenbar nahe bevorstehende Ende – einer zärtlich geliebten Schwester – seiner einzigen Gefährtin durch viele Jahre – seiner letzten Verwandten auf Erden. »Ihr Hinscheiden«, sagte er mit einer Bitterkeit, die ich nie vergessen werde, »würde mich, einen hoffnungslosen und schwachen Menschen, als den Letzten des alten Stamms der Usher zurücklassen.« Während er sprach, ging Lady Madeline (so hieß sie) im entfernten Hintergrund durch das Zimmer und verschwand, ohne mich bemerkt zu haben. Ich betrachtete sie mit Staunen und nicht ohne Grauen – ein Gefühl, über das ich mir jedoch keine Rechenschaft ablegen konnte. Eine Art Erstarrung überkam mich, als meine Augen ihren sich entfernenden Schritten folgten. Als sich schließlich eine Tür hinter ihr schloss, suchte mein Blick unwillkürlich und neugierig die Züge ihres Bruders – aber er hatte sein Gesicht in den Händen vergraben. Ich sah nur, dass die abgemagerten Finger noch blasser als bisher waren und leidenschaftliche Tränen zwischen ihnen hindurchtropften.

Die Krankheit von Lady Madeline hatte die Kunst der Ärzte lange Zeit genarrt. Chronische Apathie, allmähliches Dahinschwinden des Körpers, häufige, wenn auch vorübergehende Anfälle von teilweise epileptischer Art, so lautete die ungewöhnliche Diagnose. Bisher hatte sie der Macht der Krankheit tapfer widerstanden und war nicht bettlägerig geworden, aber gegen Abend des Tages meiner Ankunft im Hause erlag sie (wie mir ihr Bruder nachts in unbeschreiblicher Aufregung sagte) der niederwerfenden Macht ihrer Gegnerin. Und ich musste erfahren, dass der erste Blick, den ich auf sie getan hatte, wahrscheinlich auch der letzte gewesen war – und ich sie wenigstens als Lebende nicht mehr sehen würde.

Mehrere Tage lang wurde ihr Name weder von Usher noch von mir genannt; während dieser Zeit machte ich ernstliche Anstrengungen, die Melancholie meines Freunds zu lindern. Wir malten und lasen zusammen, oder ich hörte wie im Traum seinen wilden Improvisationen auf der ausdrucksvollen Gitarre zu.

Je mehr und tiefer ich so bei unserer Intimität in die Hintergründe seines Geists vordringen konnte, umso bitterer war die Erkenntnis der Nutzlosigkeit aller Versuche, ein Gemüt aufzuheitern, von dem in einer nicht endenden Ausstrahlung Düsternis wie eine angeborene Eigenschaft auf die gesamte geistige und physische Welt überging.

Für immer werde ich die Erinnerung an die vielen feierlich stillen Stunden mit mir tragen, die ich mit dem Herrn des Hauses Usher zubrachte. Der Versuch jedoch wäre vergeblich, eine Vorstellung von der Art der Studien und Beschäftigungen vermitteln zu wollen, in die er mich einführte oder die er anregte. Eine überspitzte und reichlich krankhafte Subjektivität rückte alles in ein seltsames Licht. Seine langen, improvisierten Lieder der Klage werden immer in meinen Ohren klingen. Unter anderem liegt mir eine sonderbare Umkehrung und Ausweitung der wilden Melodie von Webers[2] »Letzte Gedanken« schmerzlich im Gedächtnis. Von den Gemälden, über denen seine schillernde Phantasie brütete und die von Pinselstrich zu Pinselstrich unfassbarer wurden, wobei es mich umso mehr schauderte, weil ich nicht wusste, weswegen – von diesen Gemälden (so lebhaft ich sie vor mir sehe) mehr ableiten zu wollen als das bisschen, was in den Möglichkeiten des geschriebenen Wortes liegt, wäre nutzloses Bemühen. Durch äußerste Einfachheit, durch die sozusagen nackte Klarheit der Zeichnung fesselte er die Aufmerksamkeit des Betrachters und jagte ihm gleichzeitig Schauder ein. Wenn je ein sterblicher Mensch einen Gedanken malen konnte, dann Roderick Usher. Für mich wenigstens entströmte – in den Umständen, in denen ich mich befand – den reinen Abstraktionen, die dieser Schwermütige auf die Leinwand zu bannen vermochte, etwas intensiv, fast unerträglich Ehrfurchtgebietendes, das nicht entfernt mit dem zu vergleichen war, was ich je bei der Betrachtung der glühenden, aber doch wohl zu konkreten Träumereien Fuselis[3] empfunden habe.

Eine der phantasmagorischen Schöpfungen meines Freundes, die nicht so streng abstrakt war, mag, wenn auch in schwachen Worten, hier abgeschattet werden. Auf einer kleinen Leinwand war das Innere eines unendlich langen rechtwinkligen Gewölbes oder Tunnels dargestellt, dessen niedere, glatte weiße Wände ohne Unterbrechung und ohne etwas darauf Gemaltes dahinliefen. Gewisse Einzelheiten des Bildes waren dazu angetan, den Eindruck zu vermitteln, dass diese Aushöhlung tief unter der Erdoberfläche liege. In keinem Teil dieser weiten Ausdehnung war etwas wie ein Auslass zu entdecken, noch fand sich eine Fackel oder eine sonstige künstliche Helligkeitsquelle, und doch war der Raum von intensivem Licht durchflutet, das das Ganze in einen geisterhaften und unangemessenen Glanz tauchte.

Ich habe bereits über die krankhafte Beschaffenheit der Gehörnerven Ushers gesprochen, die dem Leidenden jegliche Musik bis auf gewisse Saitenklänge unerträglich machte. Die enge Grenze, innerhalb derer er sich auf die Gitarre beschränkte, war es wohl, die die Phantastik seiner Darbietungen entstehen ließ, aber die glutvolle *Beschwingtheit* seiner *Impromptus* war dem nicht zuzuschreiben. Seine Stegreifkompositionen müssen in der Tonsetzung wie im Text dieser wilden Phantasien (denn er begleitete seinen Vortrag nicht selten mit frei erfundenen gereimten Versen) das Ergebnis jener starken geistigen Sammlung und Konzentration gewesen sein und sind es noch, die, wie schon angedeutet, nur in besonderen Augenblicken höchster künstlerischer Schöpferkraft zu beobachten sind. Der Wortlaut einer dieser Rhapsodien ist mir im Gedächtnis geblieben. Ich war vielleicht umso stärker davon beeindruckt, während er sie darbot, weil ich in der unterschwelligen oder mystischen Strömung des eigentlichen Sinns zum ersten Mal wahrzunehmen glaubte, dass Usher sich des schwankenden Throns seines hochragenden Verstands voll bewusst war. Die Verse mit der Überschrift »Spuk im Palast« lauten ungefähr, wenn nicht genau, so:

1

In der Täler grünster Welle,
  Guter Geister liebster Rast,
Hob sein Haupt in Himmelshelle
  Einst ein strahlender Palast.
Seraph schattete mit schlanken
  Schwingen nie ein stolzer Haus,
Und der König der Gedanken
  War der Herr des stolzen Baus.

2

Und in goldenem Entfalten
  Flogen Banner, kühn gehisst,
(Dies, es war in jener alten
  Zeit, die längst erstorben ist.)
Sanfte Morgenlüfte neckten
  Tändelnd sich vor Tau und Tag
Und beflügelten und weckten
  Duft, der um die Wälle lag.

3

Wandrer, der von stillen Steigen
  In erhellte Fenster schaute,
Sah der Geister gleitend Reigen
  Bei Musik und Lied der Laute,
Die in freundlichem Umfangen
  Schwebten um den Porphyrstein;
Und des Herrschers Blicke drangen
  Glückhaft durch die lichten Reihn.

4

Perlen und Rubine glühten
   An des Schlosses hohem Tor.
Draus wie Duft von schweren Blüten
   Strömte leiser Stimmen Chor,
Stimmen, deren frohe Töne
   Nur ein einzig Wünschen kennen:
Schönres Echo sein dem schönen
   Geiste, den sie ihren Herrscher nennen.

5

Doch der dunkle Fürst der Sorgen.
   Jäh stürzt er des Herrschers Macht.
(Klag, mein Herz! Kein neuer Morgen
   Dem Verzweifelten mehr lacht.)
Um sein Reich, das ruhmeshehre,
   Blüten einst und Glück geweiht,
Raunet düster die Erinnerungsmäre
   Lange schon begrabner Zeit.

6

Wandrer, die aus jenem Tale
   Roterglühende Fenster sehn,
Schauen Geister, seltsam düstre, fahle,
   In wüstem Missakkord sich drehn.
Wildes, scheußliches Gedränge
   Stürzet aus dem Tor, des lichter Glanz verdarb,
Gell Gelächter tönt statt holder Klänge –
   Allen Lächelns Süße starb.

Ich erinnere mich gut, dass einige Anregungen aus der Ballade uns zu einer Gedankenkette führten, bei der eine Ansicht Ushers offenbar wurde, die ich nicht so sehr wegen ihrer Neuheit (denn andere mögen auch so gedacht haben)[4] als wegen der Hartnäckigkeit erwähne, mit der er sie aufrechterhielt. Bei dieser Meinung ging es generell um das Empfindungsvermögen alles Pflanzlichen. In seiner verwirrten Phantasie hatte diese Idee aber einen kühneren Charakter angenommen, und sie griff bei ihm sogar, waren gewisse Bedingungen gegeben, ins Gebiet des Anorganischen über. Es fehlen mir die Worte, die volle Reichweite dieser Idee oder die ernsthafte *Hingabe* an seine Überzeugung darzulegen. Sein Glaube hing (worauf ich schon angespielt habe) mit den grauen Quadern des Hauses seiner Vorfahren zusammen. Die Bedingungen für ein Seelenleben der Materie seien, wie er sich einbildete, hier in der Art der Schichtung der Steine und in der Ordnung ihrer Zusammenfügung voll erfüllt – überdies auch durch die zahllosen Pilze, die sie überwuchert hatten, und durch die toten Bäume, die davorstanden, vor allem aber durch die unendlich lange Dauer des Nebeneinanders all dieser Dinge, die sich noch dazu im Wasser des Teichs verdoppelten. Der Beweis dafür – Beweis der Beseeltheit –, sagte er, sei (und da erschrak ich heftig über das Folgende) die allmähliche, aber doch sichere Verdichtung einer eigenen Atmosphäre über dem Wasser und den Mauern. Das Ergebnis, fügte er hinzu, sei in der stillen und doch hartnäckigen, schrecklichen Einwirkung erkennbar, die seit Jahrhunderten das Schicksal seiner Familie bestimmt und nun auch *ihn* zu dem gemacht habe, den ich vor mir sähe – der er sei. Eine solche Anschauung bedarf keines Kommentars, und ich will auch keinen geben.

Unsere Bücher – die Bücher meine ich, die seit Jahren einen kleinen Teil der geistigen Existenz des Kranken gebildet hatten – lagen, wie man vermuten kann, in der Linie des Phantastischen. Wir vertieften uns in Werke wie *Vert-vert* und *Chartreuse* von Gresset, den *Belphegor* Machiavellis, Swedenborgs *Himmel und*

Hölle, in *Nicholas Klims unterirdische Reise* von Holberg, die *Chiromantien* von Robert Fludd, Jean d'Indaginé und De la Chambre, Tiecks *Reise ins Blaue* und den *Sonnenstaat* von Campanella.[5] Eines seiner Lieblingsbücher war eine kleine Oktavausgabe des *Directorium Inquisitorum* des Dominikaners Eymeric de Gironne,[6] und es gab bei Pomponius Mela[7] über altafrikanische Satyrn und Buschgeister Stellen, über denen Usher stundenlang träumend sitzen konnte. Sein größtes Entzücken aber fand er in der Lektüre eines außerordentlich seltenen und merkwürdigen Gotisch-Quartbandes, einer von Hand geschriebenen Chronik einer vergessenen Kirche: *Vigiliae Mortuorum secundum Chorum Ecclesiae Maguntinae.*[8]

Unwillkürlich musste ich an die darin beschriebenen sonderbaren Riten und deren Einfluss auf den Melancholiker denken, als er mir eines Nachts ohne jegliche Vorbereitung erklärte, Lady Madeline sei nicht mehr und er beabsichtige, die Tote für vierzehn Tage (vor der endgültigen Beisetzung) in einem der zahlreichen Gewölbe innerhalb der Hauptmauern des Gebäudes aufzubahren. Über den realen Grund dieses immerhin sonderbaren Vorhabens zu disputieren, fühlte ich mich nicht befugt. Der Bruder war (wie er mir sagte) angesichts der ungewöhnlichen Art der Krankheit der Verstorbenen zu diesem Entschluss gekommen, außerdem aber auch wegen gewisser zudringlicher und neugieriger Fragen ihrer Ärzte; ferner sei die Familiengruft ziemlich abgelegen und ungeschützt. Ich will nicht leugnen, dass ich, wenn ich mir den unheimlichen Gesichtsausdruck der Person auf der Treppe am Tag meiner Ankunft ins Gedächtnis zurückrief, keine Lust hatte, eine Regelung zu kritisieren, die in meinen Augen schlimmstenfalls nichts als eine harmlose und keineswegs außergewöhnliche Vorsichtsmaßnahme war.

Auf seine Bitte hin half ich Usher bei der Durchführung der vorläufigen Beisetzung. Nachdem wir die Tote in den Sarg gelegt hatten, trugen wir ihn zu seiner Ruhestätte. Das Gewölbe, in dem wir ihn unterbrachten (es war so lange Zeit nicht gelüftet worden, dass in der erstickenden Luft unsere Fackeln halb verlöschten und uns wenig erkennen ließen), war klein und feucht; es gab keine Möglichkeit, Licht hereinzulassen, da es in großer Tiefe lag, und zwar unter dem Teil des Gebäudes, in dem ich mein Schlafzimmer hatte. Offenbar war es in fernen Feudalzeiten zu schlimmsten Zwecken als Verlies, später als Aufbewahrungsort für Pulver oder andere leicht brennbare Stoffe verwendet worden, weil ein Teil des Bodens und das ganze Innere des langen Bogengangs, durch den wir eingetreten waren, sorgfältig mit Kupferblech verkleidet waren. Die massive Eisentür war ähnlich geschützt. Ihr ungeheueres Gewicht verursachte bei jeder Bewegung ein ungewöhnlich scharfes Knirschen in den Angeln.

Nachdem wir unsere traurige Last an diesem Ort des Schreckens auf einen Schragen gestellt hatten, schoben wir den noch nicht verschraubten Deckel des Sargs ein Stück zur Seite und betrachteten das Gesicht der Verstorbenen. Eine frappierende Ähnlichkeit zwischen Bruder und Schwester erregte zuerst meine Aufmerksamkeit. Usher erriet wohl meine Gedanken und murmelte einige Worte, denen ich entnahm, dass die Verstorbene und er Zwillinge seien und dass zu allen Zeiten zwischen ihnen eine Seelengemeinschaft bestanden habe, die von einem Außenstehenden kaum hätte verstanden werden können. Aber nicht sehr lange ruhten unsere Blicke auf der Toten – denn wir konnten sie nicht ohne Scheu betrachten. Das Übel, von dem Madeline in der Reife der Jugend ins Totenbett gelegt worden war, hatte wie alle Krankheiten epileptischer Art den Hohn eines schwachen Rot auf Brust und Gesicht und jenes verdächtig andauernde Lächeln auf den Lippen zurückgelassen, das im Tod so schrecklich wirkt. Wir legten den Deckel wieder auf und schraubten ihn leicht an; nachdem wir die Eisentür gesichert hatten, kehrten wir schleppenden Gangs in die kaum weniger düsteren oberen Räume zurück.

Nun, da einige Tage bitteren Kummers verflossen waren, erfolgte ein merklicher Wandel in den Anzeichen der geistigen Verstörung meines Freundes. Sein sonstiges Benehmen war gewichen, er vernachlässigte seine gewohnten Beschäftigungen oder vergaß sie, er durchwanderte Zimmer um Zimmer mit hastigem, ungleichem und ziellosem Schritt. Die Blässe seines Gesichts hatte eine womöglich noch geisterhaftere Schattierung angenommen – und die Leuchtkraft seiner Augen war gänzlich erloschen. Ich hörte den gelegentlich heiseren Ton seiner Stimme nicht mehr, seine Äußerungen kamen in einem zittrigen Tremolo, wie in höchster Angst hervorgebracht. Es gab Zeiten, da ich dachte, sein unentwegt aufgeregtes Gemüt quäle sich mit irgendeinem ihn bedrückenden Geheimnis ab und er kämpfe vergeblich um den nötigen Mut, es auszusprechen. Dann wieder sah ich mich veranlasst, alles auf bloße, unerklärbare Wunderlichkeiten eines Wahns zu schieben, denn ich sah, wie er stundenlang in der Haltung angespannter Aufmerksamkeit ins Leere starrte, als horche er auf irgendeinen eingebildeten Klang. Kein Wunder, dass sein Zustand mich in Schrecken versetzte – und ansteckte. Ich spürte, wie seine phantastischen und doch beeindruckenden Wahnvorstellungen langsam, aber Grad um Grad in mich krochen.

In besonderem Maß geschah dies am siebten oder achten Tag, nachdem wir Lady Madeline in dem Verlies niedergelegt hatten, als ich spät schlafen ging und die ganze Macht solcher Empfindungen zu spüren bekam. Kein Schlaf kam meinem Lager nah – während Stunde um Stunde verrann. Ich bemühte mich angestrengt, mir die Nervosität auszureden, die Gewalt über mich hatte. Ich ließ nicht nach, mich glauben zu machen, dass viel, wenn nicht alles, was mich überfallen hatte, dem beunruhigenden Einfluss der düsteren Zimmereinrichtung anzulasten sei – den dunklen, zerschlissenen Vorhängen, die vom Atem eines aufkommenden Sturms bewegt wurden, an den Wänden rieben und unangenehm an den Bettverzierungen raschelten. Alle Mühe war vergeblich. Eine nicht zu unterdrückende Beklemmung durchdrang mich und lastete schließlich als ein durch nichts zu begründender Alp schwer auf meinem Herzen. Mit einem tiefen Atemzug schüttelte ich sie ab, nahm mich zusammen und richtete mich in den Kissen auf. Ich starrte angestrengt in das tiefe Dunkel des Zimmers und horchte – ohne zu wissen, warum, es sei denn, ein Instinkt veranlasste mich dazu – auf irgendwelche dumpfe, unbestimmte Geräusche, die in den Pausen des Sturmwinds in längeren Abständen an mein Ohr drangen; woher, wusste ich nicht. Von einem intensiven, unerklärbaren und doch nicht zu ertragenden Gefühl des Schreckens überwältigt, fuhr ich hastig in die Kleider (ich spürte, dass ich in dieser Nacht keinen Schlaf mehr finden würde) und versuchte mit aller Anstrengung, mich aus dem jämmerlichen Zustand aufzurütteln, in den ich geraten war, indem ich rasch im Zimmer hin und her ging.

Ich hatte es auf diese Weise ein paar Mal durchmessen, als ich auf einen leichten Schritt im nahen Treppenhaus aufmerksam wurde. Sofort erkannte ich ihn als den Ushers. Und schon klopfte es behutsam an meiner Tür, er trat ein, eine Lampe in der Hand. Sein Gesicht war wie immer von leichenhafter Blässe – aber in seinen Augen war etwas wie die Heiterkeit eines Wahnsinnigen – in seinem ganzen Benehmen unterdrückte *Hysterie*. Sein Wesen erschreckte mich, aber alles war der Einsamkeit vorzuziehen, die ich so lange ertragen hatte, und so war mir seine Gegenwart eine willkommene Erleichterung.

»Und du hast es nicht gesehen?«, fragte er abrupt, nachdem er einige Augenblicke umhergeschaut hatte. »Du hast es also nicht gesehen? Warte, du sollst es sehen.« Während er sprach, verdunkelte er sorgfältig die Lampe, lief zu einem der Flügelfenster und öffnete es dem Sturm.

Die ungestüme Wut des hereinfahrenden Windstoßes hob uns fast vom Boden. Es war eine stürmische und doch schaurig-schöne Nacht, einzigartig in ihrem Rasen und ihrer Schönheit. Ein Wirbelwind hatte offenbar seine Kraft in unserer Nähe versammelt, denn er sprang häufig und ungestüm in alle möglichen Richtungen um, aber die ausnehmende Dichte der Wolken (sie hingen so niedrig, dass sie auf die Türmchen des Hauses zu drücken schienen) hinderte uns nicht wahrzunehmen, dass sie wie lebendige Wesen von allen Seiten gegeneinander anstürmten, ohne sich in die Ferne zu verziehen. Ich sage, dass sogar ihre ausnehmende Dichte uns nicht hinderte, es wahrzunehmen – und doch war kein Schimmer des Monds oder der Sterne zu sehen – noch auch zuckte ein Blitzstrahl aus ihnen. Aber die unteren Flächen der riesigen Massen wildbewegten kondensierten Dunstes wie auch alle irdischen Dinge in unserer unmittelbaren Umgebung glühten im unnatürlichen Licht einer schwachleuchtenden und deutlich sichtbaren gasartigen Ausdünstung, die um das Haus hing und es einhüllte.

»Du darfst – du sollst das nicht sehen!«, sagte ich erschauernd zu Usher, während ich ihn mit sanfter Gewalt vom Fenster weg zu einem Sessel zog. »Diese Erscheinung, die dich beunruhigt, ist nichts als ein elektrisches Phänomen und nichts Ungewöhnliches. Es kann auch sein, dass die Ursache des geisterhaften Leuchtens in den widerlichen Miasmen des Teichs zu suchen ist. Schließen wir das Fenster – die Luft ist kühl und kann dir gefährlich werden. Hier ist eine deiner Lieblingsgeschichten. Ich lese vor, du hörst zu, und so werden wir diese schreckliche Nacht gemeinsam herumbringen.«

Der alte Band, den ich in die Hand genommen hatte, war *Mad Trist* von Sir Launcelot Canning[9], aber ich hatte ihn mehr in traurigem Scherz als im Ernst als ein Lieblingsbuch Ushers bezeichnet, denn tatsächlich findet sich in dem Buch bei seiner unbeholfenen und phantasielosen Weitschweifigkeit kaum etwas, das für den hohen, vergeistigten Idealismus meines Freundes von Interesse hätte sein können. Es war aber das einzige greifbare Buch, und ich hegte die leise Hoffnung, dass sich die Erregung, die den Hypochonder beherrschte, vielleicht gerade durch die extreme Verrücktheit der Erzählung lösen könnte, die ich vorlesen wollte (in der Geschichte der Geisteskrankheiten gibt es eine Menge ähnlicher Anomalien). Hätte ich aus der angespannten, lebendigen Anteilnahme, wie er der Erzählung folgte oder doch zu folgen schien, tatsächlich einen Schluss ziehen wollen, hätte ich mir zum Erfolg meines Plans gratulieren können.

Ich war an der wohlbekannten Stelle der Geschichte angekommen, wo Ethelred, der Held von *Trist*, nachdem er vergebens auf friedliche Weise versucht hat, in die Klause des Eremiten eingelassen zu werden, sich daranmacht, sich gewaltsam Eintritt zu verschaffen. Hier, man wird sich erinnern, läuft die Erzählung so:

»Und Ethelred, der von Natur ein tapferes Herz hatte und nun obendrein von der Kraft des Weins, den er getrunken hatte, mächtig in Fahrt war, trödelte nicht langer herum, mit dem Eremiten zu verhandeln, der, um die Wahrheit zu sagen, ein widerspenstiger und böswilliger Mensch war. Da er den Regen bereits auf der Schulter spürte und das Aufziehen eines Gewitters befürchtete, holte er mit seiner Keule aus und schaffte sich schnell mit wuchtigen Schlägen in den Planken der Tür Platz für seine gepanzerte Faust, rüttelte kräftig daran und zerbrach und spaltete und riss das ganze Gefüge mit solcher Vehemenz auseinander, dass das Krachen des trockenen und hohl tönenden Holzes den ganzen Wald weckte und daraus widerhallte.«

Am Ende dieses Satzes fuhr ich zusammen und hielt einen Augenblick ein, denn es schien mir (ich sagte mir aber sogleich, dass meine aufgeregte Phantasie mich getäuscht haben musste), als klinge mir aus einem entfernten Teil des Hauses undeutlich in die Ohren, was in genauer Art und Entsprechung das Echo (allerdings ein gedämpftes, dumpfes) eben dieses splitternden und krachenden Holzes war, das Sir Launcelot so plastisch beschreibt. Es war zweifellos lediglich die Gleichzeitigkeit des Geräusches, die mich aufmerksam gemacht hatte, denn bei dem Klappern der Schiebefenster und dem Begleitlärm des noch zunehmenden Sturms hatte das Geräusch bestimmt nichts an sich, das mich hätte aufhorchen lassen oder beunruhigen können. Ich las also weiter:

»Als nun der wackere Kämpfer Ethelred durch die Tür trat, wurde er wütend und wunderte sich, keine Spur des bösartigen Eremiten vorzufinden. An dessen Statt hockte ein Drache von schuppenartigem, erschreckendem Aussehen mit feuriger Zunge als Wächter vor einem goldenen Palast mit silbernem Boden, und an der Wand hing ein Schild aus schimmernder Bronze mit der eingegrabenen Aufschrift:

Wer hier eintritt, ist gewesen ein Held.
Wer den Drachen schlägt, gewinnet den Schild.

Und Ethelred hob die Keule und schlug auf den Kopf des Drachen, der vor ihn hinstürzte und seinen letzten stinkenden Atem verhauchte, wobei er so grauenhaft grell und durchdringend brüllte, dass Ethelred die Ohren mit den Händen gegen das entsetzliche Geschrei verschließen musste, dessen Art noch nie war gehört worden.«

Hier stockte ich wieder, und diesmal in höchster Verblüffung – denn kein Zweifel, was ich in diesem Augenblick tatsächlich hörte (auch wenn ich unmöglich hätte sagen können, aus welcher Richtung es kam), war ein gedämpftes, offenbar fernes, aber scharfes, lang gezogenes, höchst ungewöhnliches kreischendes oder knirschendes Geräusch – das genaue Gegenstück zu dem, was ich mir in meiner Phantasie als das unnatürliche Gebrüll des Drachen vorgestellt hatte, das der Romanschreiber schildert.

Beklommen, wie ich natürlich über das Eintreten dieser zweiten und höchst ungewöhnlichen Gleichzeitigkeit war, und Beute vielfacher widersprüchlicher Gefühle, bei denen Verwunderung und Grauen vorherrschten, bewahrte ich trotzdem so viel Geistesgegenwart, nicht durch irgendeine Bemerkung die nervöse Sensibilität meines Gefährten zu erregen. Ich war keineswegs sicher, ob er die Geräusche wahrgenommen hatte; allerdings war während der verflossenen Minuten in seiner Haltung eine auffallende Änderung vor sich gegangen. War er mir bisher gegenübergesessen, so hatte er allmählich den Sessel so gedreht, dass sein Gesicht der Zimmertür zugekehrt war. Dadurch konnte ich es nur teilweise sehen, bemerkte aber doch, dass seine Lippen sich bewegten, als murmle er unhörbar irgendetwas. Sein Kopf war auf die Brust gesunken – aber ich wusste, dass er nicht in Schlaf gefallen war, weil ich von der Seite einen Blick auf sein Profil tun konnte: das Auge war weit aufgerissen. Auch die Bewegung seines Körpers passte nicht dazu – denn er wiegte ihn langsam, aber stetig und gleichmäßig hin und her. Nachdem ich mir in aller Eile dieses Bild gemacht hatte, nahm ich den Erzählfaden Sir Launcelots wieder auf, der weiter berichtet:

»Und da der Recke der schrecklichen Wut des Drachen entkommen war, besann er sich auf den ehernen Schild und des diesem innewohnenden, nunmehr gebrochenen Zaubers, räumte den Kadaver beiseite und näherte sich über den silbernen Boden hinweg tapfer der Stelle, wo der Schild an der Wand hing, der wahrhaftig nicht erst auf Ethelreds Kommen wartete, sondern mit lautem und schauerlich dröhnendem Getöse vor ihm auf den silbernen Boden fiel.«

Kaum hatte ich die letzten Silben ausgesprochen, drang mir ein deutlicher, hohler, metallisch klingender, aber offenbar gedämpfter Widerhall in die Ohren – als sei in eben diesem Augenblick ein eherner Schild schwer auf einen Silberboden geprallt. Gänzlich außer mir sprang ich auf, aber das regelmäßige Hin- und Herschwanken von Ushers Oberkörper dauerte an. Ich stürzte zu dem Sessel, in dem er saß. Seine Augen blickten gerade vor sich hin, sein Gesicht war zu steinerner Starre gefroren. Als ich ihm die Hand auf die Schulter legte, erschauerte er am ganzen Körper, ein gequältes Lächeln spielte um seine Lippen. Ich sah, dass er in rasender Eile leise und undeutlich vor sich hin sprach, als sei er sich meiner Gegenwart nicht bewusst. Ich beugte mich nah zu ihm hin und verstand entsetzt die grässliche Bedeutung seines Gemurmels.

»Ich es nicht hören? – O ja, ich höre es, ich *habe* es gehört. Lange – lange – lange – viele Minuten, viele Stunden, viele Tage habe ich es gehört und wagte doch nicht – bedauere mich, den elenden Wicht, der ich bin! – Ich wagte es nicht – ich *wagte* nicht zu sprechen. *Wir haben sie lebendig in den Sarg gelegt!* Sagte ich nicht, dass meine Sinne scharf sind? *Jetzt* sage ich dir, dass ich ihre ersten schwachen Bewegungen in dem hohlen Sarg gehört habe. Ja, gehört – vor vielen, vielen Tagen schon – und doch wagte ich es nicht – *wagte nicht zu sprechen!* Und jetzt – heute Nacht – Ethelred – haha! – das Krachen der Tür des Einsiedlers, und das Todesröcheln des Drachen, und der Klang des Schilds! – sag lieber das Knirschen des Sargdeckels, und das Kreischen der Eisenangeln ihres Gefängnisses, und ihr Kampf mit dem kupfernen Bogengang des Gewölbes! Wohin soll ich fliehen? Wird sie nicht jeden Augenblick hier sein? Kommt sie nicht, um mir Übereilung vorzuwerfen? Höre ich nicht ihren Schritt auf der Treppe? Kann ich nicht das schwere, furchtbare Schlagen ihres Herzens hören? WAHNSINNIGER!« Er sprang heftig auf und schrillte seine Worte heraus, als wolle er in diesem Ausbruch die Seele aufgeben. »WAHNSINNIGER! ICH SAGE DIR, SIE STEHT JETZT VOR DER TÜR!«

Als hätte die übermenschliche Kraft der geschrienen Worte die Macht eines Zaubers – so öffnete die Tür mit den hohen altertümlichen Füllungen, auf die Usher deutete, in diesem Augenblick langsam die schweren, ebenholzdunklen Kiefer. Es war vielleicht das Werk eines gewaltigen Windstoßes – aber da *stand* die schlanke, in Weiß gehüllte Gestalt Lady Madeline Ushers unter der Tür. Blutflecken waren auf dem Leichentuch und Spuren verzweifelter Anstrengungen auf dem abgezehrten Körper. Einen Augenblick verharrte sie zitternd und schwankend auf der Schwelle, dann stürzte sie mit einem leisen, schmerzlichen

Stöhnen nach innen auf ihren Bruder, der während ihres schweren, endgültigen Todeskampfs leblos mir ihr zu Boden sank, Opfer des Entsetzlichen, das er vorausgefühlt hatte.

Gehetzt floh ich aus dem Zimmer und diesem Haus. Der Sturm tobte noch in voller Wut, als ich mich auf dem alten Weg wiederfand. Mit einmal flutete ein Schimmer darüber hin. Ich drehte mich um, um zu sehen, wovon der ungewöhnliche Schein ausgehen mochte, denn hinter mir waren nur das mächtige Haus und seine Schatten. Das Leuchten kam von einem Teil des untergehenden blutroten Vollmonds, der hell durch den einst kaum wahrnehmbaren, bereits erwähnten Riss schien, der vom Dach des Hauses im Zickzack zum Fundament gelaufen war. Während ich darauf starrte, erweiterte er sich rasch. Wieder ein heftiger Windstoß, und das ganze Rund des Satelliten stand vor meinen Augen. Mir schwindelte der Kopf, als ich sah, dass die mächtigen Mauern auseinanderbarsten. Ein langes, lautes Getöse wie das Brausen von tausend Wasserfällen, und der tiefe dunkle Teich schloss sich düster über den Trümmern des HAUSES USHER.

1839   *Übersetzung von Otto Weith*

William Wilson

Was? was nur soll ich sagen vom Gewissensgrimm,
ein Spuk auf meinem Pfad?

WILLIAM CHAMBERLAYNE,
Pharonnida[1]

Man erlaube mir, mich hier William Wilson zu nennen. Das reine Blatt, das jetzt vor mir liegt, braucht nicht mit meinem wahren Namen besudelt zu werden. Der ist schon zu sehr ein Gegenstand des Hohns – des Grauens – des Abscheus meines Geschlechts gewesen. Haben nicht die empörten Winde seine Schande ohnegleichen bis in die entlegensten Regionen des Erdballs ausgesprengt? O von allen Ausgestoßenen verworfenster Ausgestoßener! – bist du für die Erde nicht auf immer tot? – für ihre Ehren, ihre Blumen, ihr goldenes Trachten? – und eine Wolke, dicht, düster und grenzenlos, hängt sie nicht ewig zwischen deinen Hoffnungen und dem Himmel?

Selbst wenn ich es könnte, würde ich hier und heute nicht einen Bericht über meine späteren Jahre voll des unaussprechlichen Elends und unverzeihlichen Verbrechens einfügen. Diese Epoche, diese späteren Jahre, wurden von einem jähen Anstieg der Schändlichkeit ereilt, dessen Ursprung zu bestimmen allein meine gegenwärtige Absicht ist. Gewöhnlich sinken die Menschen allmählich. Von mir fiel in einem Augenblick alle Tugend auf einmal ab wie ein Mantel. Von vergleichsweise trivialer Schlechtigkeit ging ich mit dem Schritt eines Riesen zu schlimmeren Ungeheuerlichkeiten als denen eines Heliogabals[2] über. Welcher Zufall, welches eine Ereignis dies Übel herbeiführte – man übe Nachsicht mit mir, während ich darüber berichte. Der Tod naht; und der Schatten, den er vorauswirft, hat sich besänftigend auf meine Seele gelegt. Ich sehne mich auf meiner Wanderung durchs finstere Tal nach dem Mitgefühl – fast hätte ich gesagt, nach dem Erbarmen – meiner Mitmenschen. Ich würde sie gern glauben machen, dass ich in gewissem Maße der Sklave von Umständen war, die außerhalb menschlicher Macht liegen. Ich wünschte, dass sie in den Details, die ich ausbreiten will, inmitten einer Wüste von Verirrungen eine kleine Oase *vorbestimmten Fatums* für mich fänden. Ich möchte, dass sie zugeben – was sie ohnehin zugeben müssen –, dass zuvor ein Mensch, wiewohl es so große Versuchung immer gegeben haben mag – zumindest nie *so* versucht wurde – gewiss aber nie *so* fiel. Und hat deshalb auch noch nie einer so gelitten? Habe ich nicht tatsächlich in einem Traum gelebt? Und sterbe ich jetzt nicht als Opfer des Grauens und Mysteriums der wahnwitzigsten aller irdischen Visionen?

Ich bin der Abkömmling eines Geschlechts, das von jeher durch sein phantasievolles und leicht erregbares Temperament hervorstach; und meine früheste Kindheit legte davon Zeugnis ab, dass ich den Familiencharakter völlig geerbt hatte. Während ich heranwuchs, prägte er sich immer stärker aus; und aus vielerlei Gründen wurde er eine Quelle ernster Besorgnis für meine Freunde und konkreten Schadens für mich selbst. Ich wurde eigensinnig, gab mich den wildesten Launen hin, wurde eine Beute zügellosester Leidenschaften. Willensschwach und mit ähnlichen Charakterfehlern behaftet wie ich selbst, vermochten meine Eltern nur wenig gegen die schlechten Neigungen auszurichten, die mich auszeichneten. Einige schwache und unbeholfene Anstrengungen endeten mit einem vollständigen Fehlschlag ihrerseits und natürlich mit einem totalen Triumph meinerseits. Von da an war meine Stimme Gesetz im Hause; und in einem Alter, wo nur wenige Kinder sich vom Gängelband gelöst haben, war ich der Führung meines eigenen Willens überlassen und wurde, wenn auch nicht dem Namen nach, Herr meiner Handlungen.

Meine frühesten Erinnerungen an ein Schulleben sind mit einem großen, weitläufigen Elisabethanischen Haus in einem nebelverhangenen Städtchen Englands verbunden, wo eine

Unmenge riesiger knorriger Bäume stand und alle Häuser uralt waren. Wirklich, es war ein traumhafter und Ruhe verströmender Ort, dies ehrwürdige alte Städtchen. Noch jetzt spüre ich, wenn ich zurückdenke, die erquickende Kühle seiner tiefschattigen Alleen, atme den Duft seiner tausend Büsche, und von neuem durchschauen mich mit unbeschreiblichem Entzücken der tiefe hohle Ton der Kirchglocke, der allstündlich mit dumpfem und plötzlichem Dröhnen die Stille des Nebeldämmers durchbrach, in der schlafend der gezackte gotische Spitzturm eingebettet lag.

Das Verweilen bei winzigen Erinnerungen an die Schule und ihre Angelegenheiten bereitet mir vielleicht die größte Freude, die ich jetzt überhaupt noch zu empfinden vermag. Vom Elend verschlungen, wie ich bin – ein Elend, ach, nur allzu wirklich –, wird man mir verzeihen, dass ich Erleichterung, und sei sie noch so schwach und vorübergehend, in der Hingabe an ein paar weitschweifige Details suche. So überaus trivial und sogar lächerlich sie an sich auch sind, ist ihnen doch in meiner Erinnerung eine weit reichende Bedeutung zugefallen, da sie mit einem Lebensabschnitt und einem Ort verbunden sind, wo ich die ersten dunklen Mahnungen des Schicksals erkenne, das mich später so ganz überschattete. Man gönne mir also die Erinnerung.

Das Haus war, ich sagte es schon, alt und unregelmäßig. Das Grundstück war ausgedehnt, und das Ganze rings von einer hohen, massiven Ziegelmauer umgeben, die oben bedeckt war von einer Schicht Mörtel mit Glasscherben darin. Dieser gefängnismäßige Wall bildete die Grenze unseres Reiches; darüber hinaus sahen wir nur dreimal in der Woche – einmal jeden Samstagnachmittag, wenn wir, begleitet von zwei Hilfslehrern, gemeinsam kurze Spaziergänge in die angrenzenden Felder machen durften – und zweimal am Sonntag, wenn man uns in der gleichen förmlichen Weise zum Morgen- und Abendgottesdienst in die einzige Kirche des Städtchens paradieren ließ. Pfarrer dieser Kirche war unser Schulrektor. Wie tief war das Gefühl des Erstaunens und der Verwirrung, wenn ich ihm von unserem entlegenen Sitz auf der Empore aus zuzusehen pflegte, wie er feierlichen und gemessenen Schritts zur Kanzel hinaufstieg! Dieser ehrwürdige Mann, mit der so gütig ernsten Miene, in dem so leuchtenden und so geistlich wallenden Talar, der so sorgfältig gepuderten, steifen, mächtigen Perücke – konnte es derselbe sein, der unlängst mit mürrischem Gesicht, in tabakfleckigen Kleidern, in der Hand den Stock, die drakonischen Gesetze der Anstalt vollstreckte? O ungeheuerliches Paradox, allzu monströs, um je gelöst zu werden!

In einem Winkel der wuchtigen Mauer starrte einem ein noch wuchtigeres Tor entgegen. Es war vernietet und beschlagen mit Eisenbolzen und von zackigen Eisenspitzen überragt. Welche Gefühle tiefer Ehrfurcht flößte es ein! Es öffnete sich nie, außer für die drei bereits erwähnten regelmäßigen Ausgänge und bei der Rückkehr; dann fanden wir in jedem Knarren seiner mächtigen Angeln eine Fülle von Geheimnissen, eine Welt von Stoff für feierliche Worte oder noch feierlichere stumme Betrachtungen.

Die weitläufige Einfriedung war von unregelmäßiger Form und hatte viele geräumige Vertiefungen. Drei oder vier der größten davon bildeten unseren Spielplatz. Er war eben und mit feinem harten Kies bedeckt. Ich erinnere mich gut, dass es weder Bäume noch Bänke noch sonst etwas Ähnliches auf ihm gab. Natürlich befand er sich hinter dem Haus. Nach vorn lag eine schmale Rabatte, bepflanzt mit Buchsbaum und anderen Sträuchern; aber durch diesen geheiligten Bezirk schritten wir nur bei wirklich seltenen Anlässen – wie etwa bei der ersten Ankunft in der Schule oder beim endgültigen Abgang von ihr; oder vielleicht, wenn Eltern oder Freunde uns in die Weihnachts- oder Sommerferien abholten und wir freudig den Weg nach Hause einschlugen.

Aber das Haus! – was für ein wunderliches altes Gebäude war

das! – für mich wahrhaft ein verzauberter Palast! Wirklich nirgendwo nahmen sie ein Ende, seine Windungen – seine unfasslichen Unterteilungen. Es war jederzeit schwierig, mit Bestimmtheit zu sagen, in welchem seiner beiden Stockwerke man sich gerade befand. Man konnte sicher sein, von jedem Raum zum andern auf ein paar Treppen zu stoßen, entweder hinauf oder hinunter. Dann waren die Seitengänge zahllos – unbegreiflich – und liefen so ineinander zurück, dass unsere exaktesten Vorstellungen von dem ganzen Gebäude nicht sehr verschieden waren von denen, die wir uns von der Unendlichkeit machten. In den fünf Jahren meines Aufenthalts dort war ich nicht imstande, mit Sicherheit festzustellen, in welchem entfernten Teil der kleine Schlafsaal lag, der mir und weiteren achtzehn oder zwanzig Mitschülern zugewiesen war.

Das Schulzimmer war das größte im Haus – ja, mir schien unweigerlich, in der ganzen Welt. Es war sehr lang, schmal und grässlich niedrig, hatte gotische Spitzbogenfenster und eine Decke aus Eichenholz. In einem entlegenen, Furcht einflößenden Winkel befand sich ein viereckiger Verschlag von acht oder zehn Fuß Breite, der »während des Unterrichts« das *Sanctum* unseres Rektors, des Reverend Dr. Bransby, bildete. Es war ein solider Bau mit massiver Tür, und wir alle hätten lieber Folterqualen erlitten, als gewagt, sie in Abwesenheit des »Dominic« zu öffnen. In den anderen Ecken standen zwei ähnliche Kästen, weit weniger gefürchtet zwar, aber immerhin noch respektheischend genug. Einer war das Katheder des »klassischen«, der andere das des »englischen und mathematischen« Hilfslehrers. Über den Raum verstreut, kreuz und quer in endloser Unregelmäßigkeit, standen unzählige Bänke und Pulte, schwarz, uralt und abgenutzt, mit kühnen Stößen zerlesener Bücher beladen und so mit Initialen, vollständigen Namen, grotesken Figuren und vielerlei anderen Leistungen des Taschenmessers übersät, dass sie das Wenige ihrer ursprünglichen Form, das sie in längst vergangenen Tagen einmal besessen haben mochten, ganz eingebüßt hatten. Ein riesiger Kübel mit Wasser stand am einen Ende des Saals, und am andern eine Uhr von verblüffenden Ausmaßen.

Eingeschlossen hinter den wuchtigen Mauern dieser ehrwürdigen Anstalt, verbrachte ich, doch keineswegs in Langeweile oder gar mit Widerwillen, das dritte Lustrum[3] meines Lebens. Der überschäumende Geist des Kindes bedarf keiner Welt der äußeren Ereignisse zu seiner Beschäftigung oder Unterhaltung; und die scheinbar düstere Monotonie der Schule war erfüllt von intensiveren Erregungen, als sie meine reifere Jugend aus dem Luxus oder mein volles Mannesalter aus dem Verbrechen schöpften. Gleichwohl muss ich annehmen, dass meine frühe geistige Entwicklung manches Ungewöhnliche – ja sogar manches Überspannte – an sich hatte. Bei den meisten Menschen hinterlassen die Ereignisse ihres frühesten Daseins selten festumrissene Eindrücke im reifen Alter. Alles ist schattenhaft grau – ein schwaches und sporadisches Erinnern – ein vages Wiederaufscheinen matter Freuden und eingebildeter Leiden. Bei mir ist das nicht so. In der Kindheit muss ich mit der Energie eines Mannes all das empfunden haben, was ich heute in so lebendigen, tiefen und dauerhaften Linien wie die Exerguen[4] auf karthagischen Münzen in mein Gedächtnis eingeprägt finde.

Doch in Wahrheit – der Wahrheit in den Augen der Welt – wie wenig gab es da Erinnernswertes! Morgens das Wecken, am Abend der Befehl zum Schlafengehen; das Pauken, die Abfragestunden; die regelmäßig wiederkehrenden halbfreien Tage und Wanderungen; der Spielplatz mit seinem Tumult, seiner Kurzweil, seinen Intrigen; all das war, durch einen längst vergessenen Zauberakt der Seele, wie geschaffen, eine Flut von Empfindungen hervorzurufen, eine Welt reich an Ereignissen, ein Universum vielfältiger Gefühle, von leidenschaftlichsten und aufwühlendsten Erregungen. »Oh, le bon temps, que ce siècle de fer!«

Mein feuriges, begeisterndes und herrisches Wesen machte mich bald zu einer auffälligen Gestalt unter meinen Schulkameraden und gab mir ein langsam, aber natürlich wachsendes Übergewicht über alle, die nicht beträchtlich älter waren als ich selbst – über alle mit einer einzigen Ausnahme. Als diese Ausnahme entpuppte sich die Person eines Schülers, der, ohne mit mir verwandt zu sein, den gleichen Vor- und Zunamen trug wie ich selbst; ein an sich wenig bemerkenswerter Umstand; denn ungeachtet meiner edlen Abstammung trug ich einen jener landläufigen Namen, die seit unvordenklichen Zeiten kraft Gewohnheitsrecht Gemeingut des Mobs zu sein scheinen. In dieser Erzählung habe ich mich daher als »William Wilson« bezeichnet – ein fiktiver Name, der dem wirklichen nicht sehr unähnlich ist. Von allen, die im Schülerjargon »unsere Clique« bildeten, wagte einzig dieser mein Namensvetter es, sich in den Schulfächern – und auch im Sport und beim Toben auf dem Spielplatz – mit mir zu messen, meinen Behauptungen blinden Glauben wie auch die Unterwerfung unter meinen Willen zu verweigern – ja, sich in jeder nur erdenklichen Hinsicht gegen meine Willkürbefehle aufzulehnen. Wenn es auf Erden einen äußersten, schrankenlosen Despotismus gibt, so ist es der eines genialischen Knaben über die weniger kraftvollen Geister seiner Kameraden.

Wilsons Rebellion war für mich eine Quelle größter Verlegenheit – umso mehr, als ich, trotz der betonten Forschheit, mit der ich ihn und seine Anmaßungen öffentlich behandelte, insgeheim spürte, dass ich ihn fürchtete, und nicht umhin konnte, die Ebenbürtigkeit mit mir, die er so leicht behauptete, für einen Beweis seiner wahren Überlegenheit zu halten; denn es kostete mich einen ständigen Kampf, nicht besiegt zu werden. Immerhin wurde diese Überlegenheit – ja, auch nur Ebenbürtigkeit – tatsächlich von niemandem außer mir anerkannt; unsere Kameraden schienen in unerklärlicher Blindheit nicht einmal etwas von ihr zu ahnen. Allerdings waren seine Rivalität, sein Widerstand und insbesondere seine unverschämte und zähe Einmischung in meine Absichten ebenso gezielt wie verdeckt. Es schien, als fehle ihm gleichermaßen der Ehrgeiz, der mich dazu anspornte, und die leidenschaftliche Energie des Geistes, die es mir ermöglichte, mich hervorzutun. Zu seiner Rivalität, so hätte man meinen können, sei er allein von einem launischen Verlangen angetrieben, mir dazwischenzufahren, mich zu erstaunen oder zu kränken; gleichwohl konnte ich nicht umhin, hin und wieder mit einem Gefühl von Verwunderung, Demütigung und Zorn zu bemerken, dass er in seine Kränkungen, seine Beleidigungen oder seine Widerreden eine gewisse, höchst unangebrachte und bestimmt höchst unwillkommene Art der *Zuneigung* einfließen ließ. Ich konnte mir lediglich vorstellen, dass dies eigenartige Verhalten einem vollendeten Selbstdünkel entsprungen sei, der sich in vulgäre Gönnerhaftigkeit und Protektion kleide.

Vielleicht war es dieser letztere Zug in Wilsons Benehmen, der, zusammen mit unserer Namensgleichheit und dem zufälligen Umstand unseres Schuleintritts am selben Tag, in den oberen Klassen der Anstalt die Ansicht in Umlauf setzte, dass wir Brüder seien. In der Regel kümmern sich diese nicht sonderlich um die Angelegenheiten der Jüngeren. Ich habe zuvor gesagt – oder hätte sagen sollen –, dass Wilson auch nicht im entferntesten Grad mit meiner Familie verwandt war. Doch *wenn* wir Brüder gewesen wären, so hätten wir bestimmt Zwillinge sein müssen; denn nach meinem Austritt aus Dr. Bransbys Internat erfuhr ich zufällig, dass mein Namensvetter am 19. Januar 1813 geboren wurde – und das ist ein recht ungewöhnliches Zusammentreffen; denn dieser Tag ist genau der meiner eigenen Geburt.

Es mag seltsam erscheinen, dass ich trotz der fortwährenden Angst, die mir Wilsons Rivalität verursachte, und trotz seines unerträglichen Widerspruchsgeistes, es nicht über mich brachte, ihn ganz und gar zu hassen. Gewiss, wir hatten fast jeden Tag einen Streit, und wenn er mir auch öffentlich die Siegespalme überließ, so gelang es ihm irgendwie doch, mich spüren zu lassen, dass er es sei, der sie verdient habe; trotzdem bewog ein Gefühl des Stolzes auf meiner und eine echte Würde auf seiner Seite uns dazu, dass wir immer »im Gespräch« blieben (wie es so schön heißt), zumal unser beider Naturell so manche auffallend kongeniale Züge zeigte, die darauf hinwirkten, in mir ein Gefühl wachzurufen, das vielleicht allein unsere gegenseitige Stellung daran hinderte, zur Freundschaft zu reifen. Tatsächlich ist es schwierig, meine wirklichen Gefühle ihm gegenüber zu bestimmen oder gar zu beschreiben. Sie bildeten ein buntes und heterogenes Gemisch – etwas gereizte Animosität, die noch nicht Hass war, etwas Achtung, mehr Respekt, viel Furcht und schließlich eine Menge unbehaglicher Neugier. Für den Moralisten wird es nicht nötig sein hinzuzufügen, dass wir die unzertrennlichsten Gefährten waren.

Zweifellos lag es an dem anomalen Stand der Dinge zwischen uns, dass meine Attacken auf ihn alle (und deren gab es viele, teils offene, teils versteckte) mehr zu Neckereien oder derben Späßen gerieten (die schmerzten, obschon sie sich den Anschein von bloßem Scherz gaben), als dass sie in ernstere, entschiedenere Feindseligkeit ausgeschlagen wären. Aber meine Anstrengungen in dieser Richtung waren durchaus nicht immer erfolgreich, mochten meine Pläne auch aufs schlauste ausgeheckt sein; denn mein Namensvetter hatte in seinem Charakter viel von jenem unprätentiösen und ruhigen Ernst an sich, der zwar die schneidende Schärfe der eigenen Scherze zu genießen weiß, selbst aber keine Achillesferse bietet und über jede Lächerlichkeit erhaben ist. Tatsächlich konnte ich an ihm nur eine verwundbare Stelle finden, und da sie in einer physischen Eigenart, vielleicht die Folge eines angeborenen Übels, bestand, hätte ihn jeder Gegner, der weniger als ich am Ende seiner Kunst gewesen wäre, damit verschont – mein Rivale litt an einer Schwäche der Kehl- oder Rachenorgane, die ihn hinderte, seine Stimme jemals *über ein sehr leises Flüstern* zu erheben. Ich verabsäumte nicht, nach Kräften aus diesem Defekt jeden noch so armseligen Vorteil zu ziehen.

Wilsons Vergeltungen mit gleicher Münze waren mannigfach; und es gab eine Form seiner Neckereien, die mich maßlos erboste. Wie sein Scharfsinn überhaupt zuerst herausfand, dass mich eine solche Bagatelle reizen würde, ist eine Frage, die ich nie zu lösen vermochte; aber nachdem er sie entdeckt hatte, plagte er mich ständig damit. Ich hatte von jeher eine Abneigung gegen meinen unfeinen Familiennamen und den sehr gewöhnlichen, wenn nicht plebejischen Vornamen empfunden. Ihr Klang war Gift für meine Ohren; und als am Tag meiner Ankunft ein zweiter William Wilson in die Anstalt eintrat, wurde ich zornig auf ihn, weil er diesen Namen trug, und von dem Namen doppelt abgestoßen, weil ein Fremder ihn trug, der die Ursache seiner zweifachen Wiederholung sein würde, der ständig in meiner Gegenwart sein würde und dessen Angelegenheiten wegen jener abscheulichen Übereinstimmung in der normalen Routine des Schulbetriebs oft unvermeidlich mit den meinen verwechselt werden mussten.

Das so erzeugte Gefühl des Verdrusses verstärkte sich mit jedem Umstand, der auf eine geistige oder physische Ähnlichkeit zwischen meinem Rivalen und mir hinzuweisen schien. Ich hatte damals die bemerkenswerte Tatsache noch nicht entdeckt, dass wir gleichaltrig waren; aber ich sah, dass wir gleich groß waren, und ich bemerkte, dass wir uns im allgemeinen Umriss der Gestalt und im Schnitt des Gesichts einzigartig glichen. Auch war ich verärgert über das in den oberen Klassen umlaufende Gerücht von unserer angeblichen Verwandtschaft. Mit einem Wort, nichts konnte mich ernstlicher aufbringen (obgleich ich das peinlichst verbarg), als irgendeine Anspielung darauf, dass wir einander im Geist, im Äußeren oder im Rang ähnlich seien. Doch hatte ich wirklich keinen Grund anzunehmen, dass (von unserer angeblichen Verwandtschaft und der Person Wilsons selbst abgesehen) diese Ähnlichkeit jemals von unseren Mitschülern zur Sprache gebracht oder auch nur von ihnen bemerkt worden wäre. Dass *er* sie in ihrer ganzen Tragweite, und so gebannt wie ich, bemerkte, war offensichtlich; aber dass er in derlei zufälligen Umständen ein so fruchtbares Feld für Bosheiten zu entdecken vermochte, kann, wie ich schon sagte, nur seinem außergewöhnlichen Scharfsinn zugeschrieben werden.

Seine Rolle bestand darin, mich in Worten wie Handlungen bis ins Kleinste zu imitieren; und er spielte sie höchst bewundernswert. Meinen Anzug zu kopieren, war ein leichtes; meinen Gang und mein Auftreten allgemein eignete er sich ohne Schwierigkeiten an; trotz seines angeborenen Defekts entging ihm nicht einmal meine Stimme. An meine lauteren Töne wagte er sich natürlich nicht, aber der Tonfall, er war identisch; *und sein einzigartiges Flüstern, es wurde das vollkommene Echo meines eigenen.*

Wie sehr dies ganz vortreffliche Porträt mich schikanierte (denn eine Karikatur konnte man es mit Fug nicht nennen), will ich jetzt nicht zu beschreiben versuchen. Ich hatte nur einen Trost – in dem Faktum, dass die Imitation offensichtlich von mir allein bemerkt wurde und dass ich nur das wissende und seltsam sarkastische Lächeln meines Namensvetters zu ertragen hatte. Zufrieden, in meinen Herzen die beabsichtigte Wirkung erzielt zu haben, schien er heimlich über den mir beigebrachten Stachel zu kichern und machte sich bezeichnenderweise nichts aus dem Beifall, den der Erfolg seiner geistreichen Bemühungen dem Publikum so leicht hätte entlocken können. Dass in der Schule allerdings niemand seine Absicht fühlte, ihre vollendete Ausführung wahrnahm und an meiner Verhöhnung sich beteiligte, war viele bange Monate hindurch ein Rätsel, das ich nicht zu lösen vermochte. Vielleicht war es das *stufenweise Heranreifen* der Kopie, das sie nicht so leicht erkennbar machte; oder noch wahrscheinlicher verdankte ich meine Sicherheit dem meisterlichen Auftritt des Kopisten, der, den Buchstaben verschmähend (was auf einem Gemälde alles ist, was das stumpfe Auge sieht), nur den vollen Geist seines Originals bot – mir persönlich zur Betrachtung und zum Kummer.

Ich habe bereits mehr als einmal von dem widerwärtig gönnerhaften Gebaren gesprochen, das er mir gegenüber annahm, und von seiner häufig zudringlichen Einmischung in meinen Willen. Diese Einmischung nahm oft den plumpen Charakter eines Rates an; nicht eines offen gegebenen, sondern eines angedeuteten oder versteckten Rates. Ich nahm ihn mit einem Widerwillen entgegen, der mit den Jahren an Stärke gewann. Doch nach so langer Zeit möchte ich ihm die einfache Gerechtigkeit widerfahren lassen und anerkennen, dass ich mich keiner Gelegenheit erinnern kann, da die Einflüsterungen meines Rivalen zu jenen Verirrungen oder Torheiten gehört hätten, wie sie für sein unreifes Alter und seine scheinbare Unerfahrenheit so typisch wären; dass sein moralisches Empfinden zumindest, wenn nicht gar seine Talente allgemein und seine Weltkenntnis, weit feiner entwickelt war als mein eigenes; und dass ich heute wohl ein besserer und folglich glücklicherer Mensch wäre, hätte ich weniger oft die in jenes bedeutsame Flüstern gefassten Ratschläge zurückgewiesen, die ich damals nur zu sehr von Herzen hasste und zu bitter verachtete.

Wie die Dinge lagen, sträubte ich mich schließlich aufs heftigste gegen seine widerwärtige Beaufsichtigung und erboste mich täglich immer offener über das, was mir als seine unerträgliche Anmaßung erschien. Ich habe gesagt, dass in den ersten Jahren unserer Beziehung als Schulkameraden meine Gefühle für ihn leicht hätten zu einer Freundschaft reifen können; in den letzten Monaten meines Aufenthalts im Internat jedoch, obgleich die Zudringlichkeit seines üblichen Benehmens zweifellos in gewissem Maße nachließ, gerannen meine Gefühle nahezu im gleichen Verhältnis fast zu reinem Hass. Bei irgendeiner Gelegenheit, glaube ich, merkte er das und mied mich danach oder tat so, als würde er mich meiden.

Es war um die nämliche Zeit, wenn ich mich recht entsinne, dass ich im Lauf eines heftigen Wortwechsels mit ihm, in dem er sich weniger als sonst vorsah und mit einer seiner Natur fremden Offenheit sprach und agierte, in seinem Tonfall, seiner Miene und seiner ganzen Erscheinung ein Etwas entdeckte oder zu entdecken glaubte, das mich anfangs erschreckte und dann zutiefst fesselte, da es dunkle Visionen aus meiner frühesten Kindheit in mir wachrief – wilde, verworrene und sich überstürzende Erinnerungen aus einer Zeit, da die Erinnerung selbst noch ungeboren war. Ich kann die Empfindung, die mich bedrückte, nicht besser beschreiben, als wenn ich sage, dass ich nur schwer die Vorstellung abzuschütteln vermochte, ich sei mit dem Wesen, das vor mir stand, vor sehr langer Zeit einmal bekannt gewesen – zu irgendeinem Zeitpunkt einer geradezu unendlich fernen Vergangenheit. Die Täuschung schwand jedoch so schnell, wie sie gekommen war; und ich erwähne sie nur deshalb, um den Tag der letzten Unterhaltung, die ich dort mit meinem eigenartigen Namensvetter hatte, näher zu bestimmen.

Das riesige alte Haus mit seinen zahllosen Unterteilungen hatte mehrere große, miteinander verbundene Zimmer, wo die Mehrzahl der Schüler schlief. Doch gab es (wie es bei einem so bizarr angelegten Gebäude unvermeidlich ist) viele kleine Nischen oder Winkel, die Makulatur der Konstruktion sozusagen; und auch diese hatte die ökonomische Findigkeit Dr. Bransbys zu Schlafkammern hergerichtet, obgleich sie, als bloße Alkoven, nur eine einzelne Person aufzunehmen vermochten. Eine dieser kleinen Kammern belegte Wilson.

Eines Nachts, gegen Ende meines fünften Jahres an der Schule und unmittelbar nach dem eben erwähnten Wortwechsel, als ich alle im Schlaf wusste, erhob ich mich vom Bett und stahl mich, die Lampe in der Hand, durch ein Labyrinth enger Gänge aus meiner eigenen Schlafkammer zu der meines Rivalen. Ich hatte seit langem einen jener bösartigen Bubenstreiche auf seine Kosten ausgeheckt, die mir bislang so durchgängig misslungen waren. Es war jetzt meine Absicht, meinen Anschlag in die Tat umzusetzen, und ich beschloss, ihn das ganze Ausmaß der Bosheit, die sich in mir angestaut hatte, fühlen zu lassen. Als ich seine Kammer erreicht hatte, trat ich geräuschlos ein und stellte die Lampe, mit einem Abblendschirm darüber, draußen ab. Ich trat einen Schritt vor und lauschte den ruhigen Zügen seines Atems. Als ich sicher war, dass er schlief, drehte ich um, holte das Licht und näherte mich mit ihm wieder dem Bett. Dichte Vorhänge hingen ringsum, die ich in Verfolgung meines Plans langsam und leise zurückzog, worauf die hellen Strahlen lebhaft und klar auf den Schläfer fielen, und meine Blicke im gleichen Augenblick auf sein Gesicht. Ich schaute – und Betäubung, ein Gefühl eisiger Erstarrung, durchdrang meinen Leib. Meine Brust wogte, meine Knie wankten, und mein ganzes Wesen wurde von einem gegenstandslosen, doch unerträglichen Grauen ergriffen. Nach Atem ringend, senkte ich die Lampe noch näher an sein Gesicht. Waren dies – *dies* die Züge William Wilsons? Ja, ich sah, sie waren es, doch ich schauderte wie in einem Anfall von Fieberfrost bei der Vorstellung, dass sie es nicht seien. *Was* hatten sie an sich, dass sie mich so bestürzt machten? Ich starrte – während mein Gehirn von einer Flut unzusammenhängender Gedanken schwindelte. So sah er nicht aus – gewiss nicht *so* – von Leben erfüllt, in seinen wachen Stunden. Derselbe Name! derselbe Umriss der Gestalt! derselbe Tag der Ankunft in der Schule! Und dann sein hartnäckiges und sinnloses Nachahmen meines Gangs, meiner Stimme, meiner Gewohnheiten, meines Benehmens! Lag es wirklich in den Grenzen menschlicher Möglichkeit, dass das, *was ich jetzt sah*, lediglich das Resultat ständiger Praxis dieses sarkastischen Nachahmens war? Angsterfüllt und von Schauern überlaufen, löschte ich die Lampe, schlich leise aus der Kammer und verließ alsbald die Hallen jener alten Akademie, um sie nie wieder zu betreten.

Nach Verlauf einiger Monate, die ich zu Hause in schierem Müßiggang verbrachte, fand ich mich als höherer Schüler in Eton wieder. Der kurze Abstand hatte genügt, um die Erinnerung an die Ereignisse bei Dr. Bransby abzuschwächen oder zumindest eine wesentliche Änderung in der Natur der Gefühle zu bewirken, mit denen ich an sie zurückdachte. Die gelebte Wahrheit – die Tragik – des Dramas war vorüber. Ich konnte jetzt Zweifeln am Zeugnis meiner Sinne Raum geben; und wenn ich mir überhaupt das Erlebte noch zurückrief, so selten und mit Verwunderung über das Ausmaß menschlicher Leichtgläubigkeit und mit einem Lächeln über die lebendige Kraft der Einbildung, die mein Erbteil war. Auch war es unwahrscheinlich, dass der Lebenswandel, den ich in Eton führte, diese Art Skepsis verringern würde. Der Strudel gedankenloser Torheiten, in den ich mich dort so abrupt und unbekümmert stürzte, wusch alles bis auf Schaumspuren von meinen vergangenen Stunden ab, verschlang sogleich jeden festen oder profunden Eindruck und ließ dem Gedächtnis nur den flüchtigsten Schimmer eines früheren Daseins.

Ich will jedoch nicht den Gang meiner elenden Verworfenheit hier nachzeichnen – einer Verworfenheit, die den Gesetzen spottete, während sie zugleich die Wachsamkeit meiner Lehrer umging. Drei tolle Jahre, vertan ohne Gewinn, hatten nichts als lasterhafte Gewohnheiten in mir einwurzeln lassen und in einem etwas ungewöhnlichen Maße zu meiner physischen Entwicklung beigetragen, als ich einmal nach einer Woche seelenloser Ausschweifung eine kleine Schar der liederlichsten Mitschüler zu einem heimlichen Zechgelage auf meine Zimmer lud. Wir trafen uns nachts zu später Stunde; denn unsere Orgien sollten sich ausdrücklich bis in die Morgenstunden hinziehen. Der Wein floss reichlich, und es fehlte nicht an anderen, vielleicht gefährlicheren Versuchungen, so dass im Osten bereits schwach der Morgen graute, als unsere rasende Völlerei ihren Höhepunkt erreichte. Vom Rausch und Kartenspiel bis zur Raserei erhitzt, wollte ich schon darauf bestehen, einen Toast von mehr als üblicher Ruchlosigkeit auszubringen, als meine Aufmerksamkeit plötzlich durch die heftig, obgleich nur halb aufgerissene Zimmertür und durch die dringliche Stimme eines Dieners von draußen abgelenkt wurde. Er sagte, jemand, der offenbar in Eile sei, verlangte mich im Vorzimmer zu sprechen.

In meiner wilden Trunkenheit war ich mehr entzückt als überrascht von dieser unerwarteten Störung. Ich schwankte sogleich vorwärts, und ein paar Schritte brachten mich in die Vorhalle des Gebäudes. In dem niedrigen und schmalen Raum hing keine Lampe; und keinerlei Licht fand damals Einlass, außer der überaus schwachen Dämmerung, die durch das halbrunde Fenster drang. Als ich den Fuß über die Schwelle setzte, wurde ich der Gestalt eines jungen Mannes gewahr, von ungefähr meiner Größe und gekleidet in einen weißen, nach neuester Mode geschnittenen Hausrock aus Kaschmir, wie ich ihn selbst im Augenblick trug. So viel ließ mich das spärliche Licht erkennen; jedoch die Züge seines Gesichts konnte ich nicht unterscheiden. Bei meinem Eintritt schritt er eilig auf mich zu, und mit einer Geste gereizter Ungeduld meinen Arm ergreifend, flüsterte er mir die Worte »William Wilson!« ins Ohr.

Ich war im Nu völlig nüchtern.

Es lag etwas in der Art des Fremden, in dem zitternden Beben seines erhobenen Fingers, als er ihn zwischen meine Augen und das Licht hielt, das mich mit uneingeschränkter Bestürzung erfüllte; doch war es nicht das, was mich so heftig bewegte. Es war die ganze Schwere feierlicher Ermahnung in der eigentümlich leisen, zischelnden Sprechweise; und vor allem war es der Charakter, der Klang, *der Tonfall* jener wenigen einfachen und vertrauten, doch *geflüsterten* Silben, die eine Flut von Erinnerungen an vergangene Tage beschworen und meine Seele trafen wie der Schlag einer galvanischen Batterie. Ehe ich wieder in den Besitz meiner Sinne gelangte, war er fort.

Obwohl dieses Ereignis nicht verfehlte, einen lebhaften Eindruck auf meine zerrüttete Phantasie zu machen, war er doch ebenso flüchtig wie lebhaft. Einige Wochen lang widmete ich mich ernsthaften Forschungen oder hüllte mich in eine Wolke morbider Grübeleien. Nicht dass ich versucht hätte, vor meinem Bewusstsein die Identität des merkwürdigen Individuums zu verschleiern, das sich so beharrlich in meine Angelegenheiten einmischte und mich mit seinem versteckten Rat quälte. Doch wer und was war dieser Wilson? – und woher kam er? – und was waren seine Absichten? Auf keine dieser Fragen wusste ich eine befriedigende Antwort; nur das eine brachte ich über ihn in Erfahrung, dass er aus Anlass eines plötzlichen Ereignisses in seiner Familie Dr. Bransbys Anstalt am Nachmittag desselben Tages verlassen hatte, an dem ich entflohen war. Doch nach kurzer Zeit hörte ich auf, über die Sache nachzudenken, da meine Aufmerksamkeit von einem geplanten Wechsel nach Oxford absorbiert war. Ich ging auch bald dorthin; und die unbesonnene Eitelkeit meiner Eltern verschaffte mir eine Dotierung und einen jährlichen Wechsel, die es mir ermöglichten, nach Belieben im Luxus zu schwelgen, der meinem Herzen schon so teuer geworden war – und in der Verschwendungssucht mit den hochfahrendsten Erben der reichsten Grafschaften in Großbritannien zu wetteifern.

Durch solch reichliche Mittel zum Laster aufgestachelt, brach mein angeborenes Temperament mit doppelter Glut hervor, und in der irren Verblendung meiner Orgien missachtete ich selbst die einfachsten Regeln des Anstands. Doch es wäre sinnlos, mich bei Details meiner Ausschweifungen aufzuhalten. Möge es genügen, dass ich, was Verschwendung betraf, selbst einen Herodes in den Schatten stellte und als Urheber einer Vielzahl neuer Torheiten der langen Liste von Lastern, die damals an der verkommensten Universität Europas Usus waren, einen nicht gerade kleinen Anhang hinzufügte.

Indessen mochte man kaum glauben, dass ich mich, sogar an diesem Ort, der vornehmen Art so gänzlich entschlagen würde, um mir die gemeinsten Kniffe professioneller Spieler anzueignen und sie, nachdem ich ein Meister in dieser verächtlichen Kunst geworden, gewohnheitsmäßig zu praktizieren, um mein ohnedies schon enormes Einkommen auf Kosten der Naiveren unter meinen Kommilitonen zu vermehren. Nichtsdestoweniger war es so. Und gerade das Ungeheuerliche dieses Verstoßes gegen alles männliche und ehrenhafte Empfinden erwies sich zweifellos als der hauptsächliche, wenn nicht einzige Grund für die Straflosigkeit, mit der er begangen wurde. Wer auch unter meinen liederlichsten Kumpanen hätte nicht eher das klarste Zeugnis seiner Sinne angezweifelt, als den heiteren, freimütigen, hochherzigen William Wilson solcher Methoden verdächtigt – ihn, den nobelsten und freigebigsten Studenten in Oxford – ihn, dessen Torheiten (so sagten seine Parasiten) nur Torheit der Jugend und einer überschäumenden Phantasie – dessen Verirrungen nur unnachahmliche Schrulle – dessen schwärzeste Laster nur sorglose und schneidige Extravaganz waren?

Zwei Jahre war ich nun in dieser Weise erfolgreich tätig gewesen, als an die Universität ein neu geadelter, junger Parvenü namens Glendinning kam – reich, so das Gerücht, wie Herodes Atticus,[5] und auch ebenso leicht zu seinen Reichtümern gelangt. Ich fand bald heraus, dass er ziemlich einfältig war, und erkor ihn natürlich als geeignetes Objekt für meine Geschicklichkeit. Ich forderte ihn oft zum Spiel auf und ließ ihn eigens, nach der üblichen Spielermethode, beträchtliche Summen gewinnen, um ihn desto wirkungsvoller zu umgarnen. Schließlich, als meine Pläne reif waren, traf ich mich mit ihm (in der vollen Absicht, dass dies Treffen endgültig und entscheidend sein sollte) in der Wohnung eines uns beiden gleich nahe stehenden Kommilitonen (Mr. Preston), der aber, um ihm Gerechtigkeit anzutun, nicht im entferntesten etwas von meinem Vorhaben ahnte. Um dem Ganzen einen harmlosen Anstrich zu geben, war es mir gelungen, unser acht oder zehn dort zu versammeln, und ich war sorgfältig darauf bedacht, dass die Einführung der Karten rein zufällig erscheinen, ja auf Vorschlag des auserkorenen Gimpels geschehen sollte. Um ein widerliches Thema schnell zu beenden: keine der gemeinen Finessen wurde ausgelassen, die bei ähnlichen Gelegenheiten gang und gäbe sind, so dass es einen nachgerade wundert, wie sich noch immer Dumme finden, die auf sie hereinfallen.

Wir hatten unsere Sitzung bis weit in die Nacht hinein ausgedehnt, als mir endlich das Manöver gelang, Glendinning als alleinigen Gegenspieler zu bekommen. Wir spielten auch das von mir favorisierte Écarté[6]. Der Rest der Gesellschaft, angelockt vom Einsatz unseres Spiels, hatte die eigenen Karten weggelegt und stand als Zuschauer um uns herum. Der Parvenü, den ich im ersten Teil des Abends durch meine Listen zu starkem Trinken animiert hatte, mischte, gab und spielte jetzt auf eine wild nervöse Art, die sich, wie mir schien, wohl nur zum Teil, aber nicht gänzlich mit seiner Trunkenheit erklären ließ. Binnen kurzem war er mit einem hohen Betrag mein Schuldner geworden, als er, nach einem tiefen Schluck Portwein, genau das tat, was ich die ganze Zeit kühl erwartet hatte – er schlug vor, unsere ohnehin schon übertrieben hohen Einsätze zu verdoppeln. Mit gut gespieltem Widerstreben und erst nachdem er durch meine wiederholte Weigerung sich zu einigen ärgerlichen Worten hatte hinreißen lassen, die wiederum meinem Nachgeben noch einen Anflug von *Gereiztheit* gaben, willigte ich schließlich ein. Das Ergebnis bewies natürlich nur, wie restlos mir die Beute ins Netz gegangen war; in weniger als einer Stunde hatte er seine Schuld vervierfacht. Seit einer Weile war aus seinem Gesicht allmählich der rosige Schimmer verschwunden, den ihm der Wein verlieh; jetzt aber bemerkte ich zu meinem Erstaunen, dass er einer wahrhaft fürchterlichen Blässe gewichen war. Ich sage, zu meinem Erstaunen. Glendinning war mir bei meinen eifrigen Nachforschungen als unermesslich reich dargestellt worden; und die Summen, wiewohl an sich hoch genug, die er bis dahin verloren hatte, konnten ihn, so nahm ich an, nicht ernstlich beunruhigen, geschweige denn derart heftig berühren. Dass er vom soeben hinuntergestürzten Wein überwältigt sei, war der nächstliegende Gedanke; und mehr mit Rücksicht auf die Erhaltung meines Rufs in den Augen meiner Kumpane als aus einem weniger eigennützigen Motiv wollte ich schon entschieden auf Abbruch des Spiels dringen, als ein paar Äußerungen der neben mir Stehenden und ein Aufschrei der Verzweiflung seitens Glendinning mir zu verstehen gaben, dass ich seinen totalen Ruin herbeigeführt hatte, noch dazu unter Umständen, die, da sie ihn zum Gegenstand des Mitleids aller machten, ihn vor den Anfeindungen selbst eines Teufels würden bewahrt haben.

Wie ich mich nun hätte verhalten können, ist schwer zu sagen. Der bedauernswerte Zustand des Düpierten versetzte alle in eine düster-verlegene Stimmung; und eine Weile herrschte tiefes Schweigen, währenddessen ich unwillkürlich spürte, wie meine Wangen unter den vielen brennenden Blicken der Verachtung oder des Tadels prickelten, die mir die weniger Verkommenen der Gesellschaft zuwarfen. Ich will sogar zugeben, dass einen Moment lang von meiner Brust eine unerträgliche Last der Angst genommen wurde durch die plötzliche und außerordentliche Unterbrechung, die nun folgte. Die breiten, schweren Flügeltüren wurden auf einmal in ihrer ganzen Weite aufgestoßen, so stürmisch und mit so kraftvollem Ungestüm, dass wie durch Magie jede Kerze im Zimmer erlosch. Ihr sterbendes Licht ließ uns gerade noch erkennen, dass ein Fremder eingetreten war, ungefähr von meiner Größe, einen Mantel dicht um sich geschlungen. Indessen war jetzt die Dunkelheit vollkommen; und wir konnten nur mehr *fühlen*, dass er in unserer Mitte stand. Ehe sich einer von uns von dem maßlosen Erstaunen erholen konnte, in das dieser unverschämte Auftritt alle gestürzt hatte, hörten wir die Stimme des Eindringlings.

»Meine Herren«, sagte er in einem leisen, deutlichen und unvergesslichen *Flüstern*, das mich bis ins innerste Mark durchschauerte, »meine Herren, ich will mich nicht entschuldigen für mein Benehmen, da ich, indem ich mich so benehme, nur eine Pflicht erfülle. Sie sind ohne Zweifel nicht über den wahren Charakter der Person unterrichtet, die heute Abend Lord Glendinning eine große Summe Geldes im Écarté abgewonnen hat. Ich will Ihnen deshalb ein rasches und entscheidendes Verfahren angeben, wie Sie diese bitter notwendige Aufklärung erlangen.

Wollen Sie bitte in aller Ruhe das Innenfutter seines linken Ärmelaufschlags untersuchen sowie die diversen kleinen Päckchen, die sich wohl in den etwas geräumigen Taschen seines gestickten Morgenrocks finden werden.«

So tief war die Stille, während er sprach, dass man eine Nadel hätte zu Boden fallen hören können. Als er geendet hatte, ging er sofort, und zwar so brüsk, wie er gekommen war. Kann ich – soll ich meine Empfindungen beschreiben? – muss ich sagen, dass ich all die Schrecken der Verdammten fühlte? Ganz sicher hatte ich nur wenig Zeit zum Überlegen. Von vielen Händen wurde ich auf der Stelle rau gepackt, und sofort wurden wieder Lichter beschafft. Eine Durchsuchung folgte. Im Futter meines Ärmels fanden sich alle im Écarté wichtigen Bildkarten und in den Taschen meines Rocks eine Anzahl Kartenspiele, Faksimiles der bei unseren Zusammenkünften benutzten, mit der einen Ausnahme, dass meine zu der technisch so genannten arrondierten Spezies gehörten: die Trümpfe waren an den schmalen Enden, die niederen Karten an den Seiten leicht konvex. Bei dieser Präparierung wird der zu Düpierende, der wie üblich der Länge nach vom Pack abhebt, stets finden, dass er seinem Gegner einen Trumpf aufdeckt; der Falschspieler hingegen, der der Breite nach abhebt, wird ebenso sicher für sein Opfer nichts abheben, was in der Spielabrechnung zählt.

Ein Ausbruch der Entrüstung über diese Entdeckung hätte mich weniger berührt als die stumme Verachtung oder auch die sarkastische Gelassenheit, mit der sie aufgenommen wurde.

»Mr. Wilson«, sagte unser Gastgeber und bückte sich, um einen ungemein luxuriösen Mantel aus seltenen Pelzen, der vor seinen Füßen lag, aufzuheben, »Mr. Wilson, das ist Ihr Eigentum.« (Das Wetter war kalt; und beim Verlassen meiner Wohnung hatte ich einen Mantel über meinen Morgenrock geworfen, den ich bei der Ankunft am Schauplatz abgelegt hatte.) »Ich nehme an, es erübrigt sich, hier (dabei musterte er die Falten des Kleidungsstücks mit einem bitteren Lächeln) nach weiteren Beweisen Ihres Könnens zu suchen. Ja, wir haben genug davon. Sie werden, hoffe ich, die Notwendigkeit einsehen, Oxford zu verlassen – jedenfalls augenblicklich meine Wohnung zu verlassen.«

Gedemütigt, bis in den Staub erniedrigt, wie ich damals war, hätte ich wahrscheinlich diese aufreizende Sprache unmittelbar mit physischer Gewalt vergolten, wäre nicht meine Aufmerksamkeit im selben Augenblick durch eine geradezu bestürzende Tatsache gefesselt worden. Der Mantel, den ich getragen hatte, war aus sehr seltenem Pelzwerk; wie selten, wie übertrieben kostbar, wage ich nicht zu sagen. Auch war er nach meinem eigenen phantastischen Entwurf geschnitten; denn in derlei nichtigen Dingen war ich wählerisch bis zum absurd Geckenhaften. Als daher Mr. Preston mir den Mantel reichte, den er nahe der Flügeltür aufgehoben hatte, bemerkte ich mit einem fast an Entsetzen grenzenden Staunen, dass mein eigener bereits über meinem Arm hing (wohin ich ihn zweifellos unwissentlich gelegt hatte) und dass der mir Dargebotene noch bis ins winzigste Detail sein genaues Gegenstück war. Das sonderbare Wesen, das mich so verheerend bloßgestellt hatte, war, wie ich mich entsann, in einen Mantel gehüllt gewesen; und von den Mitgliedern unserer Gesellschaft hatte niemand außer mir einen getragen. Einen Rest von Geistesgegenwart bewahrend, nahm ich den Mantel, den mir Preston reichte; legte ihn unbemerkt über meinen eigenen; verließ mit finster trotziger Miene das Zimmer; und brach am andern Morgen vor Tageslicht überstürzt zu einer Reise von Oxford nach dem Kontinent auf, zutiefst gepeinigt von Scham und Entsetzen.

Ich floh vergeblich. Mein böses Geschick verfolgte mich gleichsam triumphierend und bewies mir, dass die Ausübung seiner geheimnisvollen Herrschaft erst jetzt begonnen hatte. Kaum hatte ich in Paris meinen Fuß niedergesetzt, als ich neue Beweise von dem verhassten Interesse erhielt, das dieser Wilson an meinen Angelegenheiten nahm. Jahre flogen dahin, und ich verspürte keine Erleichterung. Der Schurke! – wie ungelegen und doch mit welch gespenstischer Zudringlichkeit trat er in Rom zwischen mich und mein ehrgeiziges Ziel! Ebenso in Wien – in Berlin – und in Moskau! Wo tatsächlich hatte ich *nicht* bitteren Grund, ihn in meinem Herzen zu verfluchen? Vor seiner unergründlichen Tyrannei floh ich schließlich, von Panik erfasst, wie vor einer Seuche; und bis ans äußerste Ende der Welt *floh ich vergeblich.*

Und wieder und wieder stellte ich mir in geheimer Zwiesprache mit meiner Seele die Fragen: »Wer ist er? – woher kommt er? – und was sind seine Ziele?« Aber ich fand keine Antwort. Und dann erforschte ich, erforschte minuziös die Formen und die Methoden und die Grundzüge seiner unverschämten Überwachung. Doch selbst da fand sich nur sehr wenig, worauf sich eine Vermutung hätte gründen lassen. Allerdings war es auffällig, dass er noch in jedem der zahlreichen Fälle, wo er zuletzt meinen Weg gekreuzt, es lediglich darauf angelegt hatte, Pläne zu vereiteln oder Handlungen zu hintertreiben, die, zu Ende geführt, schlimmes Unheil angerichtet hätten. Armselige Rechtfertigung, wahrlich, für eine so gebieterisch angemaßte Autorität! Armselige Entschädigung dafür, mir das Naturrecht auf Selbstbestimmung so hartnäckig und beleidigend zu versagen!

Auch konnte ich nicht umhin zu bemerken, dass mein Peiniger seit sehr langer Zeit (wiewohl er sonst an seiner Marotte, sich identisch mit mir zu kleiden, peinlich genau und mit wunderbarem Geschick festhielt) es bei seinen jeweiligen Eingriffen in meinen Willen fertig brachte, dass ich nicht einen Moment lang seine Gesichtszüge sah. Mochte Wilson sein, wer er wollte, *das* zumindest war die reinste Affektiertheit, wenn nicht Dummheit. Konnte er nur einen Augenblick annehmen, dass ich in dem Ermahner in Eton – in dem Zerstörer meiner Ehre in Oxford – in ihm, der meinen ehrgeizigen Plan in Rom hintertrieb, meine Rache in Paris, meine leidenschaftliche Liebe in Neapel oder in Ägypten das, was er fälschlich meine Habgier nannte –

dass ich in ihm, meinem Erzfeind und bösen Geist, nicht den William Wilson meiner Schultage erkennen würde – den Namensvetter, den Kameraden, den Rivalen – den gehassten und gefürchteten Rivalen bei Dr. Bransby? Unmöglich! – Doch ich eile zur letzten bedeutsamen Szene des Dramas.

Bis dahin hatte ich mich tatenlos in diese gebieterische Herrschaft geschickt. Die Empfindung tiefer Ehrfurcht, mit der ich gewohnt war, den hohen Charakter, die majestätische Weisheit, die scheinbare Allgegenwart und Allmacht zu betrachten, wozu noch ein Gefühl fassungslosen Grausens kam, das gewisse andere Züge in seinem Wesen und seinen Anmaßungen mir einflößten, hatte bislang bewirkt, dass ich von einer Vorstellung meiner eigenen totalen Schwäche und Hilflosigkeit durchdrungen war und mich bedingungslos, wiewohl widerstrebend, seinem despotischen Willen unterwarf. Zuletzt aber hatte ich mich ganz dem Wein ergeben; und unter seinem toll machenden Einfluss auf mein ererbtes Temperament wurde ich der Kontrolle immer überdrüssiger. Ich begann zu murren – zu zögern – Widerstand zu leisten. Und war es nur Einbildung, die mich glauben machte, mit der Zunahme meiner eigenen Festigkeit würde sich die meines Peinigers entsprechend verringern? Wie dem auch sei, ich spürte jetzt, wie neue Hoffnung erglühte, und nährte endlich in meinen geheimen Gedanken den festen und verzweifelten Entschluss, mich nicht länger dieser Sklaverei zu unterwerfen.

Es war in Rom, während des Karnevals von 18.., als ich an einem Maskenball im Palast des neapolitanischen Herzogs Di Broglio teilnahm. Ich hatte noch hemmungsloser als sonst den Ausschweifungen der Weintafel gefrönt; und die erstickende Atmosphäre der überfüllten Salons reizte mich jetzt bis zur Unerträglichkeit. Auch trug die Schwierigkeit, mir einen Weg durchs Gewühl der Gäste zu bahnen, nicht wenig dazu bei, mir die Laune zu verderben; denn ich war (man erspare mir zu sagen, aus welch unwürdigem Motiv) begierig auf der Suche nach der jungen, der lustigen, der schönen Frau des alten kindischen Di Broglio. Mit allzu skrupelloser Dreistigkeit hatte sie mich in das Geheimnis ihres Maskenkostüms, in dem sie erscheinen würde, eingeweiht, und kaum hatte ich einen flüchtigen Blick von ihr erhascht, beeilte ich mich, zu ihr durchzudringen. – In diesem Augenblick spürte ich, wie eine Hand sich leicht auf meine Schulter legte, und hörte das unvergesslich, leise, verfluchte *Flüstern*.

Vor Wut wie toll rasend, wandte ich mich um nach ihm, der mir so dazwischengefahren war, und packte ihn am Kragen. Er war, wie ich erwartet hatte, in genau das gleiche Kostüm gekleidet wie ich; trug also einen spanischen Mantel aus blauem Samt, die Taille zusammengerafft von einem karmesinroten Gürtel, in dem ein Rapier steckte. Sein Gesicht war von einer schwarzseidenen Maske völlig verhüllt.

»Du Schuft!«, sagte ich mit vor Wut heiserer Stimme, und jede Silbe, die ich hervorstieß, schien neues Öl in die Glut meines Zorns zu gießen, »du Schuft! Hochstapler! verfluchter Bursche! Du sollst nicht – *sollst mich nicht* in den Tod hetzen! Folge mir, oder ich steche dich auf der Stelle nieder!« – und ich bahnte mir einen Weg aus dem Ballsaal in ein kleines, angrenzendes Zimmer, ihn im Hinausgehen widerstandslos hinter mir her schleppend.

Als ich eintrat, schleuderte ich ihn wütend von mir. Er taumelte gegen die Wand, während ich mit einem Fluch die Tür schloss und ihm befahl zu ziehen. Er zögerte nur einen Augenblick; dann, mit einem leisen Seufzer, zog er stumm und verlegte sich aufs Verteidigen.

Der Kampf war nur kurz. Ich war außer mir vor maßlos wilder Erregung und fühlte in meinem einen Arm die Energie und die Macht von vielen. In Sekundenschnelle hatte ich ihn durch schiere Kraft gegen die getäfelte Wand getrieben, und als ich ihn so ganz in meiner Gewalt hatte, stieß ich ihm meinen Degen mit brutaler Wildheit mehrmals durch die Brust.

Im selben Augenblick versuchte jemand das Türschloss zu öffnen. Ich eilte hin, um ein Eindringen zu verhindern, und kehrte sogleich zu meinem sterbenden Gegner zurück. Doch welche menschliche Sprache kann *das* Erstaunen, *das* Grauen hinlänglich wiedergeben, das mich bei dem Schauspiel, welches sich meinen Augen jetzt bot, ergriff? Der kurze Moment, da ich meinen Blick abwandte, hatte offenbar ausgereicht, um eine radikale Veränderung in der Einrichtung am oberen, gegenüberliegenden Ende des Zimmers herbeizuführen. Ein hoher Spiegel – so schien es mir zuerst in meiner Verwirrung – stand jetzt da, wo zuvor keiner zu sehen war; und als ich im Übermaß des Entsetzens auf ihn zutrat, kam mir mein eigenes Bild, doch blutbespritzt und im Gesicht ganz bleich, mit schwachem und torkelndem Schritt entgegen.

So schien es mir, sagte ich, aber es war nicht so. Es war mein Gegner – es war Wilson, der jetzt vor mir stand im Todeskampf, vor der Auflösung. Maske und Mantel lagen da, wo er sie hingeworfen, auf dem Boden. Nicht ein Fädchen in seiner ganzen Kleidung – nicht eine Linie in all den ausgeprägten und einzigartigen Zügen seines Gesichts, die nicht bis ins allerletzte identisch mit den *meinen* gewesen wäre!

Es war Wilson; doch er sprach nicht mehr mit einem Flüstern, und ich hätte glauben können, ich selber sei es, der da sprach, als er sagte:

»Du hast gesiegt, und ich weiche. Doch von nun an bist auch du tot – tot für die Welt, den Himmel und die Hoffnung! In mir hast du gelebt – und nun, in meinem Tod, sieh in diesem Bild, das dein eigenes ist, wie unwiderruflich du dich selbst gemordet hast.«

1840   *Übersetzung von Ekkehard Schöller*

Der Massenmensch

Ce grand malheur, de ne pouvoir être seul.

Welch großes Unglück, nicht allein sein
zu können.

»Es lässt sich nicht lesen« – wurde einmal treffend von einem gewissen deutschen Buch behauptet. Es gibt einige Geheimnisse,
die sich nicht preisgeben lassen. Menschen sterben des Nachts in
ihren Betten, klammem sich an die Hände spukhafter Beichtväter und sehen ihnen jämmerlich in die Augen – sterben an verzweifeltem Herzen und verkrampfter Kehle um der Grässlichkeit solcher Mysterien willen, die es nicht *zulassen*, enthüllt zu
werden. Hin und wieder lädt sich das menschliche Gewissen
eine Bürde auf, die ach so schwer vor Grauen ist, dass man sie
nur ins Grab abwälzen kann. Und so bleibt das Wesentliche allen
Verbrechens im Verborgenen.

Vor nicht allzu langer Zeit saß ich an einem Herbstabend
etwa gegen Einbruch der Nacht an dem großen Bogenfenster
des Kaffeehauses D. in London. Einige Monate lang war ich bei
schlechter Gesundheit gewesen, nun aber auf dem Weg der Besserung und befand mich der wiederkehrenden Stärke halber in
einer jener fröhlichen Stimmungen, die ganz genau das Gegenteil von *ennui*[2] sind – Launen eifrigster Aufnahmebereitschaft,
wenn der Schleier vom geistigen Auge sich lüftet – ἀχλὺς ἣ πρὶν
ἐπῆεν[3] – und der Intellekt wie elektrisiert seine alltägliche Verfassung so weit übersteigt wie die lebhaften und doch redlichen
Überlegungen von Leibniz[4] die tolle und nichts sagende Redekunst von Gorgias[5]. Das bloße Atmen war mir ein Genuss; und
sogar vielen regelrechten Quellen des Schmerzes konnte ich
Vergnügen abgewinnen. Ich verspürte ein stilles, doch neugieriges Interesse an allem. Mit einer Zigarre im Mund und einer Zei

tung auf dem Schoß hatte ich mich den größeren Teil des Nachmittags damit unterhalten, bald die Annoncen emsig zu studieren, bald die bunte Gesellschaft in dem Raum zu beobachten und bald durch die rauchgetrübten Scheiben auf die Straße zu gucken.

Diese ist eine der Hauptverkehrsadern der Stadt und hatte den ganzen Tag über von Menschen gewimmelt. Als jedoch die Dunkelheit hereinbrach, nahm das Gedränge jeden Augenblick zu, und sobald die Laternen hell erleuchtet waren, flutete die Bevölkerung ohne Unterlass in zwei Strömen an der Tür vorüber. Nie zuvor war ich zu eben dieser Abendstunde in einer ähnlichen Lage gewesen, weshalb mich die stürmische See menschlicher Köpfe mit einem köstlich neuartigen Gefühl erfüllte. Schließlich ließ ich von jeglicher Beachtung der Dinge im Hotel ab und vertiefte mich ganz in die Betrachtung des Schauspiels außerhalb.

Zuerst nahmen meine Beobachtungen einen abstrakten und verallgemeinernden Lauf. Ich sah die Vorübergehenden als Massen an und befasste mich gedanklich mit ihnen in der Gesamtheit ihrer Beziehungen zueinander. Doch bald ging ich auf Einzelheiten ein und belegte die unzählbare Mannigfaltigkeit an Gestalt, Gewand, Gebärde und Gebaren, Antlitz und Miene mit peinlich genauem Augenmerk.

Die weitaus größere Zahl derer, die vorübergingen, hatte eine zufriedene, geschäftsmäßige Haltung und schien nur daran zu denken, sich ihren Weg durch die Menschenpresse zu bahnen. Ihre Stirnen waren gerunzelt, und ihre Augen rollten schnell; wurden sie von Reisegefährten angestoßen, so bekundeten sie keinerlei Ungeduld, sondern ordneten ihre Kleidung und eilten weiter. Andere, auch noch eine zahlreiche Gattung, waren ruhelos in ihren Bewegungen, hatten gerötete Gesichter und sprachen und gestikulierten mit sich selbst, als fühlten sie sich gerade aufgrund der dichtgedrängten Gesellschaft um sie herum einsam. Wurden sie an ihrem Fortkommen gehindert, so hörten diese

Leute auf zu murmeln, verdoppelten aber ihre Gesten und warteten mit einem abwesenden, übertriebenen Lächeln auf den Lippen das Weitergehen der Personen ab, die sie hinderten. Wurden sie geschubst, so verneigten sie sich überschwänglich vor den Schubsern und schienen übermannt von Verwirrung. – Darüber hinaus gab es nichts sehr Auffallendes an diesen beiden großen Gruppen. Ihre Kleidung gehörte zu jener Sorte, die von spitzen Zungen schicklich genannt wird. Es waren zweifellos Edelleute, Kaufleute, Advokaten, Händler, Börsenmakler – die Eupatriden[6] und die Gemeinen der Gesellschaft – Müßiggänger und andere, die emsig ihren eigenen Angelegenheiten nachgehen – die Geschäfte auf ihre eigene Verantwortung betreiben. Sie erregten meine Aufmerksamkeit nicht besonders.

Die Sippschaft der Büroangestellten war unverkennbar; hier unterschied ich zwei bemerkenswerte Kategorien. Da gab es die niederen Angestellten von Hehlernestern – junge Herren mit engen Röcken, glänzenden Stiefeln, gut geöltem Haar und hochmütigen Lippen. Lässt man eine gewisse Art von Liebenswürdigkeit in ihrem Verhalten beiseite, welche in Ermangelung eines besseren Wortes *Schreibtischmus* genannt werden könnte, so schien mir das Gebaren dieser Leute eine haargenaue Kopie dessen zu sein, was zwölf oder achtzehn Monate zuvor die Vollendung des *bon ton* gewesen war. Sie trugen die abgelegte Zierde der vornehmen Leute auf; und so, glaube ich, wird diese Gattung am treffendsten definiert.

Die Kategorie der höheren Angestellten solider Firmen oder der »bewährten alten Knaben« zu verfehlen war unmöglich. Man erkannte sie an ihren schwarzen oder braunen, auf bequemes Sitzen zugeschnittenen Röcken und Beinkleidern mit Westen und weißen Krawatten, an breiten, festen Schuhen und dicken Strümpfen oder Gamaschen. – Sie hatten alle einigermaßen kahle Köpfe, von denen die rechten Ohren, seit langem an Bleistifthalten gewöhnt, die seltsame Angewohnheit hatten, steil abzustehen. Ich bemerkte, dass sie ihre Hüte immer mit beiden Händen abnahmen oder aufsetzten und Uhren an kurzen Goldketten von schwerer, alter Machart trugen. Ihr Streben galt dem Anstand – falls es tatsächlich ein so ehrbares Streben gibt.

Es gab viele Einzelpersonen von verblüffender Erscheinung, die ich mit Leichtigkeit als der Gattung der geschniegelten Taschendiebe zugehörig ausmachen konnte, von denen alle großen Städte heimgesucht werden. Ich beobachtete diese Herrschaften mit großer Neugier und fand es schwierig, mir vorzustellen, wie sie je von wahren Gentlemen für ihresgleichen gehalten werden könnten. Gepaart mit einer Miene ungemeiner Aufrichtigkeit, müsste das Fassungsvermögen ihrer Manschetten sie sofort verraten.

Die Spieler, von denen ich nicht wenige erspähte, waren noch leichter zu erkennen. Sie trugen alle Kleidungsvarianten, von der des hoffnungslosen Trickdiebes mit samtener Weste, extravagantem Halstuch, vergoldeten Ketten und Filigranknöpfen bis hin zu der des betont schlichten Geistlichen, die weniger Argwohn hegen ließ als jede andere. Doch zeichneten sie sich alle durch gewissermaßen aufgedunsene, aschfahle Gesichter aus, trüb verschleierte Augen und blasse, verkniffene Lippen. Überdies gab es zwei weitere Kennzeichen, anhand derer ich sie stets entlarven konnte – eine leise, verhaltene Sprechweise und die Angewohnheit, den Daumen rechtwinklig zu den Fingern ungewöhnlich weit auszustrecken. Sehr oft beobachtete ich in Gesellschaft dieser Bauernfänger eine Sorte Menschen, die zwar etwas anders gekleidet, aber dennoch vom gleichen Schlag waren. Sie können als die Herren, die sich so durchschlagen, definiert werden. Sie scheinen in zwei Truppen über die Öffentlichkeit herzufallen – die der Dandys und die der Militärs. Die Hauptmerkmale der ersten Abteilung sind lange Locken und beständiges Lächeln, die der zweiten betresste Röcke und gerunzelte Stirnen.

Weiter unten auf der Leiter dessen, was man mit Vornehmheit bezeichnet, fand ich düsterere und abgründigere Betrachtungsgegenstände. Ich sah jüdische Hausierer mit Habichtaugen, die aus Gesichtern blitzten, in denen jegliche anderen Züge nur einen Ausdruck kriecherischer Demut trugen; dreiste Straßenbettler vom Fach, die finstere Blicke auf arme Schlucker höherer Abkunft warfen, welche allein die Verzweiflung um eine milde Gabe in die Nacht hinausgetrieben hatte; schwache, bleiche Invaliden, über denen der Tod seine sichere Hand hielt, die durch die Massen ruckten und wankten und dabei jedem flehend ins Gesicht sahen, als seien sie auf der Suche nach ein paar zufälligen Trostworten, nach einer verlorenen Hoffnung; keusche junge Mädchen, die spät von langer, harter Arbeit in ein freudloses Heim zurückkehrten und eher mit Tränen in den Augen als empört vor den Blicken der Wüstlinge zurückwichen, deren unmittelbare Berührung sie nicht einmal vermeiden konnten; Stadtfrauen jeder Art und jeden Alters – die unzweideutige Schönheit in der Blüte ihrer Weiblichkeit, die einem die Statue bei Lukian[7] ins Gedächtnis ruft mit ihrer Oberfläche von parischem Marmor und dem mit Unrat gefüllten Innern – den Abscheu erregenden und völlig verlorenen Aussätzigen in Lumpen – die runzelige, mit Edelsteinen behängte und Schminke besudelte Matrone, die einen letzten Anlauf unternimmt, jugendlich zu wirken – das reine Kind mit noch unreifen Formen, durch langjährigen Umgang jedoch eingeweiht in die furchtbare Koketterie ihres Gewerbes und in rasendem Ehrgeiz entbrannt, mit den ihr an Alter Überlegenen auf die gleiche Stufe der Lasterhaftigkeit gestellt zu werden; Trunkenbolde, zahllos und unbeschreiblich – manche in Flicken und Fetzen, taumelnd, lallend, mit verbeultem Gesicht und glanzlosen Augen – manche in ganzen, wenn auch schmutzigen Kleidungsstücken mit einem etwas unsteten Wanken, dicken, sinnlichen Lippen und munter wirkenden, geröteten Gesichtern – andere in Stoffe gekleidet, die einmal gut gewesen waren und selbst jetzt noch peinlich sauber gebürstet wurden – Menschen, die mit festerem und federnderem Schritt gingen, als dies natürlich ist, deren Gesichter aber fürchterlich blass waren, deren Augen grässlich wild und rot, und die, da sie durch die Menge schritten, mit zitternden Fingern nach jedem Gegenstand griffen, der in ihre Reichweite kam; neben diesen Pastetenverkäufer, Lastträger, Kohlenhändler, Schornsteinfeger, Leierkastenmänner mit Affen und Balladenkrämer, die Verkäufer in Begleitung der Sänger; zerlumpte Handwerker und erschöpfte Arbeiter jeder Erscheinung, und alle erfüllt von einer lärmenden und zügellosen Lebhaftigkeit, die das Ohr beleidigte und das Auge schmerzen ließ.

Je tiefer die Nacht herabsank, desto mehr vertiefte sich mein Interesse an dem Schauspiel, da nicht nur der allgemeine Charakter der Menge eine andere Gestalt annahm (ihre vornehmeren Züge wichen, indem der ordentlichere Teil der Leute sich allmählich zurückzog, und ihre raueren traten stärker hervor, als die späte Stunde jede Form von Schändlichkeit aus ihrer Höhle holte), sondern auch die anfangs matten Strahlen der Gaslaternen in ihrem Kampf mit dem sterbenden Tag nun endlich Oberhand gewonnen hatten und einen flackernden, schimmernden Glanz über alles legten. Alles war dunkel und doch blendend – wie jenes Ebenholz, mit dem der Stil Tertullians[8] verglichen worden ist.

Die phantastischen Lichteffekte regten mich zur Erforschung einzelner Gesichter an, und obwohl die Schnelligkeit, mit der die Welt des Lichtes vor dem Fenster in Stücke zersprang, mich daran hinderte, mehr als nur einen Blick auf jedes Antlitz zu werfen, so schien es mir in meiner damals sonderbaren geistigen Verfassung doch, als könne ich selbst in jener kurzen Zeitspanne eines flüchtigen Blickes oft eine langjährige Geschichte lesen.

Die Brauen an die Scheibe gedrückt, war ich demnach damit beschäftigt, die verworrene Masse unter die Lupe zu nehmen, als plötzlich ein Gesicht in mein Blickfeld gelangte (das eines gebrechlichen alten Mannes von etwa fünfundsechzig oder siebzig Jahren) – ein Gesicht, das aufgrund der absoluten Idiosynkrasie seines Ausdrucks meine ganze Aufmerksamkeit sogleich in Anspruch nahm und fesselte. Nie zuvor hatte ich je irgendetwas gesehen, was diesem Ausdruck auch nur im entferntesten glich. Ich kann mich gut daran erinnern, dass mein erster Gedanke auf diesen Anblick hin war, dass Retzsch[9], wäre er seiner ansichtig geworden, ihn seinen eigenen bildhaften Verkörperungen des Bösen bei weitem vorgezogen hätte. Als ich während des kurzen Augenblicks meiner originellen Abschätzung bemüht war, eine Analyse des mir so vermittelten Gehaltes vorzunehmen, entstanden in meinem Kopf wirre, unvereinbare Vorstellungen von unermesslicher Geisteskraft, von Bedachtsamkeit, von Armut, von Geiz, von Kaltblütigkeit, von Bosheit, von Blutdurst, von Triumph, von Frohsinn, von übermäßigem Entsetzen, von tiefer – von äußerster Verzweiflung. Ich fühlte mich einzigartig erregt, ergriffen und fasziniert. »Welch eine tobende Geschichte«, sagte ich zu mir selbst, »steht in jenem Herzen geschrieben!« Dann kam ein gieriges Verlangen, den Mann im Auge zu behalten – mehr von ihm zu wissen. Eilig zog ich meinen Mantel an, griff nach Hut und Stock, begab mich auf die Straße und bahnte mir einen Weg in der Richtung, die ich ihn hatte einschlagen sehen; denn er war bereits verschwunden. Ohne allzu große Schwierigkeiten wurde ich seiner schließlich wieder ansichtig, trat näher und folgte ihm auf dem Fuß, vorsichtig allerdings, um seine Aufmerksamkeit nicht zu erregen.

So bot sich mir eine gute Gelegenheit, seine Person unter die Lupe zu nehmen. Er war von kleiner Statur, sehr dünn und anscheinend sehr gebrechlich. Seine Kleidung war im Großen und Ganzen schmuddelig und zerlumpt; als er aber hin und wieder in den starken Schein einer Laterne geriet, nahm ich wahr, dass seine Wäsche, wenngleich schmutzig, so doch aus feinem Tuch gefertigt war; und wenn meine Augen mich nicht täuschten, erhaschte ich durch einen Riss in der fest zugeknöpften, offenbar gebraucht erstandenen *roquelaure*[10], die ihn umhüllte, einen flüchtigen Blick auf einen Diamanten und auf einen Dolch. Diese Beobachtungen steigerten meine Neugier, und ich beschloss, dem Fremden zu folgen, wo auch immer er hingehen möge.

Die Nacht war nun gänzlich hereingebrochen, und über der Stadt lag ein dicker, feuchter Nebel, der bald in einen schweren Dauerregen überging. Diese Wetteränderung übte eine sonderbare Wirkung auf die Menge aus, welche sogleich erneut in Aufruhr versetzt und von einer ganzen Welt von Regenschirmen überschattet wurde. Das Wogen, Drängeln und Murmeln verzehnfachte sich. Ich für meinen Teil schenkte dem Regen nicht viel Beachtung – ein Fieber, das mir schon lange in den Knochen steckte, verwandelte die Feuchtigkeit in ein zu angenehm gefährliches Prickeln. Ich band mir ein Taschentuch vor den Mund und lief weiter. Nicht ohne Schwierigkeiten behielt der alte Mann seinen Kurs entlang der Durchgangsstraße eine halbe Stunde lang bei; aus Angst, ihn aus den Augen zu verlieren, blieb ich ihm hier dicht auf den Fersen. Da er seinen Kopf nicht ein einziges Mal umwandte, um zurückzuschauen, nahm er mich nicht wahr. Nach einer Weile bog er in eine Querstraße ein, die, obwohl ebenfalls dicht bevölkert, nicht ganz so gedrängt voll war wie die Hauptstraße, die er verlassen hatte. Hier trat eine offensichtliche Veränderung in seinem Benehmen ein. Er ging langsamer und weniger zielstrebig als zuvor – zögernder. Wiederholt wechselte er ohne ersichtlichen Grund von einer Straßenseite auf die andere und wieder zurück; und das Gedränge war noch so stark, dass ich mich dabei jedes Mal genötigt sah, ihm dichtauf zu folgen. Es war eine schmale, lange Straße, und er ging fast eine Stunde auf ihr einher, während derer die Anzahl der Passanten allmählich bis auf ungefähr die absank, die auf dem Broadway in der Nähe des Parks zur Mittagszeit gewöhnlich anzutreffen ist – so gewaltig ist der Unterschied zwischen den Massen Londons und denen der dichtestbevölkerten amerikanischen Stadt. Wir bogen ein zweites Mal ab und kamen auf einen strahlend erleuchteten Platz, der vor Lebendigkeit brodelte. Die alte Verhaltensweise des Fremden stellte sich wieder ein.

Sein Kinn sank auf dir Brust, während seine Augen unter den zusammengezogenen Brauen hervor in jede Richtung wilde Blitze gegen diejenigen schossen, die ihn umgaben. Stetig und beharrlich bahnte er sich seinen Weg. Ich war jedoch überrascht, als ich feststellte, dass er sich nach einer Runde um den Platz umdrehte und seine eigenen Schritte zurückverfolgte. Noch mehr staunte ich, als ich sah, wie er denselben Gang etliche Male wiederholte – wobei er mich einmal fast entdeckte, da er sich mit einer plötzlichen Bewegung umwandte. Mit dieser Ertüchtigung verbrachte er eine weitere Stunde, gegen deren Ende wir auf erheblich weniger hinderliche Passanten stießen als zu Anfang. Der Regen fiel in Strömen; die Luft kühlte ab; und die Leute zogen sich in ihre Behausungen zurück. Mit einer ungeduldigen Geste bog der Wandersmann in eine relativ verlassene Nebenstraße ein. Diese Gasse von etwa einer Viertelmeile Länge eilte er mit einer Behändigkeit entlang, die ich bei einem so betagten Mann nicht im Traum vermutet hätte und die mir die Verfolgung sehr beschwerlich machte. Ein paar Minuten der Hast brachten uns zu einem großen und geschäftigen Basar, dessen Örtlichkeit dem Fremden wohlbekannt zu sein schien und wo sein ursprüngliches Gebaren wieder zum Vorschein kam, als er sich ziellos auf und ab durch den Schwarm von Käufern und Verkäufern zwängte.

Während der anderthalb Stunden oder so, die wir an diesem Ort verbrachten, erforderte es große Vorsicht meinerseits, in seiner Nähe zu bleiben, ohne seine Aufmerksamkeit zu erregen. Glücklicherweise trug ich ein Paar Gummi-Überschuhe und konnte mich völlig lautlos bewegen. Nicht ein einziges Mal sah er, dass ich ihn beobachtete. Er betrat einen Laden nach dem anderen, fragte nach keinem Preis, sprach nicht ein Wort und starrte alle Waren mit einem wilden, leeren Blick an. Ich war nun äußerst verblüfft von seinem Betragen und fest entschlossen, mich nicht von ihm zu trennen, bevor ich mir nicht ein einigermaßen überzeugendes Bild von ihm gemacht hätte.

Eine laut tönende Uhr schlug elf, und die Gesellschaft verließ den Basar rasch. Ein Ladeninhaber stieß beim Schließen seines Geschäftes den alten Mann beiseite, und in dem Augenblick sah ich, wie ein starkes Beben seinen Körper überlief. Er eilte auf die Straße, schaute sich einen Augenblick lang ängstlich um und rannte dann mit unglaublicher Geschwindigkeit durch viele gewundene, menschenleere Gassen, bis wir wieder auf der großen Durchgangsstraße auftauchten, von wo aus wir losgegangen waren – die Straße, an der das Hotel D. liegt. Sie bot jedoch nicht mehr denselben Anblick. Noch immer schimmerte sie im Glanz der Gaslaternen, aber der Regen trommelte heftig herab, und es waren nur wenige Menschen zu sehen. Der Fremde wurde blass. Verdrießlich ging er die einst so belebte Straße einige Schritte weit entlang, schlug dann mit einem tiefen Seufzer die Richtung zum Fluss ein und hetzte durch allerlei abgelegene Wege, um schließlich gerade vor einem der großen Theater herauszukommen. Dieses wurde eben geschlossen, und das Publikum strömte aus den Türen. Ich sah den alten Mann keuchen, als ränge er nach Luft, während er sich mitten in die Menge stürzte; doch meinte ich, dass sich die höllischen Qualen, die sich auf seinem Gesicht widerspiegelten, etwas gemildert hatten. Sein Kopf sank nieder auf seine Brust; er sah so aus, wie ich ihn zuerst gesehen hatte. Ich beobachtete, dass er nun die Richtung einschlug, die der größere Teil des Publikums genommen hatte – aber im Großen und Ganzen konnte ich mir keinen Reim auf die Launenhaftigkeit seines Vorgehens machen.

Als er weiterging, zerstreute sich die Gesellschaft mehr und mehr, und seine alte Unruhe und Wankelmütigkeit stellten sich wieder ein. Eine Zeitlang folgte er einer Gruppe von etwa zehn oder zwölf lärmenden Zechbrüdern auf dem Fuß, von der sich indessen einer nach dem anderen löste, bis nur noch drei in einer engen, düsteren, wenig belebten Gasse beisammen blieben. Der Fremde hielt inne und schien einen Moment lang in Gedanken verloren; dann strebte er mit allen Anzeichen innerer Erregung auf einem Weg voran, der uns an den Rand der Innenstadt brachte, in Gebiete, die sich von denen, die wir bislang durchquert hatten, stark unterschieden. Es war das widerwärtigste Viertel Londons, wo alles die schlimmsten Zeichen erbärmlichster Armut und verzweifeltster Verbrechen trug. In dem trüben Licht einer vereinzelten, hohen, uralten, wurmstichigen Straßenlaterne sah man hölzerne Wohnstätten ihrem Zerfall in so vielen und unberechenbaren Richtungen entgegenschwanken, dass zwischen ihnen auch nur die Spur eines Durchgangs kaum auszumachen war. Die Pflastersteine, die von üppig wachsendem Gras aus ihrer Unterbettung verdrängt worden waren, lagen wie aufs Geratewohl platziert. Grässlicher Unrat moderte in den verstopften Rinnsteinen. Die ganze Atmosphäre war mit Trostlosigkeit geschwängert. Als wir weitergingen, belebten sich jedoch die Geräusche menschlichen Daseins nach und nach wieder untrüglich, und schließlich sah man, wie sich ganze Rotten der liederlichsten Bevölkerung Londons die Straßen auf und ab wälzten. Die Lebensgeister des alten Mannes flackerten wieder auf wie eine Lampe, die kurz vor dem Erlöschen steht. Noch einmal wurde sein Gang beschwingt. Plötzlich ging es um die Ecke, ein greller Lichtschein stach uns ins Auge, und wir standen vor einem der kolossalen, vorstädtischen Tempel der Ausschweifung – einem der Paläste des Teufels Gin.

Es war nun kurz vor Tagesanbruch, aber immer noch schob sich eine Anzahl elender Trunkenbolde durch den Eingang hinein und hinaus. Mir einem halben Freudenschrei zwängte sich der alte Mann nach innen durch, nahm sogleich seine ursprüngliche Haltung wieder ein und stolzierte ohne ersichtliches Ziel in dem Getümmel hin und her. Dieser Beschäftigung war er indes noch nicht lange nachgegangen, als der Andrang auf die Türen kundgab, dass der Wirt diese für die Nacht schließen wollte. Es war etwas Ergreifenderes gar als Verzweiflung, was ich daraufhin in dem Antlitz des einzigartigen Wesens gewahrte, das ich so beharrlich beobachtet hatte. Doch hielt der Mann in seinem Lauf nicht inne, sondern verfolgte seine Schritte mit der Unermüdlichkeit eines Besessenen zurück in das Herz des gewaltigen London. Mit langen, geschwinden Schritten floh er dahin, wobei ich ihm in höchster Verblüffung folgte, entschlossen, von einer Nachforschung nicht abzulassen, für die ich nun ein mich gänzlich einnehmendes Interesse verspürte. Die Sonne ging auf, während wir weiterliefen, und als wir das stärkste Gewimmel der dichtbevölkerten Stadt, jene Straße, an der das Hotel D. liegt, wiederum erreicht hatten, bot sie einen Anblick menschlichen Wirrwarrs und Treibens, der dem vom Vorabend kaum nachstand. Auch hier, inmitten der pausenlos zunehmenden Verwirrung setzte ich meine Verfolgung des Fremden lange beharrlich fort. Doch ging er wie gewöhnlich auf und ab und löste sich den ganzen Tag über nicht von dem Trubel jener Straße. Als dann die Dunkelheit des zweiten Abends hereinbrach, war ich zu Tode erschöpft, blieb direkt vor dem Wanderer stehen und starrte ihm unverwandt ins Gesicht. Er nahm mich nicht wahr, sondern setzte seinen ernsten Gang fort, wohingegen ich, ihm nicht weiter folgend, in Betrachtung versunken verharrte. »Dieser alte Mann«, sagte ich schließlich, »birgt das Urbild und das Wesen tiefgründigen Verbrechens in sich. Er weigert sich, allein zu sein. Er ist ein *Massenmensch*. Es wäre vergebens, ihm weiter zu folgen; denn weder über ihn noch über seine Taten werde ich mehr erfahren. Das schlechteste Herz der Welt ist ein dickeres Buch als der *Hortulus Animae*,[11] und vielleicht ist es bloß eine der großen Gnaden Gottes, dass es sich nicht lesen lässt.«

1840   *Übersetzung von Erika Engelmann*

Die Morde in der Rue Morgue

Was für ein Lied die Sirenen sangen
oder welchen Namen Achilles annahm, als er sich unter den Weibern
verbarg – diese Fragen sind zwar ver-
zwickt, schließen aber nicht *jegliche*
Lösungsmöglichkeit aus.

SIR THOMAS BROWNE,
Die Graburne

Die geistigen Eigenschaften, die man als die analytischen bezeichnet, sind selber der Analyse nur wenig zugänglich. Wir erkennen sie allein in ihren Wirkungen. So wissen wir unter anderem von ihnen, dass sie für den, der sie in ungewöhnlichem
Maße besitzt, stets eine Quelle lebhaftesten Genusses sind. Wie
der Starke sich seiner körperlichen Kraft freut und Gefallen findet an Übungen, bei denen er seine Muskeln betätigen kann, so
kostet der Analytiker den geistigen Vorgang des *Entwirrens* aus.
Ihm machen selbst die trivialsten Beschäftigungen Spaß, sofern
er dabei sein Talent entfalten kann. Er liebt Rätsel, Vexierfragen,
Hieroglyphen und entwickelt bei jeder Lösung einen Grad von
Scharfsinn, der dem gewöhnlichen Verstand übernatürlich erscheint. Seine Resultate, die ausschließlich und wesentlich
durch methodisches Vorgehen zustande kommen, erwecken
tatsächlich ganz und gar den Anschein einer Intuition. Das Lö-
sungsvermögen wird möglicherweise durch das Studium der
Mathematik erheblich gefördert, und zwar besonders durch ihren höchsten Zweig, den man zu Unrecht und nur wegen seiner
rückschließenden Operationen gleichsam par excellence Analyse nennt. Doch rechnen heißt noch nicht analysieren. Ein
Schachspieler beispielsweise tut das eine, ohne sich um das andere zu bemühen. Daraus folgt, dass das Schachspiel in seinen
Auswirkungen auf den geistigen Charakter weitgehend falsch

eingeschätzt wird. Ich will hier keine Abhandlung schreiben, sondern lediglich eine etwas absonderliche Geschichte mit ein paar mehr oder weniger zufälligen Bemerkungen einleiten; ich möchte deshalb die Gelegenheit benutzen, um zu behaupten, dass die höheren Kräfte des reflektierenden Intellekts durch das unscheinbare Damespiel entschiedener und sinnvoller auf die Probe gestellt werden als durch die ganze ausgeklügelte Oberflächlichkeit des Schachspiels. Bei diesem letzteren Spiel, in dem die Figuren verschiedenartige und bizarre Bewegungen von unterschiedlichem und veränderlichem Wert auszuführen haben, wird das, was nur kompliziert ist, fälschlicherweise für etwas Tiefgründiges gehalten (ein nicht eben seltener Irrtum). Die *Aufmerksamkeit* wird dabei stark in Anspruch genommen. Lässt sie nur einen Augenblick nach, so übersieht man etwas, was Nachteile oder eine Niederlage zur Folge hat. Da die möglichen Züge nicht nur mannigfaltig, sondern auch verworren sind, vervielfältigen sich die Möglichkeiten eines solchen Versehens, und in neun von zehn Fällen wird der konzentriertere Spieler eher gewinnen als der scharfsinnigere. Beim Damespiel hingegen, in dem die Züge *eindeutig festgelegt* sind und nur wenige Variationen gestatten, ist die Wahrscheinlichkeit einer Unachtsamkeit geringer, und da die bloße Aufmerksamkeit vergleichsweise wenig in Anspruch genommen wird, sind die Vorteile, die eine der beiden Parteien erzielt, einem überlegenen Scharfsinn zuzuschreiben. Weniger abstrakt ausgedrückt: Stellen wir uns eine Partie Dame vor, bei der die Figuren auf vier Damen zusammengeschmolzen sind und bei der selbstverständlich kein Versehen zu gewärtigen ist. Es liegt auf der Hand, dass hier die Partie (bei völlig gleichwertigen Spielern) nur durch einen besonders raffinierten Zug entschieden werden kann, durch das Ergebnis einer großen geistigen Anstrengung. Wenn die gewöhnlichen Hilfsmittel versagen, versetzt sich der Analytiker in den Geist seines Widersachers, er identifiziert sich mit ihm und erkennt so nicht selten mit einem Blick die einzige (zuweilen lächerlich einfache)

Methode, durch die er ihn zu einem Schnitzer verführen oder zu einer überstürzten Fehlkalkulation veranlassen kann.

Das Whistspiel ist seit langem wegen seines Einflusses auf das so genannte Berechnungsvermögen berühmt; und wie man weiß, finden Männer von höchstem intellektuellem Rang ein scheinbar unerklärliches Vergnügen daran, während sie das Schachspiel als oberflächlich verschmähen. Ohne Zweifel gibt es nichts Vergleichbares, was die analytischen Fähigkeiten dermaßen auf die Probe stellt. Der beste Schachspieler der Christenheit ist *vielleicht* nicht viel mehr als eben der beste Schachspieler; aber die Fertigkeit im Whistspiel schließt die Fähigkeit zum Erfolg in all den wichtigeren Unternehmungen ein, in denen der Geist mit dem Geist kämpft. Wenn ich »Fertigkeit« sage, so meine ich jene Vollendung des Spiels, die ein Erfassen *aller* Möglichkeiten, aus denen sich ein rechtmäßiger Vorteil ziehen lässt, in sich birgt. Diese sind nicht nur zahlreich, sondern auch vielgestaltig, und sie liegen häufig in Tiefen des Denkens verborgen, die dem gewöhnlichen Verstand ganz und gar unzugänglich sind. Aufmerksam beobachten heißt sich genau erinnern, und insofern wird der konzentrierte Schachspieler beim Whist sehr gut mithalten können, zumal die Regeln von Hoyle[1] (die ihrerseits auf dem bloßen Mechanismus des Spiels beruhen) hinreichend und allgemein verständlich sind. Ein merkfähiges Gedächtnis zu haben und sich nach dem »Buch« zu richten gilt deshalb gemeinhin als der Inbegriff des guten Spiels. Doch erst in Dingen, die jenseits des Bereichs der bloßen Regeln liegen, erweist sich die Kunst des Analytikers. In aller Stille kommt er zu einer Fülle von Beobachtungen und Schlussfolgerungen. Das trifft vielleicht auch auf seine Mitspieler zu, und der Unterschied im Ausmaß der so gewonnenen Informationen besteht nicht so sehr in der Stichhaltigkeit der Schlussfolgerung wie in der Qualität der Beobachtung. Vor allem muss man wissen, *was* man beobachten soll. Unser Spieler erlegt sich dabei keinerlei Beschränkungen auf, noch weist er, weil das Spiel die Hauptsache ist, irgendwelche Schlüsse zurück, die sich aus Dingen außerhalb des Spiels ergeben. Er prüft die Miene seines Partners und vergleicht sie sorgfältig mit der seiner einzelnen Gegenspieler. Er achtet auf die Art und Weise, wie jeder seine Karten in der Hand ordnet; oft zählt er Trumpf auf Trumpf und Honneur auf Honneur an den Blicken nach, mit denen die Besitzer ihre Karten bedenken. Er bemerkt im Verlauf des Spiels jede Veränderung des Gesichtsausdrucks und zieht seine Schlüsse aus den verschiedenen Äußerungen von Sicherheit, Überraschung, Triumph oder Verärgerung. Aus der Art, wie jemand einen Stich aufnimmt, schließt er, ob die betreffende Person noch einen weiteren Stich in derselben Farbe machen kann. Er erkennt ein Täuschungsmanöver an der Gebärde, mit der die Karte auf den Tisch geworfen wird. Ein beiläufiges oder unbedachtes Wort; das zufällige Fallenlassen oder Umwenden einer Karte und die gleichzeitige Ängstlichkeit oder Lässigkeit, mit der man dies zu verbergen sucht; das Zählen der Stiche und die Reihenfolge, in der man sie ordnet; Verlegenheit, Zögern, Eifer oder Verzagtheit – all das sind für sein offenbar intuitives Wahrnehmungsvermögen Anhaltspunkte, die ihm den wahren Stand der Dinge verraten. Nachdem die ersten zwei oder drei Runden gespielt sind, weiß er genau, welches Blatt jeder in der Hand hat, und fortan spielt er seine Karten mit einer so absoluten Zielsicherheit aus, als ob seine Mitspieler ihm die ihren offen entgegenhielten.

Die analytische Fähigkeit darf nicht mit der bloßen Erfindungsgabe verwechselt werden; denn der Analytiker ist zwar notwendigerweise erfinderisch, aber der Erfinderische ist oftmals erstaunlich unfähig zur Analyse. Die konstruktive oder kombinatorische Begabung, in der sich die Erfindungsgabe gewöhnlich bekundet und der die Phrenologen (meines Erachtens zu Unrecht) ein eigenes Organ zugeordnet haben, da sie sie für eine angeborene Eigenschaft halten, ist bei Menschen, deren Intelligenz im übrigen an Idiotie grenzte, so häufig beobachtet worden, dass sie bei Sittenschilderern allgemeine Beachtung gefunden hat. Zwischen der Erfindungsgabe und der analytischen Begabung besteht indes ein weit größerer Unterschied als zwischen der Phantasie und der Einbildungskraft, allerdings einer von streng analoger Art. Man wird in der Tat feststellen, dass die Erfinderischen stets phantasievoll und die mit *wahrer* Einbildungskraft Begabten nie etwas anderes als Analytiker sind.

Die nachfolgende Erzählung wird dem Leser in gewisser Weise wie ein Kommentar zu den soeben vorgebrachten Behauptungen vorkommen.

Als ich mich im Frühjahr und teilweise auch noch im Sommer 18 .. in Paris aufhielt, machte ich dort die Bekanntschaft eines gewissen Monsieur C. Auguste Dupin. Dieser junge Herr entstammte einer hervorragenden, ja sogar berühmten Familie, war jedoch durch mannigfache Schicksalsschläge in solche Armut geraten, dass die Energie seines Charakters ihr erlag und er es aufgab, sich in der Welt umzutun oder sich um die Wiedererlangung seines Vermögens zu bemühen. Dank dem Entgegenkommen seiner Gläubiger war ihm ein kleiner Rest seines väterlichen Erbteils geblieben, und durch strenge Sparsamkeit gelang es ihm, sich mit den Einkünften, die er daraus bezog, das zum Leben Notwendige zu beschaffen, ohne sich um Überflüssiges zu kümmern. Bücher waren für ihn tatsächlich der einzige Luxus, und diese sind in Paris leicht zu haben.

Unsere erste Begegnung fand in einer obskuren Bücherei in der Rue Montmartre statt, wo uns der Zufall, dass wir beide auf der Suche nach demselben sehr seltenen und sehr merkwürdigen Werk waren, näher zusammenführte. Wir trafen einander immer wieder. Ich nahm großen Anteil an der kleinen Familiengeschichte, die er mir ausführlich und mit der ganzen Offenheit erzählte, deren sich ein Franzose befleißigt, wenn es sich um sein eigenes Ich handelt. Außerdem staunte ich über seine umfassende Belesenheit, und vor allem spürte ich, wie die wilde Glut und die lebendige Frische seiner Vorstellungskraft meine

Seele entflammten. Da ich damals in Paris bestimmten Dingen nachjagte, die es mir angetan hatten, fühlte ich, dass die Gesellschaft eines solchen Mannes für mich von unschätzbarem Wert sein würde; und dieses Gefühl vertraute ich ihm freimütig an. Schließlich kamen wir überein, für die Dauer meines Aufenthalts in der Stadt zusammen zu wohnen, und da meine irdischen Verhältnisse etwas weniger beschränkt waren als die seinen, konnte ich es mir erlauben, in einem entlegenen und einsamen Bezirk des Faubourg St. Germain ein von der Zeit angenagtes und groteskes Haus, das infolge abergläubischer Vorstellungen, denen wir nicht weiter nachgingen, lange leergestanden hatte und dem Verfall anheimgegeben war, auf meine Kosten zu mieten und in einem Stil einzurichten, der der recht phantastischen Düsterkeit unseres beiderseitigen Temperaments entsprach.

Hätte die Welt erfahren, welches Leben wir dort führten, so hätte man uns für Verrückte gehalten – freilich vielleicht für Verrückte von der harmlosen Sorte. Unsere Abgeschiedenheit war vollkommen. Wir empfingen keinerlei Besucher. Unseren Zufluchtsort hatte ich sogar vor meinen ehemaligen Gefährten sorgfältig geheim gehalten, und Dupin war schon seit vielen Jahren ein Unbekannter in Paris. Wir lebten ganz allein für uns.

Mein Freund hatte die Marotte (wie sonst soll ich es nennen?), in die Nacht um ihrer selbst willen verliebt zu sein, und unmerklich erlag ich dieser *bizarrerie* wie all seinen anderen, indem ich mich seinen wunderlichen Launen mit völliger *Ergebenheit* überließ. Die schwarze Gottheit weilte zwar nicht immer unter uns, aber wir konnten ihre Gegenwart vortäuschen. Beim ersten Morgengrauen schlossen wir sämtliche schweren Fensterläden unseres alten Hauses und zündeten ein paar Kerzen an, die einen starken Duft und nur ganz gespenstische und schwache Strahlen aussandten. Bei ihrem Schein versenkten wir unsere Seelen in Träume – wir lasen, schrieben oder unterhielten uns, bis uns die Uhr den Anbruch der echten Dunkelheit ankündigte. Dann eilten wir Arm in Arm auf die Straßen, wo wir die Gespräche des Tages fortsetzten oder bis tief in die Nacht weit umherstreiften, um inmitten der wilden Lichter und Schatten der dicht bevölkerten Stadt jene unendliche geistige Erregung zu suchen, die aus stillem Beobachten erwachsen kann.

Bei solchen Anlässen konnte ich nicht umhin, bei Dupin eine sonderbare analytische Fähigkeit zu bemerken und zu bewundern (obwohl ich aufgrund seines reichen Denkvermögens schon darauf vorbereitet war). Er schien überdies Gefallen an der Betätigung – wenn nicht gar an der Zurschaustellung – dieser Fähigkeit zu finden und gab ohne Zögern zu, dass ihm dies Vergnügen bereite. Mit einem leisen kichernden Lachen rühmte er sich mir gegenüber, dass für ihn die meisten Menschen ein Fenster auf der Brust trügen, und ließ auf solche Behauptungen gewöhnlich direkte und höchst verblüffende Beweise für seine intime Kenntnis meines Wesens folgen. Sein Gebaren war in diesen Augenblicken kalt und abstrakt; seine Augen blickten ausdruckslos, während seine Stimme, sonst ein wohltönender Tenor, zu einem Diskant anstieg, der albern geklungen hätte, wären seine Aussagen nicht so überlegt und völlig eindeutig gewesen. Wenn ich ihn in solchen Stimmungen beobachtete, musste ich oft an die alte Lehre von der zweigeteilten Seele denken, und mich belustigte die Vorstellung von einem doppelten Dupin – dem schöpferischen und dem zergliedernden.

Aus alledem, was ich soeben gesagt habe, soll man nicht den Schluss ziehen, dass ich ein Geheimnis entschlüsseln oder eine romanhafte Geschichte niederschreiben will. Was ich an dem Franzosen beschrieben habe, war lediglich das Produkt einer übersteigerten oder vielleicht gar einer krankhaften Intelligenz. Doch der Charakter seiner Bemerkungen, die er bei den fraglichen Gelegenheiten machte, lässt sich durch ein Beispiel am besten veranschaulichen.

Wir schlenderten eines Nachts durch eine lange schmutzige Straße in der Nähe des Palais Royal. Da wir beide offensichtlich mit unseren Gedanken beschäftigt waren, hatte seit mindestens fünfzehn Minuten keiner von uns auch nur eine Silbe gesagt. Ganz unvermittelt stieß Dupin die folgenden Worte hervor:

»Er ist ein sehr kleiner Kerl, das ist wahr, und würde besser in das *Théâtre des Variétés* passen.«

»Daran kann kein Zweifel bestehen«, erwiderte ich unwillkürlich und ohne zunächst zu merken (so sehr war ich in meine Überlegungen vertieft), in welch ungewöhnlicher Weise der Sprecher in meine Gedanken eingedrungen war. Einen Augenblick später hatte ich mich wieder gefasst, und mein Erstaunen war groß.

»Dupin«, sagte ich in ernstem Ton, »das geht über mein Fassungsvermögen. Ich gebe gerne zu, dass ich verblüfft bin und kaum meinen Sinnen trauen kann. Wie konnten Sie wissen, dass ich gerade an ...?« Hier hielt ich inne, um mich zweifelsfrei davon zu überzeugen, dass er wirklich wusste, an wen ich dachte.

»... an Chantilly dachte«, sagte er. »Warum halten Sie inne? Sie dachten doch bei sich, dass er wegen seiner winzigen Gestalt für die Tragödie ungeeignet sei.«

Das war genau der Inhalt meiner Überlegungen. Chantilly war ein ehemaliger Flickschuster aus der Rue St-Denis, der, von Theaterleidenschaft besessen, die Rolle des Xerxes in Crébillons gleichnamiger Tragödie zu spielen versucht hatte und zum Dank für seine Bemühungen schmählich verhöhnt worden war.

»Nennen Sie mir um Himmels willen«, rief ich aus, »die Methode – sofern man von einer Methode sprechen kann –, die Sie befähigt hat, in diesem Fall meine Gedanken zu lesen.« Ich war in der Tat noch viel verblüffter, als ich zuzugeben bereit war.

»Es war der Obsthändler«, entgegnete mein Freund, »der Sie zu dem Schluss verleitete, dass der Sohlenflicker[2] nicht groß genug sei für den Xerxes *et id genus omne.*[3]«

»Der Obsthändler! – Sie setzen mich in Erstaunen – ich kenne überhaupt keinen Obsthändler.«

»Der Mann, der gegen Sie anrannte, als wir in die Straße einbogen – es war vielleicht vor fünfzehn Minuten.«

Jetzt erinnerte ich mich, dass mich tatsächlich ein Obsthändler, der einen großen Korb mit Äpfeln auf dem Kopf trug, versehentlich beinahe umgestoßen hätte, als wir von der Rue C. in die Hauptstraße kamen, in der wir nun standen; doch was das mit Chantilly zu tun hatte, war mir völlig unerfindlich.

Dupin hatte nicht die geringste Spur von *charlatanerie* an sich. »Ich will es Ihnen erklären«, sagte er, »und damit Sie alles genau verstehen, wollen wir zunächst Ihren Gedankengang zurückverfolgen, von dem Augenblick an, in dem ich zu Ihnen sprach, bis zu dem *rencontre* mit besagtem Obsthändler. Die Hauptglieder sind die folgenden: Chantilly, Orion, Dr. Nichols, Epikur, Stereotomie, die Pflastersteine, der Obsthändler.«

Es gibt nur wenige Menschen, denen es nicht in irgendeiner Zeit ihres Lebens Vergnügen bereitet hätte, die Schritte zurückzuverfolgen, durch die ihr Geist zu bestimmten Schlussfolgerungen gelangte. Das ist vielfach eine reizvolle Beschäftigung, und wer sich zum ersten Male auf sie einlässt, wundert sich über die scheinbar unendliche Entfernung und Zusammenhanglosigkeit zwischen Ausgangspunkt und Ziel. Wie groß musste demnach mein Erstaunen sein, als ich aus dem Munde des Franzosen die soeben mitgeteilten Worte vernahm und zuzugeben genötigt war, dass er die Wahrheit gesprochen hatte. Er fuhr fort:

»Wir hatten, wenn ich mich recht entsinne, von Pferden gesprochen, kurz bevor wir die Rue C. verließen. Das war unser letztes Gesprächsthema. Als wir in diese Straße einbogen, drängte sich ein Obsthändler mit einem großen Korb auf dem Kopf eilig an uns vorbei und stieß Sie gegen einen Haufen Pflastersteine, der dort, wo der Fußweg ausgebessert wird, aufgeschüttet worden ist. Sie traten auf einen der umherliegenden Steine, glitten aus, verstauchten sich leicht den Fuß, machten ein verärgertes oder grämliches Gesicht, murmelten ein paar Worte, drehten sich nach dem Steinhaufen um und setzten dann schweigend Ihren Weg fort. Ich habe nicht besonders darauf geachtet, was Sie taten; aber das Beobachten ist für mich in der letzten Zeit zu einer Art Notwendigkeit geworden.

Sie hielten den Blick auf den Boden geheftet – mit verdrossener Miene betrachteten Sie die Löcher und Wagenspuren im Pflaster (woraus ich entnahm, dass Sie noch immer an die Steine dachten), bis wir die kleine Lamartine-Gasse erreichten, die man versuchsweise mit überlappenden und fest verbundenen Blöcken gepflastert hat. Hier hellte sich Ihr Gesicht auf, und da ich sah, wie Sie Ihre Lippen bewegten, gab es für mich keinen Zweifel, dass Sie das Wort ›Stereotomie‹ murmelten, eine sehr überspannte Bezeichnung für diese Art Pflasterung. Ich wusste, dass Sie nicht zu sich selbst ›Stereotomie‹ sagen konnten, ohne an Atome und folglich an die Theorien Epikurs zu denken; und nachdem ich, als wir uns kürzlich über dieses Thema unterhielten, Ihnen gegenüber erwähnte, auf wie eigenartige, wenngleich kaum beachtete Weise die vagen Vermutungen dieses erhabenen Griechen durch die neue Nebularkosmogonie bestätigt worden seien, ahnte ich, dass Sie nicht anders könnten, als Ihre Augen zum großen Orionnebel zu erheben, und ich erwartete das mit Bestimmtheit von Ihnen. Sie blickten tatsächlich nach oben; und für mich stand jetzt fest, dass ich Ihre Gedankenschritte richtig verfolgt hatte. In der bitteren Tirade über Chantilly, die gestern im *Musée* erschien, zitierte nun der Satiriker, indem er ein paar unehrenhafte Anspielungen auf die Namensänderung des Flickschusters bei dessen Kothurnbesteigung machte, einen lateinischen Vers, über den wir oft gesprochen haben. Ich meine den Vers:

Perdidit antiquum litera prima sonum.[4]

Ich hatte Ihnen gesagt, dass sich dies auf den Orion beziehe, den man vordem Urion geschrieben habe; und wegen gewisser Sarkasmen, die diese Erklärung mit sich brachte, wusste ich, dass

Sie sie nicht vergessen haben konnten. Es war deshalb klar, dass Sie nicht verfehlen würden, die beiden Begriffe Orion und Chantilly miteinander zu verknüpfen. Dass Sie sie tatsächlich miteinander verknüpften, erkannte ich an dem Lächeln, das Ihre Lippen umspielte. Sie dachten an das Schlachtopfer des armen Flickschusters. Bis dahin war Ihr Gang gebeugt gewesen; doch jetzt sah ich, wie Sie sich zu Ihrer vollen Höhe aufrichteten. Das war für mich der Beweis, dass Sie an die winzige Gestalt Chantillys dachten. An diesem Punkt unterbrach ich Ihren Gedankengang mit der Bemerkung, dass er in der Tat ein sehr kleiner Kerl sei – ebendieser Chantilly – und darum besser in das *Théâtre des Variétés* passe.

Nicht lange danach überflogen wir die Abendausgabe der *Gazette des Tribunaux*, als die folgenden Absätze unsere Aufmerksamkeit fesselten:

»UNGEWÖHNLICHE MORDFÄLLE. – Heute morgen gegen drei Uhr wurden die Bewohner des Quartier St. Roch durch mehrere entsetzliche Schreie aus dem Schlaf geweckt, die anscheinend aus dem vierten Stockwerk eines Hauses in der Rue Morgue stammten, das nachweislich von einer gewissen Madame L'Espanaye und deren Tochter Mademoiselle Camille L'Espanaye allein bewohnt wird. Nach einer kleinen Verzögerung, bedingt durch einen vergeblichen Versuch, sich auf normalem Wege Einlass zu verschaffen, wurde die Haustür mit einer Brechstange aufgebrochen, und acht oder zehn Nachbarn, begleitet von zwei Gendarmen, drangen ein. Inzwischen waren die Schreie verstummt; aber als die Leute die untersten Stufen hinaufstürmten, vernahmen sie deutlich zwei oder mehr raue Stimmen, die aufgebracht miteinander stritten und aus dem oberen Teil des Hauses zu kommen schienen. Als man den zweiten Treppenabsatz erreicht hatte, hörte auch dieser Lärm auf, und alles blieb totenstill. Die Leute verteilten sich und eilten von einem Zimmer zum anderen. Als man endlich bis zu einem großen Hinterzimmer im vierten Stock vorgedrungen war (da die Tür verschlossen war und der Schlüssel von innen steckte, musste sie aufgebrochen werden), bot sich ein Anblick dar, der alle Anwesenden mit Grauen und mit ebenso großer Verwunderung erfüllte.

Im Zimmer herrschte die wildeste Unordnung – die Möbel waren zerbrochen und in alle Richtungen verstreut. Aus der einzigen Bettstatt war das Bettzeug herausgerissen und mitten auf den Boden geworfen worden. Auf einem Stuhl lag ein blutverschmiertes Rasiermesser. Auf dem Herd fanden sich zwei oder drei lange und dicke Strähnen aus grauem Menschenhaar, ebenfalls mit Blut besudelt und offenbar mit den Wurzeln ausgerissen. Auf dem Fußboden entdeckte man vier Napoleons[5], einen Ohrring aus Topas, drei große Silberlöffel, drei kleinere aus *métal d'Alger*[6] sowie zwei Beutel, die fast viertausend Francs in Gold enthielten. Die Schubfächer einer Kommode, die in einer Ecke stand, waren herausgezogen und augenscheinlich geplündert worden, obwohl noch viele Gegenstände darin liegen geblieben waren. Eine kleine eiserne Kassette wurde unter dem *Bettzeug* (nicht unter der Bettstatt) entdeckt. Sie war offen, und der Schlüssel steckte noch. Ihr Inhalt bestand nur aus einigen alten Briefen und anderen belanglosen Papieren.

Von Madame L'Espanaye waren hier keinerlei Spuren zu finden; da jedoch in der Feuerstelle eine ungewöhnliche Menge Ruß auffiel, suchte man im Kamin nach, und (grauenhaft, dies zu berichten!) man zerrte die Leiche der Tochter mit dem Kopf nach unten aus ihm hervor; sie musste demnach ein beträchtliches Stück in die enge Öffnung hineingezwängt worden sein. Der Körper war noch ganz warm. Bei der Untersuchung stellte man zahlreiche Hautabschürfungen fest, die ihre Ursache zweifellos in der Gewalt hatten, mit der er hinaufgestoßen und befreit worden war. Das Gesicht wies viele schwere Kratzwunden auf und der Hals dunkle Quetschungen und tiefe Spuren von Fingernägeln, als ob die Verstorbene erdrosselt worden wäre.

Nachdem man jeden Winkel des Hauses gründlich durchsucht hatte, ohne mehr zu entdecken, begaben sich die Leute in einen kleinen gepflasterten Hof hinter dem Haus, wo die Leiche der alten Dame lag, deren Hals so vollständig durchgeschnitten war, dass bei dem Versuch, sie aufzurichten, der Kopf herunterfiel. Der Körper wie auch der Kopf waren entsetzlich verstümmelt – der erstere so sehr, dass er kaum noch menschenähnlich aussah.

Zur Lösung dieses grauenhaften Rätsels fehlt unseres Wissens bisher noch jeder Anhaltspunkt.«

Die Zeitung des darauffolgenden Tages brachte diese zusätzlichen Einzelheiten:

»*Die Tragödie in der Rue Morgue.* Zahlreiche Personen sind im Zusammenhang mit dieser höchst ungewöhnlichen und grausigen Affäre vernommen worden« (das Wort *affaire* hat in Frankreich noch nicht jene oberflächliche Bedeutung, die es bei uns angenommen hat), »aber dabei ist nicht das geringste herausgekommen, was Licht in die Sache bringen könnte. Wir geben nachstehend alle wesentlichen Zeugenaussagen wieder.

Pauline Dubourg, Wäscherin, sagt unter Eid aus, dass sie die beiden Verstorbenen seit drei Jahren kenne, da sie während dieser Zeit für sie gewaschen habe. Die alte Dame und ihre Tochter schienen sich gut verstanden zu haben – sie seien sehr liebevoll zueinander gewesen. Sie hätten stets prompt gezahlt. Über ihren Lebensstil und -unterhalt könne sie nichts sagen. Sie glaube, Madame L. habe vom Wahrsagen gelebt. Es sei allgemein bekannt, dass sie Geld zurückgelegt habe. Sie, die Zeugin, habe nie fremde Personen im Haus angetroffen, wenn sie die Wäsche abholte oder zurückbrachte. Sie wisse bestimmt, dass die beiden Damen keinen Dienstboten gehabt hätten. Bis auf den vierten Stock sei das Haus offenbar unmöbliert gewesen.

Pierre Moreau, Tabakhändler, sagt unter Eid aus, er habe seit fast vier Jahren regelmäßig kleine Mengen Tabak und Schnupftabak an Madame L'Espanaye verkauft. Er sei in der Nachbarschaft geboren und habe stets dort gewohnt. Die Verstorbene und ihre Tochter hätten das Haus, in dem die Leichen gefunden wurden, mehr als sechs Jahre lang bewohnt. Früher sei dort ein Juwelier wohnhaft gewesen, der die oberen Räume an verschiedene Personen untervermietet habe. Das Haus sei Eigentum von Madame L. gewesen. Sie habe sich über den Missbrauch, den ihr Mieter mit den Räumlichkeiten getrieben habe, immer mehr geärgert und sei dann selber eingezogen, woraufhin sie sich geweigert habe, irgendeinen Teil des Hauses zu vermieten. Die alte Dame sei kindisch gewesen. Der Zeuge hatte die Tochter in den sechs Jahren etwa fünf- oder sechsmal gesehen. Die beiden hätten äußerst zurückgezogen gelebt – hätten aber angeblich Geld gehabt. Er habe die Nachbarn darüber reden hören, dass Madame L. Wahrsagerin sei – doch er glaube es nicht. Er habe außer der alten Dame und ihrer Tochter nie jemanden das Haus betreten sehen, nur ein- oder zweimal einen Lastträger und acht- oder zehnmal einen Arzt.

Viele weitere Personen aus der Nachbarschaft machten Aussagen im gleichen Sinne. Es war niemand zu ermitteln, der in dem Haus verkehrt hätte. Über irgendwelche lebenden Verwandten von Madame L., und ihrer Tochter ist nichts bekannt geworden. Die Läden der Vorderfenster waren nur selten geöffnet. Auf der Hofseite waren sie stets geschlossen, mit Ausnahme des großen Hinterzimmers im vierten Stock. Das Haus war solide – nicht sehr alt.

Isidore Muset, Gendarm, sagt unter Eid aus, er sei ungefähr um drei Uhr am Morgen zu dem Haus geholt worden und habe etwa zwanzig oder dreißig Personen vor der Eingangstür angetroffen, die sich Zutritt zu verschaffen suchten. Er habe sie schließlich aufgesprengt, und zwar mit einem Bajonett – nicht mit einer Brechstange. Es sei für ihn nicht schwierig gewesen, sie aufzubekommen, weil es sich um eine Doppel- oder Flügeltür gehandelt habe, die weder unten noch oben verriegelt gewesen sei. Die Schreie hätten bis zum Aufbrechen der Tür angedauert – und dann plötzlich aufgehört. Sie stammten offenbar von einer Person (oder von Personen) in großer Todesangst – sie seien laut und langgezogen gewesen, nicht kurz und abgehackt. Der Zeuge ist auf der Treppe vorangegangen. Auf dem ersten Treppenabsatz angekommen, habe er zwei Stimmen gehört, die laut und aufgebracht miteinander gestritten hätten – die eine Stimme sei schroff, die andere bedeutend schriller gewesen – eine sehr eigenartige Stimme. Er habe einige Worte der ersteren unterscheiden können, die einem Franzosen gehört habe. Er sei ganz sicher, dass es keine Frauenstimme gewesen sei. Er habe die Worte *sacré* und *diable* unterscheiden können. Die schrille Stimme sei die eines Ausländers gewesen. Er könne nicht sicher sagen, ob es die Stimme eines Mannes oder einer Frau war. Er habe nicht herausbekommen können, was sie sagte, aber er glaube, die Sprache sei Spanisch gewesen. Der Zustand des Zimmers und der Leichen wurde von diesem Zeugen so beschrieben, wie wir ihn gestern beschrieben haben.

Henri Duval, ein Nachbar und von Beruf Silberschmied, sagt unter Eid aus, dass er zu den Leuten gehörte, die als erste das Haus betraten. Er bestätigt im Allgemeinen die Aussage von Muset. Sobald sie mit Gewalt eingedrungen seien, hätten sie die Tür hinter sich geschlossen, um die Menge zurückzuhalten, die sich trotz der späten Stunde sehr schnell ansammelte. Die schrille Stimme, so meint der Zeuge, gehörte einem Italiener. Auf keinen Fall sei es Französisch gewesen. Er könne nicht mit Bestimmtheit sagen, dass es eine Männerstimme gewesen sei. Es hätte auch eine weibliche sein können. Er sei mit der italienischen Sprache nicht vertraut. Er habe die Worte nicht unterscheiden können, doch aufgrund des Tonfalls sei er überzeugt, dass der Sprecher ein Italiener sein müsse. Er habe Madame L. und ihre Tochter gekannt. Habe sich mit beiden oft unterhalten. Er sei sicher, dass die schrille Stimme keiner der beiden Verstorbenen gehört habe.

… *Odenheimer*, Restaurateur. Dieser Zeuge hat sich freiwillig gemeldet, um eine Aussage zu machen. Da er nicht Französisch spricht, wurde er durch einen Dolmetscher vernommen. Er ist gebürtig aus Amsterdam. Er sei, als die Schreie ertönten, gerade an dem Haus vorbeigekommen. Sie hätten mehrere Minuten angedauert – wahrscheinlich zehn. Sie seien lang gezogen und laut gewesen – sehr schauerlich und erschütternd. Er habe zu denen gehört, die in das Gebäude eingedrungen seien. Er bestätigte die bisherigen Aussagen in allen Punkten bis auf einen. Er sei sicher, dass die schrille Stimme die eines Mannes gewesen sei – eines Franzosen. Er habe die Worte nicht verstehen können. Sie seien laut und hastig gewesen – ungleichmäßig – und hätten offensichtlich sowohl Angst als auch Zorn ausgedrückt. Die Stimme habe heiser geklungen – weniger schrill als heiser. Er könne die Stimme nicht als schrill bezeichnen. Die raue Stimme habe wiederholt *sacré, diable* und einmal *mon Dieu* gesagt.

Jules Mignaud, Bankier, von der Firma Mignaud et Fils, Rue Deloraine. Es handelt sich um den älteren Mignaud. Madame L'Espanaye sei vermögend gewesen. Sie habe im Frühling des Jahres … (also vor acht Jahren) bei seiner Bank ein Konto eröffnet. Mehrfach habe sie kleinere Beträge eingezahlt. Sie habe nie Schecks ausgestellt bis drei Tage vor ihrem Tod, als sie persönlich die Summe von 4000 Francs abgehoben habe. Diese Summe sei in Gold ausbezahlt worden, und ein Angestellter habe ihr das Geld ins Haus gebracht.

Adolphe Le Bon, Angestellter bei Mignaud et Fils, sagt unter Eid aus, er habe an dem betreffenden Tag gegen Mittag Madame L'Espanaye mit den 4000 Francs, die in zwei Beuteln steckten, in ihre Wohnung begleitet. Nachdem sich die Tür geöffnet habe, sei Mademoiselle L. erschienen und habe ihm einen Beutel aus der Hand genommen, während sich die alte Dame des anderen bemächtigt habe. Er habe sich daraufhin verbeugt und sei davongegangen. Auf der Straße habe er zu der Zeit keinen Menschen gesehen. Es sei eine Nebenstraße – sehr einsam.

William Bird, Schneider, sagt unter Eid aus, er habe zu den Leuten gehört, die in das Haus eingedrungen seien. Er ist Engländer. Er lebt seit zwei Jahren in Paris. Er sei einer der ersten gewesen, der die Treppe hinaufgestiegen sei. Er habe die streitenden Stimmen gehört. Die raue Stimme sei die eines Franzosen gewesen. Er habe mehrere Worte verstehen können, könne sich jedoch jetzt nicht mehr an alle erinnern. Er habe deutlich *sacré* und *mon Dieu* vernommen. Es sei momentan ein Geräusch entstanden, als ob mehrere Personen miteinander gerungen hätten – ein scharrendes und schlurfendes Geräusch. Die schrille Stimme sei sehr laut gewesen – lauter als die raue. Er sei sicher, dass es nicht die Stimme eines Engländers gewesen sei. Sie sei ihm wie die eines Deutschen vorgekommen. Es hätte auch eine Frauenstimme sein können. Er verstehe kein Deutsch.

Vier der vorgenannten Zeugen sagten, als sie noch einmal aufgerufen wurden, unter Eid aus, dass die Tür des Zimmers, in dem die Leiche von Mademoiselle L. gefunden wurde, von innen abgeschlossen war, als sie oben ankamen. Alles war vollkommen still – kein Stöhnen und auch sonst kein Geräusch. Nach dem Aufbrechen der Tür war kein Mensch zu sehen. Die Fenster des hinteren wie des vorderen Zimmers waren herabgelassen und von innen fest verriegelt. Die Tür zwischen den beiden Räumen war geschlossen, aber nicht zugesperrt. Die Tür, die vom vorderen Zimmer auf den Flur geht, war abgeschlossen, und der Schlüssel steckte von innen. Ein kleiner Raum an der Vorderseite des Hauses, im vierten Stock am Ende des Ganges, stand offen, die Tür war angelehnt. Dieser Raum war voll gestopft mit alten Betten, Kisten und so weiter. Alles wurde sorgfältig ausgeräumt und durchsucht. Im ganzen Haus gibt es keinen Winkel, der nicht Zoll für Zoll gründlich durchsucht worden wäre. Kehrer wurden durch die Kamine nach oben und unten geschoben. Das Haus hat vier Stockwerke und Dachkammern (*mansardes*). Eine Falltür auf dem Dach war fest zugenagelt – sie schien seit Jahren nicht mehr geöffnet worden zu sein. Die Zeit, die zwischen dem Hörbarwerden der streitenden Stimmen und dem Aufbrechen der Zimmertür vergangen ist, wurde von den Zeugen unterschiedlich angegeben. Einigen war sie so kurz wie drei Minuten vorgekommen – anderen so lang wie fünf. Die Tür ließ sich nur mit Mühe öffnen.

Alfonzo Garcio, Bestattungsunternehmer, sagt unter Eid aus, dass er in der Rue Morgue wohnhaft sei. Er ist ein gebürtiger Spanier. Er gehörte zu den Leuten, die in das Haus eindrangen. Er ging jedoch nicht die Treppe hinauf. Er sei nervös und habe sich vor den Folgen der Aufregung gefürchtet. Er habe die streitenden Stimmen gehört. Die raue Stimme sei die eines Franzosen gewesen. Er habe nicht verstehen können, was gesprochen wurde. Die schrille Stimme sei die eines Engländers gewesen – dessen sei er sicher. Er verstehe die englische Sprache nicht, sondern urteile nach dem Tonfall.

Alberto Montani, Zuckerbäcker, sagt unter Eid aus, er sei als einer der ersten die Treppe hinaufgestiegen. Er habe die fraglichen Stimmen gehört. Die raue Stimme sei die eines Franzosen gewesen. Er habe mehrere Worte verstanden. Der Sprecher habe anscheinend jemandem Vorhaltungen gemacht. Die Worte der schrillen Stimme habe er nicht unterscheiden können. Sie habe schnell und ungleichmäßig gesprochen. Er halte sie für die Stimme eines Russen. Er bestätigt im Wesentlichen die bisherigen Aussagen. Er ist Italiener. Mit einem geborenen Russen hat er sich noch nie unterhalten.

Mehrere nochmals aufgerufene Zeugen gaben an dieser Stelle zu Protokoll, dass die Kamine in allen Räumen des vierten Stockwerks zu eng seien, um einem menschlichen Wesen Durchlass zu gewähren. Mit ›Kehrern‹ seien zylindrische Kehrbesen gemeint, wie sie die Schornsteinfeger verwenden. Mit diesen Besen sei man sämtliche Rauchfänge im Haus hinauf- und hinuntergefahren. Es gebe keinen Hinterausgang, durch den irgendjemand hätte entweichen können, während die Leute die Treppe hinaufgestiegen seien. Der Körper von Mademoiselle L'Espanaye sei so fest in den Kamin eingekeilt gewesen, dass er erst heruntergeholt werden konnte, als vier oder fünf Leute ihre Kräfte vereinten.

Paul Dumas, Arzt, sagt unter Eid aus, er sei gegen Tagesanbruch gerufen worden, um die Leichen zu besichtigen. Sie hätten zu der Zeit beide in dem Zimmer, in dem Mademoiselle L. gefunden wurde, auf der Matratze des Bettes gelegen. Der Leichnam der jungen Dame sei voller Hautabschürfungen und Quetschwunden gewesen. Der Umstand, dass er in den Kamin hineingestoßen worden war, sei eine hinreichende Erklärung für diese Erscheinungen. Der Hals sei erheblich verschrammt gewesen. Unmittelbar unter dem Kinn hätten sich mehrere tiefe Kratzwunden sowie eine Reihe von blauen Flecken befunden, die offensichtlich von Fingereindrücken herrührten. Das Gesicht sei grässlich verfärbt gewesen, und die Augäpfel seien vorgequollen. Die Zunge sei teilweise durchgebissen worden. In der Magengrube entdeckte man eine große Quetschung, augenscheinlich hervorgerufen durch den Druck eines Knies. Nach Meinung von M. Dumas ist Mademoiselle L'Espanaye von einer oder mehreren unbekannten Personen zu Tode gewürgt worden. Die Leiche der Mutter sei grauenhaft verstümmelt worden. Sämtliche Knochen des rechten Armes und Beines seien mehr oder weniger zerschmettert. Das linke Schienbein stark zersplittert, gleichfalls alle Rippen auf der linken Seite. Der gesamte Leib grässlich gequetscht und verfärbt. Man könne unmöglich feststellen, wie diese Verletzungen zugefügt worden seien. Eine schwere Holzkeule oder eine breite Eisenstange – ein Stuhl – irgendeine große, schwere und stumpfe Waffe hätte derartige Wirkungen hervorbringen können, falls ein sehr kräftiger Mann sie geschwungen hätte. Keine Frau wäre imstande gewesen, die Schläge mit irgendeiner Waffe auszuführen. Der Kopf der Verstorbenen sei, als der Zeuge sie zu Gesicht bekam, vollständig vom Körper getrennt und zudem schwer zerschmettert gewesen. Der Hals sei augenscheinlich mit einem sehr scharfen Instrument durchschnitten worden – wahrscheinlich mit einem Rasiermesser.

Alexandre Etienne, Chirurg, wurde zusammen mit M. Dumas zur Besichtigung der Leichen gerufen. Er bestätigte die Aussage und die Auffassungen von M. Dumas.

Nichts Weiteres von Belang wurde ermittelt, obwohl noch verschiedene andere Personen vernommen wurden. Ein so geheimnisvoller und in all seinen Einzelheiten so verwirrender Mord ist in Paris noch nie begangen worden – sofern hier überhaupt ein Mord begangen wurde. Die Polizei tappt völlig im Dunkeln – ein ungewöhnliches Vorkommnis bei Fällen dieser Art. Jedenfalls zeigt sich nicht der Schatten eines Anhaltspunktes.«

Die Abendausgabe der Zeitung berichtete, dass im Quartier St-Roch weiterhin die größte Aufregung herrsche – dass das betreffende Grundstück noch einmal sorgfältig durchsucht und neue Zeugenverhöre vorgenommen worden seien, doch alles ohne Erfolg. In einer Nachschrift hieß es allerdings, Adolphe Le Bon sei verhaftet und eingesperrt worden – obgleich über die bereits mitgeteilten Fakten hinaus offenbar nichts Belastendes gegen ihn vorliege.

Dupin schien sich für den Fortgang dieser Angelegenheit außerordentlich zu interessieren – zumindest schloss ich das aus seinem Verhalten, denn er gab keinerlei Kommentare ab. Erst auf die Nachricht hin, dass Le Bon verhaftet worden sei, fragte er mich nach meiner Meinung zu den Mordfällen.

Ich konnte mich lediglich der Ansicht von ganz Paris anschließen und sie als ein unlösbares Rätsel ansehen. Ich sah kein Mittel, das geeignet gewesen wäre, den Mörder aufzuspüren.

»Wir dürfen die Mittel«, sagte Dupin, »nicht nach dieser lückenhaften Untersuchung beurteilen. Die Pariser Polizei, die wegen ihres *Scharfsinns* so sehr gerühmt wird, ist schlau, aber nichts weiter. In ihrem Vorgehen ist keine Methode, es sei denn die Methode, die der Augenblick eingibt. Sie ergreift eine Vielzahl von Maßnahmen, doch nicht selten sind diese den gesteckten Zielen so schlecht angepasst, dass wir uns an Monsieur Jourdain erinnert fühlen, der nach seiner *robe-de-chambre* ruft –

pour mieux entendre la musique.[7] Die Resultate, die sie erzielt, sind nicht selten überraschend, kommen jedoch meistenteils durch bloße Rührigkeit und Betriebsamkeit zustande. Wenn diese Eigenschaften versagen, bleiben ihre Bemühungen erfolglos. Vidocq[8] zum Beispiel hatte eine gute Spürnase und viel Ausdauer. Doch da ihm das geschulte Denken abging, irrte er sich ständig, gerade weil er seine Untersuchungen zu intensiv betrieb. Er beeinträchtigte seine Sicht dadurch, dass er sich das Untersuchungsobjekt zu dicht vor die Augen hielt. Er vermochte vielleicht ein paar Punkte mit ungewöhnlicher Klarheit zu erkennen, aber auf diese Weise verlor er notgedrungen den Überblick über die Angelegenheit als Ganzes. Es gibt nämlich auch so etwas wie eine übertriebene Tiefgründigkeit. Die Wahrheit steckt nicht immer in einem Brunnen. Was die wichtigeren Erkenntnisse angeht, so glaube ich tatsächlich, dass sie durchweg an der Oberfläche liegt. Die Tiefe liegt in den Tälern, wo wir die Wahrheit suchen, und nicht auf den Bergeshöhen, wo sie zu finden ist. Die Erscheinungsformen und Ursprünge derartiger Irrtümer lassen sich durch die Betrachtung der Himmelskörper sehr gut versinnbildlichen. Wenn man einen Stern mit dem Blick streift, ihn von der Seite betrachtet, indem man ihm die äußeren Teile der Netzhaut zuwendet (die für schwache Lichteindrücke empfänglicher sind als die inneren), dann sieht man den Stern deutlich, erkennt am besten seinen Glanz – einen Glanz, der genau in dem Maße abnimmt, wie wir ihm das Gesicht *voll* zukehren. Im letzteren Falle trifft zwar eine größere Zahl von Strahlen auf das Auge auf, aber im ersteren ist das Aufnahmevermögen verfeinert. Durch ungebührliche Tiefgründigkeit verwirren und schwächen wir das Denken; und es ist möglich, selbst die Venus durch zu langes, zu konzentriertes und zu unmittelbares Fixieren vom Firmament verschwinden zu lassen.

Was diese Morde betrifft, so wollen wir selber einige Nachforschungen anstellen, bevor wir uns über sie eine Meinung bilden. Eine Untersuchung wird uns Vergnügen bereiten« (ich empfand den Ausdruck in diesem Zusammenhang als sonderbar, sagte aber nichts), »und außerdem hat mir Le Bon einmal einen Dienst erwiesen, für den ich ihm nicht undankbar bin. Gehen wir und schauen wir uns das Haus mit eigenen Augen an. Ich kenne G., den Polizeipräfekten, und werde ohne Schwierigkeiten die erforderliche Genehmigung erhalten.«

Die Genehmigung wurde erteilt, und wir begaben uns sogleich in die Rue Morgue. Sie ist eine jener elenden Querstraßen, welche die Rue Richelieu und die Rue St. Roch miteinander verbinden. Es war spät am Nachmittag, als wir dort anlangten, weil dieses Quartier von dem, in dem wir wohnten, sehr weit entfernt ist. Das Haus war leicht zu finden, denn noch immer starrten viele Leute von der gegenüberliegenden Straßenseite mit sinnloser Neugier zu den geschlossenen Läden hinauf. Es war ein gewöhnliches Pariser Haus mit einem Torweg, an dessen einer Seite sich ein verglaster Verschlag mit einem Schiebefenster befand, der eine *loge de concierge*[9] darstellte. Bevor wir eintraten, gingen wir die Straße hinauf, bogen in eine Gasse ein und kamen, nachdem wir nochmals eingebogen waren, an der Rückseite des Hauses vorbei – Dupin inspizierte währenddessen sowohl die Umgebung als auch das Haus mit einer minutiösen Aufmerksamkeit, deren Sinn ich mir nicht zu erklären vermochte.

Wir gingen auf demselben Weg zurück, näherten uns dem Gebäude von vorne, läuteten und wurden, nachdem wir unsere Erlaubnisscheine vorgezeigt hatten, von den diensttuenden Beamten eingelassen. Wir stiegen die Treppen hinauf – in das Zimmer, wo man die Leiche von Mademoiselle L'Espanaye gefunden hatte und wo die beiden Toten noch immer lagen. Das Durcheinander in dem Raum hatte man, wie üblich, unverändert gelassen. Ich erblickte nichts, was nicht in der *Gazette des Tribunaux* aufgeführt worden war. Dupin untersuchte alles – die Leichen der Opfer nicht ausgenommen. Wir gingen dann in die anderen Zimmer und auf den Hof; ein Gendarm begleitete uns überallhin. Die Untersuchung beschäftigte uns bis zum Dunkelwerden, dann gingen wir. Auf dem Heimweg machte mein Gefährte im Büro einer Tageszeitung kurz halt.

Ich habe bereits erwähnt, dass mein Freund allerlei Marotten hatte und dass *je les ménageais*[10]: – für diese Redewendung gibt es keine englische Entsprechung. Jetzt beliebte es ihm, jede Unterhaltung über das Thema der Mordsache bis um die Mittagszeit des folgenden Tages abzulehnen. Da fragte er mich plötzlich, ob mir am Schauplatz der Gräueltat nichts *Besonderes* aufgefallen sei.

In der Art, wie er das Wort »Besonderes« betonte, lag etwas, was mich schaudern machte, ohne dass ich gewusst hätte, weshalb.

»Nein, nichts *Besonderes*«, sagte ich; »zumindest nichts weiter als das, was wir beide in der Zeitung gelesen haben.«

»Die *Gazette*«, entgegnete er, »ist leider auf das ungewöhnlich Grausige dieses Falls nicht näher eingegangen. Doch lassen wir die müßigen Ansichten dieses Druckwerks beiseite. Es scheint mir, dass dieses Rätsel gerade aus dem Grund als unlösbar gilt, weshalb man es eigentlich für leicht lösbar halten sollte – ich meine den maßlosen Charakter seiner Begleitumstände. Die Polizei ist irritiert durch das scheinbare Fehlen eines Motivs – nicht für den Mord selbst, aber für die Abscheulichkeit des Mordes. Zudem ist sie verwirrt durch die scheinbare Unmöglichkeit, die Stimmen, die man miteinander streiten hörte, mit den Tatsachen zu vereinbaren, dass oben außer der ermordeten Mademoiselle L'Espanaye niemand gefunden wurde und dass keine Möglichkeit des Entkommens bestand, die nicht von den hinaufeilenden Leuten bemerkt worden wäre. Die wüste Unordnung im Zimmer; die mit dem Kopf nach unten in den Kamin hinaufgestoßene Leiche; die entsetzlichen Verstümmelungen am Körper der alten Dame: diese Beobachtungen, zusammen mit den vorher erwähnten und anderen, die ich nicht zu erwähnen brauche, haben genügt, um die Tatkraft der Regierungsbeamten zu lähmen, indem sie deren vielgerühmten Scharfsinn auf eine völlig falsche Fährte setzten. Sie sind in den groben, aber weit verbreiteten Irrtum verfallen, das Ungewöhnliche mit dem Abstrusen zu verwechseln. Doch gerade durch diese Abweichungen von der Bahn des Normalen tastet sich der Verstand, wenn überhaupt, auf der Suche nach der Wahrheit voran. Bei Nachforschungen, wie wir sie jetzt anstellen, sollte man nicht so sehr fragen: »Was ist geschehen?«, sondern vielmehr: ›Was ist geschehen, das vorher noch nie geschehen ist?‹ Ja, die Leichtigkeit, mit der ich die Lösung dieses Rätsels finden werde oder bereits gefunden habe, steht in einem direkten Verhältnis zu der vermeintlichen Unlösbarkeit, die es in den Augen der Polizei hat.«

Ich starrte den Sprecher in stummem Erstaunen an.

»Ich erwarte jetzt«, fuhr er fort, während er auf unsere Zimmertür blickte, »– ich erwarte jetzt eine Person, die zwar vielleicht dieses Gemetzel nicht selber ausgeführt hat, aber bis zu einem gewissen Grade in seine Ausführung verwickelt sein muss. An dem schlimmsten Teil der begangenen Verbrechen ist sie wahrscheinlich unschuldig. Ich hoffe, dass ich mit dieser Annahme Recht habe; denn darauf gründet sich meine Erwartung, das ganze Geheimnis aufklären zu können. Ich sehe dem Mann hier entgegen – in diesem Zimmer – jeden Augenblick. Es stimmt, dass er möglicherweise nicht auftaucht; aber die Wahrscheinlichkeit spricht dafür, dass er auftaucht. Sollte er kommen, wird es notwendig sein, ihn festzuhalten. Hier sind Pistolen; wir beide wissen mit ihnen umzugehen, wenn es die Umstände erfordern.«

Ich nahm die Pistolen, fast ohne zu wissen, was ich tat, oder zu glauben, was ich hörte, während Dupin weiterredete, ganz so, als ob er ein Selbstgespräch führte. Ich habe bereits von dem abstrakten Wesen gesprochen, das ihm bei solchen Gelegenheiten eigen war. Seine Ausführungen waren zwar an mich gerichtet, aber seine Stimme, obwohl keineswegs laut, hatte jenen

Tonfall, den man gewöhnlich anwendet, wenn man zu jemandem in weiter Ferne spricht. Seine ausdrucksleeren Augen blickten nur die Wand an.

»Dass die streitenden Stimmen«, sagte er, »welche die Leute auf der Treppe hörten, nicht die Stimmen der Frauen waren, ist durch die Zeugenaussagen bewiesen worden. Das enthebt uns aller Zweifel hinsichtlich der Frage, ob die alte Dame zuerst die Tochter umgebracht und anschließend Selbstmord begangen haben könnte. Ich erwähne diesen Punkt vor allem aus methodischen Gründen; denn die Kräfte von Madame L'Espanaye wären keinesfalls der Aufgabe gewachsen gewesen, die Leiche ihrer Tochter so in den Kamin hinaufzustoßen, wie man sie gefunden hat, und die Art der Wunden an ihrem eigenen Leib schließt den Gedanken an Selbstmord völlig aus. Folglich ist hier ein Mord von einer dritten Partei begangen worden; und es waren die Stimmen dieser dritten Partei, die man miteinander streiten hörte. Lassen Sie mich nun die Aufmerksamkeit nicht auf die gesamten Aussagen über diese Stimmen lenken, sondern auf das *Besondere* an diesen Aussagen. Ist Ihnen daran etwas Besonderes aufgefallen?«

Ich bemerkte, alle Zeugen hätten zwar in der Annahme übereingestimmt, dass die raue Stimme die eines Franzosen gewesen sei, aber es habe sehr viel Meinungsverschiedenheiten hinsichtlich der schrillen oder, wie einer sich ausdrückte, der heiseren Stimme gegeben.

»Das sind die Aussagen selbst«, sagte Dupin, »aber das ist nicht das Besondere an den Aussagen. Sie haben nichts Bestimmtes bemerkt. Und doch *war* etwas zu bemerken. Die Zeugen waren sich, wie Sie festgestellt haben, über die raue Stimme einig; hier bestand Übereinstimmung. Was aber die schrille Stimme angeht, so liegt das Besondere nicht darin, dass sie sich uneinig waren, sondern darin, dass jeder, ob nun ein Italiener, ein Engländer, ein Spanier, ein Holländer oder ein Franzose sie zu beschreiben versuchte, sie als die eines *Ausländers* bezeichnete. Jeder ist sicher, dass es nicht die Stimme eines Landsmannes war. Jeder vergleicht sie nicht mit der Stimme eines Menschen aus irgendeinem Volk, dessen Sprache er beherrscht, sondern im Gegenteil. Der Franzose hält sie für die Stimme eines Spaniers, und er ›würde einige Worte verstanden haben, *wenn er des Spanischen mächtig wäre*‹. Der Niederländer behauptet, es sei die eines Franzosen gewesen; aber wir lesen dann, dass ›*dieser Zeuge, da er nicht Französisch spricht, durch einen Dolmetscher vernommen wurde*‹. Der Engländer glaubt, es sei die Stimme eines Deutschen gewesen, doch ›*er verstehe kein Deutsch*‹. Der Spanier ›ist sicher‹, dass es die eines Engländers war, aber ›urteilt nach dem Tonfall, *da er die englische Sprache nicht verstehe*‹. Der Italiener glaubt die Stimme eines Russen gehört zu haben, doch er ›hat sich noch nie mit *einem geborenen Russen unterhalten*.‹ Ein zweiter Franzose weicht sogar von dem ersten ab und meint mit Bestimmtheit, es sei die Stimme eines Italieners gewesen; aber *da er mit dieser Sprache nicht vertraut sei*, ist er, wie der Spanier, ›aufgrund des Tonfalls überzeugt‹. Nun, wie seltsam und ungewöhnlich muss in Wirklichkeit jene Stimme gewesen sein, über die solche Aussagen zustande kommen konnten! – in deren *Lauten* selbst Vertreter der fünf großen Völkerschaften Europas nichts Vertrautes zu erkennen vermochten! Sie werden jetzt einwenden, es hätte ja die Stimme eines Asiaten, eines Afrikaners sein können. In Paris wimmelt es weder von Asiaten noch von Afrikanern; doch ohne diesen Einwand von der Hand zu weisen, möchte ich nun Ihre Aufmerksamkeit nur auf drei Punkte lenken. Ein Zeuge nennt die Stimme ›eher heiser als schrill‹. Zwei andere bezeichnen sie als ›schnell und *ungleichmäßig*‹. Keine Worte – keine Laute, die eine Ähnlichkeit mit Worten gehabt hätten – sind von irgendeinem Zeugen als klar unterscheidbar angegeben worden.

»Ich weiß nicht«, fuhr Dupin fort, »welchen Eindruck ich bis jetzt auf Ihre Einsicht gemacht habe; ich stehe jedoch nicht an zu behaupten, dass berechtigte Schlussfolgerungen selbst aus diesem Teil der Zeugenaussagen – dem Teil, der die raue und die schrille Stimme betrifft – an sich schon ausreichen würden, einen Verdacht zu begründen, der allen weiteren Schritten bei der Aufklärung des Geheimnisses die Richtung weisen sollte. Ich sagte ›berechtigte Schlussfolgerungen‹, doch damit ist meine Auffassung noch nicht voll zum Ausdruck gekommen. Ich wollte andeuten, dass diese Schlussfolgerungen die *einzig* richtigen sind und dass sich aus ihnen *zwangsläufig* der Verdacht als alleiniges Resultat ergibt. Welcherart der Verdacht ist, will ich indes jetzt noch nicht sagen. Ich möchte Sie lediglich bitten, im Auge zu behalten, dass er für mich stark genug war, um meinen Nachforschungen in dem Zimmer eine feste Gestalt – eine bestimmte Richtung – zu geben.

Versetzen wir uns jetzt im Geiste in dieses Zimmer. Wonach werden wir als erstes suchen? Nach dem Fluchtweg, den die Mörder benutzt haben. Ich darf doch wohl sagen, dass keiner von uns an übernatürliche Vorgänge glaubt. Madame und Mademoiselle L'Espanaye sind nicht von Geistern umgebracht worden. Die Täter waren körperliche Wesen und sind körperlich entkommen. Aber wie? Glücklicherweise gibt es hier nur eine Überlegung, und diese Überlegung *muss* uns zu einem bestimmten Schluss führen. – Untersuchen wir also der Reihe nach die möglichen Fluchtwege. Es ist klar, dass sich die Mörder in dem Zimmer, wo Mademoiselle L'Espanaye entdeckt wurde, oder zumindest im danebenliegenden Zimmer befanden, als die Leute die Treppen hinaufstiegen. Demnach brauchen wir die Ausgänge nur in diesen beiden Räumen zu suchen. Die Polizei hat die Fußböden, die Decken und das Mauerwerk der Wände nach allen Richtungen durchforscht. Keine *geheimen* Ausgänge können ihrer Aufmerksamkeit entgangen sein. Da ich jedoch *ihren* Augen nicht traute, habe ich alles mit meinen eigenen untersucht. Es gibt tatsächlich *keine* geheimen Ausgänge. Die beiden Türen, die von den Zimmern auf den Flur gehen, waren fest verschlossen, und die Schlüssel steckten von innen. Wenden wir uns nun den Kaminen zu. Diese haben zwar bis zu einer Höhe von etwa acht bis zehn Fuß über der Feuerstelle die übliche Weite, würden aber in ihrer ganzen Länge nicht einmal den Körper einer großen Katze durchlassen. Nachdem die Unmöglichkeit, auf den genannten Wegen zu entweichen, absolut feststeht, bleiben uns nur noch die Fenster. Durch die des vorderen Zimmers kann niemand entkommen sein, denn er wäre von der Menge auf der Straße bemerkt worden. Die Mörder *müssen* folglich durch die Fenster des Hinterzimmers gestiegen sein. Nun, nachdem wir auf eine so unbezweifelbare Weise zu diesem Schluss gelangt sind, steht es uns als vernunftbegabten Wesen nicht zu, ihn aufgrund scheinbarer Unmöglichkeiten zu verwerfen. Es gilt für uns nur zu beweisen, dass diese scheinbaren ›Unmöglichkeiten‹ in Wirklichkeit keine sind.

Das Zimmer hat zwei Fenster. Eines ist nicht durch Möbel verstellt und vollständig sichtbar. Der Blick auf den unteren Teil des anderen wird durch das Kopfende der ungefügen Bettstatt verdeckt, die dicht herangeschoben ist. Das erstere wurde von innen fest verriegelt vorgefunden. Es widerstand der äußersten Kraftanstrengung jener, die es hochzuschieben versuchten. Auf der linken Seite war in den Rahmen ein großes Loch eingebohrt, und darin steckte fast bis zum Kopf ein sehr dicker Nagel. Bei der Untersuchung des anderen Fensters fand man einen ähnlichen Nagel, der auf ähnliche Weise eingepasst war; und auch hier blieb ein energischer Versuch, das Fenster hochzuschieben, ohne Erfolg. Die Polizei war nun völlig beruhigt, dass auf diesen Wegen die Flucht nicht erfolgt sei. Und *darum* hielt man es für eine überflüssige Mühe, die Nägel herauszuziehen und die Fenster zu öffnen.

Meine eigene Untersuchung war ein wenig sorgfältiger, und zwar aus dem Grund, den ich soeben genannt habe – weil hier, das wusste ich, bewiesen werden *musste*, dass alle scheinbaren Unmöglichkeiten in Wirklichkeit keine waren.

Ich stellte dann folgende Überlegungen an – *a posteriori*. Die Mörder *waren* durch eines dieser Fenster entkommen. Wenn dem so war, konnten sie nicht die Fenster von innen wieder so verschlossen haben, wie man sie vorgefunden hat – eine Erwägung, die wegen ihrer Eindeutigkeit den Nachforschungen der Polizei in dieser Richtung ein Ende setzte. Doch die Fenster *waren* verriegelt worden. Sie *mussten* demnach die Fähigkeit haben, sich selbst zu verriegeln. Diese Schlussfolgerung war unausweichlich. Ich trat an das nicht verstellte Fenster, zog den Nagel mit einiger Mühe heraus und versuchte den Rahmen hochzuschieben. Er widersetzte sich all meinen Anstrengungen, wie ich es vorausgesehen hatte. Ich wusste nun, dass eine verborgene Feder vorhanden sein musste; und diese Bestätigung meiner Ansicht überzeugte mich davon, dass zumindest meine Prämissen richtig waren, so mysteriös auch nach wie vor die Sache mit den Nägeln zu sein schien. Eine sorgfältige Untersuchung förderte bald die verborgene Feder zutage. Ich drückte darauf, und zufrieden mit meiner Entdeckung, verzichtete ich darauf, den Fensterrahmen hochzuschieben.

Ich steckte den Nagel wieder zurück und betrachtete ihn aufmerksam. Jemand, der durch dieses Fenster ausgestiegen war, hätte es hinter sich schließen können, und die Feder wäre eingerastet – aber der Nagel konnte nicht wieder eingesteckt werden. Der Schluss war klar und engte das Feld meiner Untersuchungen abermals ein. Die Mörder *mussten* durch das andere Fenster entkommen sein. Angenommen also, die Federn waren bei beiden Fenstern gleich, wofür die Wahrscheinlichkeit sprach, so *musste* ein Unterschied zwischen den Nägeln oder wenigstens in der Art ihrer Befestigung zu finden sein. Ich stieg auf die Matratze der Bettstatt und sah mir über das Kopfende hinweg das zweite Fenster genauestens an. Mit der Hand hinter das Brett fassend, entdeckte und betätigte ich sogleich die Feder, die, wie ich erwartet hatte, in ihrer Konstruktion mit der ersten identisch war. Dann sah ich mir den Nagel an. Er war so dick wie der andere und augenscheinlich in derselben Weise eingepasst – fast bis zum Kopf hineingetrieben.

Sie wollen jetzt sagen, dass ich ratlos war; aber wenn Sie das denken, müssen Sie das Wesen meiner Induktionsschlüsse missverstanden haben. Um einen Jagdausdruck zu gebrauchen, ich war kein einziges Mal auf einer ›falschen Fährte‹. Ich hatte die Witterung keinen Augenblick lang verloren. Es war keine schwache Stelle in den Gliedern der Kette. Ich war dem Geheimnis bis zum letzten Punkt auf die Spur gekommen – und dieser Punkt war *der Nagel.* Er sah, wie gesagt, in jeder Hinsicht genauso aus wie sein Gegenstück im anderen Fenster; aber dieser Umstand war absolut nichtig (so schlüssig er auch erscheinen mochte) im Vergleich zu der Überlegung, dass hier, an dieser Stelle, die Spur aufhörte. ›Es *muss* etwas faul sein‹, sagte ich mir, ›mit diesem Nagel.‹ Ich fasste ihn an, und der Kopf sowie ein etwa viertelzölliges Stück des Schafts blieben in meiner Hand. Der Rest des Schafts steckte im Bohrloch, in dem er abgebrochen war. Die Bruchstelle war alt (denn ihre Ränder waren mit Rost überzogen) und offenkundig durch den Schlag eines Hammers entstanden, mit dem man das Kopfstück des Nagels teilweise in das Oberteil des unteren Rahmens eingetrieben hatte. Ich steckte nun dieses Kopfstück vorsichtig wieder in die Vertiefung, aus der ich es genommen hatte, und der Eindruck eines einwandfreien Nagels war vollkommen – die Bruchstelle war nicht mehr zu sehen. Ich drückte auf die Feder und schob den Rahmen behutsam ein paar Zoll hinauf; der Nagelkopf wanderte mit empor und blieb fest in seinem Loch stecken. Ich schloss das Fenster, und wieder hatte es ganz den Anschein, als sei der Nagel unversehrt.

Das Rätsel war damit so weit enträtselt. Der Mörder war durch das Fenster entkommen, das sich hinter dem Bett befand. Da es nach seiner Flucht von selber zugefallen war (oder vielleicht auch absichtlich geschlossen wurde), hatte es sich mittels der Feder verriegelt: und der Halt dieser Feder wurde von der

Polizei mit dem des Nagels verwechselt – weitere Nachforschungen hielt man daraufhin für überflüssig.

Die nächste Frage betrifft die Art und Weise des Abstiegs. Über diesen Punkt hatte ich mir auf unserem gemeinsamen Gang um das Gebäude Klarheit verschafft. Ungefähr fünfeinhalb Fuß von dem fraglichen Fenster entfernt verläuft eine Blitzableiterstange. Von dieser Stange aus hätte niemand das Fenster erreichen, geschweige denn hindurchsteigen können. Ich bemerkte jedoch, dass die Fensterläden im vierten Stock von jener besonderen Form sind, welche die Pariser Schreiner *ferrades* nennen – eine Form, die heutzutage nur noch selten verwendet wird, die man aber an sehr alten Bauwerken in Lyon und Bordeaux häufig antrifft. Sie haben die Gestalt einer gewöhnlichen Tür (einer einfachen, nicht einer Flügeltür), außer dass die obere Hälfte als Lattenrost oder offenes Gitterwerk gearbeitet ist – dadurch bieten sie den Händen einen ausgezeichneten Halt. Im gegenwärtigen Falle sind diese Läden volle dreieinhalb Fuß breit. Als wir sie von der Rückseite des Hauses aus betrachteten, waren sie beide ungefähr halb offen – das heißt, sie standen im rechten Winkel von der Mauer ab. Es ist wahrscheinlich, dass die Polizisten genauso wie ich die Rückseite des Gebäudes untersucht haben; doch da sie, wenn dem so ist, diese *ferrades* aus der Perspektive der Breite erblickten (es blieb ihnen gar nichts anderes übrig), haben sie die große Breite selbst nicht bemerkt oder es jedenfalls versäumt, sie gebührend in Betracht zu ziehen. Ja, nachdem es nun einmal für sie feststand, dass ein Entkommen auf dieser Seite unmöglich sei, haben sie hier wohl nur eine sehr oberflächliche Untersuchung angestellt, Mir hingegen war klar, dass der Laden, der zum Fenster am Kopfende des Bettes gehört, bis auf zwei Fuß an den Blitzableiter heranreichen würde, wenn man ihn ganz bis an die Hauswand zurückschlüge. Genauso offensichtlich war, dass jemand, der über ein sehr ungewöhnliches Maß an Gewandtheit und Mut verfügt, auf diese Weise von der Blitzableiterstange in das Fenster einsteigen konnte. – Ein Einbrecher, der bis auf die Entfernung von zweieinhalb Fuß herangekommen wäre (wir nehmen jetzt einmal an, der Fensterladen sei ganz geöffnet gewesen), hätte sich am Gitter sicher festhalten können. Hätte er dann die Stange losgelassen, die Füße fest gegen die Mauer gestemmt und einen kühnen Absprung gewagt, so hätte er durch seinen Schwung den Laden zuklappen lassen und, wenn wir uns vorstellen, dass das Fenster zu der Zeit offen stand, sich sogar in das Zimmer schwingen können.

Ich möchte Sie bitten, besonders darauf zu achten, dass ich ein *sehr* ungewöhnliches Maß an Gewandtheit und Mut als Voraussetzung für das Gelingen eines so riskanten und so schwierigen Unternehmens bezeichnet habe. Ich habe die Absicht, Ihnen erstens zu zeigen, dass so etwas überhaupt möglich gewesen sein könnte; aber zweitens und *hauptsächlich* möchte ich Ihnen den *ganz außergewöhnlichen* – den fast übernatürlichen Charakter der dazu erforderlichen Geschicklichkeit klarmachen.

Sie werden jetzt sicherlich einwenden, dass ich ›zur Absicherung meiner Beweisführung‹, um in der Sprache der Juristen zu reden, besser daran täte, die hier notwendige Gewandtheit eher geringer zu bewerten, als auf ihrer vollen Anerkennung zu bestehen. Das mag vor Gericht so üblich sein, aber es ist nicht das Vorgehen der Vernunft. Mein letztes Ziel ist nur die Wahrheit. Mein unmittelbarer Zweck ist es, Sie dahin zu bringen, dass Sie eine Verbindung herstellen zwischen der *sehr ungewöhnlichen* Gewandtheit, von der ich soeben sprach, und jener *sehr merkwürdigen* schrillen (oder heiseren) und *ungleichmäßigen* Stimme, über deren Nationalität sich keine zwei Personen einig waren und in deren Lauten keine Silbenbildung entdeckt werden konnte.«

Bei diesen Worten huschte eine verschwommene und halb fertige Vorstellung von Dupins Absicht durch meinen Sinn. Ich schien am Rande des Begreifens zu stehen, war jedoch unfähig zu begreifen – so wie Menschen zuweilen an der Schwelle der

Erinnerung verharren, ohne sich am Ende tatsächlich erinnern zu können. Mein Freund setzte seine Ausführungen fort.

»Sie sehen«, sagte er, »dass ich die Fragestellung von der Art und Weise des Entkommens zu der des Hereinkommens verlagert habe. Ich wollte damit andeuten, dass beides in derselben Form, an derselben Stelle erfolgte. Kehren wir jetzt in das Innere des Zimmers zurück. Schauen wir uns dort um. Die Schubladen der Kommode sind, so wurde behauptet, ausgeplündert worden, obgleich sich noch viele Kleidungsstücke darin fanden. Der Schluss, den man hier gezogen hat, ist absurd. Es ist eine bloße Vermutung – eine ganz törichte Vermutung – und nicht mehr. Wie können wir wissen, ob die Gegenstände, die in den Schubladen gefunden wurden, nicht alles waren, was diese Schubladen ursprünglich enthielten? Madame L'Espanaye und ihre Tochter lebten äußerst zurückgezogen – empfingen keine Besuche – gingen selten aus – hatten also wenig Gelegenheit, ihre Kleider häufig zu wechseln. Die man fand, waren zumindest von einer so guten Qualität, wie man sie bei diesen Damen nur erwarten kann. Wenn ein Dieb überhaupt welche mitgenommen hat, warum nahm er dann nicht die besten – warum nahm er nicht alle? Mit einem Wort, weshalb ließ er viertausend Francs in Gold zurück, um sich mit einem Bündel Wäsche zu belasten? Das Gold *wurde* zurückgelassen. Nahezu die ganze Summe, die der Bankier Monsieur Mignaud erwähnte, wurde entdeckt, in Beuteln, auf dem Fußboden. Ich möchte Sie daher bitten, aus Ihren Überlegungen die irrige Annahme eines *Motivs* zu streichen, die in den Hirnen der Polizei durch jenen Teil der Zeugenaussagen entstand, in dem von dem an der Haustür abgelieferten Geld die Rede war. Zufälle, die zehnmal erstaunlicher sind als dieser (die Überbringung des Geldes und die Ermordung der Empfänger innerhalb von drei Tagen), begegnen einem jeden von uns jede Stunde, ohne dass wir ihnen auch nur einen Moment Beachtung schenken. Zufälle sind, allgemein gesprochen, große Stolpersteine auf dem Weg jener Sorte von Denkern, die aufgrund ihrer Ausbildung nichts von der Wahrscheinlichkeitstheorie wissen – einer Theorie, der die großartigsten Objekte des menschlichen Forschungsstrebens ihre großartigste Deutung verdanken. Wäre im gegenwärtigen Falle das Gold verschwunden gewesen, so hätte der Umstand, dass es drei Tage zuvor übergeben wurde, etwas mehr als einen Zufall dargestellt. Er wäre eine Bestätigung für die Annahme eines Motivs. Doch wenn wir angesichts des tatsächlichen Sachverhalts das Gold als Motiv für diese Gräueltat betrachten, müssen wir uns gleichzeitig den Täter als einen unentschlossenen Idioten vorstellen, der sein Gold mitsamt seinem Motiv im Stich gelassen hat.

Behalten wir nun die Punkte, auf die ich Ihre Aufmerksamkeit gelenkt habe, fest im Gedächtnis – die merkwürdige Stimme, die ungewöhnliche Behändigkeit und das verblüffende Fehlen eines Motivs bei einer so ungemein abscheulichen Mordtat –, und werfen wir einen Blick auf das Gemetzel selbst. Da ist eine Frau, die mit den Händen erwürgt und kopfunter einen Kamin hinaufgestoßen worden ist. Gewöhnliche Gewalttäter morden nicht auf solche Weise. Am allerwenigsten beseitigen sie so ihr Opfer. In der Art, wie die Leiche in den Kamin hinaufgestoßen wurde, liegt, wie Sie zugeben werden, etwas *extrem Maßloses* – etwas, was sich ganz und gar nicht mit unseren allgemeinen Begriffen von menschlichem Tun vereinbaren lässt, selbst wenn wir uns die Täter als die verworfensten Menschen überhaupt vorstellen. Bedenken Sie auch, wie viel Kraft dazu nötig war, den Körper in eine solche Öffnung so gewaltsam *hinaufzustoßen*, dass die vereinten Kräfte mehrerer Personen kaum ausreichten, ihn *herabzuziehen*!

Wenden wir uns nun weiteren Indizien für die Anwendung einer überaus erstaunlichen Körperkraft zu. Auf dem Herd lagen dicke Strähnen – sehr dicke Strähnen – grauen Menschenhaars. Sie waren mit den Wurzeln ausgerissen. Ihnen ist bekannt, welch große Kraft dazu gehört, auch nur zwanzig oder dreißig Haare zugleich aus dem Kopf zu reißen. Sie haben diese Haarflechten ebenso gut gesehen wie ich. Ihre Wurzeln (ein grässlicher Anblick!) waren verklumpt mit Fleischfetzen der Kopfhaut – ein sicheres Zeichen für die gewaltige Kraft, die bei der Entwurzelung von vielleicht einer halben Million Haaren ausgeübt wurde. Der Hals der alten Dame war nicht nur durchschnitten, sondern der Kopf regelrecht vom Körper getrennt: das Instrument war ein einfaches Rasiermesser. Ich möchte Sie bitten, auch die *brutale* Wildheit dieser Taten zu beachten. Von den Quetschwunden am Körper von Madame L'Espanaye will ich gar nicht reden. Monsieur Dumas und sein ehrenwerter Gehilfe Monsieur Etienne haben erklärt, sie seien mit einem stumpfen Werkzeug beigebracht worden; und insoweit haben die Herren durchaus Recht. Das stumpfe Werkzeug war eindeutig das Steinpflaster im Hof, auf den das Opfer aus dem Fenster hinter dem Bett gefallen ist. Dieser Gedanke, so simpel er jetzt auch erscheinen mag, ist den Polizeibeamten aus demselben Grund entgangen, aus dem ihnen die Breite der Fensterläden entging – weil sie nämlich ihr Wahrnehmungsvermögen wegen der Sache mit den Nägeln hermetisch vor der Möglichkeit verschlossen hatten, dass die Fenster jemals geöffnet worden sind.

Wenn Sie jetzt, neben all diesen Dingen, das seltsame Durcheinander im Zimmer richtig einschätzen, sind wir so weit, dass wir die verschiedenen Anhaltspunkte – eine erstaunliche Behändigkeit, eine übermenschliche Kraft, eine brutale Wildheit, eine Schlächterei ohne Motiv, eine *grotesquerie* des Grauens, die aller Menschlichkeit hohnspricht, und eine Stimme, die Menschen vieler Nationen fremd in den Ohren klingt und der jede deutliche oder verständliche Silbenbildung abgeht – miteinander verbinden können. Welches Resultat ergibt sich daraus? Was für einen Eindruck habe ich auf ihre Vorstellungskraft gemacht?«

Mich überlief eine Gänsehaut, als Dupin mich so fragte. »Ein Verrückter«, sagte ich, »hat diese Tat begangen – irgendein Tobsüchtiger, der aus einer benachbarten *Maison de Santé* entsprungen ist.«

»In gewisser Hinsicht«, erwiderte er, »ist Ihre Annahme nicht unbegründet. Aber die Stimmen von Verrückten, selbst wenn sie ihre schlimmsten Anfälle haben, gleichen niemals jener merkwürdigen Stimme, die man im Treppenhaus vernommen hat. Verrückte gehören einer bestimmten Nation an, und mag ihre Sprache auch noch so sehr aus unzusammenhängenden Wörtern bestehen, sie behält doch stets den Zusammenhang der Silbenbildung. Außerdem sieht das Haar eines Verrückten anders aus als das, das ich hier in der Hand halte. Ich habe dieses kleine Büschel den starr ineinander verkrampften Fingern von Madame L'Espanaye entwunden. Sagen Sie mir, wofür Sie es halten.«

»Dupin?«, sagte ich, völlig niedergeschmettert, »das Haar ist höchst ungewöhnlich – das ist kein *menschliches* Haar.«

»Das habe ich auch nicht behauptet«, sagte er, »doch bevor wir diese Frage entscheiden, möchte ich Sie bitten, einen Blick auf die kleine Skizze zu werfen, die ich hier auf dieses Stück Papier gezeichnet habe. Es ist eine originalgetreue Wiedergabe dessen, was in einem Teil der Zeugenaussagen als ›dunkle Quetschungen und tiefe Spuren von Fingernägeln‹ am Hals von Mademoiselle L'Espanaye und in einem anderen (von den Herren Dumas und Etienne) als eine ›Reihe von blauen Flecken, die offensichtlich von Fingereindrücken herrührten‹, beschrieben worden ist.

Sie werden erkennen«, fuhr mein Freund fort, indem er das Papier auf dem Tisch vor uns ausbreitete, »dass diese Zeichnung die Vorstellung von einem festen und harten Zugriff vermittelt. Von einem *Abgleiten* ist nichts zu sehen. Jeder Finger hat – möglicherweise bis zum Tod des Opfers – die furchtbare Umklammerung beibehalten, mit der er sich zuerst eingekrallt hat. Versuchen Sie jetzt, alle Ihre Finger gleichzeitig auf die entsprechenden Eindrücke zu legen, wie Sie sie hier vor sich sehen.«

Ich versuchte es, doch ohne Erfolg.

»Vielleicht sind wir bei dieser Probe nicht korrekt vorgegangen«, sagte er. »Das Papier ist auf einer ebenen Oberfläche ausgebreitet, doch der menschliche Hals hat eine zylindrische Form. Hier ist ein Holzscheit, dessen Umfang ungefähr dem des Halses entspricht. Legen Sie die Zeichnung herum, und machen Sie den Versuch noch einmal.«

Ich tat es; aber es erwies sich als noch schwieriger als zuvor.

»Das«, sagte ich, »ist nicht der Abdruck einer Menschenhand.«

»Lesen Sie jetzt«, versetzte Dupin, »diesen Abschnitt aus dem Cuvier[11].«

Es war ein detaillierter anatomischer und allgemein beschreibender Bericht über den großen rotbraunen Orang-Utan der ostindischen Inseln. Die riesenhafte Gestalt, die ungemeine Kraft und Gewandtheit, die ungestüme Wildheit und der Nachahmungstrieb dieser Säugetiere sind jedem hinreichend bekannt. Auf einmal begriff ich die ganzen grauenhaften Begleitumstände des Mordes.

»Die Beschreibung der Finger«, sagte ich, als ich zu Ende gelesen hatte, »stimmt genau mit dieser Zeichnung überein. Ich sehe, dass kein anderes Lebewesen als ein Orang-Utan der hier genannten Art solche Eindrücke, wie Sie sie abgezeichnet haben, hinterlassen haben kann. Auch dieses bräunliche Haarbüschel ist in seiner Beschaffenheit identisch mit dem Haar des Tieres bei Cuvier. Trotzdem kann ich die Einzelheiten dieses grässlichen Geheimnisses einfach nicht verstehen. Überdies hat man *zwei* Stimmen gehört, die miteinander stritten, und eine davon war fraglos die Stimme eines Franzosen.«

»Richtig; und Sie werden sich an einen Ausdruck erinnern, der von den Zeugen fast einmütig dieser Stimme zugeschrieben wurde – der Ausdruck *mon Dieu*! Er ist unter den gegebenen Umständen von einem Zeugen (dem Zuckerbäcker Montani) mit Recht als Ausdruck des Tadels oder Vorwurfs charakterisiert worden. Auf diese beiden Worte habe ich deshalb vor allem meine Hoffnung gegründet, das Rätsel endgültig zu lösen. Ein Franzose war Mitwisser des Mordes. Es ist möglich – tatsächlich ist es weit mehr als wahrscheinlich –, dass er hinsichtlich einer Beteiligung an der Bluttat, die sich ereignet hat, völlig unschuldig ist. Der Orang-Utan kann ihm entkommen sein. Er ist dem Tier vielleicht bis zu dem Zimmer gefolgt; doch in der erschüttern den Situation, die sich nun ergab, hätte er es nie wieder einfangen können. Es läuft noch immer frei umher. Ich will diese Mutmaßungen – denn ich habe kein Recht, sie anders zu nennen – nicht weiter verfolgen, weil die schattenhaften Überlegungen, auf denen sie beruhen, kaum gründlich genug sind, um von meinem eigenen Intellekt anerkannt zu werden, und weil ich nicht vorgeben kann, ich könnte sie dem Verstand eines anderen Menschen begreiflich machen. Wir wollen sie also Mutmaßungen nennen und als solche betrachten. Falls der betreffende Franzose tatsächlich, wie ich annehme, an dieser Gräueltat unschuldig ist, so wird ihn diese Anzeige, die ich gestern Abend auf unserem Heimweg im Büro von *Le Monde* (eine Zeitung, welche die Belange der Schifffahrt vertritt und von Seeleuten viel gelesen wird) aufgegeben habe, in unsere Wohnung führen.«

Er reichte mir eine Zeitung, und ich las Folgendes:

EINGEFANGEN – *Im Bois de Boulogne, am frühen Morgen des ... d. M.* (der Morgen des Mordes) *ein sehr großer bräunlicher Orang-Utan der auf Borneo vorkommenden Art. Der Eigentümer (nachweislich ein Matrose, der auf einem maltesischen Schiff fährt) kann das Tier zurückerhalten, wenn er es einwandfrei identifiziert und die geringen Unkosten erstattet, die für das Einfangen und den Unterhalt angefallen sind. Näheres Nr. ..., Rue ..., Faubourg St-Germain – au troisième.*

»Wie konnten Sie wissen«, fragte ich, »dass der Mann ein Matrose ist und auf einem maltesischen Schiff fährt?«

»Ich weiß es *nicht*«, sagte Dupin. »Ich bin dessen nicht *sicher*. Hier habe ich allerdings ein kleines Stück Band, aus dessen Form und aus dessen fettigem Aussehen man schließen kann, dass es offensichtlich dazu verwendet wurde, das Haar zu einer jener langen *queues*[12] zu binden, die bei Matrosen so beliebt sind. Außerdem können nur wenige, abgesehen von Matrosen, einen solchen Knoten knüpfen, und er ist typisch für die Malteser. Ich habe das Band auf dem Boden vor der Blitzableiterstange gefunden. Es kann keiner der beiden Verstorbenen gehört haben. Nun, sollte sich der Schluss, den ich aus diesem Band gezogen habe, dass nämlich der Franzose ein Matrose ist und auf einem maltesischen Schiff fährt, am Ende als falsch erweisen, so kann doch das, was ich in der Anzeige gesagt habe, keinen Schaden anrichten. Wenn ich mich täusche, wird er lediglich annehmen, dass mich irgendein Umstand, den er nicht näher untersuchen wird, irregeführt hat. Wenn ich aber Recht habe, ist ein wichtiger Punkt gewonnen. Als unschuldiger Mitwisser des Mordes wird der Franzose natürlich zögern, auf die Anzeige zu antworten – den Orang-Utan zurückzufordern. Er wird sich Folgendes überlegen: ›Ich bin unschuldig; ich bin arm; mein Orang-Utan ist sehr wertvoll – für einen in meiner Lage ein Vermögen – warum soll ich ihn wegen der unbegründeten Furcht vor Gefahren verloren geben? Da ist er, zum Greifen nahe. Man hat ihn im Bois de Boulogne gefunden – sehr weit entfernt vom Schauplatz der Schlächterei. Wer könnte jemals auf den Gedanken kommen, dass ein vernunftloses Tier die Tat vollbracht hat? Die Polizei ist auf der falschen Fährte – sie hat nicht den kleinsten Anhaltspunkt ermitteln können. Sollte sie dem Tier je auf die Spur kommen, wäre es doch unmöglich, mich als Mitwisser des Mordes zu überführen oder mir aufgrund dieser Mitwisserschaft eine Schuld nachzuweisen. Vor allem aber: *man kennt mich*. Der Inserent bezeichnet mich als Eigentümer des Tieres. Ich weiß nicht genau, wie weit sein Wissen reicht. Wenn ich es unterlasse, ein so wertvolles Eigentum zurückzuverlangen, von dem man weiß, dass es mir gehört, dann setze ich das Tier zumindest einem Verdacht aus. Es wäre unklug, die Aufmerksamkeit auf mich selber oder auf das Tier zu lenken. Ich werde auf die Anzeige reagieren, den Orang-Utan holen und ihn unter Verschluss halten, bis diese Sache abgeblasen ist.‹«

In diesem Augenblick hörten wir Schritte auf der Treppe.

»Halten Sie Ihre Pistolen bereit«, sagte Dupin, »aber gebrauchen oder zeigen Sie sie nicht eher, als bis ich ein Zeichen gebe.«

Die Haustür war offen geblieben, und der Besucher war, ohne zu läuten, eingetreten und mehrere Stufen die Treppe hinaufgestiegen. Doch jetzt schien er zu zögern. Gleich darauf hörten wir ihn hinuntergehen. Dupin eilte auf die Tür zu, als wir ihn wieder heraufkommen hörten. Er kehrte nicht ein zweites Mal um, sondern stieg entschlossen hinauf und klopfte an unsere Wohnungstür.

»Herein«, sagte Dupin in heiterem und herzlichem Ton.

Ein Mann trat ein. Es war ein Matrose, ohne Zweifel – ein großer, stämmiger und muskulös aussehender Kerl mit einem gewissen verwegenen Gesichtsausdruck, der keineswegs unsympathisch wirkte. Sein stark sonnverbranntes Gesicht war mehr als halb von einem Schnurr- und Backenbart verdeckt. Er hatte einen mächtigen Eichenknüppel bei sich, schien aber im Übrigen unbewaffnet zu sein. Er verbeugte sich ungeschickt und wünschte uns einen »guten Abend«, in einem Französisch, dessen Tonfall zwar ein wenig nach Neuchâtel klang, aber dennoch zur Genüge seine Pariser Herkunft verriet.

»Setzen Sie sich, mein Freund«, sagte Dupin. »Ich nehme an, Sie kommen wegen des Orang-Utans. Auf mein Wort, ich beneide Sie fast um seinen Besitz; ein auffallend schönes und zweifellos sehr wertvolles Tier. Für wie alt halten Sie es wohl?«

Der Matrose holte tief Atem, mit der Miene eines Menschen, dem eine unerträgliche Last abgenommen worden ist, und antwortete dann in festem Ton:

»Das kann ich Ihnen nicht sagen – aber er kann nicht älter sein als vier oder fünf Jahre. Haben Sie ihn hier?«

»O nein; wir hatten hier keinen Platz, um ihn unterzubringen. Er ist in einem Mietstall in der Rue Dubourg, gleich um die Ecke. Sie können ihn morgen früh abholen. Selbstverständlich sind Sie imstande, sich als Eigentümer auszuweisen?«

»Aber sicher, Herr.«

»Es tut mir leid, dass ich mich von ihm trennen muss«, sagte Dupin.

»Ich will nicht, dass Sie sich all die Mühe umsonst gemacht haben, Herr«, sagte der Mann. »Das kann ich nicht erwarten. Bin gerne bereit, einen Finderlohn für das Tier zu bezahlen – das heißt, jede Summe, die sich in einem vernünftigen Rahmen hält.«

»Nun«, entgegnete mein Freund, »das ist alles schön und gut, gewiss. Lassen Sie mich überlegen! – Was sollte ich verlangen? Oh! Ich will es Ihnen sagen. Das soll meine Belohnung sein: Sie teilen mir alles mit, was Sie über diese Morde in der Rue Morgue wissen.«

Dupin sprach die letzten Worte in sehr leisem Ton und sehr ruhig. Genauso ruhig ging er auch zur Tür, schloss sie ab und steckte den Schlüssel in die Tasche. Dann zog er eine Pistole aus dem Busen und legte sie ohne die geringste Hast auf den Tisch.

Das Gesicht des Matrosen lief rot an, als kämpfe er mit einem Erstickungsanfall. Er sprang auf die Beine und griff nach seinem Knüppel; aber im nächsten Augenblick sank er auf seinen Stuhl zurück, heftig zitternd und mit totenbleichem Gesicht. Er sagte kein Wort. Ich bemitleidete ihn aus tiefstem Herzen.

»Mein Freund«, sagte Dupin in freundlichem Ton, »Sie regen sich unnötig auf – wirklich. Wir wollen Ihnen in keiner Weise schaden. Ich gebe Ihnen mein Wort als Ehrenmann und als Franzose, dass wir es nicht böse mit Ihnen meinen. Ich weiß ganz genau, dass Sie an den Gräueln in der Rue Morgue unschuldig sind. Es hat jedoch keinen Zweck zu leugnen, dass Sie in einem bestimmten Maße darin verwickelt sind. Aus dem, was ich bisher gesagt habe, müssen Sie erkennen, dass ich Mittel und Wege gefunden habe, mich über diese Angelegenheit zu informieren – Mittel und Wege, von denen Sie nicht einmal geträumt haben können. Nun, die Sache steht so: Sie haben nichts getan, was Sie hätten verhindern können – jedenfalls nichts, was Sie zum Schuldigen stempelt. Sie haben sich nicht einmal des Raubes schuldig gemacht, als Sie die Möglichkeit hatten, ungestraft zu rauben. Sie haben keinen Grund, etwas zu verbergen. Andererseits verpflichten Sie die Grundsätze der Ehre, alles zu gestehen, was Sie wissen. Ein Unschuldiger sitzt jetzt im Gefängnis, angeklagt des Verbrechens, dessen Täter Sie nennen können.«

Der Matrose hatte seine Geistesgegenwart weitgehend wiedergewonnen, während Dupin diese Worte sprach; doch die ursprüngliche Forschheit seines Auftretens war gänzlich verschwunden.

»So wahr mir Gott helfe«, sagte er nach einer kurzen Pause, »ich *will* Ihnen alles erzählen, was ich über diese Geschichte weiß – aber ich erwarte nicht, dass Sie mir die Hälfte von dem glauben, was ich sage – ich wäre ein Narr, wenn ich es täte. Trotzdem, ich *bin* unschuldig, und ich will mir alles von der Seele reden, auch wenn es mich das Leben kosten sollte.«

Was er berichtete, war im Wesentlichen Folgendes: Er hatte vor kurzem eine Fahrt zum indischen Archipel gemacht. Eine Gruppe Matrosen, zu der auch er gehörte, ging in Borneo an Land und drang auf einem Ausflug ins Landesinnere vor. Er selber fing zusammen mit einem Kameraden einen Orang-Utan. Nach dem Tod dieses Kameraden ging das Tier in seinen alleinigen Besitz über. Nach großen Unannehmlichkeiten, die ihm die unbändige Wildheit des Tieres auf der Heimreise bereitete, gelang es ihm schließlich, es in seiner Pariser Wohnung sicher unterzubringen, wo er es, um nicht die unliebsame Neugier seiner Nachbarn auf sich zu lenken, sorgfältig verborgen halten wollte, bis es eine Fußverletzung, die es sich an Bord durch einen Splitter zugezogen hatte, ausgeheilt hätte. Er hatte letztlich die Absicht, es zu verkaufen.

Als er in der Nacht oder vielmehr am Morgen der Mordtat von

einem Seemannsfest heimkam, fand er das Tier in seinem Schlafzimmer, in das es aus einer danebenliegenden Kammer, wo er es sicher verwahrt glaubte, eingebrochen war. Ein Rasiermesser in der Hand und gründlich eingeseift, saß es vor einem Spiegel und versuchte die Bewegungen des Rasierens zu machen, bei denen es seinen Herrn zweifellos früher schon einmal durch das Schlüsselloch der Kammertür beobachtet hatte. Entsetzt darüber, eine so gefährliche Waffe im Besitz eines Tieres zu sehen, das so wild und durchaus imstande war, sie zu gebrauchen, war der Mann einige Augenblicke lang ratlos, was er tun sollte. Er war jedoch gewohnt, das Tier selbst bei dessen schlimmsten Wutausbrüchen mit einer Peitsche zu beruhigen, und zu ihr nahm er auch jetzt seine Zuflucht. Als der Orang-Utan ihrer ansichtig wurde, sprang er unverzüglich durch die Tür der Kammer, die Treppe hinab und dann durch ein Fenster, das unglückseligerweise offen stand, hinaus auf die Straße.

Der Franzose folgte ihm voller Verzweiflung; der Affe, der noch immer das Rasiermesser in der Hand hielt, blieb hin und wieder stehen, um sich gestikulierend nach seinem Verfolger umzuschauen, bis dieser ihn fast eingeholt hatte. Dann rannte er weiter. Auf diese Weise dauerte die Jagd lange an. In den Straßen herrschte tiefe Stille, da es fast drei Uhr morgens war. Als der Flüchtling durch eine Gasse hinter der Rue Morgue kam, wurde seine Aufmerksamkeit durch den Lichtschein gefesselt, der durch das offene Fenster von Madame L'Espanayes Zimmer im vierten Stock ihres Hauses drang. Er stürzte auf das Gebäude zu, gewahrte die Blitzableiterstange, kletterte mit unvorstellbarer Behändigkeit empor, ergriff den Fensterladen, der bis an die Hauswand zurückgeschlagen war, und schwang sich mit dessen Hilfe direkt auf das Kopfende des Bettes. Der ganze Vorgang dauerte nicht einmal eine Minute. Der Laden wurde durch den Orang-Utan, als er ins Zimmer eindrang, wieder aufgestoßen.

Der Matrose war indessen zugleich erfreut und bestürzt. Er hoffte sehr, die Bestie jetzt wieder einfangen zu können, da sie der Falle, in die sie sich gewagt hatte, kaum noch entkommen konnte, es sei denn über die Stange, wo man sich ihrer jedoch beim Absteigen bemächtigen könnte. Auf der anderen Seite bestand Grund zu der Besorgnis, was sie im Haus wohl anstellen würde. Die letztere Überlegung veranlasste den Mann, dem Flüchtling weiter zu folgen. Eine Blitzableiterstange ist nicht schwer zu ersteigen, zumal für einen Matrosen; doch als er in Höhe des Fensters angelangt war, das sich weitab zu seiner Linken befand, hatte sein Aufstieg ein Ende; er konnte sich allenfalls so weit hinüberbeugen, dass er einen Blick in das Innere des Zimmers erhaschte. Bei diesem Blick hätte er vor maßlosem Entsetzen beinahe den Halt verloren. Das war der Zeitpunkt, als jene grässlichen Schreie die Nacht erfüllten, welche die Bewohner der Rue Morgue aus dem Schlaf auffahren ließen. Madame L'Espanaye und ihre Tochter waren, in ihre Nachtkleider gehüllt, anscheinend damit beschäftigt gewesen, einige Papiere in der bereits erwähnten eisernen Kassette zu ordnen, die sie in die Mitte des Zimmers geschoben hatten. Sie stand offen, und der Inhalt lag daneben auf dem Boden. Die Opfer mussten mit dem Rücken zum Fenster gesessen haben; und aus der Zeit, die zwischen dem Eindringen des Tieres und den Schreien verging, kann man schließen, dass es nicht sofort bemerkt wurde. Das Zuschlagen des Fensterladens hatten sie natürlicherweise wohl dem Wind zugeschrieben.

Als der Matrose hineinblickte, hatte das riesenhafte Tier Madame L'Espanaye bei den Haaren gepackt (die lose herabhingen, da sie sie soeben gekämmt hatte) und schwang das Rasiermesser über ihrem Gesicht, in Nachahmung der Bewegungen eines Barbiers. Die Tochter lag ausgestreckt und reglos auf dem Boden; sie war ohnmächtig geworden. Das Schreien und Sträuben der alten Dame (während ihr das Haar vom Kopf gerissen wurde) hatten zur Folge, dass sich die wahrscheinlich friedlichen Absichten des Orang-Utans in bösartige verwandelten. Mit einem entschlossenen Schwung seines muskulösen Arms trennte er ihren

Kopf beinahe vom Körper. Der Anblick des Blutes steigerte seine Wut bis zur Raserei. Zähnefletschend und mit feurig funkelnden Augen warf er sich auf den Körper des Mädchens, grub seine furchtbaren Krallen in ihren Hals und ließ nicht mehr los, bis sie tot war. Sein unsteter, wilder Blick fiel in diesem Augenblick auf das Kopfende des Bettes, über dem das Gesicht seines Herrn, vor Grauen erstarrt, gerade sichtbar wurde. Der Zorn des Tieres, das sich zweifellos noch immer an die gefürchtete Peitsche erinnerte, schlug unvermittelt in Angst um. In dem Bewusstsein, eine Strafe verdient zu haben, schien es darauf bedacht zu sein, sein blutiges Werk zu verbergen, und sprang in einem qualvollen Zustand nervöser Erregung im Zimmer umher, wobei es die Möbel umwarf und zerbrach und das Bettzeug von der Bettstatt zerrte. Zum Schluss ergriff es zunächst die Leiche der Tochter und stieß sie so in den Kamin hinauf, wie man sie später fand, dann die der alten Dame, die es gleich darauf kopfüber aus dem Fenster schleuderte.

Als sich der Affe mit seiner entstellten Last dem Fenster näherte, wich der Matrose schaudernd zur Blitzableiterstange zurück, und an ihr mehr hinuntergleitend als -kletternd, kam er unten an und rannte sofort nach Hause – voller Angst vor den Folgen der Schlächterei und in seinem Entsetzen alle Sorgen um das Schicksal des Orang-Utans gerne von sich weisend. Die Worte, welche die Leute im Treppenhaus hörten, waren die Schreckens- und Entsetzensrufe des Franzosen, vermischt mit dem teuflischen Geplapper der Bestie.

Ich habe kaum noch etwas hinzuzufügen. Der Orang-Utan muss unmittelbar vor dem Aufbrechen der Tür über die Stange aus dem Zimmer entkommen sein. Er muss das Fenster geschlossen haben, nachdem er hinausgestiegen war. Er wurde später vom Besitzer selber eingefangen, der ihn für eine sehr große Summe an den *Jardin des Plantes*[13] verkaufte. Le Bon wurde sofort auf freien Fuß gesetzt, nachdem wir im Büro des Polizeipräfekten einen Bericht über die Vorgänge (mit einigen Kommentaren von Dupin) erstattet hatten. Dieser Beamte konnte, so wohlgesonnen er meinem Freund auch war, seinen Ärger über die Wendung, die die Sache genommen hatte, nicht ganz verbergen und gefiel sich in ein paar sarkastischen Bemerkungen darüber, dass es jedermann gut anstehe, sich um seine eigenen Angelegenheiten zu kümmern.

»Lassen Sie die Leute reden«, sagte Dupin, der es nicht für notwendig gehalten hatte, etwas zu erwidern. »Lassen Sie ihn schwatzen; das erleichtert sein Gewissen. Mir genügt es, dass ich ihn in seiner eigenen Burg geschlagen habe. Dennoch, dass er bei der Lösung dieses Rätsels versagt hat, ist durchaus nicht so verwunderlich, wie er selber glaubt; denn in Wahrheit ist unser Freund, der Präfekt, ein wenig zu schlau, um tiefgründig zu sein. Seiner Weisheit fehlt es an *Substanz*. Sie besteht nur aus Kopf ohne Körper, wie die Bilder der Göttin Laverna[14] – oder bestenfalls nur aus Kopf und Schultern, wie ein Kabeljau. Aber er ist trotz allem ein guter Kerl. Ich mag ihn vor allem wegen seiner meisterlichen Verstellungskunst, die ihm den Ruf der Genialität eingetragen hat. Ich meine damit seine Art *de nier ce qui est, et d'expliquer ce qui n'est pas*.[15]«

1841 *Übersetzung von Siegfried Schmitz*

Im Wirbel des Maelström

Gottes Wege in der Natur wie in seiner Fürsorge für uns sind anders als die unseren; noch auch sind die Vorstellungen, die wir uns bilden, in irgendeiner Weise der Unermesslichkeit, Tiefe und Unerforschlichkeit seiner Werke angemessen, *die unergründlicher sind als der Brunnen des Demokrit*[1].

JOSEPH GLANVILL[2]

Nun hatten wir den Gipfel der höchsten Klippe erreicht. Ein paar Minuten schien der alte Mann zu sehr erschöpft zu sein, als dass er hätte sprechen können.

»Vor noch nicht langer Zeit«, sagte er schließlich, »hätte ich Sie diese Strecke ebenso gut führen können wie der jüngste meiner Söhne; aber vor etwa drei Jahren ist mir etwas zugestoßen, das nie zuvor ein sterblicher Mensch erlebte – oder zum mindesten nicht überlebte, um davon erzählen zu können. Die sechs Stunden tödlichen Schreckens, die ich damals durchmachte, haben mich körperlich und seelisch gebrochen. Sie halten mich wahrscheinlich für einen sehr alten Mann – aber ich bin es nicht. Es brauchte weniger als einen einzigen Tag, mein Haar vom tiefsten Schwarz zur Weiße zu bleichen, meine Glieder zu schwächen und meine Nerven so zu überspannen, dass ich bei der kleinsten Anstrengung zittere und mich vor einem Schatten ängstige. Wissen Sie, dass ich kaum über diese kleine Klippe hinunterschauen kann, ohne schwindlig zu werden?«

Die ›kleine Klippe‹, an deren Ende er sich zum Ausruhen so sorglos hingeworfen hatte, dass sein Körper großenteils überhing und nur die am äußersten und noch dazu schlüpfrigen Rand des Felsens aufgestützten Ellbogen ihn vor dem Abgleiten bewahrten – diese ›kleine Klippe‹, ein nahezu glatter Absturz schwarzglänzenden Gesteins, stieg aus einer Welt von Felsspitzen unter uns fünfzehn- oder sechzehnhundert Fuß hoch auf. Nichts hätte mich verleiten können, mich dem Rand auf weniger als ein halbes Dutzend Meter zu nähern. Die gefährliche Lage, in die sich mein Gefährte gebracht hatte, regte mich derart auf, dass ich mich platt auf den Boden warf, mich an das Buschwerk neben mir klammerte und nicht einmal wagte, zum Himmel aufzuschauen, während ich vergebens versuchte, mich von der Vorstellung zu befreien, die Grundfesten des Bergs seien von dem fürchterlichen Sturm bedroht. Es dauerte geraume Zeit, bis ich mir so viel Mut eingeredet hatte, mich aufzusetzen und ins Weite zu blicken.

»Über solche Phantasiegespinste müssen Sie hinwegkommen«, sagte der Führer, »denn ich habe Sie hier hergebracht, damit Sie den bestmöglichen Blick auf den Schauplatz des Ereignisses haben, vom dem ich sprach, und damit ich Ihnen die ganze Geschichte erzähle, während die Stelle unter Ihren Augen liegt.

Wir sind hier«, fuhr er in der für ihn charakteristischen, ins Einzelne gehenden Erzählweise fort, »nahe der norwegischen Küste – unter dem 68. Breitengrad – in der großen Provinz Nordland – und im öden Gebiet der Lofoten[3]. Der Berg, auf dem wir sitzen, heißt Helseggen, der Wolkige. Nun richten Sie sich ein bisschen auf – halten Sie sich am Gras fest, wenn Sie sich schwindlig fühlen – so, ja – und schauen Sie über den Dunstgürtel unter uns hinweg auf die See hinaus.«

Benommen blickte ich hin und sah den weit sich dehnenden Ozean, dessen Wasser tintenartig gefärbt waren, was mich sofort an den Bericht des Nubischen Geographen[4] über das Mare Tenebrarum – Meer der Finsternisse – erinnerte. Keine menschliche Vorstellungskraft kann sich ein trostlos-öderes Landschaftsbild ausmalen. Soweit das Auge reichte, dehnten sich rechts und links wie Bastionen unserer Erde Ketten schauerlich schwarz aufragender Felsklippen, deren düsteres Aussehen noch durch den hoch dagegen aufspritzenden weißlichen, geisterhaften Gischt der Brandung betont wurde, der dort in alle Ewigkeit zu heulen und zu kreischen schien. Gerade dem Vorgebirge gegenüber, auf dessen höchstem Punkt wir uns befanden, lag in einer Entfernung von einigen fünf oder sechs Meilen eine kleine, düster aussehende Insel, das heißt, man konnte sie eigentlich nur an der um sie aufschäumenden Brandung erkennen. Etwa zwei Meilen näher erhob sich eine andere, kleinere, hässlich zerklüftet und nackt, die in verschiedenen Abständen von Gruppen schwärzlicher Felsen eingefasst war.

Das Aussehen des Meeres zwischen der entfernteren Insel und der Küste hatte etwas Ungewöhnliches an sich. Obwohl in diesem Augenblick der Sturm so stark landeinwärts blies, dass eine Brigg draußen in der offenen See bei doppelt gerefftem Gaffelsegel stark krängte[5] und ihr Rumpf ständig verschwand und unterzutauchen schien, war durchaus nichts von einem regelmäßigen Seegang zu erkennen, sondern nur ein kurzes, rasches, sozusagen zorniges Aufspritzen von Wasser nach allen Richtungen, und zwar sowohl gegen den Atem des Winds wie von ihm getrieben. Schaumköpfe gab es kaum, eigentlich nur in der unmittelbaren Nähe der Klippen.

»Die Insel dort draußen«, nahm der alte Mann das Gespräch wieder auf, »heißt bei uns Norwegern Väreöy, die andere in der Mitte Moskoe. Die etwa eine Meile nördlich ist Ambaaren. Dahinter liegen Islesen, Hocholm, Keildhelm, Suarven und Buckholm, noch weiter zwischen Moskoe und Väreöy hindurch Otterholm, Flimen, Sandflesen und Stockholm. So sind ihre Namen – aber warum man es für nötig befunden hat, sie alle zu benennen, werden Sie so wenig verstehen wie ich. Hören Sie etwas? Sehen Sie eine Veränderung im Wasser?«

Wir befanden uns nun etwa zehn Minuten auf dem Gipfel des Helseggen, den wir vom Inneren einer der Lofoteninseln bestiegen hatten; so war keine Sicht aufs Meer frei gewesen, bis mich sein Anblick von der Höhe aus förmlich überwältigt hatte.

Während der alte Mann sprach, wurde ich auf ein lauter und lauter werdendes Geräusch aufmerksam, das wie das Brüllen einer großen Büffelherde auf einer Prärie Amerikas klang; zu gleicher Zeit nahm ich etwas wahr, das die Seeleute mit kochender See bezeichnen; der Ozean unter uns verwandelte sich im Nu in eine nach Osten strebende Strömung. Während ich sie beobachtete, nahm sie eine rasende Geschwindigkeit an, die sich in nach nordwärts gerichtetem Ansturm von Augenblick zu Augenblick steigerte. Innerhalb von fünf Minuten war das ganze Meer bis Väreöy in nicht zu bändigender Wut aufgepeitscht, aber am schlimmsten tobte es zwischen Moskoe und der Küste. Hier war die weite Wasserfläche in tausend einander bekämpfende Strömungen zerfurcht und zerspalten und zerbarst sozusagen in wahnsinnigen Zuckungen – sich bäumend, kochend und pfeifend – ein Wirbel unzähliger gigantischer Strudel, und all das kreiselte und stürzte mit einer Geschwindigkeit ostwärts, die das Wasser sonst nur in Steilabstürzen annehmen kann.

Ein paar Minuten danach bot sich das Schauspiel gänzlich verändert dar. Die Oberfläche des Meers wurde ruhiger, die Strudel verschwanden einer nach dem anderen, während breite Schaumstreifen sichtbar wurden, wo vorher keine zu sehen gewesen waren. Diese Streifen breiteten sich schließlich auf eine größere Fläche aus, vereinigten sich, nahmen unter sich die kreisende Bewegung der verschwundenen Strudel auf und schienen so den Kern eines neuen, noch größeren Strudels zu bilden. Plötzlich – ganz plötzlich – entstand er nun auch als deutlich zu erkennender abgegrenzter Kreis im Durchmesser von mehr als einer Meile. Der Rand des Wirbels wurde von einem breiten Gürtel schimmernden Gischts gebildet, aber kein Teilchen davon spritzte in den grausigen Trichter, dessen Inneres, soweit das Auge in die Tiefe vordringen konnte, eine glatte, glänzende und doch kohlschwarze Wasserwand darstellte, die etwa fünfundvierzig Grad gegen den Horizont geneigt war und sich in schwindelerregendem Tempo unaufhörlich in sich selbst im

Kreis drehte; aus ihm drang, wie um den Sturm zu schrecken, die halb kreischende, halb brüllende Stimme des Trichters, wie sie nicht einmal der mächtige Katarakt des Niagara beim Absturz gen Himmel schickt.

Der Berg erzitterte in seinen Tiefen, der Fels schwankte. Ich warf mich aufs Gesicht und klammerte mich im Übermaß nervöser Erregung an den spärlichen Graswuchs.

»Das da«, sagte ich schließlich zu dem alten Mann, »*kann* nichts anderes sein als der große Strudel des Maelström.«

»So nennt man ihn manchmal«, erwiderte er. »Bei uns Norwegern heißt er Moskoeström nach der Insel Moskoe dort in der Mitte.«

Die herkömmliche Beschreibung des Wasserschlunds hatte mich in keiner Weise auf das vorbereitet, was ich nun sah. Die von Jonas Ramus[6], vielleicht die eingehendste von allen, kann weder von der Erhabenheit oder vom Schrecken dieses Schauspiels auch nur die schwächste Vorstellung vermitteln, noch auch von dem bestürzenden Erlebnis des *absolut Neuen*, das den Beschauer verwirrt. Ich bin nicht sicher, von welchem Standort aus und wann der genannte Schriftsteller es beobachtet hat; es kann aber weder vom Gipfel des Helseggen aus noch bei einem Sturm geschehen sein. Nichtsdestoweniger gibt es einige Stellen in seiner Schilderung, die der Einzelheiten halber angeführt seien, wenngleich ihre Wirkung außerordentlich schwach ist und keinen Eindruck des Schauspiels vermittelt.

»Zwischen Lofotodden[7] und Moskoe«, heißt es da, »beträgt die Wassertiefe etwa sechsunddreißig bis vierzig Faden[8], aber an der anderen Seite nach Väreöy zu nimmt sie derart ab, dass sie einem Schiff nur unter der Gefahr des Zerschellens an den Felsen eine Durchfahrt erlaubt, was auch bei ruhigstem Wetter geschehen kann. Bei Flut bewegt sich die Strömung zwischen Lofotodden und Moskoe mit ungestümer Geschwindigkeit landeinwärts, das Gebrüll beim heftigen Zurückfluten aber wird kaum von den lautesten und gewaltigsten Katarakten erreicht.

Das Getöse ist mehrere Seemeilen weit zu hören, die Strudel und Abgründe sind von solcher Ausdehnung und Tiefe, dass ein Schiff, gerät es in ihren Sog, unrettbar verschluckt, auf den Grund gezogen und an den Felsen in Stücke geschlagen wird. Beruhigt sich das Wasser dann, werden die Trümmer wieder ausgestoßen. Diese Ruhezeiten treten aber nur beim Wechsel von Ebbe und Flut und bei Windstille ein und dauern lediglich eine Viertelstunde, wonach der Strudel an Macht wieder zunimmt. Wenn er am heftigsten tobt und ein Sturm ihn noch verstärkt, ist es gefährlich, sich ihm auf eine norwegische Meile zu nähern. Boote, Jachten und Schiffe sind schon hineingezogen worden, weil sie nicht auf der Hut waren, bevor sie in seine Reichweite gerieten. Häufig geschieht es auch, dass Wale dem Strom zu nahe kommen und von ihm ergriffen werden; man kann ihr Heulen und Brüllen nicht beschreiben, während sie vergeblich kämpfen, sich aus dem Wirbel zu befreien. Ein Bär, der versuchte, von Lofotodden nach Moskoe zu schwimmen, wurde vom Strom erfasst und hinuntergezogen; er brüllte so schrecklich, dass man es an Land hörte. Große Mengen Fichten- und Kiefernstämme, die verschluckt worden waren, kamen zerbrochen und so zerfetzt wieder an die Oberfläche, als seien Stacheln auf ihnen gewachsen. Dies zeigt klar, dass der Grund aus zackigen Felsen besteht, zwischen denen die Gegenstände hin und her geschleudert werden. Diese Strömung wird vom Zu- und Rückfluss der Gezeiten im Wechsel von sechs Stunden reguliert. Im Jahr 1645 raste der Strudel früh am Morgen von Sexagesimae[9] mit solchem Lärm und solcher Wut, dass bei den Häusern an der Küste sogar die Steine von den Dächern fielen.«

Was die Wassertiefe angeht, so kann ich nicht einsehen, wie man sie in unmittelbarer Nähe des Strudels überhaupt hätte feststellen können. Die »vierzig Faden« können sich nur auf Teile des Kanals nahe der Küste von Moskoe oder Lofotodden beziehen. Die Tiefe in der Mitte des Moskoeströms muss unvergleichlich größer sein; es bedarf dazu keines besseren Beweises, als ihn ein Blick, wenngleich schief nach unten in den Abgrund des Schlunds, von der höchsten Klippe des Helseggen aus geben kann. Während ich so von der Felszinne auf den heulenden Phlegeton[10] hinunterblickte, musste ich unwillkürlich über die Einfalt lächeln, mit der der ehrenwerte Ramus berichtet, als seien die Anekdoten über die Wale und den Bären kaum zu glauben; denn es schien mir von vornherein selbstverständlich, dass auch das größte existierende Linienschiff, geriete es einmal in den tödlichen Sog, ihm so wenig Widerstand leisten könnte wie eine Feder einem Hurrikan und im Nu mit Mann und Maus verschwände.

Die Versuche, das Phänomen zu erklären – manche hatten mir beim Überlesen recht plausibel geklungen, wie ich mich erinnere –, erschienen mir nun unter einem sehr verschiedenen und unbefriedigenden Blickwinkel. Die allgemein verbreitete Annahme geht dahin, dass dieser sowie drei kleinere Strudel bei den Färöer-Inseln »keine andere Ursache haben als das Zusammentreffen von Wassermassen, die bei Hut und Ebbe gegen Unterwasserriffe und Felsbänke anschwellen und zurückströmen, was gemäß der Stauwirkung zur Befreiung in der Art eines Katarakts führt. Je höher die Flut steigt, desto tiefer muss der Sturz sein, und das natürliche Ergebnis von allem ist dann ein riesiger Wasserwirbel oder Strudel, dessen mächtige Saugkraft durch Experimente kleinerer Art genügend bekannt ist.« So zu lesen in der *Encyclopaedia Britannica*, Kircher[11] und andere meinen, unter dem Mittelpunkt des Maelström tue sich ein Abgrund auf, der in der Erdrinde weiterführe und irgendwo in weiter Ferne wieder zum Vorschein komme; einer der Autoren nennt etwas reichlich entschieden den Bottnischen Meerbusen. Diese an sich nichtige Behauptung war gleichwohl die, der meine Phantasie bereitwilligst zustimmte, während ich hinunterstarrte. Und als ich meinem Führer davon sprach, war ich ziemlich überrascht, ihn sagen zu hören, dass dies zwar fast überall die in Norwegen vorherrschende Ansicht sei, nicht aber seine eigene. Was die Erklärung des Lexikons angehe, müsse er eingestehen, dass er sie nicht verstehen könne, worin ich ihm zustimmte – denn wie schlüssig sie sich auch auf dem Papier ausnimmt, so gänzlich unverständlich und sogar absurd wird sie unter dem Donner des Abgrunds.

»Sie hatten einen prächtigen Blick auf den Strudel«, meinte der alte Mann. »Wenn Sie auf die Leeseite dieses Felsens herumkriechen wollen, wo das Tosen des Wassers etwas gedämpft wird, will ich Ihnen eine Geschichte erzählen, die Sie überzeugen wird, dass ich eigentlich einiges über den Moskoeström wissen müsste.«

Ich setzte mich, wie gewünscht, worauf er weitersprach.

»Meine zwei Brüder und ich besaßen einmal eine schonergetakelte Zweimastschmacke von etwa siebzig Tonnen, mit der wir an den Inseln jenseits von Moskoe nahe Väreöy zu fischen pflegten. Bei wirbelnder See ist an geeigneten Stellen gut fischen, wenn man nur den Mut hat, es zu versuchen, aber unter allen Küstenfischern von Lofotodden waren wir drei die einzigen, die es uns zur Regel machten, zu den Inseln hinauszufahren, wie ich sagte. Die üblichen Fanggründe liegen ein gutes Stück weiter südlich. Dort kann man zu jeder Stunde fischen, ohne etwas zu riskieren, weswegen sie natürlich bevorzugt werden. Die Plätze unserer Wahl hier drüben zwischen den Felsen liefern aber nicht nur die beste Auswahl, sondern auch größere Mengen von Fischen, so dass wir oft an einem Tag einen Fang heimbrachten, den die Ängstlicheren unserer Zunft nicht in einer Woche zusammenfischen konnten. In der Tat wurde es für uns eine Sache waghalsiger Spekulation – für weniger Arbeit riskierten wir unser Leben, und unser Mut war sozusagen das Betriebskapital.

Der Ankerplatz unserer Schmacke lag etwa fünf Meilen von hier weiter oben in einer Bucht an der Küste. Es war unsere Praxis, bei gutem Wetter die Pause von einer Viertelstunde Ruhe auszunützen und oberhalb des Moskoeströms den Hauptkanal zu durchfahren und irgendwo in der Nähe von Otterholm oder Sandflesen Anker zu werfen, wo die Brandung weniger rau als anderswo ist. Dort blieben wir, bis es ungefähr wieder Zeit für Stillwasser war, lichteten den Anker und segelten heim. Nie machten wir diese Tour ohne stetigen Seitenwind für Hin- und Rückfahrt – das heißt, nur wenn wir sicher zu sein glaubten, er werde uns bei der Rückkehr nicht im Stich lassen. In diesem Punkt stellten wir kaum einmal eine Fehlberechnung an. Zweimal in sechs Jahren waren wir totaler Flaute wegen gezwungen, die ganze Nacht vor Anker stillzuliegen, was bei Gott gerade hier äußerst selten vorkommt, und einmal mussten wir fast eine Woche dort bleiben und wären fast vor Hunger gestorben, weil kurz nach unserer Ankunft schwerer Sturm aufkam und das Wasser so sehr aufwühlte, dass an Segeln nicht zu denken war. Damals hätte es uns trotz aller Mühe ins offene Meer hinausgetrieben (es warf uns derart hin und her, dass wir schließlich die Ankerkette verwickelten und den Anker ausreißen mussten), wären wir nicht in eine der unzähligen Kreuz- und Querströmungen geraten – heute sind sie da, morgen verschwunden –, die uns in Lee von Flimen beförderte, wo wir zum Glück vor Anker gehen konnten.

Ich könnte Ihnen nicht den zwanzigsten Teil der Schwierigkeiten erzählen, die uns in diesen Gründen zustießen – es ist auch bei gutem Wetter eine böse Gegend –, aber wir legten doch immer so ab, dass wir dem Moskoeström nicht in den Rachen liefen und keinen Unfall hatten, obwohl mir das Herz oft bis zum Hals schlug, wenn wir ihn eine Minute vor oder nach seiner Ruhestellung passierten. Manchmal war bei der Abfahrt der Wind nicht so stark, wie wir dachten, wodurch wir weniger Fahrt machten, als wir gewünscht hätten, und die Strömung bereits die Steuerung des Boots erschwerte. Mein älterer Bruder hatte einen Sohn von achtzehn Jahren, ich selbst habe zwei, und es sind kräftige Burschen. Sie wären uns in solchen Augenblicken bei der zusätzlichen Handhabung der Riemen und später beim Fischen eine große Hilfe gewesen, aber da wir das Risiko allein laufen wollten, brachten wir es nicht übers Herz, sie in Gefahr zu bringen, denn alles zusammengenommen, war es eine schreckliche Gefahr, wahrhaftig.

In einigen Tagen wird es drei Jahre, dass passierte, was ich Ihnen erzählen will. Es war am zehnten Juli 18 .., ein Tag, den die Leute in diesem Teil der Welt nie vergessen werden, denn damals blies der fürchterlichste Orkan, der jemals vom Himmel über die Erde brauste. Am Vormittag und noch bis in den späten Nachmittag hinein wehte eine sanfte, stetige Brise bei strahlendem Sonnenschein aus Südwesten, und die ältesten Seefahrer unter uns hätten nicht voraussehen können, was geschehen würde.

Wir drei – meine zwei Brüder und ich – waren gegen zwei Uhr nachmittags zu den Inseln hinübergesegelt, das Boot war in Kürze mit einem guten Fang beladen, denn wie uns allen auffiel, tummelten sich weit mehr Fische an der Stelle, als wir es je erlebt hatten. Es war *nach meiner Uhr* gerade sieben, als wir den Anker aufholten, um den Ström an seiner gefährlichsten Stelle bei Stillwasser zu passieren, das, wie wir wussten, um acht Uhr eintreten würde.

Wir legten bei frischem Wind von Steuerbord ab und jagten eine gute Weile mit großer Geschwindigkeit dahin. An Gefahr dachte keiner von uns, denn es gab nicht den entferntesten Grund, etwas zu befürchten. Gänzlich unvermutet sprang ein Wind vom Helseggen her auf und trieb uns zurück. Dies war höchst ungewöhnlich – noch nie hatten wir es erlebt – und mir wurde unbehaglich zumute, ohne dass ich gewusst hätte, warum. Wir brachten das Boot an den Wind, kamen aber gegen den aufkommenden Wellengang nicht an. Ich wollte schon vorschlagen, zum Ankerplatz zurückzufahren, als uns ein Blick achteraus zeigte, dass der ganze Horizont von einer eigenartig kupferfarbenen Wolkenbank bedeckt war, die sich mit der erstaunlichsten Geschwindigkeit hochschob.

In der Zwischenzeit war der Wind, der uns aufgehalten hatte, abgefallen, und so trieben wir in gänzlicher Flaute richtungslos umher. Dieser Zustand dauerte aber nicht so lange, dass wir hätten viel überlegen können. In weniger als einer Minute war der Sturm über uns – in weniger als zwei der Himmel gänzlich bedeckt – und dadurch sowie durch den fliegenden Gischt wurde es mit einmal so dunkel, dass wir einander im Boot nicht mehr sehen konnten.

Es grenzte an Verrücktheit, den Orkan beschreiben zu wollen, der nun tobte. Die ältesten Seeleute in Norwegen hatten keinen derartigen erlebt. Wir hatten die Segel losgeworfen, bevor er uns richtig zu fassen bekam, aber schon bei der ersten Bö gingen unsere zwei Maste über Bord, als hätte sie jemand abgesägt. Der Großmast riss meinen jüngeren Bruder, der sich sicherheitshalber an ihn gebunden hatte, mit sich in die Tiefe.

Unser Boot war im Verhältnis zu seiner Größe wohl das federleichteste Ding, das jemals auf dem Wasser schwamm. Es hatte ein ausgesprochenes Glattdeck und nur eine kleine Luke nah am Bug, die wir beim Passieren des Ström zum Schutz gegen allfällig überspritzendes Wasser zu schließen pflegten. Ohne diese Maßnahme wären wir augenblicklich versackt – denn einige Sekunden waren wir unter dem Sturzwasser begraben. Wie mein älterer Bruder diesen zerstörenden Schlag überstand, kann ich nicht sagen, weil ich keine Gelegenheit mehr hatte, mich bei ihm darüber zu vergewissern. Was mich angeht, so warf ich mich flach auf Deck, nachdem ich das Vorsegel losgelassen hatte, stemmte die Füße gegen die schmale Verschalung des Bugs und klammerte mich mit den Händen an einen Ringbolzen beim Fuß des Großmasts. Es war reiner Instinkt, der mich dazu veranlasste – und zweifellos das Beste, was ich tun konnte –, denn für logisches Denken war ich zu verwirrt.

Ein paar Augenblicke waren wir also unter Wasser, ich hielt den Atem an und klammerte mich an dem Ring fest. Als ich es nicht länger aushalten konnte, erhob ich mich auf die Knie, ließ aber den Ring nicht los und bekam so den Kopf frei. Jetzt schüttelte sich unser Boot wie ein Hund, der aus dem Wasser steigt, und entledigte sich einigermaßen der Wassermassen. Ich versuchte nun, die Betäubung zu überwinden, die mich überfallen hatte, und meine Sinne so weit zusammenzunehmen, dass ich überlegen konnte, was zu tun sei. Da fühlte ich mich am Arm ergriffen. Es war mein älterer Bruder, und mein Herz sprang vor Freude, denn ich hatte ihn über Bord geglaubt – aber schon im nächsten Augenblick wurde aus der Freude Entsetzen – denn er brachte den Mund nah an mein Ohr und schrie: ›Der Moskoeström!‹

Niemand kann sich vorstellen, was ich in diesem Augenblick empfand. Ich zitterte von Kopf bis Fuß wie unter dem heftigsten Anfall von Schüttelfrost. Ich wusste nur zu gut, was er mit dem einen Wort meinte – und mir verständlich machen wollte. Bei dem Wind, der uns trieb, war unser Bestimmungsort der Strudel des Ström, und nichts konnte uns davor retten!

Sie müssen wissen, dass wir uns beim Segeln durch den *Kanal* möglichst weit vom eigentlichen Strudel entfernt hielten; auch bei ruhigstem Wetter mussten wir Stillwasser abwarten und es sorgfältig beobachten. Nun aber glitten wir geradewegs darauf zu, und das in einem Orkan wie diesem! Sicher werden wir erst dort ankommen, dachte ich, wenn Stillwasser eintritt – eine schwache Hoffnung bleibt uns noch. Aber schon in der nächsten Sekunde verwünschte ich mich ob der Narretei, noch an die kleinste Chance zu glauben. Ich wusste sehr gut, dass wir verdammt waren, und wäre unser Boot zehnmal ein Schiff mit neunzig Kanonen gewesen.

Um diese Zeit hatte sich die erste Wucht des Orkans ausgetobt – oder vielleicht spürten wir sie nicht mehr so heftig, weil er uns vor sich herjagte. Auf jeden Fall erhoben sich nun die Wellen, die der Druck des Winds bis dahin bis auf etwas Schaum flachgepresst hatte, zu wahren Bergen. Eine eigenartige Verwandlung war auch am Himmel eingetreten. Rundum nach allen Richtungen war er kohlschwarz, nur fast im Zenit zerbarsten urplötzlich die Wolken zu einem kreisförmigen Fleck klaren Himmels – so klar und von so tiefem Blau, wie ich ihn nur je gesehen habe. Und daraus hervor erstrahlte der volle Mond in einem Glanz, wie ich ihn noch nie beobachtet hatte. Er erhellte deutlich alles um uns her – aber, mein Gott, welches Bild beleuchtete er!

Ich versuchte ein paar Mal, mit meinem Bruder zu sprechen – aber auf irgendeine Weise, die ich nicht begreifen konnte, hatte das Getöse so zugenommen, dass ich mich mit keinem Wort verständlich machen konnte, obwohl ich ihm mit aller Kraft der Lungen ins Ohr schrie. Er schüttelte nur den Kopf, bleich wie der Tod, und hob einen Finger, als wolle er sagen: ›Horch!‹

Zuerst verstand ich nicht, was er meinte – dann aber fuhr mir ein fürchterlicher Gedanke durch den Kopf. Ich zog die Uhr aus der Tasche. Sie ging nicht. Im Mondlicht starrte ich auf das Zifferblatt und warf sie unter ausbrechenden Tränen weit ins Wasser hinaus. *Sie war um sieben Uhr stehen geblieben! Die Zeit des Stillwassers war um, der Strudel des Ström musste bereits toben!*

Wenn ein Boot gut konstruiert, ordentlich getrimmt und nicht zu tief beladen ist, scheinen bei Sturm und rauem Wind die Wellen unter ihm wegzugleiten, was den Landratten sehr seltsam vorkommt, und dies ist's, was in der Seemannssprache *reiten* heißt.

Na, bisher waren wir auf den Wogen ganz nett geritten, aber nun packte uns eine riesige Welle unter der Gillung[12] und trug uns in die Höhe – immer höher –, als sollte eine Himmelfahrt daraus werden. Nie hätte ich geglaubt, dass sich eine Welle so hoch türmen kann. Und dann ging's mit einem Schwung und Rutsch und Sturz hinunter, dass mir übel und schwindlig wurde, als fiele ich im Traum von einem Berggipfel in die Tiefe. Während wir oben waren, hatte ich schnell rundum geschaut – und dieser eine Blick genügte vollauf. In einer Sekunde war mir unsere Situation klar geworden. Der Trichter des Moskoeström war etwa eine Viertelmeile entfernt – glich aber nicht dem von gestern und heute, den Sie sehen und der im Vergleich zu damals nicht viel mehr als ein sanfter Mühlbach ist. Hätte ich nicht ungefähr gewusst, wo wir waren und was wir zu erwarten hatten, hätte ich diese Stelle des Meers nicht wieder erkannt. Unwillkürlich schloss ich vor Entsetzen die Augen, die Lider pressten sich wie in einem Krampf aufeinander.

Es kann nicht mehr als zwei Minuten später gewesen sein, als wir spürten, dass der Wellengang aufgehört hatte und wir in einer Wolke von Schaum dahinglitten. Das Boot machte eine scharfe halbe Wendung nach Backbord und schoss dann wie der Blitz in die neue Richtung davon. Zugleich wurde das Brüllen der See von einer Art schrillen Kreischens vollständig überlagert – diesen Misston stellen Sie sich am besten als das gleichzeitige Heulen der Ventile von vielen tausend Dampfern vor, die Dampf ablassen. Wir waren nun in dem Schaumgürtel, der den Strudel immer umgibt, und ich vermutete, dass uns der nächste Augenblick in den Trichter schleudern würde, von dem wir wegen der rasenden Geschwindigkeit nur undeutlich etwas sehen konnten. Das Boot schien kaum ins Wasser einzutauchen, sondern wie eine Luftblase über die Wasseroberfläche zu gleiten. Steuerbord war dem Strudel zugewendet, backbords erhoben sich die Wassermassen, aus denen wir kamen und die wie ein gewaltiger, sich krümmender Wall zwischen uns und dem Horizont standen.

Es mag sonderbar klingen, aber nun, da uns der Strudel fast schon im Rachen hatte, war ich gefasster als vorher, während wir zu ihm hingetrieben wurden. Entschlossen, nichts mehr zu erhoffen, war ich auch den Schreck ganz los, der mich entmutigt hatte. Ich vermute, es war die Verzweiflung, die meine Nerven stärkte.

Was ich Ihnen jetzt sagen, nehmen Sie bitte nicht als Prahlerei – denn es ist die Wahrheit. Ich begann mir zu überlegen, wie erhaben es sei, auf solche Art zu sterben, und wie töricht von mir, angesichts einer so wunderbaren Offenbarung von Gottes Allmacht überhaupt einen Gedanken an mein eigenes bisschen armseliges Leben zu verschwenden. Ich glaube, ich wurde damals rot vor Scham, als mir dies durch den Kopf ging. Nach einer kleinen Weile empfand ich die brennendste Neugier auf den Trichter selbst. Es war tatsächlich der *Wunsch*, seine Tiefe zu erforschen, wenn ich schon das Opfer meines Lebens bringen musste. Mein größter Kummer war, dass ich nie in der Lage sein würde, meinen alten Gefährten von den Geheimnissen zu erzählen, die ich sehen sollte. Kein Zweifel, dies sind sonderbare Vorstellungen für einen Mann in einer so verzweifelten Lage – und ich habe mir seither oft überlegt, ob nicht die endlosen Kreisfahrten des Boots um den Strudel mich ein bisschen im Kopf verdreht gemacht haben.

Noch etwas kam dazu, das mir die Selbstbeherrschung gewinnen half, und zwar das Aufhören des Winds, der uns in unserer derzeitigen Lage nicht mehr erreichen konnte – denn wie Sie selbst gesehen haben, liegt der Schaumgürtel beträchtlich tiefer als die Meeresoberfläche, und die hing ja wie ein hoher, dunkler Bergrücken über uns. Wenn Sie nie bei Sturm auf See waren, können Sie sich keine Vorstellung von der Geistesverwirrung machen, die die Vereinigung von scharfem Wind und Gischt stiftet. Das blendet, macht taub, raubt einem den Atem und alle Kraft des Handelns und Denkens. Wir waren nun solche Quälereien nahezu los – genau wie zum Tod verurteilten Verbrechern kleine Annehmlichkeiten zugestanden werden, die ihnen versagt bleiben, solange ihr Schicksal noch im Ungewissen liegt.

Es ist unmöglich zu sagen, wie oft wir die Runde um den Gürtel machten. Wir rasten vielleicht eine Stunde lang rundherum, eher fliegend als gleitend; wir näherten uns allmählich mehr und mehr der Mitte des Gürtels und damit dem fürchterlichen Rand des eigentlichen Trichters. Während dieser ganzen Zeit hatte ich den Ringbolzen nicht losgelassen. Mein Bruder lag am Heck des Boots und hielt sich an einem kleinen leeren Wasserfass, das sicher unter dem Vorsprung der Gillung verlascht und der einzige Gegenstand an Deck war, der nicht über Bord ging, als der Orkan über uns herfiel. Als wir uns dem Trichterrand näherten, ließ er es los, stürzte sich auf den Bolzen und versuchte in seiner Todesangst, meine Hände wegzuzerren, da der Ring nicht groß genug war, uns beiden Sicherheit zu geben. Nichts hat mir je so wehgetan wie diese beabsichtigte Tat – obwohl ich wusste, dass er irr war, als er sie beging – vor Angst ein rasender Wahnsinniger. Ich dachte aber nicht daran, deswegen mit ihm zu kämpfen. Ich wusste, dass es keinen Unterschied machte, wer sich daran festhielt, und so überließ ich ihm den Ring und schlitterte nach hinten zu dem Fässchen. Dies war nicht allzu schwierig, denn das Boot kreiste ziemlich gleichmäßig auf ruhigem Kiel und schlingerte nur ab und zu infolge des riesigen Schwungs und der Zentrifugalkraft des Wirbels. Kaum hatte ich mich in meiner neuen Lage gesichert, als das Boot einen heftigen Ruck nach Steuerbord erhielt und wir kopfüber in den Abgrund hinunterfuhren. Ich murmelte ein hastiges Stoßgebet und dachte, nun sei alles vorbei.

Als mir beim Schwung des Absturzes schwindlig wurde, klammerte ich mich instinktiv so fest wie möglich an das Fässchen und schloss die Augen. Einige Sekunden wagte ich nicht, sie zu öffnen, da ich erwartete, sofort zerschmettert zu werden, und wunderte mich, dass ich nicht schon im Todeskampf unter Wasser trieb. Sekunde um Sekunde verging. Ich lebte immer noch. Das Fallgefühl hatte aufgehört, und die Bewegung des Boots schien nicht viel anders zu sein als vorher im Schaumgürtel, abgesehen davon, dass es nun mehr auf der Seite lag. Ich fasste Mut und tat wieder einen Blick auf die Umgehung.

Nie werde ich die gleichzeitigen Empfindungen von Schreck, Entsetzen und Bewunderung vergessen, während ich mich umsah. Das Boot hing wie durch Zauber auf der Innenfläche des Trichters nach unten, der einen ungeheueren Durchmesser hatte und dessen Tiefe nicht auszumessen war. Seine absolut glatte Wand hätte man für Ebenholz halten können, wäre nicht die bestürzende Schnelligkeit gewesen, mit der sie sich drehte, und der schimmernde, geisterhafte Schein, den sie aussandte; er rührte von dem immer noch aus der runden Wolkenlücke scheinenden Vollmond, den ich schon beschrieben habe, überströmte die schwarze Wand aus Wasser mit goldenem Glanz und drang wohl noch in die innersten Tiefen des Abgrunds.

Ich war zuerst zu verwirrt, als dass ich Einzelheiten hätte genauer beobachten können; die schauerliche Größe des Schauspiels war alles, was ich sah. Als ich mich etwas gefasst hatte, ging mein Blick unwillkürlich nach unten. In dieser Richtung konnte ich bei der Stellung, in der das Boot auf der geneigten Trichteroberfläche hing, ungehindert in die Tiefe schauen. Es fuhr noch immer ruhig, das heißt, das Deck lag parallel zur Wasserwand, die ihrerseits aber einen Winkel von mehr als fünfundvierzig Grad bildete, so dass wir auf der Seite zu liegen schienen. Und doch musste ich feststellen, dass es unter diesen Umständen kaum schwieriger war, meinen Halt mit Händen und Füßen zu bewahren, als wenn wir uns auf ruhiger See befunden hätten. Dies, nehme ich an, war der Geschwindigkeit zuzuschreiben, mit der wir uns im Kreis drehten.

Die Mondstrahlen schienen in den Grund des tiefen Schlunds vorzudringen, aber noch immer konnte ich nichts deutlich ausmachen, und zwar wegen eines dichten Dunstes, der alles dort unten verhüllte; über ihm spannte sich ein prächtiger Regenbogen wie die schmale, schwankende Brücke, von der die Mohammedaner glauben, sie sei der einzige Pfad zwischen Zeit und Ewigkeit. Dieser feine Gischtnebel wurde wohl durch das Ineinanderprallen der gewaltigen Wassermassen der Trichterwände in der Tiefe verursacht; das Geschrill beschreiben zu wollen, das aus dem Dunst aufstieg, darf ich mich nicht unterfangen.

Unser erstes Abgleiten vom Schaumgürtel in den Abgrund selbst hatte uns ein beträchtliches Stück nach unten gebracht, aber der weitere Abstieg stand dazu in keinem Verhältnis. Wir kreisten und kreisten, aber nicht mehr in gleichmäßiger Bewegung, sondern in schwindelerregenden Schwüngen und Rucken, die uns manchmal nur ein paar hundert Meter weit, dann aber auch um nahezu den ganzen Kreisumfang trieben. Unser Vorrücken nach unten bei jeder Umdrehung geschah langsam, aber wahrnehmbar.

Während ich den Blick über die weite Wüste flüssigen Ebenholzes gehen ließ, die uns trug, sah ich, dass unser Boot nicht der einzige Gegenstand in den Armen des Strudels war. Ober- und unterhalb von uns kreisten offensichtlich Schiffsteile, große Mengen Bauholz und Baumstämme nebst mancherlei kleineren Dingen wie etwa Teilen von Hausrat, zerbrochenen Kisten, Fässern und Latten. Ich habe bereits von der unnatürlichen Neugier gesprochen, die an die Stelle meiner ursprünglichen Ängste getreten war. Sie schien noch zu wachsen, als ich meinem fürchterlichen Ende näher und näher trieb. Ich fing an, die vielerlei Gegenstände, die gemeinsam mit uns im Wasser umhertrieben, mit eigentümlichem Interesse zu beobachten. Ich muss mich in einer Art Delirium befunden haben, denn ich suchte sogar ein *Vergnügen* darin, Vermutungen über die relativen Geschwindigkeiten ihres ungleichen Abgleitens gegen den Dunstgrund anzustellen. ›Die Fichte da‹ hörte ich mich einmal sagen, ›ist sicherlich das Nächste, das den grässlichen Sprung tut und verschwindet.‹ – Und dann war ich enttäuscht, sehen zu müssen, dass das Wrack eines holländischen Handelsschiffes sie überholte und vor ihr hinunterfuhr. Nachdem ich etliche Male auf solche Art geraten und immer danebengetroffen hatte, brachte mich diese Tatsache – ich meine meine dauernden Fehlberechnungen – auf eine Gedankenkette, die meine Glieder erzittern und mein Herz heftiger schlagen ließ.

Es war nicht etwa ein neuer Schreck, was mich so packte, sondern das Dämmern einer viel aufregenderen *Hoffnung*. Diese Hoffnung erhob sich teils aus meiner Erinnerung, teils aus der gegenwärtigen Beobachtung. Ich rief mir die große Mannigfaltigkeit der schwimmfähigen Gegenstände ins Gedächtnis, die die Küste von Lofotodden entlang lagen, nachdem sie vom Moskoeström verschlungen und wieder ausgeworfen worden waren. Weitaus die größere Zahl dieser Dinge war aufs ungewöhnlichste zerschmettert, so abgerieben und aufgeraut, dass sie aussahen, als seien sie mit Splittern gespickt. Aber dann erinnerte ich mich deutlich, dass es auch *einige* gab, die gar nicht angeschlagen waren. Ich konnte mir diese Unterschiede nicht erklären, außer durch die Annahme, dass die zerschundenen Gegenstände die einzigen waren, die der Ström *vollständig eingesogen* hatte – und dass die anderen zu so später Zeit der Flut den Strudel erreicht oder aus irgendeinem Grund nach dem Eingesogenwerden so langsam nach unten gelangt waren, dass sie vor Flut oder Ebbe, je nachdem, über der Tiefe schweben blieben. Ich hielt es für vorstellbar, dass sie bei beiden Möglichkeiten wieder zur Meeresoberfläche hinaufgewirbelt worden sein konnten, ohne das Schicksal der anderen teilen zu müssen, die früher angesogen oder schneller verschluckt worden waren. Auch machte ich drei wichtige Beobachtungen. Die erste war die Tatsache, dass nach dem allgemeinen Naturgesetz ein Körper umso rascher sank, je größer er war. Zweitens, dass von zwei Körpern gleicher Größe, deren einer sphärisch, deren anderer von *irgendwelcher Form* war, die größere Sinkgeschwindigkeit dem sphärischen zukam. Drittens, dass von zwei Körpern gleicher Größe, der eine zylindrisch, der zweite von anderer Gestalt, der Zylinder langsamer geschluckt wurde.

Seit ich dem Ström entronnen bin, hatte ich mit einem alten Schulmeister des Distrikts verschiedene Unterhaltungen über dieses Thema und lernte von ihm auch den Gebrauch der Wörter ›Zylinder‹ und ›Sphäre‹. Er erläuterte mir – die Erklärung habe ich vergessen –, dass das, was ich beobachtet hatte, tatsächlich die natürliche Folge der Formen der schwimmenden Bruchstücke war. Auch zeigte er mir, wie es zugeht, dass ein Zylinder,

der in einem Strudel treibt, dem Sog mehr Widerstand entgegensetzt und nicht so leicht hinuntergezogen wird wie ein Körper gleicher Masse von irgendwelcher anderer Form.[13]

Es gab aber noch einen überraschenden Umstand, der viel dazu beitrug, meinen Beobachtungen Gewicht zu verleihen, und mich antrieb, sie auch auszunützen, und zwar diesen: Bei jedem Umlauf kamen wir etwa an einem Fass, einer Rahe oder einem Mastbaum vorbei, während viele ebensolcher Dinge, die sich in gleicher Höhe mit uns befunden hatten, als ich den ersten Blick auf die Wunder des Strudels tat, nunmehr hoch über uns waren und sich nur wenig aus ihrer damaligen Position bewegt zu haben schienen.

Ich schwankte nicht länger, was zu tun war. Ich beschloss, mich fest an das Wasserfass zu binden, an dem ich mich hielt, es von der Gillung loszumachen und mich mit ihm ins Wasser zu werfen. Mit Zeichen machte ich meinen Bruder aufmerksam, deutete auf die schwimmenden Fässer, die uns nahe kamen, und tat, was ich konnte, ihm verständlich zu machen, was ich vorhatte. Schließlich glaubte ich, er habe meinen Plan begriffen, aber ob dies der Fall war oder nicht, er schüttelte verzweifelt den Kopf und weigerte sich, seine Position am Ringbolzen aufzugeben. Ihn zu erreichen war unmöglich, die Notlage erlaubte keine Verzögerung, und so überließ ich ihn nach einem bitteren inneren Kampf seinem Schicksal, band mich mittels der Taue, mit denen das Wasserfass an der Gillung befestigt war, daran fest und stürzte mich ins Wasser, ohne noch länger zu zaudern.

Das Ergebnis entsprach genau dem, was ich erhofft hatte. Da ich selbst Ihnen diese Geschichte erzähle – dass ich tatsächlich entkam, sehen Sie ja –, da Sie bereits über die Art und Weise Bescheid wissen, wie diese Rettung bewirkt wurde, und daher im Voraus erraten können, was ich noch zu sagen habe, will ich meinen Bericht schnell zum Schluss bringen. Es mochte ungefähr eine Stunde vergangen sein, seit ich die Schmacke verlassen hatte, als sie – inzwischen war sie tief hinuntergekreist – drei oder vier rasende Umläufe in schneller Folge machte und samt meinem geliebten Bruder für alle Zeit und Ewigkeit, Bug voraus, ins Chaos des nebligen Abgrunds stürzte. Das Fass, an dem ich angebunden war, sank wenig tiefer als bis zur ungefähren Hälfte der Strecke vom vermutlichen Trichtergrund bis zu der Stelle, an der ich von Deck gesprungen war. Dann trat bei der charakteristischen Eigenart des Strudels eine wichtige Wandlung ein. Der Abfallwinkel der Seiten des riesigen Trichters wurde von Augenblick zu Augenblick weniger steil, seine Umdrehungen verloren an Tempo. Der Dunst und der Regenbogen verschwanden allmählich, der Trichtergrund schien langsam aufzusteigen. Der Himmel war klar, die Winde hatten sich gelegt, der volle Mond neigte sich leuchtend im Westen zum Untergehen, als ich mich auf der Meeresoberfläche befand, die Sicht frei zur Küste von Lofotodden, an der Stelle, wo der Moskoeström *gewesen war*. Es war die Zeit seines Stillwassers, aber die See wogte in Nachwirkung des Orkans noch in haushohen Wellen. Es riss mich in die Strömung des Kanals und trieb mich in einigen Minuten die Küste entlang zu den Fanggründen der Fischer. Ein Boot nahm mich auf. Von den Strapazen war ich gänzlich ausgepumpt und in Erinnerung an die Schrecknisse – nun, da die Gefahr überstanden war – unfähig, ein Wort herauszubringen. Die mich an Bord zogen, waren meine alten Freunde und täglichen Gefährten – aber sie erkannten mich so wenig, wie sie einen Ankömmling aus dem Geisterland hätten erkennen können. Mein Haar, rabenschwarz noch am Tag zuvor, war so weiß, wie Sie es jetzt sehen; sie sagen auch, dass sich mein ganzer Gesichtsausdruck verändert habe. Ich erzählte ihnen dann meine Geschichte – sie glaubten sie nicht. Ich erzähle sie Ihnen – und darf kaum erwarten, dass Sie mehr Vertrauen in meine Glaubwürdigkeit setzen als die braven Fischer von Lofotodden.«

1841   *Übersetzung von Otto Weith*

Eleonora

*Sub conservatione formae specificae
salva anima.*

Die Seele wird erhalten durch die
Bewahrung der charakteristischen Form.

RAYMOND LULLY[1]

Ich entstamme einem Geschlecht, das für seine schillernde
Phantasie und seine glühende Leidenschaft bekannt ist. Manche
haben mich wahnsinnig genannt; doch ist die Frage noch offen,
ob Wahnsinn nicht die hochfliegendste Einsicht darstellt, ob
nicht vieles, was glorreich, nicht alles, was tiefgründig ist, aus
einem krankhaften Denken entspringt, aus erregten *Stim-
mungslagen* des Geistes, die den gewöhnlichen Intellekt außer
Kraft setzen. Diejenigen, die bei Tage träumen, wissen vieles,
was denen entgeht, die nur bei Nacht zu träumen vermögen. In
ihren nebelhaften Visionen erhaschen sie einen Schimmer der
Ewigkeit, und beim Erwachen durchbebt sie die Ahnung, sich
an der Schwelle des großen Geheimnisses befunden zu haben.
In flüchtigen Augenblicken lernen sie ein wenig von der Weisheit, die dem Guten, und mehr noch von dem bloßen Verstan-
deswissen, das dem Bösen entstammt. Ohne Ruder oder Kom-
pass, wie orientierungslos auch immer, dringen sie in den weiten Ozean des »unsäglichen Lichts« vor, und wieder erfüllt sich
wie für die Abenteurer des Nubischen Geographen: »agressi
sunt mare tenebrarum, quid in eo esset exploraturi.«[2]

Wollen wir also annehmen, dass ich wahnsinnig bin. Zumindest gestehe ich ein, dass es zwei deutlich geschiedene Zustände
in meinem Geistesleben gibt – zum einen den Zustand luzider
Vernünftigkeit, der nicht zu bestreiten ist und der die Erinnerung an die Ereignisse aus der ersten Epoche meines Lebens um-
fasst – und zum anderen einen Schattenzustand des Zweifels,

der die Gegenwart betrifft und die Erinnerung an alles, was die zweite große Epoche meines Daseins ausmacht. Darum glaubt mir, was ich von meinem ersten Lebensabschnitt berichten werde; doch was ich von der späteren Zeit erzähle, glaubt nur, so es glaubwürdig erscheint; oder zieht es ganz in Zweifel; oder, wenn ihr es nicht bezweifeln könnt, nähert euch dem Rätsel wie Ödipus.

Sie, die ich in meiner Jugend liebte und über die ich nun ruhig und klar diese Erinnerungen zu Papier bringe, war die alleinige Tochter der einzigen Schwester meiner längst dahingeschiedenen Mutter. Eleonora war der Name meiner Kusine. Wir hatten stets zusammengelebt, unter einer tropischen Sonne, im Tal des Vielfarbigen Grases. Kein unberufener Fuß betrat je dieses Tal, denn es lag fern und hoch in einer Kette gewaltiger Hügel, die es allseits überragten und selbst dem Sonnenlicht verwehrten, seine lieblichsten Winkel aufzusuchen. Kein Pfad, den Menschen sich gebahnt, verlief in seiner Umgebung, und um unser glückliches Heim zu erreichen, musste man das Laubwerk vieler tausend Bäume mit Gewalt durchbrechen und die Pracht von Millionen duftender Blüten zerstampfen. So kam es, dass wir ganz abgeschieden lebten und nichts wussten von der Welt außerhalb des Tals – ich und meine Kusine und ihre Mutter.

Aus den ungreifbaren Regionen jenseits der Berge am oberen Ende unseres abgeschlossenen Reichs kroch ein enger und tiefer Fluss hervor, der klarer war als alle Klarheit, es sei denn die von Eleonoras Augen; verstohlen schlängelte er sich in wirrem Lauf dahin, um endlich in einer dunklen Schlucht davonzuschwinden zwischen Hügeln, die düsterer noch waren als jene, die seinen Ursprung sahen. Wir nannten ihn den »Fluss des Schweigens«, denn in seinem Fließen lag eine Macht, die Stille brachte. Kein Murmeln klang aus ihm herauf, und er wanderte dahin mit einer Sanftheit, dass die Perlen seiner Kieselsteine, die wir liebevoll bewunderten, tief unten auf seinem Grunde sich niemals rührten, sondern bewegungslos verharrten, ein jeder an seinem alten, angestammten Platz, schimmernd in Herrlichkeit für immer.

Das Ufer des Flusses und der vielen glitzernden Flüsschen, die auf verzweigten Wegen seinen Lauf erreichten, wie auch die seichten Flussränder, die sich vom Ufer aus der Tiefe des Stroms zuneigten, bis sie das Bett von Kieselsteinen auf seinem Grund erreichten – sie alle waren ebenso wie der ganze Talgrund vom Fluss bis hin zum Kranz der Berge mit einem sanften grünen Teppich von Gras bedeckt, einem Gras, das dicht, kurz, vollendet gleichmäßig und von Vanilledüften umspielt war und so mit gelben Butterblumen, weißen Gänseblümchen, purpurnen Veilchen und rubinroten Affodillen übersät, dass seine überschwängliche Schönheit laut zu unseren Herzen von der Liebe und der Herrlichkeit Gottes sprach.

Und hier und da ragten, in Hainen versammelt, einer Wildnis von Traumlandschaften gleich, aus der Grasebene phantastische Bäume auf, deren hohe, schlanke Stämme nicht steil aufstrebten, sondern sich anmutig dem Lichte zuneigten, das im hohen Mittag ins Herz des Tales schien. Ihre Rinde war in den wechselvoll-lebhaften Glanz von Ebenholz und Silber getaucht und war zarter als alle Zartheit, es sei denn die von Eleonoras Wangen. Man hätte sie für die gigantischen Schlangen Syriens halten können, die ihrer Herrscherin, der Sonne, huldigten, wäre da nicht das brillante Grün der riesigen Blätter gewesen, die von ihren Wipfeln in bebenden Linien herniederflossen und mit den Winden des Zephir spielten.

Hand in Hand durchstreifte ich mit Eleonora fünfzehn Jahre lang dieses Tal, ehe die Liebe in unsere Herzen einzog. Es war an einem Abend gegen Ende des dritten Lustrums[3] ihres Lebens und des vierten in meinem eigenen Leben, da wir unter den Schlangenbäumen saßen, einander eng umschlungen haltend, und tief hinab in den Fluss des Schweigens sahen, der unser Bildnis widerspiegelte. Wir sprachen kein Wort mehr für den Rest des süßen Tages, und selbst am anderen Morgen waren unsere Worte bebend noch und voller Schweigen. Gott Eros hatten wir aus jenen Wassern beschworen, und wir fühlten nun, wie er in uns die glühenden Seelen unserer Vorväter erweckt hatte. Die Leidenschaften, die für Jahrhunderte unser Geschlecht ausgezeichnet hatten, bestürmten uns zusammen mit den Phantasien, für die es nicht weniger berühmt war, und sie überhauchten im Miteinander das Tal des Vielfarbigen Grases mit einer jauchzenden Glückseligkeit. Veränderung überkam alle Dinge. Seltsame schillernde Blüten, wie Sterne geformt, brachen hervor auf den Bäumen, die sonst nie Blüten gekannt. Das Grün des Rasenteppichs wurde tiefer; und wenn die weißen Gänseblümchen eins ums andere vergingen, so schossen an ihrer Stelle rubinrote Affodillen in Büscheln empor. Und Leben erwachte auf unseren Pfaden. Denn der stolze Flamingo, bis dahin nie gesehen, trug prunkend sein scharlachrotes Gefieder vor uns zur Schau und mit ihm eine Vogelwelt von leuchtend-heiteren Farben. Von goldenen und silbernen Fischen wimmelte der Fluss, und aus seiner Tiefe erhob sich lauter und lauter ein Murmeln, das schließlich anschwoll zu einer sanften Melodie, die himmlischer war als das Klingen der Äolsharfe – süßer als jeder andere Klang, es sei denn der von Eleonoras Stimme. Und nun schwebte auch eine mächtige Wolke heran, die wir schon lange in den Regionen Hespers gewahrt hatten, ganz rote und goldene Pracht, und sank, friedvoll über uns harrend, Tag um Tag, tiefer und tiefer, bis ihre Ränder auf den Gipfeln der Berge ruhten, deren Dämmerschein sie in leuchtenden Glanz verwandelte, und sie uns einschloss wie für ewig in ein magisches Gefängnis aus Erhabenheit und Herrlichkeit.

Die Lieblichkeit Eleonoras war die eines Seraphs[4]; doch war sie ein Wesen so arglos und rein wie das kurze Leben, das sie inmitten der Blumen verbracht hatte. Keine Arglist ließ sie die Glut der Liebe verhehlen, die ihr Herz belebte, und sie erforschte mit mir seine innersten Winkel, als wir im Tal des Vielfarbigen Grases wandelten und von den großen Veränderungen sprachen, die neuerlich darin stattgefunden hatten.

Schließlich, von dem Zeitpunkt an, als sie eines Tages in Tränen von der letzten traurigen Wende gesprochen hatte, die allen Menschen zuteil wird, weilte sie nur noch bei diesem einen melancholischen Thema und flocht es in all unsere Zwiegespräche ein, so wie in den Liedern des Barden von Schiras[5] dieselben Bilder sich finden, wieder und wieder, in allen ergreifenden Variationen des Worts.

Sie hatte die Hand des Todes auf ihrem Herzen verspürt und wusste, dass sie – Inbegriff der Vergänglichkeit – nur in vollendeter Schönheit geschaffen worden war, um zu sterben. Doch der Schrecken des Todes lag für sie einzig in dem Gedanken beschlossen, den sie mir eines Abends im Halbdunkel an den Ufern des Flusses des Schweigens offenbarte. Es bekümmerte sie die Vorstellung, ich könnte, nachdem ich sie im Tal des Vielfarbigen Grases begraben hätte, diesen glücklichen Winkel für immer verlassen und meine Liebe, die jetzt so leidenschaftlich ihr galt, auf irgendein Mädchen der Alltagswelt da draußen übertragen. Und damals und dort warf ich mich voll Hast zu Eleonoras Füßen und schwor ihr und dem Himmel, dass ich mich nie im Ehebund einer Tochter der Erde vermählen würde – dass ich in keiner Weise je ihrem geliebten Andenken abtrünnig würde oder dem Andenken an die innige Liebe, mit der sie mich gesegnet hatte. Und ich rief den allmächtigen Herrscher des Universums zum Zeugen an für den heiligen Ernst meines Schwures. Und der Fluch, den ich von *Ihm* und von ihr, einer Heiligen in Elysium, auf mich herabbeschwor, wenn ich mich treulos erweisen sollte, schloss eine so unermesslich grausige Strafe ein, dass mir verboten bleibt, hier Zeugnis davon abzulegen. Und die strahlenden Augen Eleonoras strahlten heller noch, als ich dies sprach; und sie seufzte, als ob eine tödliche Bürde von ihrem Herzen genommen sei; und sie zitterte und weinte bitterlich; doch nahm sie meinen Schwur auf Treu und Glauben (denn was anders war sie als ein Kind?), und er ließ ihr das Sterben leicht werden. Und sie sagte mir, als wenige Tage später sie ruhevoll verschied, dass um dessen willen, was ihrem Geist zum Troste ich getan, sie nach dem Tode in ihrer Geistgestalt über mich wachen werde und, falls ihr dies gewährt, dass sie sichtbar zurückkehren werde in den stillen, wachen Stunden meiner Nächte; doch wenn dies nicht in der Macht der Seelen im Paradiese läge, dass sie mir zum mindesten wiederholte Zeichen ihrer Gegenwart gewähren würde: ein Seufzen in den Abendwinden oder in der Luft, die mir zum Atmen diene, ein parfümierter Hauch, der aus der Engel Weihrauchschalen stamme. Mit diesen Worten auf den Lippen gab sie ihr reines Leben auf und setzte jäh ein Ende der ersten Epoche meines eigenen Lebens.

So weit, so wahrheitsgetreu mein Bericht. Doch da ich die Zeitgrenze überschreite, die durch den Tod meiner Geliebten gezogen wurde, und fortschreite zur zweiten Epoche meines Daseins, spüre ich, wie sich ein Schatten herabsenkt über meinem Denken, und ich misstraue der heilen Vernunft der Rückerinnerung. Doch lasst mich fortfahren. – Die Jahre schleppten sich schwer dahin, und ich weilte immer noch im Tal des Vielfarbigen Grases. – Jedoch ein zweiter Wechsel hatte alle Dinge überkommen. Die sternförmigen Blüten versanken zurück in die Stämme der Bäume und erschienen nicht wieder. Das tiefe Grün des Rasenteppichs schwand dahin; eine nach der anderen verwelkten die rubinroten Affodillen; und an ihrer Stelle brachen in ganzen Büscheln dunkle Veilchenaugen auf, die voll Kummer blickten und stets tränenschwer mit Tau beladen waren. Und das Leben erstarb auf unseren Pfaden; denn der stolze Flamingo trug nicht länger prunkend sein scharlachrotes Gefieder vor uns zur Schau, sondern schwebte traurig fort aus dem Tal den Hügeln zu und mit ihm die ganze leuchtend-heitere Vogelwelt, die ihn begleitet hatte. Und die goldenen und silbernen Fische schwammen davon durch die Schlucht am unteren Ende unseres Reichs und belebten den lieblichen Fluss nie wieder. Und die sanfte Melodie, die süßer geklungen als die Windharfe des Äolus und himmlischer als jeder Laut, es sei denn der von Eleonoras Stimme, sie verstummte nach und nach in einem Murmeln, das leiser und leiser wurde, bis der Strom schließlich wieder ganz in die feierliche Ruhe seines ursprünglichen Schweigens verfiel. Und dann, zuletzt, stieg die mächtige Wolke himmelwärts, überließ die Gipfel der Berge wieder ihrem alten Dämmerschein, kehrte zurück in die Regionen Hespers und nahm mit sich ihre ganze goldene und glänzende Pracht, fort aus dem Tal des Vielfarbigen Grases.

Doch Eleonoras Versprechen waren nicht vergessen; denn ich vernahm um mich das Schwingen der Weihrauchschalen von Engeln; und Ströme himmlischer Wohlgerüche durchfluteten wieder und wieder das Tal; und in einsamen Stunden, wenn mein Herz schwer ward, umspielten Winde wie mit milden Seufzern beladen mein Haupt; und ein verwehendes Murmeln füllte oft die Nacht; und einmal – o einmal nur! – weckte mich aus einem Schlummer, der dem Schlummer des Todes glich, ein Hauch von Geisterlippen, die die meinen suchten.

Aber die Leere in meinem Herzen wollte auch so nicht schwinden. Ich verzehrte mich nach einer Liebe, die einstmals mein Herz so überfließend erfüllt hatte. Es kam die Zeit, da das Tal mir durch seine Erinnerungen an Eleonora *Qualen bereitete*, und ich verließ es auf immer um der Eitelkeiten und stürmischen Triumphe der Welt willen.

* * *

Ich fand mich wieder in einer fremden Stadt, wo alles angetan schien, die Erinnerung an die süßen Träume auszulöschen, die ich so lange im Tal des Vielfarbigen Grases geträumt hatte. Der Pomp und Prunk eines stattlichen Hofes, entfesselter Waffenlärm und die blendende Schönheit der Frauen verwirrten und berauschten meine Sinne. Doch immer noch erwies sich meine Seele ihren Schwüren treu, und die Zeichen von Eleonoras Gegenwart wurden mir immer noch zuteil in den stillen Stunden der Nacht. Da plötzlich blieben diese beredten Zeichen aus, und die Welt verfiel in Dunkelheit vor meinen Augen. Entgeistert stand ich vor den glühenden Gedanken, die Besitz von mir ergriffen – vor den schrecklichen Versuchungen, die mich drängten; denn aus einem Lande, weit, weither und unbekannt, kam an den heiteren Hof des Königs, dem ich diente, ein Mädchen, deren Schönheit sich mein ganzes falsches Herz sofort ergab – zu deren Füßen ich mich ohne Gegenwehr herniederbeugte in inbrünstiger, unterwürfiger Liebesglut. Was war denn meine Leidenschaft für jenes mädchenhafte Kind vom Tal verglichen mit der Glut, dem Taumel der geistbetörenden Ekstase von Anbetung, in der ich mein ganzes Sein zu Füßen der ätherischen Ermengarde in Tränen verströmte? – Oh, herrlich war der Seraph Ermengarde! Und dieses Wissen ließ mir keinen Raum für andere. – Oh, göttlich war der Engel Ermengarde! Und wenn ich versank in den Tiefen ihrer denkwürdigen Augen, dachte ich nur noch an diese Augen – und *an sie.*

Ich nahm sie zur Frau – und fürchtete nicht einmal den Fluch, den ich damit herabbeschworen hatte; und seine bitteren Schrecken blieben mir erspart. Und einmal – doch wiederum nur einmal – kam durch das Gitterwerk der Fenster das sanfte Seufzen, das mich schon verlassen hatte; und es wurde zur vertrauten, süßen Stimme, die da sprach:

»Schlafe in Frieden! – denn der Geist der Liebe lenkt und leitet; und da dein leidenschaftlich Herz sie, die man Ermengarde heißt, umschließt, sollst du entbunden sein – aus Gründen, die im Himmel einst sich offenbaren werden – von deinen Schwüren, die du Eleonora weihtest.«

1842   *Übersetzung von Manfred Pütz*

Das ovale Porträt

Das Schloss, in das mein Diener lieber gewaltsam einzudringen gewagt hatte, als zuzulassen, dass ich in meinem elend verwundeten Zustand eine Nacht im Freien verbrächte, war einer jener Blöcke die, Düsternis und Erhabenheit vermischend, einen seit langem in den Apenninen anstarrten, in Wirklichkeit nicht weniger als in der Phantasie von Mrs. Radcliffe. Allem Anschein nach war es zeitweilig und erst ganz kürzlich verlassen worden. Wir richteten uns in einem der kleinsten und am wenigsten verschwenderisch ausgestatteten Gemächer ein. Es lag in einem abgelegenen Turm des Baus. Seine Verzierungen waren reich, doch verschlissen und uralt. Seine Wände waren mit Gobelins behangen und vollgeschmückt mit mannigfaltigen und vielgestaltigen Wappentrophäen, zusammen mit einer ungewöhnlich großen Zahl von sehr lebendigen modernen Gemälden in Rahmen von reicher goldener Arabeske. An diesen Gemälden, die nicht nur an den Hauptflächen von den Wänden herabhingen, sondern auch in sehr vielen durch die bizarre Architektur des Schlosses bedingten Winkeln – an diesen Gemälden ein tiefes Interesse zu fassen, hatte mich vielleicht mein beginnendes Delirium veranlasst, so dass ich Pedro bat, die schweren Fensterläden des Raums zu schließen – da es bereits Nacht war –, die Kerzenzungen eines hohen Kandelabers zu entzünden, der am Kopfende meines Bettes stand, und die befransten Vorhänge aus schwarzem Samt weit aufzuschlagen, die das Bett selbst einhüllten. Ich wünschte dies alles ausgeführt, damit ich mich, wenn nicht dem Schlaf, so wenigstens abwechselnd der Betrachtung dieser Bilder und dem Studium eines schmalen Bandes widmen konnte, der sich auf dem Kissen gefunden hatte und der sie wohl würdigen und beschreiben sollte.

Lang, lang las ich – und andächtig, andächtig schaute ich. Rasch und wonnevoll flohen die Stunden dahin, und die tiefe Mitternacht kam. Die Stellung des Kandelabers missfiel mir, und indem ich meine Hand mit Mühe ausstreckte, um nicht meinen schlummernden Diener zu stören, stellte ich ihn so, dass seine Strahlen voller auf das Buch geworfen wurden.

Die Veränderung aber hatte eine ganz und gar unvorhergesehene Wirkung. Die Strahlen der zahlreichen Kerzen (denn es waren viele) fielen jetzt in eine Nische des Raums, die bislang von einem der Bettpfosten in tiefen Schatten getaucht worden war. So sah ich in lebhaftem Licht ein zuvor völlig unbemerktes Bild. Es war das Porträt eines eben zur Frau reifenden jungen Mädchens. Ich sah hastig auf das Gemälde und schloss dann die Augen. Warum ich dies tat, war mir selbst im ersten Moment nicht begreiflich. Aber während meine Lider noch geschlossen blieben, suchte ich in Gedanken nach dem Grund, warum ich sie so geschlossen hatte. Es war eine impulsive Bewegung, um Zeit zum Nachdenken zu gewinnen – um mich zu vergewissern, dass meine Augen mich nicht getäuscht hatten – um meine Phantasie zu beruhigen und zu bändigen für einen nüchterneren und gewisseren Blick. Nur ein paar Augenblicke später schaute ich wieder unverwandt auf das Gemälde.

Dass ich jetzt richtig sah, daran konnte und wollte ich nicht zweifeln; denn das erste Aufblitzen der Kerzen auf jener Leinwand hatte, so erschien es mir, die traumhafte Benommenheit zerstreut, die meine Sinne beschlich, und mich sofort ins wache Leben aufgeschreckt.

Das Porträt war, wie ich schon sagte, das eines jungen Mädchens. Es zeigte bloß Kopf und Schultern, ausgeführt in der technisch so bezeichneten Vignette-Manier; ziemlich im Stil der von Sully[1] bevorzugten Köpfe. Die Arme, der Busen und sogar die Spitzen des strahlenden Haars verschmolzen unmerklich mit dem vagen, doch tiefen Schatten, der den Hintergrund des Ganzen bildete. Der Rahmen war oval, reich vergoldet und in moreskem Filigran gearbeitet. Als Kunstgegenstand konnte nichts so bewunderungswürdig sein wie das Gemälde selbst. Doch konnte es weder die Ausführung des Werks noch die unsterbliche Schönheit der Gesichtszüge gewesen sein, was mich so plötzlich und so vehement ergriffen hatte. Am allerwenigsten konnte es so gewesen sein, dass meine Phantasie, aus ihrem Halbschlummer aufgerüttelt, den Kopf fälschlich für den einer lebenden Person gehalten hatte. Ich erkannte sogleich, dass die Eigentümlichkeiten der Komposition, der Vignettierung und des Rahmens einen solchen Gedanken augenblicklich vertrieben – seine Erwägung, auch nur einen Moment lang, verhindert haben mussten. Während ich ernsthaft über diese Punkte nachdachte, verharrte ich vielleicht eine Stunde lang so, halb sitzend, halb zurückgelehnt, den Blick auf das Porträt geheftet. Schließlich sank ich, befriedigt von dem wahren Geheimnis seiner Wirkung, ins Bett zurück. Ich hatte den Zauber des Bilds in einer absoluten *Lebensechtheit* des Ausdrucks gefunden, die mich anfangs überraschte, am Ende aber verwirrte, fesselte und entsetzte. Mit tiefer und ehrfürchtiger Scheu stellte ich den Kandelaber an seinen früheren Platz zurück. Nachdem so die Ursache meiner tiefen Erregung meinem Blick versperrt war, suchte ich begierig den Band, der die Gemälde und ihre Geschichte behandelte. Ich schlug die Nummer auf, die das ovale Porträt bezeichnete, und las dort die vagen und wunderlichen Worte, die hier folgen:

»Sie war ein Mädchen von seltenster Schönheit und ebenso anmutig wie voller Freude. Und übel war die Stunde, da sie den Maler sah und liebte und heiratete. Er, leidenschaftlich, strebsam, ernst und streng, hatte schon eine Braut in seiner Kunst; sie, ein Mädchen von seltenster Schönheit und ebenso anmutig wie voller Freude; ganz Licht und Lächeln und fröhlich wie ein junges Reh; alle Dinge liebend und hegend; nur die Kunst hassend, die ihre Rivalin war; fürchtend nur Palette und Pinsel und andere widerliche Instrumente, die ihr das Antlitz des Geliebten raubten. Es war daher etwas Schreckliches für diese Frau, als sie den Maler von seinem Wunsch sprechen hörte, auch sie, seine junge Braut zu porträtieren. Doch sie war demütig und gehorsam und saß sanftmütig viele Wochen lang in dem dunklen hohen Turmgemach, wo das Licht nur von oben herab auf die bleiche Leinwand tropfte. Aber er, der Maler, begeisterte sich an seiner Arbeit, die von Stunde zu Stunde und von Tag zu Tag fortschritt. Und er war ein leidenschaftlicher und wilder und launischer Mann, der sich in Träumereien verlor, so dass er nicht sehen *wollte*, dass das Licht, das so gespenstisch in jenen einsamen Turm fiel, die Gesundheit und die Lebensgeister seiner Braut hinwelken ließ, die – allen sichtbar außer ihm – verkümmerte. Doch sie lächelte weiter und immer weiter, klaglos, weil sie sah, dass der Maler (der einen gro-ßen Ruf hatte) einen heftigen und brennenden Genuss aus sei-nem Werk zog und Tag und Nacht daran arbeitete, sie abzumalen, die ihn so liebte, die indes täglich lebloser und schwächer wurde. Und fürwahr sprachen manche, die das Porträt anschauten, von seiner Ähnlichkeit in leisen Worten, wie von einem gewaltigen Wunder und von einem Beweis für die Macht des Malers ebenso sehr wie für seine tiefe Liebe zu ihr, die er so vortrefflich gut mal-te. Als aber die Arbeit schließlich dem Ende näher rückte, wurde niemand mehr im Turm eingelassen; denn der Maler war von der Glut seiner Arbeit wild geworden und nahm, selbst um die Züge seiner Frau zu betrachten, nur noch selten die Augen von der Leinwand. Und er *wollte* nicht sehen, dass die Farbtöne, die er auf der Leinwand verteilte, den Wangen von ihr, die neben ihm saß, entzogen waren. Und als viele Wochen vergangen waren und we-nig mehr zu tun blieb als ein Pinselstrich am Mund und ein Farb-tupfer am Auge, da flackerte der Lebensgeist der Frau noch einmal auf wie die Flamme in der Kerzenhülse. Und dann war der Strich getan und der Tupfer gesetzt; und einen Augenblick lang stand der Maler überwältigt vor dem Werk, das er geschaffen hatte; aber im nächsten, während er noch hinstarrte, begann er zu zittern, erbleichte und war entsetzt, und er schrie mit lauter Stimme ›Das ist wahrhaft *das Leben* selbst!‹ und wandte sich plötzlich um, die Geliebte anzusehen: – *Sie war tot!*«

1842   *Übersetzung von Ekkehard Schöller*

Die Maske des Roten Todes

Der »Rote Tod« verwüstete das Land nun schon lange. Keine Seuche war jemals so verhängnisvoll oder so grässlich gewesen. Er offenbarte sich mit Blut, und Blut war sein Siegel – das Rot und der Schrecken des Blutes. Zunächst traten qualvolle Schmerzen auf und ein plötzliches Schwindelgefühl, und dann floss das Blut geradezu aus den Poren und zersetzte sich. Die scharlachroten Flecken auf dem Körper und vor allem auf dem Gesicht des Opfers waren das Ächtungsmal der Pest, das es von der Hilfe und von dem Mitgefühl seiner Mitmenschen ausschloss. Und das Ganze, das plötzliche Befallenwerden von der Krankheit, ihr Verlauf und ihr tödliches Ende, vollzog sich innerhalb einer halben Stunde.

Aber der Prinz Prospero war glücklich und furchtlos und umsichtig. Als seine Herrschaftsgebiete zur Hälfte entvölkert waren, berief er tausend gesunde und wohlgemute Freunde aus den Reihen seiner Ritter und Hofdamen zu sich, und mit diesen zog er sich in die völlige Abgeschiedenheit einer seiner burgartig angelegten Abteien zurück. Es handelte sich dabei um ein weitläufiges und prachtvolles Gebäude, das ganz nach dem exzentrischen und doch großartigen Geschmack des Prinzen entworfen worden war. Eine starke, hochaufragende Mauer umgab es, und in diese Mauer waren eiserne Tore eingelassen. Die Höflinge brachten, nachdem sie eingezogen waren, Schmelzöfen und schwere Hämmer und verschweißten die Türriegel. Sie beschlossen, keine Möglichkeit offen zu lassen, weder um hereinzukommen, noch um, bei plötzlichen Anfällen von Verzweiflung oder Raserei innerhalb der Mauern, hinauszugelangen. Die Abtei war aufs Beste mit Vorräten versehen. Mit solchen Vorkehrungen konnten die Höflinge wohl hoffen, der Ansteckungsgefahr die Stirn zu bieten. Die Welt dort draußen mochte für sich selbst sorgen. In der Zwischenzeit wäre es närrisch gewesen, zu trauern oder nachzudenken. Der Prinz hatte für alles gesorgt, was man brauchte, um sich zu vergnügen. Es gab Possenreißer, es gab Stegreifsänger, es gab Musikanten, es gab Schönheit, es gab Wein. Alles das und Sicherheit gab es drinnen. Draußen herrschte der »Rote Tod«.

Es ging auf das Ende des fünften oder sechsten Monats dieses Lebens in der Abgeschiedenheit zu, die Seuche wütete gerade besonders furchtbar im Lande, als Prinz Prospero seinen tausend Freunden einen Maskenball von höchst ungewöhnlicher Pracht gab.

Es war ein lustvolles Schauspiel für die Sinne, dieses Maskenfest. Aber lasst mich zunächst von den Räumen berichten, in denen es stattfand. Es waren ihrer sieben – eine herrschaftliche Suite. In vielen Palästen bilden solche Suiten wohl eine lange und gerade Flucht von Sälen, deren Falttüren fast bis zu den Wänden an beiden Seiten zurückgleiten, so dass die Durchsicht über die ganze Entfernung hinweg kaum eingeschränkt wird. In diesem Falle war das jedoch ganz und gar anders, wie es die Vorliebe des Herrschers für das Bizarre ja schon erwarten ließ. Die Gemächer waren so unregelmäßig angelegt, dass der Blick kaum mehr als eines erfassen konnte. Jeweils nach zwanzig oder dreißig Ellen erfolgte eine abrupte Biegung, und bei jeder Biegung ergab sich ein neuer Effekt. In der Mitte jeder Wand ging links und rechts ein hohes und schmales gotisches Fenster auf einen abgeschlossenen Gang hinaus, der neben der sich windenden Zimmerflucht herlief. Diese Fenster waren aus buntem Glas, dessen Farbe je nach dem vorherrschenden Ton in der Ausschmückung des Raumes, zu dem sie gehörten, wechselte. Der Raum am äußersten Ostende zum Beispiel war in Blau gehalten – und von leuchtendem Blau waren auch seine Fenster. Der zweite dann hatte purpurrote Verzierungen und Wandbehänge, und hier waren auch die Fensterscheiben purpurn. Der dritte Raum war ganz und gar grün, und so waren auch seine Fenster. Der vierte war orange dekoriert und beleuchtet – der fünfte weiß – der sechste violett. Das siebte Gemach war gänzlich in schwarze Samtbehänge gehüllt; sie hingen überall von der Decke und von den Wänden herab und fielen schließlich in schweren Falten auf einen Teppich von eben diesem Material und Farbton. Doch allein in diesem Raum entsprach die Farbe der Fenster nicht der Dekoration. Hier waren die Scheiben scharlachrot – ein tiefes Rot wie das von Blut. Nun gab es in keinem der sieben Gemächer Lampen oder Kandelaber unter der Fülle von goldnem Zierrat, der in ihnen verstreut war oder von den Decken hing. Es gab kein Licht welcher Art auch immer, das von einer Lampe oder Kerze ausgegangen wäre, durch die ganze Flucht von Räumen hindurch. Aber in den Gängen, die neben den Gemächern herliefen, stand jedem Fenster gegenüber ein schwerer Dreifuß, der eine brennende Kohlenpfanne trug; deren Feuerlicht strahlte durch das bunte Glas der Fenster und beleuchtete so mit grellem Schein den Raum. Auf diese Weise wurde eine Fülle prunkvoller und phantastisch anmutender Effekte erzielt. Aber in dem westlichen oder dem schwarzen Gemach war die Wirkung des Feuerlichts, das sich durch die blutfarbenen Scheiben über die dunklen Wandbehänge ergoss, geradezu gespenstisch und ließ die Gesichter derjenigen, die es betraten, so furchterregend aussehen, dass es nur wenige in der Gesellschaft gab, die kühn genug waren, überhaupt ihren Fuß über seine Schwelle zu setzen.

In eben diesem Raum stand an der westlichen Wand auch eine gigantische Uhr aus Ebenholz. Ihr Pendel schwang hin und her mit dumpfem, schwerem Klang, und wenn der große Zeiger die Runde auf dem Zifferblatt gemacht hatte und die Stunde schlagen sollte, kam aus den ehernen Lungen der Uhr ein Ton, der klar, laut und tief war und außerordentlich melodisch, aber von einer so sonderbaren Tonlage und von so ungewöhnlichem Nachdruck, dass immer, wenn wieder eine Stunde vergangen war, die Musiker des Orchesters nicht anders konnten, als einen Moment lang innezuhalten in ihrer Darbietung und dem Ton zu lauschen, und so kam es, dass auch die Tanzenden gezwungen waren, ihre Drehungen zu unterbrechen, und die ganze fröhliche Gesellschaft für einen Augenblick aus der Fassung geriet. Man konnte, während die Schläge der Uhr erklangen, beobachten, dass auch der Übermütigste blass wurde und die Älteren und Bedächtigeren sich mit der Hand über die Stirn fuhren, als seien sie in verworrene Träumerei oder Grübelei versunken. Aber wenn der letzte Schlag verhallt war, ertönte wieder allenthalben fröhliches Gelächter; die Musiker sahen einander an und lächelten wie über ihre eigene närrische Furchtsamkeit und gelobten sich gegenseitig leise flüsternd, dass der nächste Stundenschlag der Uhr in ihnen keine solchen Gefühle mehr hervorrufen sollte, und dann, nachdem sechzig Minuten vergangen waren (die dreitausendsechshundert Sekunden der Zeit umfassen, die flüchtig dahineilt), schlug die Uhr abermals, und wieder gab es dieselbe Verunsicherung und Ängstlichkeit und Grübelei.

Doch trotz all dieser Dinge war es eine fröhliche und prachtvolle Lustbarkeit. Der Geschmack des Herrschers war schon sonderbar. Er hatte ein sicheres Auge für Farben und Effekte. Fragen des rein modischen Dekorums waren ihm ganz und gar ohne Belang. Seine Vorhaben waren kühn und enthusiastisch, und seine Einfälle strahlten ein geradezu barbarisches Feuer aus. Es gab durchaus einige, die ihn für verrückt hielten. Sein Gefolge aber fühlte, dass er es nicht war. Es war notwendig, ihn zu hören, zu sehen und zu berühren, wollte man *sicher* sein, dass er es nicht war.

Er hatte anlässlich dieser großartigen *fête* die Ausschmückung der sieben Gemächer weitgehend selbst veranlasst, zumindest was die zusätzlichen Dekorationen betraf, und sein Geschmack war auch richtungweisend für den Charakter der Maskierungen gewesen. Man durfte sicher sein, sie waren grotesk. Da gab es manch grellen Glanz und Glitzer, so manche Pikanterie und manches, was gespenstisch anmutete – seither hat man solche Dinge wohl nur in *Hernani*[1] wieder gesehen. Es gab arabeske Figuren, bei denen Glieder und Ausstattung nicht zusammenpassen wollten. Es gab wie wahnsinnig anmutende Phantomgestalten, wie sie sich ein Irrer wohl ausdenken mag. Es gab so manches Schöne, manches Lüsterne, manches Bizarre, einiges, das Grauen erweckte, und genug Ekelerregendes. Es wogte in den sieben Gemächern geradezu ein Meer von Träumen. Und diese Träume wanden sich bald hierhin, bald dorthin, ihre Färbung wechselte mit den verschiedenen Räumen, und sie ließen die wilde Musik des Orchesters wie das Echo ihrer Schritte erscheinen. Und dann schlägt die Uhr aus Ebenholz, die in dem samtenen Saal steht. Und für einen Augenblick ist alles still, und alles verharrt ruhig bis auf die Stimme der Uhr. Die Träume sind starr gefroren, so wie sie gerade stehen. Aber der Widerhall der Stundenschläge verklingt – es hat alles nur einen Moment gedauert – und ein leises, halb unterdrücktes Lachen schwebt ihnen nach, wie sie so verhallen. Und nun setzt auch die Musik wieder kraftvoll ein, und die Träume erwachen zum Leben und winden sich hin und her, übermütiger als zuvor, von den vielen Farben der Fenster verwandelt, durch die das Feuer der Dreifüße hineinstrahlt. Doch in das Gemach, das am weitesten nach Westen hin liegt, wagt sich nun keine der Masken mehr, denn die Nacht vergeht, schon dringt ein rötlicheres Licht durch die blutfarbenen Scheiben, und die Schwärze der düsteren Behänge ist entsetzlich, und dem, der seinen Fuß auf den schwarzen Teppich setzt, ertönt von der Uhr aus Ebenholz ein gedämpfter Klang, feierlicher und nachdrücklicher als alles, was die Ohren *derer* erreicht, die den weiter entfernten Lustbarkeiten in den anderen Gemächern nachgehen.

Aber in diesen anderen Gemächern herrschte großes Gedränge, und der fiebrige Pulsschlag des Lebens war zu verspüren. Und der Trubel ging in wildem Wirbel weiter, bis schließlich die Uhr ansetzte, die mitternächtliche Stunde zu schlagen. Da brach die Musik ab, wie ich es beschrieben habe, die Tänzer hielten in ihren Drehungen inne, und alles verharrte in bedrückender Stille. Doch nun sollten zwölf Schläge aus dem Uhrwerk erklingen, und so kam es vielleicht, dass mit mehr Zeit auch mehr Nachsinnen in die Köpfe der nachdenklicheren Festgäste Eingang fand. Und so kam es vielleicht auch, dass, noch bevor der letzte Widerhall der Schläge verklungen war, so mancher in der Menge Gelegenheit gehabt hatte, die Anwesenheit einer maskierten Gestalt zu bemerken, die zuvor noch niemandem aufgefallen war. Und als sich das Gerücht von dieser neuen Erscheinung im Flüsterton verbreitet hatte, erhob sich schließlich von der gesamten Gesellschaft ein Stimmengewirr und Gemurmel, das Ablehnung und Erstaunen ausdrückte – und schließlich gar Entsetzen, Grausen und Ekel.

In einer Versammlung phantastischer Gestalten, wie ich sie geschildert habe, darf man natürlich annehmen, dass kein gewöhnliches Wesen solche Regungen hätte hervorrufen können. Nun war für diese Nacht wahrhaftig nahezu jede Art von Maskierung zugelassen worden, aber die Gestalt, um die es ging, hatte alles bisher Dagewesene übertroffen und sogar die weitgezogenen Grenzen des prinzlichen Gefühls für Anstand überschritten. Es gibt Saiten im Herzen des Kaltblütigsten, die nicht ohne Gefühlsregungen berührt werden können. Sogar für den Verruchtesten, dem Leben und Tod ohne Unterschied ein Hohn sind, gibt es Dinge, die nicht verhöhnt werden dürfen. Ja, die ganze Gesellschaft sah sich in dem Empfinden vereint, dass weder das Kostüm noch das Verhalten des Fremden in irgendeiner Weise geistreich oder schicklich sei. Die Gestalt war groß und hager und von Kopf bis Fuß in Grabgewänder gehüllt. Die Maske, die das Gesicht verbarg, war so gearbeitet, dass sie einem menschlichen Antlitz in Totenstarre so vollkommen gleichsah, dass auch die genaueste Betrachtung schwerlich die Nachahmung entdeckt hätte. Doch all das hätten die übermütigen Festgäste ja noch geduldet, vielleicht sogar gutgeheißen. Aber der Vermummte war so weit gegangen, das Aussehen des Roten Todes anzunehmen. Seine Gewandung war mit *Blut* benetzt – und auf seine breite Stirn wie auch auf die anderen Gesichtszüge waren die scharlachroten Schreckensmale gesprenkelt.

Als die Augen des Prinzen Prospero auf diese geisterhafte Erscheinung fielen (die mit langsamen und feierlichen Bewegungen, als wolle sie ihren Part noch vollkommener spielen, zwischen den Tanzenden einherschritt), sah man, wie ihn im ersten Augenblick heftiges Erschaudern durchzuckte, sei es aus Schrecken oder aus Abscheu; doch schon im nächsten trieb ihm die Wut die Röte ins Gesicht.

»Wer wagt es?«, fragte er mit rauer Stimme die Höflinge, die bei ihm standen, »wer wagt es, uns mit diesem gotteslästerlichen Possenspiel zu beleidigen? Packt ihn und nehmt ihm die Maske ab – damit wir erfahren, wen wir bei Sonnenaufgang an den Zinnen hängen sehen werden!«

Es war im östlichen oder blauen Gemach, wo Prinz Prospero sich befand, als er diese Worte hören ließ. Sie klangen laut und klar durch alle sieben Räume – denn der Prinz war ein kühner und kraftvoller Mann, und die Musik war auf eine Handbewegung von ihm hin verstummt.

Es war im blauen Raum, wo der Prinz mit einer Gruppe blass gewordener Höflinge gestanden hatte. Zunächst, als er sprach, gab es eine leicht hastige Bewegung dieser Gruppe auf den Eindringling zu, der sich in diesem Augenblick auch ganz in der Nähe befand und nun entschlossen und würdevoll auf den Sprecher zuging. Doch aus einer gewissen namenlosen Furcht, mit der die wahnwitzige Anmaßung des Vermummten die ganze Gesellschaft erfüllt hatte, fand sich niemand, der die Hand ausstreckte, ihn zu ergreifen, so dass er ungehindert in der Entfernung von nur einer Elle an der Person des Prinzen vorübergehen konnte; und während die ganze große Versammlung, wie von einem einzigen Gedanken bewegt, von der Mitte der Räume zu den Wänden zurückwich, ging er ohne jede Hinderung, doch in demselben feierlichen und wohlgemessenen Schritt, der ihn von Anfang an ausgezeichnet hatte, durch das blaue Gemach zum purpurnen – durch das purpurne zum grünen – durch das grüne zum orangenen – durch dieses wieder zum weißen – und von dort gar ins violette, bevor entschiedene Anstalt gemacht wurde, ihn zu ergreifen. Doch dann geschah es, dass Prinz Prospero, schier verrückt vor Wut und Scham über seine eigene momentane Feigheit, hastig durch die sechs Räume stürzte; niemand folgte ihm dabei wegen eines tödlichen Schreckens, der sie alle ergriffen hatte. Er trug in der hocherhobenen Hand den gezückten Dolch und war – in bedenkenlosem Ungestüm – bis auf drei oder vier Schritt an die schwindende Gestalt herangekommen, als diese, nachdem sie das äußerste Ende des samtenen Gemachs erreicht hatte, sich plötzlich umwandte und ihrem Verfolger gegenübertrat. Ein schriller Schrei erklang – und der Dolch fiel blitzend auf den schwarzen Teppich, auf den vom Tod gefällt gleich darauf Prinz Prospero niedersank. Da warf sich ein ganzer Trupp der Festgäste, vom Mut der Verzweiflung ermannt, in das schwarze Gemach, und als sie den Vermummten packten, dessen hohe Gestalt aufrecht und reglos im Schatten der Uhr aus Ebenholz verharrte, rangen sie in unaussprechlichem Grauen nach Luft, denn sie fanden die Grabeskleider und die leichenhafte Maske, die sie so gewaltsam und grob ergriffen, von keiner fassbaren Form bewohnt.

Jetzt war die Gegenwart des Roten Todes offenbar. Er war gekommen, wie ein Dieb in der Nacht. Und einer nach dem andern sanken die Festgäste in der blutbetauten Halle ihrer Lustbarkeiten darnieder und starben, ein jeder in der verzweiflungsvollen Pose seines Falls. Und das Leben der ebenholzenen Uhr fand sein Ende mit dem letzten der fröhlich Feiernden. Und die Flammen in den Dreifüßen erloschen. Und Finsternis und Verfall und der Rote Tod herrschten ohne Einschränkung über alles.

1842 *Übersetzung von Gerlinde Völker*

Das verräterische Herz

Zugegeben! Überreizt, ganz furchtbar überreizt war ich damals und bin es noch; doch warum wollt Ihr behaupten, dass ich wahnsinnig sei? Die Krankheit hatte meine Sinne geschärft – nicht zerstört – nicht abgestumpft. So verfügte ich vor allem über ein messerscharfes Gehör. Ich hörte alle Dinge zwischen Himmel und Erde. Ich hörte vieles in der Hölle. Wie also kann ich wahnsinnig sein? Gebt gut Acht und seht selbst, wie normal – wie gelassen ich Euch die ganze Geschichte zu erzählen vermag.

Ich kann nicht mehr genau sagen, wie mir die Idee zuerst in den Sinn kam; aber einmal geboren, verfolgte sie mich Tag und Nacht. Ein Ziel gab es nicht. Auch keine Leidenschaft. Ich liebte den alten Mann. Er hatte mir nie Unrecht getan. Er hatte mich nie verletzt. Sein Gold begehrte ich nicht. Ich glaube, es war einfach sein Auge! Ja, das war es! Er hatte das Auge eines Geiers – ein blassblaues Auge mit einem leichten Schleier darüber. Wann immer das Auge auf mich fiel, gefror mir das Blut. Und so entschloss ich mich allmählich, ganz allmählich, den alten Mann umzubringen und mich so für immer von seinem Auge zu befreien.

Hier nun liegt der entscheidende Punkt. Ihr haltet mich für wahnsinnig. Doch Wahnsinnige verstehen nichts. Aber Ihr hättet *mich* dagegen sehen sollen, wie bedacht ich vorging – mit welcher Behutsamkeit – mit welcher Voraussicht – mit wie viel Verstellung ich zu Werke ging. Nie war ich freundlicher zu dem alten Mann als während der gesamten Woche, bevor ich ihn tötete. Jede Nacht, gegen Mitternacht, bewegte ich die Klinke seiner Tür und öffnete sie – oh, so behutsam! Und dann, wenn ich sie gerade so weit geöffnet hatte, dass mein Kopf hindurchpasste, steckte ich eine Blendlaterne hinein, die geschlossen, völlig geschlossen war, so dass kein Licht herausschien, und dann begann ich meinen Kopf hineinzustrecken. Oh, Ihr hättet bestimmt gelacht, wenn Ihr gesehen hättet, wie gewitzt ich dies tat! Ich bewegte meinen Kopf langsam – sehr, sehr langsam, damit ich nicht den Schlaf des alten Mannes störte. Es kostete mich eine Stunde, um meinen gesamten Kopf soweit durch die Öffnung zu schieben, dass ich sehen konnte, wie er auf seinem Bett lag. Ha! Wäre ein Wahnsinniger etwa so besonnen vorgegangen? Und dann, wenn mein Kopf völlig im Raum war, öffnete ich vorsichtig – oh, so vorsichtig – ganz vorsichtig (denn die Scharniere quietschten) die Laterne gerade so weit, dass ein einziger, dünner Strahl auf das Geierauge fiel. Und dies tat ich sieben Nächte hindurch – jede Nacht just um Mitternacht –, aber ich fand das Auge immer geschlossen, und so war es unmöglich, das Werk zu verrichten, denn es war nicht der alte Mann, der mich quälte, sondern sein teuflisches Auge. Und jeden Morgen, wenn der Tag anbrach, ging ich kühn in das Zimmer und sprach munter mit ihm, nannte ihn herzlich beim Namen und erkundigte mich, wie er die Nacht verbracht habe. Ihr seht also, er hätte in der Tat ein sehr scharfsinniger alter Mann sein müssen, um auch nur zu ahnen, dass ich ihn jede Nacht genau um Zwölf betrachtete, während er schlief.

Dann, in der achten Nacht, war ich beim Öffnen der Tür noch vorsichtiger als sonst. Der Minutenzeiger einer Uhr bewegt sich schneller als meine Hand es tat. Nie zuvor hatte ich das Ausmaß meiner eigenen Macht und meines Scharfsinns so tief empfunden. Ich konnte mein Triumphgefühl kaum bändigen. Allein der Gedanke, dass ich dort war und Spalt um Spalt die Tür öffnete, während er nicht einmal im Traum von meinen heimlichen Taten und Gedanken ahnte. Bei dieser Vorstellung kicherte ich förmlich; und vielleicht hörte er mich; denn er bewegte sich plötzlich auf seinem Lager, als sei er aufgestört worden. Nun denkt Ihr vielleicht, dass ich den Kopf zurückzog, aber nein. Im Raum herrschte dichte, pechschwarze Finsternis (denn die Läden waren aus Furcht vor Räubern fest geschlossen), und daher wusste ich, dass er das Öffnen der Tür nicht sehen konnte, und so fuhr ich fort, die Tür sachte weiter aufzudrücken.

Ich hatte meinen Kopf schon im Zimmer und war gerade dabei, die Laterne zu öffnen, als mein Daumen an den Blechverschluss stieß und der alte Mann im Bett hochschnellte und rief: »Wer ist dort?«

Ich verhielt mich völlig still und sagte nichts. Eine geschlagene Stunde lang bewegte ich keinen Muskel, und während dieser ganzen Zeitspanne hörte ich nicht, dass er sich wieder niederlegte. Er saß immer noch aufrecht im Bett und lauschte – gerade so, wie ich es tat, wenn ich Nacht für Nacht dem Pochen der Totenkäfer in der Wand nachhorchte.[1]

Dann plötzlich hörte ich ein leichtes Stöhnen, und ich wusste, es war das Stöhnen der Todesangst. Dies war kein Aufstöhnen aus Schmerz, oder Kummer, o nein, es war der schwache, erstickte Laut, der aus dem Grunde der Seele emporsteigt, wenn übermächtiges Entsetzen sie überwältigt. Ich kannte diesen Laut nur zu gut. In mancher Nacht, gerade um Mitternacht, wenn die ganze Welt schlief, war er aus der Tiefe meiner eigenen Brust aufgestiegen und hatte die Schrecken, die mich quälten, mit seinem furchtbaren Echo noch vertieft. Ich sage, ich kannte den Laut gut. Ich wusste, was der alte Mann fühlte, und ich bedauerte ihn, obwohl ich in der Tiefe meines Herzens kicherte. Ich wusste, dass er wachgelegen hatte seit dem ersten leichten Geräusch, als er sich im Bett umdrehte. Seine Ängste hatten danach immer weiter zugenommen. Er hatte sich vorzustellen versucht, sie seien grundlos, aber es war ihm nicht gelungen. Er hatte sich immer wieder gesagt: »Es ist nichts, nur der Wind im Kamin – es ist nur eine Maus, die über den Boden huscht«, oder: »Es ist nur eine Grille, die ein einziges Mal gezirpt hat.« O ja, er hatte versucht, sich mit diesen Mutmaßungen zu beruhigen: aber es war alles vergebens gewesen. *Alles vergebens*; denn als der Tod sich ihm näherte, war sein schwarzer Schatten ihm auf leisen Sohlen vorangegangen und hatte das Opfer eingehüllt. Und es war der düstere Einfluss dieses unsichtbaren Schattens, der ihn fühlen ließ – obwohl er nichts sah noch hörte – ja, *fühlen* ließ, wie mein Kopf in seinem Zimmer gegenwärtig war.

Nachdem ich lange Zeit sehr geduldig gewartet hatte, ohne zu hören, dass er sich wieder niederlegte, beschloss ich, die Laterne um einen kleinen – sehr, sehr kleinen Spalt zu öffnen. Und so öffnete ich sie – Ihr könnt Euch nicht vorstellen, wie heimlich, wie unendlich heimlich –, bis zuletzt ein einzelner, dünner Strahl wie der Faden einer Spinne aus dem Spalt herausschoss und voll auf das Geierauge fiel.

Es war geöffnet – weit, weit geöffnet –, und ich wurde rasend, als ich darauf starrte. Ich sah es in aller Deutlichkeit – ganz mattblau, mit dem grässlichen Schleier darüber, dessen Anblick mir durch Mark und Bein ging; doch konnte ich nichts weiter vom Gesicht oder der Gestalt des alten Mannes sehen, denn ich hatte den Strahl gleichsam instinktiv genau auf den verfluchten Fleck gerichtet.

Doch habe ich Euch nicht gesagt, dass das, was Ihr fälschlich für Wahnsinn haltet, nichts anderes ist als die Überempfindsamkeit der Sinne? Nun, hört Ihr, drang an meine Ohren ein schwacher, dumpfer, schneller Laut, wie ihn eine Uhr, die in Watte gewickelt ist, macht. *Dieses* Geräusch kannte ich auch sehr gut. Es war das Herzklopfen des alten Mannes. Es stachelte meine Wut noch an, so wie das Schlagen der Trommeln den Soldaten zur Tapferkeit anspornt.

Doch selbst jetzt noch hielt ich an mich und regte mich nicht. Ich atmete kaum. Ich hielt die Laterne ganz still. Ich probierte, wie beständig ich den Strahl auf das Auge gerichtet halten konnte. Inzwischen schwoll der höllische Trommelwirbel des Herzens an. Er wurde schneller und schneller und jeden Augenblick lauter und lauter. Das Entsetzen des alten Mannes *muss* ungeheuerlich gewesen sein. Das Pochen wurde lauter, sage ich, immer lauter – hört Ihr? Ich habe Euch schon erzählt, dass meine Nerven überreizt waren, und wahrlich: so ist es. Und nun, in der Abgrundtiefe der Nacht, inmitten der schrecklichen Stille dieses alten Hauses, trieb mich dieses eigenartige Geräusch zu unbeherrschbarem Entsetzen. Dennoch hielt ich noch einige Minuten länger an mich und stand regungslos still. Aber das Pochen wurde lauter, lauter. Ich dachte, das Herz, müsse zerspringen. Und nun wurde ich von einer neuen Furcht ergriffen – das Geräusch würde von einem Nachbarn gehört werden! Die Stunde des alten Mannes war gekommen! Mit einem gellenden Schrei riss ich die Laterne auf und sprang in den Raum. Er schrie einmal schrill auf – nur ein einziges Mal. Im Nu hatte ich ihn zu Boden gezerrt und das schwere Bett über ihn gezogen. Dann lächelte ich fröhlich ob der so weit vollbrachten Tat. Doch minutenlang fuhr das Herz fort, mit gedämpftem Klang zu schlagen. Das jedoch störte mich nicht, denn man würde es nicht durch die Wand hören. Zu guter Letzt verstummte es. Der alte Mann war tot. Ich hob das Bett hoch und untersuchte den Leichnam. Ja, er war tot, tot wie ein Stein. Ich legte meine Hand auf das Herz und ließ sie dort viele Minuten lang liegen. Da war kein Schlagen mehr. Er war tot wie ein Stein. Sein Auge würde mich nie mehr beunruhigen.

Falls Ihr immer noch denkt, ich sei wahnsinnig, so werdet Ihr dies nicht länger glauben, wenn ich Euch beschreibe, welche klugen Vorkehrungen ich traf, um die Leiche zu verbergen. Die Nacht schwand dahin, und ich arbeitete schnell, doch in völliger Stille. Zuerst trennte ich die Glieder vom Rumpf. Ich schnitt den Kopf, die Arme und Beine ab.

Dann hob ich drei Bohlen aus dem Boden des Zimmers und verstaute alles zwischen den Querlatten. Danach legte ich die Bohlen so geschickt, so schlau wieder an ihren Platz, dass kein menschliches Auge – nicht einmal das *seinige* – etwas Verdächtiges hätte bemerken können. Nichts musste gesäubert werden – kein Fleck irgendwo – nicht einmal ein Blutspritzer. Dazu war ich zu sorgsam vorgegangen. Ein Zuber hatte alles aufgefangen – ha! ha!

Nachdem ich diese Arbeit beendet hatte, war es vier Uhr –

und immer noch so dunkel wie um Mitternacht. Als die Glocke die volle Stunde schlug, klopfte es an der Haustür. Ich ging hinunter, um leichten Herzens zu öffnen, denn was hatte ich *jetzt* noch zu fürchten? Drei Männer traten ein, die sich in aller Zuvorkommenheit als Polizeibeamte vorstellten. Ein Nachbar hatte während der Nacht einen Schrei gehört, man vermutete eine Übeltat, beim Polizeirevier war Meldung erstattet worden, und sie (die Beamten) waren abgeordnet worden, das Haus zu durchsuchen.

Ich lächelte – denn *was* hatte ich schon zu befürchten? Ich hieß die Herren willkommen. Den Schrei, so sagte ich, hätte ich selbst im Traum ausgestoßen. Beiläufig erwähnte ich, dass der alte Mann fort sei, auf dem Lande. Ich führte meine Besucher durch das ganze Haus. Ich forderte sie auf zu suchen – *gründlich* zu suchen. Zu guter Letzt geleitete ich sie in *seine* Kammer. Ich zeigte ihnen seine Schätze, sicher verwahrt, unberührt. Voll von begeistertem Selbstvertrauen brachte ich Stühle in den Raum und drängte die Herren, sich gerade *hier* von ihren Mühen zu erholen, während ich meinerseits in der wilden Kühnheit meines vollkommenen Triumphs meinen eigenen Stuhl auf den Platz rückte, unter dem der Leichnam des Opfers ruhte.

Die Beamten waren befriedigt. Mein *Verhalten* hatte sie überzeugt. Ich fühlte mich völlig unbekümmert. Sie saßen dort und schwatzten ungeniert über Alltäglichkeiten, während ich ihnen heiter antwortete. Doch nach einer Weile fühlte ich, wie ich erblasste und wünschte, sie seien weg. Mein Kopf schmerzte, und ich spürte ein Klingen in den Ohren: aber sie saßen immer noch da und schwatzten weiter. Das Klingen wurde deutlicher; es hielt an und wurde noch deutlicher; ich redete zunehmend ungehemmter, um das Gefühl loszuwerden; aber es hielt an und gewann an Klarheit – bis ich schließlich feststellte, dass das Geräusch *nicht* in meinen Ohren war.

Zweifellos wurde ich jetzt *sehr* blass; aber ich redete immer weiter und mit erhobener Stimme. Doch das Geräusch nahm zu – was konnte ich nur tun? Es war ein *schwaches, dumpfes, schnelles Pochen – ganz so, wie es eine in Watte gewickelte Uhr macht.* Ich rang nach Atem – aber die Beamten hörten nichts. Ich sprach schneller, heftiger; aber das Geräusch nahm stetig zu. Ich erhob mich und begann mit erregter Stimme und wilden Gesten über Nichtigkeiten zu argumentieren; aber das Geräusch nahm unablässig zu. Warum gingen sie nicht endlich? Ich stampfte mit schweren Schritten auf und ab, so als sei ich durch die Äußerungen der Männer in höchste Wut versetzt; aber das Geräusch nahm unablässig zu. O Gott! Was *konnte* ich nur tun? Ich schäumte – ich raste – ich fluchte! ich schwang den Stuhl, auf dem ich gesessen hatte, empor und schmetterte ihn auf den Boden, aber das Geräusch übertönte alles und nahm ständig zu. Es wurde lauter – lauter – *lauter!* Doch die Männer plauderten immer noch munter weiter und lächelten. War es denn möglich, dass sie nichts hörten? Allmächtiger Gott! – nein, nein! Sie hörten etwas! – sie vermuteten etwas! – sie wussten gar! – sie machten sich über mein Entsetzen lustig! – so dachte ich, und so denke ich noch immer. Doch alles war besser als diese Qual! Alles war erträglicher als dieser Hohn! Ich konnte dieses falsche Lächeln nicht länger ertragen, ich fühlte, dass ich schreien oder sterben musste! Und jetzt – wieder – horcht! laut, lauter! lauter! *lauter!*

»Schurken!«, schrie ich, »verstellt Euch nicht länger. Ich gestehe die Tat, reißt die Bohlen auf! da! da! – es ist das Schlagen seines grauenvollen Herzens.«

1843   *Übersetzung von Thekla Zachrau*

Die Grube und das Pendel

Impia tortorum longos hic turba furores
Sanguinis innocui, non satiata, aluit.
Sospite nunc patria, fracto nunc funeris antro,
Mors ubi dira fuit vita salusque patent.

Lange vergossen im Land der Henker gottlose Scharen
Ströme schuldlosen Bluts, unersättlich, im Wahn.
Nun, da das Vaterland heil, die Höhle des Grabes geöffnet,
Zeiget sich Leben und Glück, wo einst der schreckliche Tod.

(Diese Verse waren für das Tor einer Markthalle bestimmt,
die in Paris auf dem Platz des ehemaligen Jakobinerklub-
hauses errichtet werden sollte.)

Von der langen Quälerei war ich ausgepumpt – zu Tod erschöpft,
als sie mich endlich losbanden und mir erlaubt wurde, mich aufzusetzen. Ich fühlte, dass mir die Sinne schwanden. Das Urteil –
das gefürchtete Todesurteil – war das letzte, was deutlich artiku-
liert mein Ohr erreichte. Danach verschwamm der Klang der
Stimmen der Inquisitoren in ein traumhaft unbestimmtes Ge-
summe. Es vermittelte meinem Hirn die Vorstellung von etwas
sich Drehendem – wahrscheinlich eine Assoziation meiner
Phantasie mit dem Rauschen eines Mühlrads. Dies dauerte aber
nur kurze Zeit, dann hörte ich nichts mehr. Doch konnte ich für
eine Weile etwas sehen – aber in welcher schrecklichen Verzer-
rung! Ich sah die Lippen der Richter in ihren schwarzen Roben;
blutleer erschienen sie mir – weißer als das Blatt, auf das ich diese Sätze schreibe – und dünn bis zum Grotesken, dünn in der
Intensität ihres Ausdrucks von Härte, von unbeugsamer Entschlossenheit, von unerbittlicher Missachtung der Qual eines
Menschen. Ich sah, dass diese Lippen immer noch die Beschlüs-
se aussprachen, die mein Schicksal bestimmen sollten. Ich sah
diese Lippen die Silben meines Namens bilden und schauderte,
weil kein Ton mich erreichte. Ich sah auch in einigen Augenbli-

cken fiebrigen Schrecks die sanfte und fast nicht wahrnehmbare Bewegung der schwarzen Behänge, die die Wände des Zimmers verhüllten. Und dann fiel mein Blick auf die sieben großen Kerzen auf dem Tisch. Zuerst waren sie mir wie eine Verkörperung milder Güte, wie schlanke weiße Engel, die mich retten würden, aber dann überkam mich die tödlichste Schwäche, jede Fiber meines Körpers erzitterte, als hätte ich den Draht einer galvanischen Batterie berührt, während die Engelgestalten zu wesenlosen Gespenstern mit Flammenhäuptern wurden. Und ich wusste, dass mir von ihnen keine Hilfe kommen würde. Dann stahl sich wie ein voller Ton der Gedanke in meinen Sinn, wie süß das Ausruhen im Grab sein müsse. Dieser Gedanke entstand allmählich und wie verstohlen und schien lange Zeit zur vollen Entwicklung zu brauchen. Als er mich aber endlich durchdrungen hatte und fassbar geworden war, verschwanden vor mir die Gestalten der Richter wie durch Zauberei, die hohen Kerzen versanken im Nichts, ihre Flammen erloschen gänzlich, und darauf folgte die Schwärze des Dunkels, alle Empfindungen schienen von einem rasend rauschenden Absturz verschlungen zu werden, als fahre die Seele in den Hades. Dann Schweigen und Stille, das Universum war Nacht.

Ich war ohnmächtig geworden, möchte aber nicht sagen, dass das Bewusstsein restlos verloren gewesen wäre. Was davon übrig blieb, will ich nicht zu definieren oder auch nur zu beschreiben versuchen; ganz entschwunden war es jedenfalls nicht. Im festesten Schlaf – nein, nicht im Delirium – nicht in einer Ohnmacht – nicht im Tod – nein, nicht einmal im Grab ist es *ganz* verloren, denn sonst gäbe es keine Unsterblichkeit für den Menschen. Wenn wir aus den tiefsten Tiefen des Schlafs erwachen, zerreißen wir das feine Spinngewebe eines Traums. Und doch erinnern wir uns eine Sekunde später (so zart muss das Gespinst gewesen sein) nicht mehr, was wir geträumt haben. Bei der Rückkehr aus der Ohnmacht zum Leben gibt es zwei Stufen: die erste gibt uns das Bewusstsein der seelischen oder geistigen, die zweite das der physischen Existenz wieder. Es besteht die Möglichkeit, dass wir, könnten wir beim Erreichen der zweiten Stufe die Eindrücke der ersten zurückrufen, diese Eindrücke von Erinnerungen an den Abgrund darunter getränkt fänden. Und dieser Abgrund – was ist er? Wie sollen wir seine Schatten von denen des Grabs unterscheiden? Wenn aber die Eindrücke der von mir als erste bezeichneten Stufe nicht durch einen Akt des Willens zurückgeholt werden können, kommen sie denn nicht ungebeten nach langer Zeit von selbst, und wundern wir uns nicht, woher sie aufsteigen? Wer nie ohnmächtig geworden ist, sieht keine fremdartigen Prunkgebäude oder seltsam vertraute Gesichter im Glühen der Kohlen, noch auch unheilvolle Erscheinungen, die in der Luft schweben, unsichtbar für die Vielen, er macht sich keine Gedanken über den Duft einer fremdartigen Blume, sein Gehirn grübelt nicht über die Bedeutung einer Tonkadenz nach, die ihm vorher nie auffiel.

Bei den künftigen und gedankenschweren Bemühungen, Erinnerungen wachzurufen, bei den ernsthaften Anstrengungen, irgendeine Besonderheit des Zustands scheinbaren Nicht-Seins zurückzuholen, wohin meine Seele entglitten war, gab es Augenblicke, da ich von einem Lohn der Mühe träumte, kurze, sehr kurze Zeiten, in denen ich Erinnerungen heraufbeschwören konnte, von denen ich mir später bei klarem Verstand sagte, dass sie nur zu jenem Zustand anscheinender Bewusstlosigkeit in Beziehung stehen konnten. Diese Erinnerungsschatten lassen undeutliche große Gestalten vor mir erstehen, die mich aufhoben und schweigend hinuntertrugen – hinunter – immer tiefer – bis mich bei der bloßen Vorstellung von der Unbeendbarkeit des Abstiegs ein schrecklicher Schwindel überfiel. Sie erzählen mir auch von einer unbestimmten Angst im Herzen, und zwar wegen der unnatürlichen Stille eben dieses Herzens. Dann herrscht auf einmal das Gefühl von Bewegungslosigkeit vor, als hätten die, die mich trugen (eine geisterhafte Prozession!) bei dem Abstieg die Grenze des Grenzenlosen überschritten und müssten, erschöpft von ungeheuerer Anstrengung, eine Ruhepause einlegen. Dann weiß ich von Flachliegen und Feuchtigkeit, und nun ist alles *Wahnsinn* – der Wahnsinn eines Gedächtnisses, das sich mit bedrohlichen Dingen abquält.

Ganz plötzlich wusste ich wieder von Bewegung und Klang – dem stürmischen Herzschlag, und in den Ohren hörte ich die Laute seines Klopfens. Dann wieder eine Pause, alles leer und still, wieder Geräusch, Bewegung, eine Berührung – ein durch den Körper zuckendes Zittern, das Bewusstsein, noch zu existieren, keine Gedankentätigkeit – ein Zustand, der lange dauerte. Dann auf einmal ein *Gedanke*, schaudernde Angst und eine große Anstrengung, meine wahre Lage zu begreifen. Der lebhafte Wunsch stieg in mir auf, wieder in Gefühllosigkeit zu versinken, und wieder lebte die Seele auf; der Versuch, mich zu bewegen, hatte Erfolg. Gleich darauf kam mir die volle Erinnerung zurück: die Verhandlung, die Richter, die schwarzen Wandbehänge, das Urteil, der Schwindel, die Ohnmacht. Alles Folgende blieb im Vergessensein. Dies konnte ich mir erst viel später in angestrengtem Mühen, aber auch nur dunkel ins Gedächtnis zurückrufen.

Bis dahin hatte ich die Augen nicht geöffnet. Ich spürte, dass ich ungefesselt auf dem Rücken lag. Ich streckte die Hand aus, die schwer auf etwas Feuchtes, Hartes fiel. Ich ließ sie einige Minuten darauf liegen, während ich mich abmühte, mir vorzustellen, wo ich und *was* mit mir sei. Es verlangte mich, die Augen zu gebrauchen, aber ich wagte es nicht. Ich fürchtete mich vor dem ersten Blick auf die Dinge um mich. Nicht dass ich Angst gehabt hätte, Schauderhaftes zu sehen, aber es graute mir davor, dass es *gar nichts* zu sehen geben könnte. Voll Verzweiflung im Herzen, riss ich sie schließlich auf und fand meine schlimmsten Befürchtungen bestätigt. Die Schwärze ewiger Nacht umgab mich. Ich rang nach Atem, denn die gleichsam spürbare Dichte des Dunkels drückte erstickend auf mich. Die Luft war unerträglich beklemmend. Immer noch lag ich bewegungslos und mühte mich, den Verstand arbeiten zu lassen. Ich rief mir das Inquisitionsverfahren ins Gedächtnis zurück und versuchte, mir daraus meine wirkliche Lage abzuleiten. Das Urteil war ausgesprochen worden, und mir schein, es müsse seitdem eine sehr lange Zeitspanne vergangen sein. Keinen Augenblick hatte ich mich für tot gehalten, denn eine solche Vorstellung, was man auch in Romanen lesen mag, ist mit der Wirklichkeit gänzlich unvereinbar – aber wo und in welcher Situation befand ich mich? Die zum Tod Verurteilten wurden, wie ich wusste, in der Regel anlässlich der Autodafés[1] hingerichtet, und deren eines hatte abends am Tag meiner Verhandlung stattgefunden. War ich in den Kerker zurückgebracht worden, und sollte ich das nächste abwarten müssen, das wohl erst in einigen Monaten abgehalten wurde? Dies konnte nicht sein. An Opfern war Mangel, und außerdem hatte mein bisheriger Kerker wie alle Zellen der in Toledo Verurteilten Steinboden und einen, wenn auch schwachen Einlass für Licht.

Ein schrecklicher Gedanke trieb mir das Blut in Stößen ins Herz, und für kurze Zeit fiel ich wieder in Bewusstlosigkeit. Ich kam wieder zu mir und mühte mich auf die Füße; ein konvulsivisches Zittern überfiel mich. Ich warf die Arme über und um mich in alle Richtungen, traf aber auf nichts. Aus Angst, in den Mauern einer *Gruft* eingeschlossen zu sein, wagte ich keinen Schritt. Schweiß brach mir aus allen Poren und stand in großen, kalten Tropfen auf meiner Stirn. Die Qual der Ungewissheit wurde allmählich unerträglich, und so bewegte ich mich vorsichtig vorwärts, die Arme ausgebreitet; in der Hoffnung, einen schwachen Lichtschimmer zu erhaschen, strengte ich die Augen so sehr an, dass sie aus den Höhlen treten wollten. Ich tat Schritt um Schritt, aber immer noch war alles Dunkel und Leere. Ich atmete etwas freier. Es wollte mir scheinen, dass mein Schicksal wenigstens nicht das allerschlimmste sei.

Während ich noch immer behutsam weiterging, überfiel mich nun die Erinnerung an tausend unbestimmte Gerüchte von den Schrecken Toledos. Von den Verliesen waren seltsame

Dinge berichtet worden – ich hatte sie immer als Faseleien betrachtet – aber eigenartige Dinge immerhin und so haarsträubend, dass man sie nur flüsternd wiederholte. Hatte man mich in dieser Unterwelt von Dunkelheit zum Verhungern zurückgelassen oder erwartete mich vielleicht ein noch schrecklicheres Schicksal? Das Ende würde der Tod sein, und zwar ein Tod von mehr als gewöhnlicher Grausamkeit, denn ich kannte den Charakter meiner Richter zu gut, als dass ich daran gezweifelt hätte. Die Todesart und die Todesstunde waren alles, was mich beschäftigte und quälte.

Endlich trafen meine ausgestreckten Hände auf ein festes Hindernis. Es war eine Wand, anscheinend aus Steinen gemauert – sehr glatt, schleimig und kalt. Ich folgte ihr tastend und tat in Gedanken an gewisse Berichte aus alter Zeit jeden Schritt sorgfältig und misstrauisch. Dieses Vorwärtsgehen gab mir aber keine Möglichkeit, die Ausmessungen meines Gefängnisses festzustellen, da ich es umrunden und an den Ausgangspunkt zurückkommen konnte, ohne es zu merken – von so einheitlicher Beschaffenheit schien die Mauer zu sein. Ich suchte daher nach dem Messer, das ich in der Tasche gehabt hatte, als man mich in den Inquisitionsraum geführt hatte, aber es war weg. Meine Kleider waren gegen einen Umhang aus rauer Serge vertauscht worden. Ich hatte vorgehabt, die Klinge in irgendeine kleine Ritze des Mauerwerks zu treiben, um den Ausgangspunkt zu markieren. Dieses Problem war nichtsdestoweniger unbedeutend, wenn es mir auch in meinem verwirrten Gemütszustand zuerst unlösbar erschien. Ich riss einen Teil des Saums von dem Umhang und legte den Streifen der Länge nach senkrecht zur Wand auf den Boden. Wenn ich mich rund um das Gefängnis getastet hatte, musste ich unfehlbar am Ende wieder auf den Fetzen treffen. So wenigstens dachte ich, hatte aber nicht mit der Ausdehnung des Verlieses und auch nicht mit meiner Schwäche gerechnet. Der Boden war feucht und schlüpfrig. Ich schwankte einige Zeit weiter, stolperte und fiel hin. Übergroße Erschöpfung verleitete mich, der Länge nach liegen zu bleiben, und kaum lag ich, überwältigte mich der Schlaf.

Als ich aufwachte und einen Arm ausstreckte, fand ich neben mir einen Laib Brot und einen Krug Wasser. Ich war zu ausgepumpt, als dass ich darüber hätte nachdenken können, und aß und trank gierig. Kurz nachher nahm ich den Rundgang wieder auf und fand mit viel Beschwer schließlich den Sergestreifen wieder. Bis zu der Stelle, wo ich hingestürzt war, hatte ich zweiundfünfzig Schritte gezählt und beim Weitergehen noch achtundvierzig – bis ich bei dem Fetzen ankam. Das waren also zusammen hundert Schritte. Rechnete ich zwei Schritte pro Meter, musste der Umfang des Gefängnisses etwa fünfzig Meter betragen. Ich hatte auf meinem Weg allerdings viele Ecken gefunden und konnte mir infolgedessen kein Bild von der Form des Gewölbes machen; denn dass es ein Gewölbe sei, war meine feste Annahme.

Es lag wenig Zweck – und sicherlich keine Hoffnung – in diesen Nachforschungen, aber eine unbestimmte Neugier veranlasste mich, sie fortzusetzen. Ich verließ die Mauer und beschloss, die Bodenfläche meines Gefängnisses zu überqueren. Anfangs ging ich mit äußerster Vorsicht, denn der Boden, wenn er auch anscheinend aus festem Material bestand, war des schleimigen Belags wegen trügerisch. Schließlich aber fasste ich Mut und schritt ohne Zögern fest aus – wobei ich mich bemühte, in so gerader Linie wie möglich hinüberzugelangen. Auf diese Art hatte ich einige zehn oder zwölf Schritte gemacht, als sich der Rest des zerrissenen Saums des Umhangs zwischen den Beinen verwickelte. Ich trat darauf und stürzte heftig aufs Gesicht.

In der Verwirrung des Falls bemerkte ich zuerst nicht einen einigermaßen verblüffenden Umstand, der aber einige Sekunden später, noch während ich auf dem Bauch lag, meine Aufmerksamkeit erregte. Es war dies: mein Kinn ruhte auf dem Boden des Gefängnisses, während der übrige Teil des Kopfs, Lippen und die obere Hälfte, offensichtlich tiefer lagen, gleichwohl aber nichts berührten. Auch schien um die Stirn ein feuchtkalter Dunst zu wehen und der eigenartige Geruch von modrigen Pilzen in meine Nase aufzusteigen. Ich streckte den Arm aus und schauderte bei der Entdeckung zusammen, dass ich am Rand einer kreisförmigen Grube gestürzt war, über deren Ausdehnung ich mir natürlich augenblicklich keine Gewissheit verschaffen konnte. Während ich das Mauerwerk unterhalb des Rands abtastete, gelang es mir, einen Stein zu lösen, den ich in den Abgrund fallen ließ. Sekundenlang hörte ich, wie er beim Fallen gegen die Seitenwand schlug, dann platschte er dumpf ins Wasser. Darauf folgte ein ziemlich lautes Echo. Zu gleicher Zeit drang ein Geräusch zu mir, als werde über mir eine Tür schnell geöffnet und ebenso rasch wieder geschlossen, wobei plötzlich ein schwacher Lichtschimmer die Dunkelheit durchdrang und ebenso plötzlich erlosch.

Deutlich erkannte ich nun das düstere Schicksal, das mir bereitet war, und beglückwünschte mich zu dem gerade noch zur rechten Zeit erfolgten Unfall, durch den ich vorläufig gerettet war. Ein Schritt weiter vor dem Sturz, und die Welt hätte mich nie mehr gesehen. Der Tod, den ich gerade noch hatte vermeiden können, war genau von der Art, die ich bei den Gerüchten über die Inquisition immer als erfunden und frivol angesehen hatte. Den Opfern ihrer Tyrannei blieb nur die Wahl zwischen einem Ende unter schlimmsten physischen Qualen oder den furchtbarsten seelischen Schrecknissen. Letzteres also war mir vorbehalten. Durch eine lange Leidenszeit waren meine Nerven derart zerrüttet, dass ich beim Klang meiner eigenen Stimme zitterte, und so war ich in jeder Hinsicht für die mich erwartende Art von Tortur ein geeignetes Objekt.

An allen Gliedern schlotternd tastete ich mich zur Wand zurück – entschlossen, lieber dort zugrunde zu gehen, als mich den Schrecken der Gruben auszusetzen, deren ich mir nun mehrere im Gefängnis verteilt vorstellte. In anderer Gemütsverfassung hätte ich vielleicht den Mut gehabt, mein Elend mit einem Schlag durch den Sturz in einen der Abgründe zu beenden, aber derzeit war ich der Feigste der Feigen. Auch hatte ich nicht vergessen, was ich über diese Gruben gelesen hatte – dass ein *plötzliches* Auslöschen des Lebens in den scheußlichen Plänen der Inquisition nicht vorgesehen war.

Meine aufgeregten Sinne hielten mich noch viele Stunden wach, aber endlich schlief ich doch ein. Beim Aufwachen fand ich wie schon einmal einen Laib Brot und einen Krug Wasser neben mir. Brennender Durst verzehrte mich, und so leerte ich das Gefäß auf einen Zug. Es muss eine Droge enthalten haben – denn kaum hatte ich getrunken, überkam mich eine unwiderstehliche Schläfrigkeit. Tiefer Schlaf wie der des Todes überwältigte mich. Wie lange er dauerte, weiß ich natürlich nicht, aber als ich die Augen öffnete, war alles um mich sichtbar. In einem flackernden schwefelgelben Schein, dessen Ursprung ich zuerst nicht feststellen konnte, waren nun Ausdehnung und Aussehen des Kerkers sichtbar.

In seiner Größe hatte ich mich gewaltig getäuscht. Der ganze Mauerumfang betrug nicht mehr als fünfundzwanzig Meter. Einige Minuten lang machte ich mir wegen dieser Tatsache eine Menge Sorgen, überflüssige Sorgen – denn was konnte in meiner grauenhaften Lage unwichtiger sein als die Maße meines Gefängnisses? Aber mein Verstand beschäftigte sich lebhaft mit Kleinigkeiten; ich strengte mich an, den Irrtum herauszufinden, den ich bei meinen Messungen begangen hatte. Schließlich kam mir die Erleuchtung. Bei meinem ersten Versuch zur Erforschung des Kerkers hatte ich zweiundfünfzig Schritte bis zu dem Sturz gezählt, musste damals dem Sergestreifen auf einen oder zwei Schritte nahe gewesen sein und das ganze Gewölbe fast umkreist haben. Dann war ich eingeschlafen – und nach dem Aufwachen wahrscheinlich die gleiche Strecke zurückgegangen – wodurch ich den Umfang fast ums Doppelte überschätzte. Meine Verwirrung hatte mich verhindert zu merken, dass ich den Rundgang mit der Mauer zur Linken begonnen, aber an der Mauer zur Rechten beendet hatte.

Auch bei der Form des Gefängnisses war mir ein Irrtum unterlaufen. Beim Vorantasten hatte ich viele Ecken vorgefunden und davon die Vorstellung von Unregelmäßigkeiten abgeleitet. So groß ist die Wirkung gänzlicher Finsternis auf jemanden, der aus einer Ohnmacht oder aus dem Schlaf erwacht! Die Ecken waren ganz einfach leichte Einbuchtungen oder Nischen in unregelmäßigen Abständen. Der generelle Grundriss des Gefängnisses war rechtwinklig. Was ich für gemauert gehalten hatte, schien Eisen oder ein anderes Metall in großen Platten zu sein, deren Schweißfugen oder sonstige Verbindungen Unregelmäßigkeiten aufwiesen. Die gesamte Fläche dieser metallischen Umrahmung war mit all den wüsten und abstoßenden groben Zeichnungen beschmiert, wie sie nur in den dem Leichenhaften zugewendeten Vorstellungen von Mönchen entstehen können. Teufelsfiguren mit drohenden Fratzen, skelettartige Gestalten und andere grässliche Bilder bedeckten und entstellten die Wände. Ich bemerkte, dass die Konturen dieser Scheußlichkeiten ziemlich deutlich waren, aber die Farben schienen unter Einwirkung der feuchten Luft verblasst zu sein und waren verschwommen. Dann sah ich, dass der Boden aus Stein war. In der Mitte gähnte die kreisrunde Grube, der ich entronnen war, aber es war die einzige in dem Kerker.

Das alles nahm ich nicht gerade deutlich und nur mit Anstrengung wahr – denn man hatte mit mir während des Schlafs allerlei angestellt. Ich lag nun auf dem Rücken der ganzen Länge nach auf einer Art von niederem Lattengestell, an dem ich mittels Riemen festgebunden war, die den Leibgurten der Geistlichen glichen. Sie waren vielfach um Glieder und Rumpf geschnürt und ließen nur den Kopf und den linken Arm so weit frei, dass ich mit großer Anstrengung das Essen in dem irdenen Napf erreichen konnte, der seitlich auf dem Boden stand. Zu meinem Entsetzen sah ich, dass der Krug weg war. Ich sage Entsetzen, weil mich unerträglicher Durst quälte. Diesen Durst noch zu verschärfen schien in der Absicht meiner Peiniger zu liegen – denn das Fleisch in der Schüssel war scharf gewürzt.

Ich sah auf und betrachtete die Decke meines Kerkers. Sie war dreißig bis vierzig Fuß über mir und aus dem gleichen Material wie die Seitenwände. Auf einer der Platten fesselte eine sehr eigenartige Figur meine ganze Aufmerksamkeit. Es war die gemalte Gestalt der Zeit, wie sie gewöhnlich dargestellt wird, nur hatte sie statt einer Sense etwas in der Hand, was mir ein gemaltes Pendel zu sein schien, wie man es in alten Standuhren findet. An diesem Ding war aber etwas, das mich veranlasste, schärfer hinzusehen. Während ich darauf starrte (denn es war genau über mir in dem Bild), kam es mir vor, als bewegte es sich, und einen Augenblick später bestätigte sich diese Vermutung. Seine Schwingung war kurz und langsam. Ich sah einige Minuten zu, etwas ängstlich, aber eigentlich eher verwundert. Dann wurde es mir langweilig, der trägen Bewegung zu folgen, ich richtete den Blick auf andere Dinge im Raum.

Ein leises Geräusch ließ mich aufhorchen, und als ich auf den Boden sah, liefen mehrere riesige Ratten darüber hin. Sie waren aus der Wassergrube gekommen, die rechts von mir gerade noch in Sehweite lag. Noch während ich hinblickte, kamen sie in Trupps herauf, mit gierigen Augen, angelockt vom Geruch des Fleisches. Sie von der Schüssel fernzuhalten erforderte viel Anstrengung und Aufmerksamkeit.

Es mochte eine halbe, vielleicht auch eine Stunde her sein (denn ich konnte die Zeit nur ungefähr schätzen), als ich wieder nach oben schaute. Was ich dann sah, bestürzte und erstaunte mich. Der Ausschlag des Pendels hatte nun nahezu einen Meter zugenommen. Die natürliche Folge davon war größere Geschwindigkeit. Was mich aber hauptsächlich beunruhigte: es hatte sich merklich *gesenkt*. Ich erkannte nun auch – mit welchem Grauen, muss ich nicht erst sagen –, dass sein unteres Ende ein Halbmond aus glitzerndem Stahl war, von Horn zu Horn etwa einen Fuß lang, die Hörner nach oben, die untere Kante offenbar so scharf geschliffen wie ein Rasiermesser. Wie bei einem Rasiermesser verbreiterte es sich massig und schwer nach oben und hatte einen breiten, soliden Abschluss. Es hing an einem gewichtigen Messingstab, und das Ganze *zischte* leise, während es durch die Luft hin und her schwang.

Ich konnte über das entsetzliche Schicksal nicht länger im Zweifel sein, das mir von mönchischer Genialität im Erfinden von Martern zugedacht war. Mein Wissen um die Grube war den Schergen der Inquisition bekannt – die *Grube*, deren Schrecken für einen so hartnäckigen Ketzer wie mich bestimmt waren – die *Grube*, eine Art Hölle und gerüchtweise als das Ultima Thule[2] aller ihrer Strafen bekannt. Den Sturz in sie hatte ich durch bloßen Zufall vermieden; ich wusste, dass das Moment der Überraschung und das Schließen der Falle zur Tortur einen Hauptteil der Groteskerie dieser Kerkertode ausmachten. Da ich verfehlt hatte, in die Grube zu stürzen, lag es nicht mehr in ihrem Teufelsplan, mich hineinzuwerfen, und so erwartete mich (eine Alternative gab es nicht) eine andere und in ihren Augen vielleicht mildere Todesart. Milder! Trotz meiner Todesangst fand ich ein schwaches Lächeln, als ich an eine solche Anwendung eines solchen Worts dachte.

Was würde es helfen, von den langen, langen Stunden übermenschlichen Grauens zu sprechen, während ich die sausenden Schwingungen des Stahls zählte! Zoll um Zoll – Strich um Strich – mit einem Näherrücken, das nur in Zeitabschnitten wahrnehmbar war, die Ewigkeiten waren – kam es herunter und immer weiter herunter. Tage vergingen – es mochten viele Tage vergangen sein –, bis es so nah über mir schwang, dass es mich mit seinem beißenden Atem fächelte. Der Geruch des scharfen Stahls zwang sich in meine Nase. Ich betete – ich bestürmte den Himmel mit Gebeten, er möge das Pendel sich schneller senken lassen. Ich wurde von wütender Raserei ergriffen, ich bäumte mich auf, um mich mit Gewalt dem Schwung des fürchterlichen

Krummsäbels näher zu bringen. Dann wurde ich plötzlich ruhig, lag nur da und lächelte dem glitzernden Tod entgegen wie ein Kind einem seltenen Spielzeug.

Wieder trat ein Zustand gänzlicher Gefühllosigkeit ein; er muss kurz gewesen sein, denn als ich wieder ins Leben zurückkehrte, war an dem Pendel kein merkbarer Abstieg zu verzeichnen. Der Bewusstseinsschwund kann aber auch länger angehalten haben – denn ich wusste, irgendwo waren Dämonen in Menschengestalt, die mich in meiner Ohnmacht belauert hatten und vielleicht die Schwingungen nach Belieben aussetzen konnten. Nach dem Erwachen fühlte ich mich elend – oh, unbeschreiblich elend und matt und durch Hunger entkräftet. Noch unter Todesqualen verlangte die menschliche Natur nach Nahrung. Mit schmerzhafter Anstrengung streckte ich den linken Arm aus, soweit es meine Fesselung zuließ, und raffte den kleinen Rest zusammen, den die Ratten zurückgelassen hatten. Als ich ein Stückchen zwischen die Lippen schob, fuhr mir ein ferner Gedanke von Freude, von Hoffnung durch den Sinn. Was aber hatte ausgerechnet *ich* noch mit Hoffnung zu schaffen? Es war, wie ich sagte, ein ferner, nur halb fertiger Gedanke – der Mensch hat viele, die nie ein ganzer werden. Ich fühlte, er hatte etwas mit Freude und Hoffnung zu tun, ich fühlte aber auch, dass er im Entstehen erstorben war. Vergeblich mühte ich mich ab, ihn zu Ende zu denken – ihn wiederzugewinnen. Lange Qual hatte meine Geisteskräfte nahezu vernichtet. Ich war zum Schwachsinnigen – zum Idioten geworden.

Die Pendelschwingungen verliefen im rechten Winkel zu meinem Körper. Ich konnte sehen, dass der Halbmond dazu bestimmt war, die Stelle anzupeilen, unter der mein Herz schlug. Er würde den Stoff des Umhangs schlitzen, wiederkommen und den Schnitt wiederholen – wieder – und immer wieder. Ungeachtet seines entsetzlich weit ausholenden Schwungs (etliche dreißig Fuß oder mehr) und der zischenden Kraft seines Heruntersausens, die genügt hätte, auch die Eisenwinde anzusägen, würde, was er in einigen Minuten ausrichten konnte, doch nur das Zertrennen des Stoffs sein. Bei dieser Vorstellung hielt ich an, wagte nicht, sie weiter auszudenken, klammerte mich mit einer Beharrlichkeit daran, als könnte ich dadurch die Annäherung des Stahls *an dieser Stelle* aufhalten. Ich zwang mich, mir das Geräusch vorzustellen, mit dem der Halbmond durch den Stoff fahren würde – mir das sonderbare, prickelnde Gefühl auszumalen, das die Reibung des Stoffs auf dem Körper in den Nerven auslösen mochte. Über all diese Nichtigkeiten grübelte ich nach, bis mir die Zähne aufeinander schlugen.

Abwärts – stetig abwärts senkte sich das Pendel. Es machte mir wahnwitziges Vergnügen, die Geschwindigkeit des Heruntersausens mit der der seitlichen Ausschwingung zu vergleichen. Nach rechts – nach links – weit von mir weg – mit dem Schrillen einer verdammten Seele auf mein Herz los, schleichende Schritte eines Tigers! Ich lachte und heulte abwechselnd auf, je nachdem, welche Vorstellung in meinem Hirn gerade die Vorherrschaft gewann.

Abwärts – mit Gewissheit, unbarmherzig abwärts. Es schwang drei Zoll über meiner Brust! Ich kämpfte wild – verzweifelt –, den linken Arm ganz freizubekommen. Er war es nur vom Ellbogen zur Hand. Mit ihr konnte ich von der Schüssel neben mir knapp zum Mund reichen, aber nicht weiter. Wäre es mir gelungen, die Umschnürung oberhalb des Ellbogens zu lösen, hätte ich das Pendel packen und versuchen können, es anzuhalten. Ich hätte ebenso gut den Versuch machen können, eine Lawine zu bremsen!

Nach unten – unentwegt – unentrinnbar nach unten! Ich schnappte nach Luft und mühte mich hart bei jedem Schwung. Konvulsivisch fuhr ich zusammen, wenn es über mich wegfuhr. Meine Augen folgten seiner nach unten oder oben gehenden Bewegung mit einem aus letzter sinnloser Verzweiflung geborenen Eifer; sie schlossen sich krampfhaft, kam es herunter, und der Tod wäre eine Erlösung gewesen. Oh, nicht auszudrücken!

Jeder Nerv zitterte in mir, wenn ich mir vorstellte, bei welcher geringen Senkung der Maschinerie mir die scharfe, glitzernde Krummaxt in die Brust schneiden würde. Und doch war es *Hoffnung*, die die Nerven vibrieren ließ und meinen Körper schüttelte. *Hoffnung* war es – die Hoffnung, die noch auf der Folterbank lebt – die dem zum Tod Verurteilten noch in den Kerkern der Inquisition Trost zuflüstert.

Ich sah, dass zehn oder zwölf Pendelbahnen den Stahl in Berührung mit dem Stoff bringen würden – und mit dieser Berechnung kam plötzlich die kühne, gesammelte Ruhe der Verzweiflung über mich. Zum ersten Mal, seit vielen Stunden – vielleicht auch Tagen – *dachte* ich. Es fiel mir nun auf, dass die Fesselung, die Gurten, die mich einschnürten, wohl aus *einem* Stück waren, denn es gab keine Knoten. Die ersten Schnitte des Rasiermesser-Halbmonds in irgendeine Stelle des Gurts würden ihn so lockern, dass ich ihn vielleicht mit der linken Hand würde abstreifen können. Aber wie furchtbar bliebe in diesem Fall die Nähe des Stahls immer noch! Die Folge eines geringen Sich-Aufbäumens, wie tödlich konnte sie werden! War es überdies wahrscheinlich, dass die Handlanger des Foltermeisters diese Möglichkeit nicht vorhergesehen und entsprechend vorgesorgt hatten? War anzunehmen, dass der meine Brust einschnürende Strang in Richtung des Pendelwegs verlief? Zitternd vor Angst, meine schwache und wohl auch letzte Hoffnung möchte vernichtet werden, hob ich den Kopf so weit, dass ich die Brust gut überblicken konnte. Der Gurt umschlang Glieder und Körper in engen Abständen kreuz und quer – *nur nicht da, wo der tödliche Halbmond seine Bahn darüberzog.*

Kaum hatte ich den Kopf in die frühere Lage zurückfallen lassen, als in meinem Hirn etwas aufblitzte, das ich nicht besser bezeichnen kann als die ungeformte Hälfte des Gedankens an Befreiung, den ich schon angedeutet habe und von dem mir ein Teil nur undeutlich durch den Kopf gegangen war, als ich das Fleisch an die brennenden Lippen brachte. Nun war er da, schwach, kaum vernünftig, kaum umrissen – aber doch ein Ganzes. Ich machte mich sofort mit der fiebernden Energie der Verzweiflung an den Versuch, ihn auszuführen.

Seit vielen Stunden hatte es um das niedere Gestell herum, auf dem ich lag, buchstäblich von Ratten gewimmelt. Sie waren wild, frech und heißhungrig – ihre roten Augen starrten auf mich, als warteten sie darauf, dass ich mich nicht mehr rührte und ihnen zur Beute würde. An welche Nahrung, dachte ich, sind sie wohl in ihrer Grube gewöhnt?

Sie hatten trotz aller meiner Bewegungen, sie abzuwehren, den Inhalt des Napfs bis auf einen dürftigen Rest verschlungen. Ich hatte die Gewohnheit angenommen, mit der Hand über der Schüssel auf und ab oder darüber hin zu wedeln, aber auf die Dauer verlor die mir unbewusste Einförmigkeit der Bewegung an Wirkung. In seiner Gier schlug das Geziefer manchmal die spitzigen Fänge in meine Finger. Mit den Resten des öligen, stark riechenden Fleisches rieb ich den Gurt ein, so weit ich reichen konnte. Dann hob ich die Hand vom Boden und verharrte angehaltenen Atems.

Zuerst stutzten die heißhungrigen Tiere und erschraken über den Wechsel, über das Aufhören der Bewegung. Beunruhigt zogen sie sich zurück, viele in die Grube. Aber dies dauerte nur kurz. Ich hatte nicht vergeblich mit ihrer Gefräßigkeit gerechnet. Als sie merkten, dass ich regungslos dalag, sprangen einige der kühnsten Ratten auf das Gestell und schnupperten an dem Gurt. Das war wie das Signal zum Generalangriff. Aus der Grube kamen neue Trupps herbeigelaufen. Sie hingen am Holz – kletterten hoch und rasten zu Hunderten auf mir herum. Das gemessene Hin und Her des Pendels störte sie nicht im Mindesten. Sie wichen den Schwüngen aus und machten sich an dem eingeölten Gurt zu schaffen. Sie drängten sich – sie tummelten sich in immer größerer Zahl auf mir, glitten mir über den Hals, ihre kalten Schnauzen berührten meine Lippen, ich wollte unter dem trippelnden Gedränge ersticken. Ein Ekel, für den es auf der ganzen Welt keinen Namen gibt, stieg in mir auf und zog mir in eiskalter Beklemmung das Herz zusammen. Und doch – eine Minute noch, und ich fühlte, dass der Kampf überstanden sein würde. Deutlich spürte ich eine allmähliche Lockerung der Fesseln, woraus ich schloss, dass sie bereits an mehreren Stellen durchgenagt worden sein mussten. Mit übermenschlicher Entschlossenheit lag ich *regungslos*.

Ich hatte mich weder in meinen Berechnungen geirrt – noch vergeblich ausgeharrt. Endlich spürte ich, dass ich *frei* war. Der Gurt hing in Streifen von meinem Körper herunter, aber vor dem Hieb des Pendels musste ich die Brust zusammenziehen. Es hatte den Sergeumhang durchgeschnitten, es hatte auch das Leinenhemd aufgeschlitzt. Noch zweimal schwang es über mich hinweg, ein spitzer Schmerz schoss mir durch jeden Nerv. Aber der Augenblick der Befreiung war gekommen. Auf einen Wink meiner Hand rannten meine Helfer in wildem Durcheinander davon. In stetiger Bewegung – vorsichtig, zur Seite hin, in mich zusammengezogen, sehr langsam – schlüpfte ich aus der Fesselung und damit außer Reichweite des Krummsäbels. Für den Augenblick wenigstens *war ich frei*.

Frei! – und in den Klauen der Inquisition! Kaum hatte ich das hölzerne Schreckenslager verlassen und stand auf dem Steinfußboden, als die Bewegung der höllischen Maschine aufhörte. Ich sah, wie sie von einer unsichtbaren Kraft nach oben durch die Decke gezogen wurde. Dies war eine Lektion, die mein Herz verzweifeln ließ. Kein Zweifel, jede meiner Bewegungen wurde überwacht. Frei! – ich war einer Todesart mit ihren Qualen nur entgangen, um einer anderen, noch schlimmeren ausgeliefert zu werden. Mit diesem Gedanken ließ ich den Blick rund um die Eisenwände gehen, die mich einschlossen. Irgendetwas Ungewöhnliches – eine Veränderung, über die ich mir zunächst nicht klar werden konnte – musste in dem Raum eingetreten sein. Minutenlang mühte ich mich in unklaren, flatternden Gedankengängen vergeblich mit zusammenhanglosen Vermutungen ab.

Nun gelang es mir auch zum ersten Mal, den Ursprung des schwefelgelben Lichts zu ergründen, das in der Zelle schimmerte. Es ging von einem etwa einen halben Zoll breiten Spalt aus, der unten an der Basis der Gefängniswände verlief, die dadurch gänzlich vom Boden getrennt erschienen und es auch waren. Ich bemühte mich, durch die Öffnung zu spähen, natürlich vergeblich.

Als ich mich nach dieser Unternehmung aufrichtete, eröffnete sich mit einmal meinem Verstand das Rätsel der Veränderung. Ich habe schon von meiner Beobachtung gesprochen, dass die Konturen der Figuren auf den Wänden zwar ziemlich deutlich, die Narben dagegen verblasst und verschwommen waren. Diese Farben hatten nun eine erschreckende und von Augenblick zu Augenblick noch kräftiger werdende, höchst intensive Leuchtkraft angenommen, die den Spektralleibern und Teufelsfratzen ein Aussehen verliehen, dessen Entsetzlichkeit auch stärkere Nerven als die meinen hätte erzittern lassen. Dämonenaugen von wilder, geisterhafter Lebendigkeit surrten mich von überall her an, wo vorher nichts zu sehen gewesen war, und glühten in einem so unheimlichen Feuer, dass ich meine Phantasie nicht dazu bringen konnte, sie als nicht wirklich anzusehen.

Unwirklich! – Beim Atmen stieg mir mit einemmal der Geruch von erhitztem Eisen in die Nase! Ein erstickender Rauch verbreitete sich in dem Raum! Noch feuriger wurde mit jeder Sekunde die Glut der Augen, die mich in meiner Todesqual fixierten! Eine intensivere Tönung grellen Rots ließ die gemalten Bilder blutiger Gräuel noch heller erglühen. Ich rang nach Atem! Ich schnappte nach Luft! Da bestand kein Zweifel mehr, was meine Peiniger mit mir beabsichtigten – oh, diese unerbittlichsten, teuflischsten Menschen, die die Erde je getragen hat! Vor dem heißen Metall wich ich in die Mitte der Zelle zurück. Beim Gedanken an die Vernichtung durch die Glut überkam mich die Vorstellung der Kühle der Wassergrube wie Balsam. Ich stürzte an ihren ebenfalls todbringenden Rand und spähte angestrengt hinunter. Der von der entflammten Decke ausgehende Schein leuchtete ins tiefste Innere des Abgrunds. Alles in mir sträubte sich in der ersten Schrecksekunde, die Bedeutung dessen in mich aufzunehmen, was ich sah. Dann zwang – dann drängte es sich in meine Seele – brannte sich schaudernd meinem Verstand ein. Oh! hätte ich eine Stimme, es auszusprechen! – oh, entsetzlich! – nein, alle Schrecken, aber nicht diesen! Mit einem schrillen Schrei sprang ich von dem Grubenrand weg, schlug die Hände vor das Gesicht – und weinte haltlos.

Die Hitze nahm rasch zu, noch einmal sah ich auf, konvulsivisch zitternd wie im Schüttelfrost. In der Zelle war eine zweite Veränderung eingetreten – und nun betraf sie deren *Form*. Wie vorher schon einmal bemühte ich mich anfänglich vergeblich, die Bedeutung dessen abzuschätzen oder zu begreifen, was sich da abspielte. Ich blieb nicht lange im Zweifel. Mein zweifaches Entrinnen hatte die Rachegelüste der Inquisitoren angeheizt, die Könige des Terrors waren nicht gewillt, noch mehr Zeit mit mir zu vergeuden. Der Raum war ein Rechteck gewesen. Ich sah, dass nun zwei der Winkel der Eisenwand spitz waren – die beiden anderen logischerweise stumpf. Dieses geometrische Verhältnis verschob sich unter einem dumpfen rumpelnden oder ächzenden Geräusch noch weiter. Mit einem Mal war aus der bisherigen Form der Zelle eine Raute geworden. Aber nicht genug mit dieser Verschiebung – ich hatte weder die Hoffnung noch den Wunsch, sie aufzuhalten. Ich hätte am liebsten die rotglühende Wand als Hülle ewigen Friedens an mich gedrückt. »Sterben«, flüsterte ich, »jeden Tod, nur den in der Grube nicht.« Idiotisch! Hätte ich nicht schon wissen können, dass es der Zweck des glühenden Eisens war, mich *in die Grube* zu zwingen? Konnte ich vielleicht dieser Hitze standhalten? Und konnte ich, wäre dies möglich gewesen, mich gegen seinen Druck stemmen? Nun wurde die Raute enger und enger, mit einer Geschwindigkeit wuchsen die Wände auf mich zu, dass keine Zeit für Überlegungen blieb. Der Mittelpunkt der Raute, ihre größte Weite also, würde genau über den gähnenden Abgrund zu liegen kommen. Ich fuhr zurück – aber die sich nähernden Wände zwangen mich in meiner Wehrlosigkeit weiter. Schließlich war für meinen ausgedörrten, sich krümmenden Körper kein Zoll Raum, noch länger auf festem Boden zu stehen. Ich gab den Kampf auf, die Todesqual meiner Seele machte sich in einem einzigen langen, lauten, in Kreischen endenden Schrei der Verzweiflung Luft. Ich spürte, wie ich auf dem Rand der Grube schwankte – ich wendete die Augen ab –

Ein undeutliches Summen von Menschenstimmen! Ein lauter Schall wie von vielen Trompeten! Ein grobes Rasseln wie von tausend Donnerschlägen! Die feurigen Wände wichen zurück! Ein ausgestreckter Arm packte den meinen, als ich mit schwindendem Bewusstsein in den Abgrund zu stürzen drohte. Es war General Lasalles[3] Hand. Die französische Armee war in Toledo eingedrungen. Die Inquisition war in der Gewalt ihrer Feinde.

1843   *Übersetzung von Otto Weith*

Der Goldkäfer

Holla! Holla! Der Kerl schnappt noch über!
Er ist wohl von der Tarantel gebissen.

All in the Wrong[1]

Vor vielen Jahren nahm ich freundschaftliche Beziehungen auf zu einem Mr. William Legrand. Er kam aus einer alten Hugenottenfamilie und war einst vermögend gewesen; indessen war er durch eine Reihe von Unglücksfällen in Not geraten. Um der Demütigung infolge dieser Schläge zu entgehen, verließ er New Orleans, die Stadt seiner Vorväter, und nahm auf Sullivan's Island bei Charleston, South Carolina, seinen Wohnsitz.

Diese Insel ist durchaus einzigartig. Sie besteht aus wenig mehr als Meeressand und ist etwa drei Meilen lang. Ihre Breite geht an keiner Stelle über eine Viertelmeile hinaus. Vom Festland trennt sie ein kaum wahrnehmbarer, durch eine Wildnis von Schilf und Schlamm sich hindurchwindender Meeresarm, ein Lieblingsaufenthalt des Sumpfhuhns. Die Vegetation ist, wie sich denken lässt, spärlich oder zumindest zwergenhaft. Nirgends sind größere Bäume zu sehen. Am westlichen Ende, wo Fort Moultrie steht und wo es ein paar elende Holzbauten gibt, im Sommer bewohnt von den Charlestons Staub und Fieber entflohenen Leuten, kann man in der Tat die stachlige Zwergpalme finden; indessen ist die ganze Insel, mit Ausnahme dieser westlichen Spitze und eines Saums harten weißen Strandes an der Küste, mit dichtem Unterholz der wohlriechenden Myrte bedeckt, die von den Gartenbaukundigen Englands so sehr geschätzt wird. Das Buschwerk erreicht hier oft eine Höhe von fünfzehn oder zwanzig Fuß und bildet ein fast undurchdringliches Dickicht, die Luft mit seinem süßen Duft beschwerend.

Im innersten Winkel dieses Dickichts, nicht weit vom östlichen oder abgelegeneren Ende der Insel, hatte Legrand sich eine kleine Hütte gebaut, die er bewohnte, als ich durch reinen Zufall seine Bekanntschaft machte. Diese reifte bald zu einer Freundschaft – denn es gab an dem Einsiedler vieles, das Interesse und Achtung weckte. Ich fand ihn gebildet, von ungewöhnlichen Geistesgaben, doch befallen von Misanthropie und verdrehten Launen ausgesetzt, die zwischen Enthusiasmus und Melancholie schwankten. Er hatte viele Bücher bei sich, beschäftigte sich aber selten mit ihnen. Sein Hauptvergnügen bestand im Jagen und Fischen, oder auch im Umherschlendern am Strand entlang und durch die Myrten auf der Suche nach Muscheln oder entomologischen Objekten – um seine Sammlung der letzteren hätte ihn wohl ein Swammerdam[2] beneidet. Auf diesen Streifzügen wurde er gewöhnlich von einem alten Neger namens Jupiter begleitet, der vor dem Unglück der Familie freigelassen worden, aber weder durch Drohungen noch Versprechen zu bewegen war, von dem abzulassen, was er als sein Recht ansah: seinem jungen »Massa Will« auf Schritt und Tritt zu folgen. Es ist nicht unwahrscheinlich, dass Legrands Verwandte, die seinen Geist für etwas gestört hielten, es verstanden hatten, Jupiter diese Hartnäckigkeit einzuflößen, damit er für Aufsicht und Schutz des Unsteten sorge.

Die Winter auf der Breite von Sullivan's Island sind selten sehr streng, und im Herbst des Jahres ist es ein außergewöhnliches Ereignis, wenn man einmal ein Feuer für nötig hält. Um die Mitte des Oktober 18.. gab es jedoch einen bemerkenswert frostigen Tag. Kurz vor Sonnenuntergang kämpfte ich mich durch das Immergrün zur Hütte meines Freundes durch, den ich mehrere Wochen lang nicht besucht hatte – ich wohnte seinerzeit in Charleston, neun Meilen von der Insel entfernt, als noch die Möglichkeiten zur Hin- und Rückfahrt den heutigen weit nachstanden. Bei der Hütte angelangt, klopfte ich, wie es meine Gewohnheit war, und suchte, da ich keine Antwort erhielt, den Schlüssel da, wo ich ihn versteckt wusste, schloss die Tür auf und trat ein. Ein kräftiges Feuer loderte im Kamin. Das war etwas Neues und durchaus nichts Unangenehmes. Ich legte den Überrock ab, zog einen Armstuhl vor die knisternden Scheite und erwartete geduldig die Ankunft meiner Gastgeber.

Bald nach Dunkelwerden kamen sie an und hießen mich aufs herzlichste willkommen. Jupiter, von einem Ohr zum anderen grinsend, sputete sich, ein paar Sumpfhühner zum Abendessen zu bereiten. Legrand hatte einen seiner Anfälle – wie soll ich es anders nennen? – von Enthusiasmus. Er hatte eine unbekannte zweischalige Muschel gefunden, die eine neue Spezies bildete, und, damit nicht genug, mit Jupiters Hilfe einen Skarabäus erjagt und geborgen, den er für etwas völlig Neues hielt, über den er aber am folgenden Morgen meine Meinung zu hören wünschte.

»Und warum nicht heute Abend?«, fragte ich, mir die Hände über der Flamme reibend, und wünschte die ganze Sippschaft der Skarabäen zum Teufel.

»Ah, wenn ich gewusst hätte, dass Sie hier sind!«, sagte Legrand, »aber es ist so lange her, seit ich Sie sah; und wie hätte ich ahnen können, dass Sie mir gerade heute Abend einen Besuch machen würden? Auf dem Heimweg traf ich Leutnant G. vom Fort, und dummerweise habe ich ihm den Käfer geliehen; so werden Sie ihn unmöglich vor morgen sehen. Bleiben Sie die Nacht über hier, und ich werde Jup bei Sonnenaufgang nach ihm schicken. Es gibt nichts Reizenderes in der ganzen Schöpfung!«

»Als was? – den Sonnenaufgang?«

»Unsinn! nein! – den Käfer. Er ist von glänzend goldener Farbe – so groß etwa wie eine dicke Hickorynuss[3] – mit zwei pechschwarzen Flecken an einem Ende des Rückens und einem einzelnen, etwas längeren, am anderen. Die Fühlhörner sind –«

»'is kein Horn nich an ihm. Massa Will, wie oft soll ich's Ihn' sagen«, fiel Jupiter ihm hier ins Wort, »der Käfer is'n Goldkäfer, massiv Gold, jedes bisschen von ihm, inn' drin un überall, bloß sein Flügel nich – hab in meim Leben nie halb so'n schwern Käfer gefühlt.«

»Nun, angenommen, es ist so, Jup«, erwiderte Legrand, etwas ernster, wie mir schien, als die Sache erforderte, »ist das ein Grund, die Hühner anbrennen zu lassen? Die Farbe« – hier wandte er sich mir zu – »ist wirklich fast dazu angetan, Jupiters Ansicht zu bestätigen. Sie haben nie einen leuchtenderen Metallglanz, als er von den Deckflügeln ausgeht, gesehen – doch können Sie darüber nicht vor morgen urteilen. Einstweilen kann ich Ihnen eine ungefähre Vorstellung von seiner Gestalt geben.« Mit diesen Worten setzte er sich an einen kleinen Tisch, auf dem sich Feder und Tinte befanden, aber kein Papier. Er suchte danach in einer Schublade, fand aber keins.

»Macht nichts«, sagte er schließlich, »dies hier tut's auch«; dabei zog er aus seiner Westentasche einen Fetzen, den ich für sehr schmutziges Propatriapapier[4] hielt, und warf mit der Feder eine grobe Skizze darauf. Derweil blieb ich in meinem Stuhl am Feuer sitzen, denn mich fröstelte noch immer. Als die Zeichnung fertig war, reichte er sie mir, ohne aufzustehen. Ich nahm sie eben entgegen, als ein lautes Knurren ertönte, dem ein Kratzen an der Tür folgte; Jupiter öffnete, und herein stürmte ein großer Neufundländer, der Legrand gehörte; er sprang mir an den Schultern hoch und überhäufte mich mit Zärtlichkeiten, denn ich hatte ihm während früherer Besuche viel Aufmerksamkeit gezeigt. Als seine Freudensprünge vorüber waren, sah ich mir das Papier an und war, um die Wahrheit zu sagen, nicht wenig verdutzt über das, was mein Freund gemalt hatte.

»Nun«, sagte ich, nachdem ich es einige Minuten lang betrachtet hatte, »das ist wirklich ein seltsamer Skarabäus, muss ich gestehen; ist mir neu; habe nie zuvor etwas Derartiges gesehen – es sei denn einen Schädel oder Totenkopf – damit hat er mehr Ähnlichkeit als mit irgend etwas, das *mir* jemals zu Gesicht gekommen ist.«

»Ein Totenkopf!«, echote Legrand. »Oh – ja – nun, auf dem Papier hat er etwas davon an sich, zweifellos. Die beiden oberen schwarzen Flecke sehen wie Augen aus, wie? Und der längere

Fleck unten wie ein Mund – und dazu hat das Ganze noch eine ovale Form.«

»Vielleicht«, sagte ich, »doch ich fürchte, Legrand, Sie sind kein Künstler. Wenn ich mir eine Vorstellung von dem Aussehen des Käfers machen soll, muss ich wohl warten, bis ich ihn selbst sehe.«

»Nun, ich weiß nicht«, sagte er ein wenig pikiert, »ich zeichne ganz gut – *sollte* es zumindest – habe gute Lehrer gehabt und schmeichle mir, nicht gerade ein Tölpel zu sein.«

»Aber, mein Lieber, dann wollen Sie wohl scherzen«, sagte ich, »das hier ist ein ganz passabler *Schädel* – tatsächlich, ich möchte sagen, es ist ein ganz *exzellenter* Schädel, nach den Vorstellungen, die man sich gemeinhin von solchen anatomischen Gegenständen macht – und Ihr Skarabäus muss der kurioseste Skarabäus von der Welt sein, wenn er ihm ähnlich sieht. Ei, ei, wir werden noch ein schauriges Stück Aberglauben mit dieser Anspielung in die Welt setzen. Ich nehme an, Sie werden den Käfer *scarabaeus caput hominis*[5] oder so ähnlich nennen – es gibt viele ähnliche Bezeichnungen in den Naturgeschichten. Aber wo sind die Fühlhörner, von denen Sie sprachen?«

»Die Fühlhörner!«, rief Legrand, der sich unbegreiflich über diese Sache zu erhitzen schien, »ich bin sicher, Sie müssen sie sehen. Ich machte sie so deutlich, wie sie an dem wirklichen Insekt sind, und ich bilde mir ein, das genügt.«

»Schon gut«, sagte ich, »vielleicht haben Sie das – trotzdem sehe ich sie nicht«; und ich reichte ihm das Papier ohne weiteren Kommentar, da ich ihn nicht verstimmen wollte; doch war ich überrascht von der Wendung, die die Sache genommen hatte; seine schlechte Laune verwunderte mich – und was die Zeichnung des Käfers betraf, so waren darauf eindeutig *keine* Fühlhörner erkennbar, und das Ganze besaß wirklich sehr große Ähnlichkeit mit den üblichen Abbildungen eines Totenkopfs.

Recht mürrisch nahm Legrand das Papier entgegen und wollte es schon zerknüllen, offenbar um es ins Feuer zu werfen, als ein zufälliger Blick auf die Zeichnung seine Aufmerksamkeit plötzlich zu fesseln schien. Im Augenblick wurde sein Gesicht glühend rot – im nächsten überaus blass. Einige Minuten lang untersuchte er die Zeichnung minutiös auf seinem Platz. Endlich stand er auf, nahm eine Kerze vom Tisch und begab sich in die entfernteste Ecke des Zimmers, um sich auf einer Seemannskiste niederzulassen. Wieder untersuchte er gespannt das Papier, es nach allen Richtungen wendend. Er sagte jedoch kein Wort, und sein Benehmen erstaunte mich aufs höchste; ich hielt es indessen für klug, seine wachsende Verstimmung nicht durch irgendeine Bemerkung zu verschlimmern. Er nahm jetzt eine Brieftasche aus seinem Rock, legte das Papier sorgfältig hinein und verwahrte beides in einem Schreibpult, das er abschloss. Nun wurde er in seinem Verhalten gelassener; aber sein anfangs so enthusiastisches Gebaren war ganz verschwunden. Doch schien er weniger verdrießlich als geistesabwesend. Als der Abend zur Neige ging, versank er mehr und mehr in Träumerei, aus der ihn all meine witzigen Einfälle nicht aufzurütteln vermochten. Es war meine Absicht gewesen, die Nacht in der Hütte zu verbringen, wie ich es oft zuvor getan hatte, doch als ich meinen Gastgeber in dieser Stimmung sah, hielt ich es für ratsam, Abschied zu nehmen. Er drängte mich nicht zum Bleiben, schüttelte mir aber, als ich aufbrach, die Hand noch herzlicher als sonst.

Etwa einen Monat später (in der Zwischenzeit hatte ich von Legrand nichts gehört) erhielt ich in Charleston Besuch von seinem Diener Jupiter. Nie hatte ich den guten alten Neger so entmutigt gesehen, und ich fürchtete, dass meinem Freund ein ernstes Unglück zugestoßen sei.

»Nun, Jup«, sagte ich, »was gibt's? – wie geht es deinem Herrn?«

»Nu, die Wahrheit zu sagen, Massa, ihm nich so sehr wohl als möcht sein.«

»Nicht wohl? Tut mir aufrichtig leid, das zu hören. Worüber klagt er denn?«

»Ha! das is es ja! – er klagt gar nie über was – is aber sehr krank trotz alledem.«

»Sehr krank, Jupiter!? – warum hast du das nicht gleich gesagt? Ist er ans Bett gefesselt?«

»Nee, das is er nich! – er ist gar nich gefesselt – das is es ja, wo der Schuh drückt – mir is'es Herz sehr schwer um'n armen Massa Will.«

»Jupiter, ich möchte jetzt wissen, wovon du redest. Du sagst, dein Herr sei krank. Hat er dir nicht gesagt, was ihm fehlt?«

»Ach, Massa, is nich wert, sich drüber aufzuregen – Massa Will sagt, gar nix is los mit ihm – aber was is es denn, dass er rumläuft mit so'm Gesicht, lässt den Kopf hängn un zieht die Schultern hoch, un is so weiß wie'n Gespenst? Un denn is er die ganze Zeit verbohrt –«

»Was ist er, Jupiter?«

»Is verbohrt in die Figurn aufer Schiefertafel – die komischsten Figuren, wo ich je gesehn hab. Kann eim angst un bang wer'n, sag ich Ihn'. Muss mächtig scharf aufpassen auf sein' Manöver. Neulich is er mir ausgerissen, vor die Sonn raus war, un is den lieben langen Tag weggewesen. Ich hab mir 'nen großen Stock geschnitten, für um ihm anständig Prügel zu verpassen, wenn er wiederkommt – aber ich bin so'n alter Narr, dass ich's nich hab übers Herz bringen könn' – so jämmerlich sieht er aus.«

»Wie? – was? – ah ja! – überhaupt meine ich, solltest du lieber nicht so streng mit dem armen Kerl sein – schlage ihn nicht, Jupiter, das kann er nicht sehr gut vertragen – aber hast du keine Ahnung, was diese Krankheit, oder vielmehr diese Veränderung in seinem Verhalten ausgelöst hat? Ist irgendetwas Unangenehmes geschehen, seit ich euch zuletzt sah?«

»Nee, Massa, is gar nix Unangenehms gewesen *seit*dem – 's war *vor*dem, fürcht ich – 's war grad den Tag, wo Sie dagewesen.«

»Wie? was meinst du damit?«

»Nu, Massa, ich mein den Käfer – grad den.«

»Den was?«

»Den Käfer – ich bin ganz sicher, dass Massa Will gebissen wor'n is irgendwo am Kopf von dem Goldkäfer.«

»Und was für eine Ursache hast du, Jupiter, für eine solche Annahme?«

»'n Riesenrachen, Massa, un auch 'ne Menge Klauen. Hab noch nie so'n verd - - n Käfer sehn – tritt un beißt alles, was ihm nah kommt. Massa Will hat ihn zuers' gefangn, aber musst ihn mächtig schnelle wieder loslassen. sag ich Ihn'– das war denn, wo er den Biss abgekriegt ham muss. Mir selber hat dem Käfer sein Maul nich gefalln, nee gar nich, drum hab ich ihn nich mit 'n Fingern gepackt, aber ich hab ihn mit 'nem Stück Papier gefangn, wo ich gefunden. Ich wickel ihn rein in das Papier un stopf ihm ein Stück von in sein Maul – so is das gewesen.«

»Und du glaubst also, dass dein Herr wirklich von dem Käfer gebissen wurde und dass der Biss ihn krank gemacht hat?«

»Ich glaub gar nix – ich riech es. Wieso träumt's ihm so viel von dem Gold, wenn's nich is von wegen, dass ihn der Goldkäfer gebissen hat? Hab ich gehört von den Goldkäfern das, vordem.«

»Aber woher weißt du, dass er von Gold träumt?«

»Woher ich's weiß? Nu von wegen, dass er im Schlaf drüber red't – daher weiß ich das.«

»Nun, Jup, vielleicht hast du recht; aber welch glücklichem Umstand habe ich die Ehre deines heutigen Besuchs zuzuschreiben?«

»Was mein' Sie, Massa?«

»Bringst du mir irgendeine Botschaft von Herrn Legrand?«

»Nee, Massa, ich bring hier dies Geschreibsel«; und damit überreichte er mir einen Brief, der folgendermaßen lautete:

»Mein lieber –,
wie kommt es, dass ich Sie so lange nicht gesehen habe? Ich hoffe, Sie waren nicht so töricht, irgendeine kleine Brüskierung von mir übel zu nehmen; doch nein, das ist unwahrscheinlich.

Seit ich Sie zuletzt sah, hatte ich großen Anlass zur Unruhe. Ich muss Ihnen etwas mitteilen, weiß aber kaum wie, ja, ob ich es überhaupt tun soll.

Ich habe mich in den vergangenen Tagen nicht ganz wohl gefühlt, und der gute alte Jup behelligt mich fast bis zur Unerträglichkeit mit seinen gut gemeinten Aufmerksamkeiten. Würden Sie es glauben? – neulich hatte er sich einen riesigen Stock bereitgelegt, um mich zu züchtigen, weil ich ihm entwischt war und den Tag solo in den Hügeln auf dem Festland verbrachte. Ich glaube wahrhaftig, dass nur mein schlechtes Aussehen mir Prügel erspart hat.

Meiner Sammlung habe ich seit unserer letzten Begegnung nichts Neues hinzugefügt.

Wenn Sie es irgend möglich machen können, kommen Sie mit Jupiter herüber. Ja doch, kommen Sie. Ich möchte Sie noch *heute Abend* sehen, einer wichtigen Sache wegen. Ich versichere Ihnen, dass sie von *höchster* Wichtigkeit ist.

Stets der Ihre

William Legrand.«

Es lag etwas im Ton dieses Briefs, das mich in große Unruhe versetzte. In seinem ganzen Stil unterschied er sich wesentlich von dem sonstigen Legrands. Wovon konnte er träumen? Welche neue Marotte hatte von seinem reizbaren Hirn Besitz ergriffen? Was für eine »Sache von höchster Wichtigkeit« konnte *er* zu erledigen haben? Jupiters Bericht über ihn verhieß nichts Gutes. Ich fürchtete, dass der fortwährende Druck des Unglücks meinen Freund nun vollends um den Verstand gebracht habe. Ohne einen Moment zu zögern, machte ich mich daher bereit, den Neger zu begleiten.

Als wir den Kai erreichten, bemerkte ich auf dem Boden des Boots, in dem wir übersetzen sollten, eine Sense und drei Spaten, alle offenbar neu.

»Was hat das alles zu bedeuten, Jup?«, fragte ich.

»Das sin' Sense, Massa, un Spaten.«

»Sehr richtig; aber was tun die hier?«

»Sin' Sense un Spaten, wo ich für Massa Will inner Stadt hab kaufen müssen und wo ich den Teufel viel Geld hab für gegeben.«

»Aber im Namen alles Geheimnisvollen, was will dein ›Massa Will‹ mit Sense und Spaten?«

»Das is mehr, als *ich* weiß, un der Teufel hol mich, wenn's nich auch mehr is, als er selber weiß. Aber es is alles von wegen dem Käfer gekommen.«

Da ich merkte, dass von Jupiter, dessen Verstand ganz von dem Käfer absorbiert zu sein schien, nichts Befriedigendes zu erfahren war, bestieg ich nun das Boot und setzte die Segel. Mit einer günstigen, kräftigen Brise liefen wir bald in die kleine Bucht im Norden von Fort Moultrie ein, und ein Fußmarsch von etwa zwei Meilen brachte uns zu der Hütte. Es war gegen drei Uhr nachmittags, als wir ankamen. Legrand hatte uns mit ungeduldiger Spannung erwartet. Er ergriff meine Hand mit einem nervösen Eifer, der mich alarmierte und in meinem vorgefassten Verdacht bestärkte. Sein Gesicht war geradezu gespenstisch blass, und seine tiefliegenden Augen strahlten in unnatürlichem Glanz. Nach einigen Erkundigungen über sein Befinden fragte ich ihn, da ich nichts Besseres zu sagen wusste, ob er den Skarabäus von Leutnant G. zurückerhalten habe.

»O ja«, erwiderte er, heftig errötend, »ich bekam ihn am nächsten Morgen wieder. Nichts könnte mich verlocken, mich von diesem Skarabäus zu trennen. Wissen Sie, dass Jupiter völlig recht hat?«

»Womit?«, fragte ich, eine traurige Ahnung im Herzen.

»Mit der Vermutung, dass der Käfer aus *echtem Gold* ist.« Er sagte das mit tiefernster Miene, und ich fühlte mich unbeschreiblich erschüttert.

»Dieser Käfer soll mein Glück machen«, fuhr er mit einem triumphierenden Lächeln fort, »er soll mich wieder in den Besitz meiner Familiengüter einsetzen. Ist es da verwunderlich, dass er mir so wertvoll ist? Da Fortuna es gefallen hat, ihn mir zu verleihen, brauche ich ihn nur richtig anzuwenden, und ich werde zu dem Gold gelangen, zu dem er der Wegweiser ist. Jupiter, bring mir den Skarabäus!«

»Was, den Käfer, Massa? Lieber will ich den Käfer nich stören – den müssen Sie sich schon alleine holen.«

Hierauf erhob sich Legrand mit ernster und würdevoller Miene und brachte mir das Insekt aus einem Glasbehälter, in dem es eingeschlossen war. Es war ein prächtiger Skarabäus, den Naturforschern seinerzeit unbekannt – natürlich ein großer Fang in wissenschaftlicher Hinsicht. Er hatte zwei runde Flecken am einen Ende des Rückens und einen länglichen am anderen. Die Deckflügel waren ungemein hart und glänzend und machten ganz den Eindruck von poliertem Gold. Das Gewicht des Insekts war sehr beträchtlich, und all das in Erwägung ziehend, konnte ich Jupiter wegen seiner Meinung darüber kaum tadeln; wie jedoch Legrand dazu kam, diese Meinung zu teilen, konnte ich mir beim besten Willen nicht erklären.

»Ich schickte nach Ihnen«, sagte er in großspurigem Ton, als ich meine Untersuchung des Käfers beendet hatte, »ich schickte nach Ihnen, damit Sie mir Ihren Rat und Beistand gewährten bei dem Versuch, die Absichten des Schicksals und dieses Käfers zu fördern –«

»Mein lieber Legrand«, rief ich, ihn unterbrechend, »Sie sind sicher unwohl und sollten lieber ein wenig auf sich Acht geben. Legen Sie sich zu Bett, und ich werde ein paar Tage bei Ihnen bleiben, bis Sie darüber hinweg sind. Sie fiebern und –«

»Fühlen Sie meinen Puls«, sagte er.

Ich fühlte ihn und fand, um die Wahrheit zu sagen, nicht das geringste Anzeichen von Fieber.

»Aber Sie können krank sein und trotzdem kein Fieber haben. Erlauben Sie mir dies eine Mal, Ihnen etwas zu verordnen. Zuerst legen Sie sich ins Bett. Als nächstes –«

»Sie irren sich«, fiel er ein, »ich fühle mich so wohl, wie ich es bei der Aufregung, unter der ich leide, erwarten kann. Wenn Ihnen wirklich an meinem Wohl liegt, so werden Sie mich von dieser Aufregung befreien.«

»Und wie soll das geschehen?«

»Ganz einfach. Jupiter und ich gehen auf eine Expedition in die Berge auf dem Festland, und dabei werden wir die Hilfe eines Menschen brauchen, dem wir vertrauen können. Sie sind der einzige, auf den Verlass ist. Gleichviel, ob die Expedition ein Erfolg wird oder fehlschlägt, die Aufregung, die Sie jetzt an mir bemerken, wird sich legen.«

»Ich möchte Ihnen gern in jeder Weise gefällig sein«, erwiderte ich, »doch wollen Sie etwa sagen, dass dieser infernalische Käfer in irgendeinem Zusammenhang mit Ihrer Expedition in die Berge steht?«

»Genau das.«

»Dann, Legrand, kann ich bei einem solch absurden Unternehmen nicht mitmachen.«

»Das tut mir leid – sehr leid – denn dann werden wir es allein versuchen müssen.«

»Allein versuchen! Der Mann ist sicher verrückt! – doch halt! – wie lange gedenken Sie wegzubleiben?«

»Voraussichtlich die ganze Nacht. Wir werden sofort aufbrechen und auf jeden Fall bei Sonnenaufgang zurück sein.«

»Und wollen Sie mir auf Ihre Ehre versprechen, dass Sie, wenn diese Ihre Schrulle vorbei und die Käfergeschichte (guter Gott!) zu Ihrer Zufriedenheit erledigt ist, heimkehren und meinen Rat, wie den Ihres Arztes, ohne weiteres befolgen werden?«

»Ja; ich verspreche es; und nun machen wir, dass wir fortkommen, wir haben keine Zeit zu verlieren.«

Schweren Herzens begleitete ich meinen Freund. Wir zogen gegen vier Uhr los – Legrand, Jupiter, der Hund und ich. Jupiter hatte die Sense und die Spaten bei sich – er bestand darauf, sie allesamt zu tragen – mehr aus Furcht, wie mir schien, einem der

Geräte in Reichweite seines Herrn zu trauen, als aus einem Übermaß an Eifer oder Gefälligkeit. Sein Benehmen war äußerst bissig, und »dieser ver‑‑te Käfer« waren die einzigen Worte, die sich seinen Lippen auf dem Marsch entwanden. Ich selbst trug ein paar Blendlaternen, während Legrand sich mit dem Skarabäus begnügte, den er am Ende eines Stücks Peitschenschnur befestigt hatte; mit der Miene eines Geisterbeschwörers schwenkte er ihn im Gehen hin und her. Als ich diesen letzten klaren Beweis für die Geistesverwirrung meines Freundes sah, konnte ich mich kaum der Tränen erwehren. Doch hielt ich es für das Beste, mich seiner Laune zu fügen, zumindest vorläufig, oder bis ich mit Aussicht auf Erfolg energischere Maßregeln ergreifen konnte. Inzwischen bemühte ich mich, wiewohl ganz vergeblich, ihn über den Zweck der Expedition auszuforschen. Nachdem es ihm gelungen war, mich zum Mitgehen zu überreden, schien er keine Lust zu haben, sich über irgendeinen Gegenstand von geringerer Bedeutung zu unterhalten, und würdigte all meine Fragen keiner anderen Antwort als: »Wir werden sehen!«

Wir überquerten den Meeresarm an der Spitze der Insel mit Hilfe eines Skiffs, und als wir die Höhen am Ufer des Festlands erstiegen hatten, zogen wir weiter in nordwestlicher Richtung, durch eine überaus wilde und trostlose Landschaft, wo nirgends eine Spur eines menschlichen Fußes zu sehen war. Legrand ging entschlossen voraus; nur hie und da blieb er einen Augenblick stehen, um gewisse, offenbar bei früherer Gelegenheit von ihm selbst angebrachte Markierungen zu Rate zu ziehen.

So wanderten wir ungefähr zwei Stunden, und die Sonne ging gerade unter, als wir in eine Gegend kamen, die noch unendlich viel öder war als alles bisher Gesehene. Es war eine Art Tafelland, nahe dem Gipfel eines fast unzugänglichen Berges, der vom Fuß bis zur Spitze dicht bewaldet und mit riesigen Felsblöcken gesprenkelt war, die lose auf dem Boden zu liegen schienen und in vielen Fällen nur von den Bäumen, gegen die sie lehnten, daran gehindert wurden, in die Täler hinabzustürzen. Tiefe, in verschiedene Richtungen verlaufende Schluchten erhöhten noch die strenge Feierlichkeit der Szene.

Die natürliche Plattform, die wir erklommen hatten, war dicht mit Dornensträuchern überwachsen, durch die wir uns, wie wir bald erkannten, ohne die Sense hätten unmöglich einen Weg bahnen können; so ging Jupiter auf Anweisung seines Herrn daran, uns einen Pfad zum Fuß eines ungeheuer hohen Tulpenbaums zu schlagen, der mit etwa acht oder zehn Eichen auf der Höhe stand und sie alle – und alle anderen Bäume, die ich je gesehen hatte – an Schönheit des Laubwerks und Gestalt, an Ausdehnung der Äste und allgemeiner Majestät der Erscheinung weit übertraf. Als wir diesen Baum erreichten, wandte sich Legrand an Jupiter und fragte ihn, ob er sich getraue hinaufzuklettern. Der alte Mann schien ein wenig ins Wanken gebracht von dieser Frage, und einige Augenblicke lang gab er keine Antwort. Schließlich trat er an den mächtigen Stamm, ging langsam um ihn herum und prüfte ihn mit minutiöser Aufmerksamkeit. Als er seine Untersuchung beendet hatte, sagte er nur:

»Ja, Massa, Jup klettert auf jeden Baum, wo er jemals sieht in seim Leben.«

»Dann hinauf mit dir so schnell wie möglich, denn bald wird es zu dunkel sein für das, was wir vorhaben.«

»Wie weit muss ich rauf, Massa?«, fragte Jupiter.

»Steige zuerst den Hauptstamm hoch, und dann werde ich dir sagen, wie du weitergehen sollst – und hier – halt! nimm diesen Käfer mit.«

»Den Käfer, Massa Will? – den Goldkäfer?«, schrie der Neger, entsetzt zurückweichend, »für was muss ich den Käfer mit auf den Baum raufnehm'n? Soll ver - - t sein, wenn ich's tu!«

»Wenn du Angst hast, Jup, so ein großer, starker Neger wie du, einen harmlosen, kleinen, toten Käfer anzufassen, nun, so kannst du ihn an dieser Schnur hinauftragen – doch wenn du ihn nicht auf irgendeine Weise mit hinaufnimmst, werde ich gezwungen sein, dir mit der Schaufel hier den Schädel einzuschlagen.«

»Was is nu los, Massa?«, sagte Jup, von seiner Beschämung offenbar gefügig gemacht; »wolln 'nem alten Nigger immer Krach schlagen. Hab bloß Spaß gemacht. Ich vor dem Käfer Angst ham!? Was schert mich der Käfer?« Vorsichtig fasste er das äußerste Ende der Schnur, das Insekt, soweit es die Umstände erlaubten, vom Körper fernhaltend, und machte sich bereit, den Baum zu ersteigen.

In der Jugend hat der Tulpenbaum oder *Liriodendron tulipiferum*, der prächtigste der amerikanischen Waldbäume, einen eigentümlich glatten Stamm und erhebt sich oft ohne Seitenäste zu großer Höhe; doch im reiferen Alter wird die Rinde knorrig und uneben, und viele kurze Äste schießen aus dem Stamm hervor. So war in diesem Fall der Aufstieg in Wirklichkeit nicht so schwierig, wie es den Anschein hatte. Mit Armen und Knien die mächtige Säule so eng wie möglich umklammernd, mit den Händen nach Vorsprüngen greifend und mit den nackten Zehen auf anderen sich abstützend, wand sich Jupiter schließlich, nachdem er ein- oder zweimal knapp dem Absturz entgangen war, in die erste große Gabelung hoch und schien die ganze Sache als eigentlich erledigt anzusehen. Tatsächlich war das *Wagnis* dieser Leistung nun vorbei, obgleich der Kletterer einige sechzig oder siebzig Fuß über dem Boden schwebte.

»Wo muss ich jetzt hin, Massa Will?«, fragte er.

»Halte dich an den größten Ast – den auf dieser Seite«, sagte Legrand. Der Neger gehorchte prompt und hatte anscheinend nur wenig Mühe; er stieg höher und höher, bis durch das dichte Laubwerk, das ihn umhüllte, von seiner gedrungenen Gestalt keine Spur mehr zu sehen war. Bald hörte man seine Stimme so etwas wie »hallo!« rufen.

»Wie weit muss ich noch rauf?«

»Wie hoch bist du?«, frage Legrand.

»Schon so hoch«, erwiderte der Neger, »kann den Himmel oben durch 'n Baum sehn.«

»Lass den Himmel zufrieden und pass auf, was ich dir sage. Schau den Stamm hinab und zähle die Äste unter dir auf dieser Seite. An wie vielen Ästen bist du vorbei?«

»Eins, zwei, drei, vier, fümf – bin an fümf großen Ästen vorbei, Massa, auf dieser Seite.«

»Dann gehe einen Ast höher.«

Nach ein paar Minuten hörte man die Stimme wieder, meldend, dass der siebte Ast erreicht sei.

»Nun, Jup«, schrie Legrand, offenbar in höchster Erregung, »ich möchte, dass du dich auf diesem Ast so weit vorarbeitest, wie du kannst. Wenn du irgend etwas Auffälliges siehst, lass es mich wissen.«

Wenn ich bis dahin noch leise Zweifel am Irrsinn meines Freundes gehegt hatte, so waren sie nun endgültig ausgeräumt. Es blieb mir nur noch der Schluss, dass ihn der Wahn gepackt habe, und ich sorgte mich nun ernsthaft, wie ich ihn nach Hause schaffen könnte. Während ich nachdachte, was am besten zu tun sei, war Jupiters Stimme von neuem zu hören.

»Hab Mordsangs', mich auf diesem Ast sehr weit rauszuwagn, is'n toter Ast, so ziemlich aufer ganzen Länge.«

»Hast du gesagt, das ist ein *toter* Ast, Jupiter?«, schrie Legrand mit zitternder Stimme.

»Ja, Massa, is mausetot – is hin mit ihm ganz bestimmt – hat sein' Geist aufgegeben.«

»Was um Himmels willen soll ich tun?«, rief Legrand, anscheinend in größter Not.

»Tun!?«, sagte ich, froh über eine Gelegenheit, ein Wort einwerfen zu können, »nun, kommen Sie mit nach Hause und gehen Sie zu Bett. Kommen Sie jetzt! – seien Sie vernünftig. Es wird spät, und überdies, denken Sie an Ihr Versprechen.«

»Jupiter«, schrie er, ohne mich im geringsten zu beachten, »hörst du mich?«

»Ja, Massa Will, hör Sie so deutlich wie eh.«

»Dann untersuche das Holz gut mit deinem Messer und sieh, ob es dir *sehr* morsch vorkommt.«

»Is morsch, Massa, ganz bestimmt«, erwiderte der Neger nach ein paar Augenblicken, »aber nich so sehr morsch, als sein könnt. Könnt mich allein noch'n Stückchen rauswagn aufm Ast, das stimmt.«

»Allein? – was meinst du damit?«

»Nu, ich mein den Käfer. Is'n *sehr* schwerer Käfer. Wie, wenn ich ihn ers' runterfalln lass, un denn wird der Ast nich grad mit 'nem Gewicht von einem Nigger brechen.«

»Du infamer Schuft!«, schrie Legrand, offensichtlich sehr erleichtert, »was redest du da für Unsinn! So sicher, wie du den Käfer fallen lässt, breche ich dir das Genick. Also, Jupiter, hörst du mich?«

»Ja, Massa, brauchen 'n armen Nigger nich anbrüllen in dem Stil.«

»Schon gut! Höre mir jetzt zu! – wenn du dich auf dem Ast so weit hinauswagst, wie du es für sicher hältst, und den Käfer nicht loslässt, so werde ich dir einen Silberdollar schenken, sobald du herunterkommst.«

»Geh ja schon, Massa Will – bin schon dabei«, antwortete der Neger prompt, »bin jetzt fas' am Ende außen.«

»*Am Ende!?*«, schrie Legrand mit sich überschlagender Stimme, »hast du gesagt, du bist außen am Ende des Astes?«

»Bin bald am Ende, Massa – o-o-o-o-oh! Jesses Gott! Was is denn das hier auf dem Baum?«

»Nun!«, schrie Legrand hocherfreut, »was ist es?«

»Nu, is gar nix, bloß'n Schädel – muss jemand sein' Kopf aufm Baum gelassn ham, un die Krähn ham jedes Bisschen von dem Fleisch weggepickt.«

»Ein Schädel, sagst du? – sehr gut! – wie ist er an dem Ast befestigt? – was hält ihn?«

»Ganz bestimmt, Massa; muss nachsehn. Nanu, das is ne komische Sache, Ehrenwort – das is'n großer, dicker Nagel in dem Schädel, wo'n an dem Baum festhält.«

»Gut, Jupiter, tu jetzt genau, was ich dir sage – hörst du?«

»Ja, Massa.«

»Also aufgepasst! – suche das linke Auge des Schädels.«

»Hm! hoo! das is gut! wenn gar kein Aug mehr dran is.«

»Deine verfluchte Dummheit! Kannst du deine rechte Hand von deiner linken unterscheiden?«

»Ja, klar kann ich das – kann ich sowieso – is mein' linke Hand, wo ich Holz mit hack.«

»Stimmt! Du bist Linkshänder; und dein linkes Auge ist auf derselben Seite wie deine linke Hand. Nun, hoffe ich, kannst du das linke Auge des Schädels finden – oder die Stelle, wo das linke Auge war. Hast du sie gefunden?«

Hier entstand eine lange Pause. Endlich fragte der Neger:

»Is das linke Aug von'em Schädel auch aufer selben Seite wie die linke Hand von'em Schädel? – von wegen weil der Schädel gar kein bisschen von'er Hand mehr hat – egal! Ich hab das linke Aug jetz – hier das linke Aug! Was muss ich da mit machn?«

»Lass den Käfer hindurchfallen, soweit die Schnur reicht – aber gib acht, dass du die Schnur nicht loslässt.«

»Is alls gemacht, Massa Will; is'ne ganze Kleinigkeit, den Käfer durchs Loch zu stecken – schaun Sie nach ihm, da unten.«

Während dieser Unterhaltung war von Jupiter selbst nicht das Geringste zu sehen; indessen war jetzt der Käfer, den er herabgelassen hatte, am Ende der Schnur sichtbar und glitzerte wie eine Kugel aus poliertem Gold in den letzten Strahlen der untergehenden Sonne, von denen einige noch schwach die Anhöhe erhellten, auf der wir standen. Der Skarabäus hing ganz frei von den Zweigen und wäre, hätte man ihn fallen lassen, uns vor die Füße gefallen. Legrand nahm sofort die Sense, mähte eine kreisrunde Fläche von drei oder vier Ellen Durchmesser frei, genau unter dem Insekt, und, damit fertig, befahl er Jupiter, die Schnur loszulassen und von dem Baum herunterzusteigen.

Nachdem mein Freund genau an der Stelle, wo der Käfer herabgefallen war, mit großer Exaktheit einen Pflock in den Boden getrieben hatte, zog er nun ein Maßband aus der Tasche. Dessen eines Ende machte er an dem Punkt des Baumstamms fest, der dem Pflock am nächsten war, rollte das Band auf, bis es den Pflock erreichte, und rollte es von da noch fünfzig Fuß weit in die von den zwei Punkten Baum und Pflock bereits festgelegte Richtung – während Jupiter das Dornengesträuch mit der Sense entfernte. An der so ermittelten Stelle wurde ein zweiter Pflock eingeschlagen und um diesen als Mittelpunkt ein grober Kreis von etwa vier Fuß Durchmesser beschrieben. Nun nahm Legrand selbst einen Spaten, gab Jupiter und mir ebenfalls einen und bat uns, so schnell wie möglich mit dem Graben zu beginnen.

Um die Wahrheit zu sagen, hatte ich an derlei Vergnügungen noch nie besonderen Geschmack gefunden, und gerade in dem Augenblick hätte ich herzlich gern darauf verzichtet; denn die Nacht kam heran, und ich fühlte mich von den bisherigen Strapazen schon sehr ermüdet; doch sah ich keinen Ausweg und fürchtete, durch eine Weigerung meines armen Freundes Gleichmut zu stören. Wäre auf Jupiters Hilfe allerdings Verlass gewesen, so würde ich ohne Zögern versucht haben, den Wahnsinnigen mit Gewalt nach Hause zu schleppen; doch ich kannte die Wesensart des alten Negers zu gut, als dass ich hätte hoffen können, er werde mir, unter gleich welchen Umständen, in einem persönlichen Streit mit seinem Herrn beistehen. Ich zweifelte nicht, dass dieser von dem im Süden umgehenden Aberglauben an vergrabene Schätze angesteckt und in seinen Phantasien durch den Skarabäusfund, vielleicht auch durch Jupiters hartnäckige Behauptung, es sei »ein Käfer aus echtem Gold«, bestärkt worden sei. Ein Geist, der zum Wahnsinn neigt, konnte leicht von solchen Suggestionen irregeleitet werden – zumal wenn sie mit vorgefassten Lieblingsideen harmonierten – und dann rief ich mir die Worte des armen Kerls ins Gedächtnis, der

Käfer sei »der Wegweiser zu seinem Glück«. Alles in allem war ich sehr bedrückt und wusste nicht, was tun, beschloss aber endlich, aus der Not eine Tugend zu machen – gutwillig zu graben und so den Träumer umso eher durch den Augenschein zu überzeugen, dass seine Ansichten irrig seien.

Nachdem die Laternen angezündet waren, stürzten wir uns in die Arbeit mit einem Eifer, der einer vernünftigeren Sache würdig gewesen wäre; und wie ihr Lichtschein so auf uns und unsere Werkzeuge fiel, kam mir unwillkürlich in den Sinn, was für eine pittoreske Gruppe wir bildeten und wie seltsam und verdächtig unsere Plackerei irgendeinem Vorübergehenden hätte vorkommen müssen, der ganz zufällig über uns gestolpert wäre.

Zwei Stunden lang gruben wir fast ununterbrochen. Gesprochen wurde wenig; und am meisten störte uns das Kläffen des Hundes, der unser Tun mit äußerst lebhaftem Interesse verfolgte. Er machte schließlich solchen Lärm, dass wir allmählich befürchteten, er könnte irgendwelche Vagabunden in der Nähe auf uns aufmerksam machen – oder vielmehr war dies Legrands Befürchtung; ich selbst wäre über jede Unterbrechung froh gewesen, die es mir vielleicht ermöglicht hätte, den Ruhelosen nach Hause zu bringen. Schließlich wurde der Lärm sehr wirksam zum Schweigen gebracht von Jupiter, der mit einer Miene verbissener Entschlossenheit aus dem Loch stieg, dem Vieh mit einem seiner Hosenträger das Maul zuband und dann mit einem tiefen, zufriedenen Glucksen an seine Arbeit zurückkehrte.

Nach Ablauf der genannten Zeit hatten wir eine Tiefe von fünf Fuß erreicht, und noch immer war kein Zeichen von irgendeinem Schatz zu entdecken. Eine allgemeine Pause trat ein, und ich fing an zu hoffen, dass die Farce nun zu Ende sei. Legrand jedoch, wiewohl offensichtlich sehr verstört, wischte sich nachdenklich die Stirn und begann von neuem. Wir hatten den ganzen Kreis von vier Fuß Durchmesser ausgehoben, und nun gruben wir ein wenig über den Kreisrand hinaus und gingen zwei Fuß tiefer. Noch immer erschien nichts. Der Goldsucher, den ich aufrichtig bedauerte, kletterte endlich, bitterste Enttäuschung in all seinen Zügen, aus der Grube und ging langsam und widerstrebend daran, seinen Rock anzuziehen, den er zu Beginn der Arbeit abgelegt hatte. Ich enthielt mich währenddessen jeder Bemerkung. Jupiter begann auf ein Zeichen seines Herrn seine Werkzeuge einzusammeln. Als dies geschehen und der Hund von der Schlinge befreit war, wandten wir uns in tiefem Schweigen heimwärts.

Wir hatten vielleicht ein Dutzend Schritte in dieser Richtung getan, als Legrand mit einem lauten Fluch auf Jupiter lossprang und ihn am Kragen packte. Der erstaunte Neger riss Augen und Mund auf, soweit er nur konnte, ließ die Spaten fallen und sank in die Knie.

»Du Schurke«, sagte Legrand, die Silben zwischen den zusammengepressten Zähnen hervorzischend, »du infamer schwarzer Schuft – sprich, sag ich dir! antworte mir auf der Stelle, ohne Ausflüchte! – welches – welches ist dein linkes Auge?«

»Herrgott noch mal, Massa Will! Is nich das hier ganz bestimmt mein linkes Aug?«, brüllte der erschrockene Neger, indem er die Hand auf sein *rechtes* Sehorgan legte und sie da mit verzweifelter Hartnäckigkeit liegen ließ, als fürchte er, sein Herr werde es ihm augenblicklich ausreißen.

»Dacht' ich's mir doch! – ich wusste es! – hurra!«, jubelte Legrand, den Neger loslassend, und vollführte eine Reihe von Luftsprüngen und Kapriolen, sehr zum Erstaunen seines Dieners, der, sich von den Knien erhebend, stumm von seinem Herrn zu mir und dann von mir zu seinem Herrn blickte.

»Kommt! Wir müssen zurück«, sagte der letztere, »noch ist das Spiel nicht aus«; und wieder ging er zum Tulpenbaum voraus.

»Jupiter«, sagte er, als wir am Fuß angekommen waren, »komm her! Wie war der Schädel an den Ast genagelt – mit dem Gesicht nach außen oder dem Ast zu?«

»Das Gesicht war außen, Massa, so dass die Krähn konnten gut an die Augn rankommn, ohne alle Müh.«

»Schön also, war es dies Auge oder das, durch das du den Käfer hast fallen lassen?« – hier berührte Legrand Jupiters Augen der Reihe nach.

»'s war dies Aug, Massa – das linke Aug – grad wie Sie mir's gesagt ham«, und hier war es sein rechtes Auge, auf das der Neger zeigte.

»Das genügt – wir müssen es noch einmal versuchen.«

Hier nahm mein Freund, in dessen Irrsinn ich nun gewisse Anzeichen von Methode sah oder zu sehen mir einbildete, den Pflock, der die Stelle markierte, wo der Käfer herabgefallen war, und schlug ihn etwa drei Zoll westlich davon wieder ein. Als er nun wie zuvor das Maßband vom nächsten Punkt des Stamms bis zu dem Pflock und von da in gerader Linie fünfzig Fuß weit spannte, ergab sich ein Punkt, der von dem ersten, an dem wir gegraben hatten, mehrere Ellen entfernt lag.

Um diese neue Position wurde nun ein etwas größerer Kreis beschrieben als das erste Mal, und wieder gingen wir mit dem Spaten an die Arbeit. Ich war furchtbar müde, doch wiewohl ich kaum verstand, was meinen Sinneswandel veranlasst hatte, spürte ich keine große Abneigung mehr gegen die mir auferlegte Mühe. Ganz unerklärlicherweise war mein Interesse geweckt worden – ja, war ich sogar erregt. Vielleicht lag etwas in all dem extravaganten Benehmen Legrands – so etwas wie Vorbedacht und Überlegung, das mich beeindruckte. Ich grub eifrig und ertappte mich hin und wieder, wie ich tatsächlich mit einem der Erwartung sehr ähnlichen Gefühl nach dem eingebildeten Schatz spähte, dessen Wunschbild meinem unglücklichen Freund den Verstand geraubt hatte. Als ich von solch verstiegenen Gedanken schon ganz erfüllt war und wir vielleicht anderthalb Stunden gearbeitet hatten, wurden wir wieder von dem heftigen Geheul des Hundes unterbrochen. War seine Unruhe das erste Mal offenbar nur der Verspieltheit oder Laune entsprungen, so klang er jetzt bitter und ernst. Wütend setzte er sich gegen Jupiters erneuten Versuch, ihm das Maul zuzubinden, zur Wehr, sprang in das Loch hinab und wühlte die Erde wie rasend mit den Pfoten auf. In wenigen Sekunden hatte er einen Haufen menschlicher Knochen aufgedeckt, die zwei vollständige Skelette bildeten, vermengt mit diversen Metallknöpfen und etwas, das wie Staub vermoderter Wolle aussah. Ein oder zwei Spatenstiche förderten die Klinge eines großen spanischen Messers zutage, und als wir tiefer gruben, kamen drei oder vier verstreute Gold- und Silbermünzen ans Licht.

Bei deren Anblick konnte sich Jupiter vor Freude kaum fassen, während die Miene seines Herrn äußerste Enttäuschung ausdrückte. Er drängte uns jedoch, unsere Anstrengungen fortzusetzen, und kaum waren seine Worte gesprochen, als ich stolperte und vornüberfiel; meine Stiefelspitze hatte sich in einem Eisenring verfangen, der halb begraben in der losen Erde lag.

Wir arbeiteten nun mit ganzem Ernst, und nie habe ich zehn Minuten einer solch starken Erregung durchlebt. Während dieser Zeit hatten wir eine längliche Kiste aus Holz völlig bloßgelegt, die, nach ihrer vollkommenen Erhaltung und wundervollen Härte zu schließen, offenbar einem Mineralisierungsprozess ausgesetzt gewesen war – vielleicht durch Quecksilberbichlorid. Diese Kiste war dreieinhalb Fuß lang, drei Fuß breit und zweieinhalb tief. Sie war durch vernietete, schmiedeeiserne Bänder, die das Ganze wie eine Art Gitter umgaben, fest verschlossen. Auf jeder Seite der Kiste befanden sich ziemlich oben drei Eisenringe – im Ganzen sechs – so dass sechs Personen sie fest im Griff hatten. Mit äußerster gemeinsamer Anstrengung gelang es uns lediglich, den Koffer ganz leicht in seiner Lage zu verrücken. Wir sahen sogleich die Unmöglichkeit, eine so schwere Last fortzuschaffen. Glücklicherweise bestand der einzige Verschluss des Deckels in zwei Gleitbolzen. Diese schoben wir zurück – zitternd und keuchend vor Gier. Im Nu lag ein Schatz von unermesslichem Wert gleißend vor uns. Wie die Strahlen der Laternen in die Grube fielen, blitzte von einem Gewirr von Gold und Juwelen ein Glühen und Glitzern herauf, das unsere Augen vollkommen blendete.

Ich will gar nicht versuchen, die Gefühle zu schildern, mit denen ich hinabstarrte. Erstaunen überwog natürlich. Legrand schien vor Aufregung erschöpft und brachte nur sehr wenig heraus. Jupiters Gesicht war einige Minuten lang so totenbleich, wie bei der Natur der Dinge ein Negergesicht überhaupt nur werden kann. Er schien betäubt – vom Donner gerührt. Dann fiel er in dem Loch in die Knie, begrub die nackten Arme bis zu den Ellbogen im Gold und ließ sie da ruhen, als genieße er die Wonnen eines Bades. Endlich stieß er mit einem tiefen Seufzer, wie im Selbstgespräch, hervor:

»Un das is alls gekommen von wegen dem Goldkäfer! der liebe Goldkäfer! der arme kleine Goldkäfer, wo ich in dem Stil so wütend drauf geschimpf' hab! Schäms' dich gar nich, Nigger? – sag mir das!«

Es wurde zuletzt notwendig, sowohl Herrn wie Diener zu mahnen, dass es ratsam sei, den Schatz fortzuschaffen. Es wurde allmählich spät, und wir mussten unsere ganze Kraft aufbieten, um alles vor Tageslicht unter Dach zu bringen. Wie das zu machen sei, war schwer zu sagen; und viel Zeit verging mit Überlegen – so wirr waren die Vorstellungen von allen. Schließlich erleichterten wir die Kiste um zwei Drittel ihres Inhalts und waren nun imstande, sie mit einiger Mühe aus dem Loch zu heben. Die herausgenommenen Gegenstände legten wir unter das Dornengesträuch und ließen den Hund zur Bewachung zurück, der von Jupiter den strikten Befehl erhielt, sich unter keinem Vorwand von der Stelle zur rühren, noch einen Laut von sich zu geben vor unserer Rückkehr. Dann eilten wir mit der Kiste nach Hause; wohlbehalten, doch nach ungeheurer Mühsal, erreichten wir die Hütte um ein Uhr morgens. Ermattet, wie wir waren, lag es nicht in der menschlichen Natur, jetzt noch mehr zu tun. Wir ruhten uns bis zwei Uhr aus und aßen zu Abend; gleich darauf brachen wir wieder zu den Hügeln auf, versehen mit drei festen Säcken, die sich zum guten Glück unter Legrands Hab und Gut fanden. Kurz vor vier kamen wir bei der Grube an, verteilten den Rest der Beute unter uns so gleichmäßig wie möglich und machten uns, ohne die Löcher aufzufüllen, wieder nach der Hütte auf, wo wir zum zweiten Mal unsere goldene Bürde abluden, gerade als im Osten die ersten Streifen der Morgendämmerung über den Baumspitzen hervorschimmerten.

Wir waren nun restlos erschöpft; indessen ließ uns die starke Erregung des Augenblicks keine Ruhe finden. Nach einem unruhigen Schlummer von drei oder vier Stunden Dauer erhoben wir uns wie auf Verabredung, um unseren Schatz zu untersuchen.

Die Kiste war bis zum Rand voll gewesen, und wir brachten den ganzen Tag und den größten Teil der folgenden Nacht damit zu, ihren Inhalt zu sichten. Von einer Ordnung oder Einteilung war nichts zu bemerken. Alles lag bunt durcheinander. Nachdem wir alles mit Sorgfalt sortiert hatten, sahen wir uns im Besitz eines noch viel größeren Reichtums, als wir zuerst vermutet hatten. An Münzen waren eher mehr als vierhundertfünfzigtausend Dollar dabei – wenn wir den Wert der Stücke so akkurat wie möglich nach den Tabellen der Zeit abschauten. Nicht ein Gran Silber war darunter. Alles waren Goldmünzen aus alter Zeit und von großer Mannigfaltigkeit – französisches, spanisches und deutsches Geld nebst ein paar englischen Guineen und einigen Spielmarken, von denen wir nie zuvor Exemplare gesehen hatten. Mehrere Münzen waren sehr groß und schwer und so abgegriffen, dass wir ihre Inschriften nicht mehr entziffern konnten. Amerikanisches Geld war nicht dabei. Den Wert der Juwelen abzuschätzen erwies sich als schwieriger. Da gab es Diamanten – einige davon außerordentlich groß und schön – einhundertzehn im Ganzen, und nicht einer davon klein; achtzehn Rubine von auffallendem Feuer; dreihundertzehn Smaragde, alle wunderschön; und einundzwanzig Saphire sowie einen

Opal. Diese Steine waren alle aus ihren Fassungen gebrochen und lose in die Kiste geworfen worden. Die Fassungen selbst, die wir unter dem anderen Gold heraussuchten, waren anscheinend mit dem Hammer zusammengeschlagen worden, wie um ihre Identifizierung zu verhindern. Zu alledem kam noch eine große Menge massiv-goldener Schmucksachen; fast zweihundert massive Finger- und Ohrringe; reiche Ketten – davon dreißig, wenn ich mich recht entsinne; dreiundachtzig sehr große und schwere Kruzifixe; fünf goldene Weihrauchfässer von großem Wert; eine riesige goldene Punschschale, verziert mit reichziseliertem Rebenlaub und Figuren aus den Bacchanalien; sowie zwei wundervoll getriebene Schwertgriffe und viele andere kleine Dinge, deren ich mich nicht mehr erinnern kann. Das Gewicht dieser Kostbarkeiten betrug mehr als dreihundertfünfzig Pfund; und in diese Schätzung habe ich einhundertsiebenundneunzig prächtige goldene Uhren nicht mit eingerechnet; drei davon im Wert von je fünfhundert Dollar. Viele von ihnen waren sehr alt und als Zeitmesser wertlos; ihr Uhrwerk hatte mehr oder weniger durch Rost gelitten – alle aber waren reich mit Juwelen besetzt und saßen in Gehäusen von großem Wert. Wir schätzten den gesamten Inhalt der Kiste in jener Nacht auf anderthalb Millionen Dollar; und bei dem späteren Verkauf der Schmuckstücke und Juwelen (ein paar behielten wir für den eigenen Gebrauch) zeigte es sich, dass wir den Wert des Ganzen weit unterschätzt hatten.

Als wir endlich mit unserer Durchmusterung zu Ende waren und die starke Erregung jener Stunden sich einigermaßen gelegt hatte, sah Legrand, dass ich vor Ungeduld nach einer Lösung dieses höchst ungewöhnlichen Rätsels verging, und begann alle damit verbundenen Umstände im Einzelnen zu schildern.

»Sie werden sich des Abends erinnern«, sagte er, »an dem ich Ihnen die grobe Skizze zeigte, die ich von dem Skarabäus gemacht hatte. Sie werden sich auch entsinnen, dass ich ganz ärgerlich wurde, als Sie darauf bestanden, meine Zeichnung sehe einem Totenkopf ähnlich. Als Sie diese Behauptung aufstellten, dachte ich zuerst, Sie würden scherzen; nachher aber rief ich mir die sonderbaren Flecke des Insekts ins Gedächtnis und musste zugeben, dass Ihre Bemerkung nicht ganz so unbegründet war. Trotzdem reizte mich Ihr Gespöttel über meine zeichnerischen Fähigkeiten – denn ich gelte als guter Zeichner –, und deshalb wollte ich das Stückchen Pergament, als Sie es mir reichten, schon zerknüllen und verärgert ins Feuer werfen.«

»Das Stückchen Papier, meinen Sie«, sagte ich.

»Nein; es sah ganz so aus wie Papier, und anfangs hielt ich es selbst dafür, doch als ich darauf zu zeichnen anfing, entdeckte ich sofort, dass es ein Stück sehr dünnes Pergament war. Es war ganz schmutzig, Sie erinnern sich. Nun, wie ich es gerade schon zerknüllen wollte, fiel mein Blick auf die Zeichnung, die Sie eben betrachtet hatten, und Sie können sich mein Erstaunen vorstellen, als ich tatsächlich die Figur eines Totenkopfs genau da erblickte, wo ich, wie mir schien, den Käfer hingezeichnet hatte. Einen Augenblick lang war ich zu verblüfft, um exakt denken zu können. Ich wusste, dass meine Zeichnung im Detail davon sehr verschieden war – obgleich eine gewisse Ähnlichkeit im allgemeinen Umriss vorhanden war. Ich nahm darauf eine Kerze, setzte mich ans andere Ende Zimmers und begann das Pergament eingehender zu untersuchen. Als ich es umdrehte, sah ich auf der Rückseite meine eigene Skizze genau so, wie ich sie gezeichnet hatte. Meine erste Regung war schieres Erstaunen über die wirklich bemerkenswerte Ähnlichkeit der Konturen – über die einzigartige Koinzidenz, die in der Tatsache lag, dass, ohne dass ich davon wusste, auf der anderen Seite des Pergaments genau unterhalb meiner Skarabäusfigur ein Schädel gewesen war und dass dieser Schädel nicht nur im Umriss, sondern auch in der Größe meiner Zeichnung so überaus ähnlich sah. Ich muss schon sagen, dass mich die Einzigartigkeit dieser Koinzidenz eine Weile völlig betäubte. Das ist die gewöhnliche Wirkung solcher Koinzidenzen. Der Geist quält sich ab, eine

Verbindung herzustellen – eine Folge von Ursache und Wirkung – und wenn ihm dies nicht gelingt, befällt ihn eine Art vorübergehender Lähmung. Doch als ich mich von dieser Betäubung erholte, dämmerte mir allmählich eine Überzeugung, die mich noch weit mehr erstaunte als jene Koinzidenz. Ich begann mich deutlich und bestimmt zu erinnern, dass *keine* Zeichnung auf dem Pergament gewesen war, als ich meine Skizze des Skarabäus machte. Ich wurde mir dessen völlig sicher; denn ich entsann mich, dass ich zuerst die eine Seite und dann die andere nach oben gewendet hatte, um die sauberste Stelle zu finden. Wäre der Schädel schon dagewesen, hätte ich ihn unweigerlich sehen müssen. Hier war in der Tat ein Geheimnis, das zu erklären ich für unmöglich hielt; aber schon damals schien in den entlegensten, geheimsten Kammern meines Geistes glühwurmgleich eine schwache Vorstellung von jener Wahrheit zu glimmen, die das Abenteuer der letzten Nacht so glanzvoll bewiesen hat. Ich stand sofort auf, schloss das Pergament weg und verschob alles weitere Nachdenken, bis ich allein sein würde.

Als Sie gegangen waren und Jupiter fest schlief, begann ich mit einer methodischeren Untersuchung der Sache. Zunächst überlegte ich, auf welche Weise ich in den Besitz des Pergaments gekommen war. Der Ort, wo wir den Skarabäus entdeckt hatten, lag an der Küste des Festlands, etwa eine Meile östlich der Insel und nur ein kurzes Stück oberhalb der Hochwasserlinie. Als ich ihn fing, versetzte er mir einen so heftigen Biss, dass ich ihn fallen ließ. Jupiter mit seiner gewohnten Vorsicht sah sich, bevor er nach dem Insekt fasste, das auf ihn zugeflogen war, nach einem Blatt oder irgendetwas Ähnlichem um, womit er es fangen konnte. In diesem Augenblick fiel sein Blick, und meiner auch, auf das Fetzchen Pergament, das ich damals für Papier hielt. Es lag, ein Eckchen ragte heraus, halb im Sand begraben. Nahe der Stelle, wo wir es fanden, bemerkte ich die Überreste eines Bootsrumpfs, der früher einmal der Pinasse eines Schiffs gehört zu haben schien. Das Wrack lag offenbar schon sehr lange Zeit dort; denn die Ähnlichkeit mit Bootsrippen war kaum mehr erkennbar.

Jupiter hob also das Pergament auf, wickelte den Käfer hinein und gab ihn mir. Bald darauf wandten wir uns heimwärts und trafen unterwegs Leutnant G. Ich zeigte ihm das Insekt, und er bat mich, es mit zum Fort nehmen zu dürfen. Als ich einwilligte, steckte er es sogleich in seine Westentasche – ohne das Pergament, in das es eingewickelt war und das ich, während er das Insekt inspizierte, in der Hand behalten hatte. Vielleicht fürchtete er, ich würde mich anders besinnen, und hielt es für das Beste, die Beute schnell wegzustecken – Sie wissen ja, wie sehr er sich für alle mit der Naturgeschichte verbundenen Gegenstände begeistert. Gleichzeitig muss ich, ganz unbewusst, das Pergament in meine eigene Tasche gesteckt haben.

Sie erinnern sich, dass ich an den Tisch trat, um eine Skizze von dem Käfer zu machen, und kein Papier da fand, wo es gewöhnlich lag. Ich sah in der Schublade nach, fand dort aber auch keins. Ich suchte in meinen Taschen, in der Hoffnung, einen alten Brief zu finden – und da kam mir das Pergament in die Finger. Ich beschreibe Ihnen absichtlich so genau die Art und Weise, wir es in meinen Besitz kam; denn diese Umstände frappierten mich besonders.

Sie werden zweifellos glauben, ich sei ein Phantast – doch ich hatte bereits eine Art *Verbindung* hergestellt. Ich hatte zwei Glieder einer großen Kette zusammengefügt. Ein Boot lag an der Meeresküste, und nicht weit von dem Boot ein Pergament – *kein Papier* –, auf das ein Schädel gezeichnet war. Sie werden natürlich fragen, wo da die Verbindung sei. Ich antworte Ihnen, dass der Schädel oder Totenkopf das wohlbekannte Emblem des Piraten ist. Die Flagge mit dem Totenkopf wird bei jedem Gefecht gehisst.

Ich sagte schon, dass es ein Stückchen Pergament und kein Papier war. Pergament ist dauerhaft – fast unzerstörbar. Dinge von geringer Bedeutung werden selten dem Pergament anvertraut; denn lediglich für die gewöhnlichen Zwecke des Zeichnens oder Schreibens ist es längst nicht so gut geeignet wie Papier. Diese Überlegung brachte mich darauf, dass es mit dem Totenschädel irgendetwas auf sich, irgendeine besondere Bewandtnis haben müsse. Ich unterließ auch nicht, die *Form* des Pergaments näher ins Auge zu fassen. Obgleich eine seiner Ecken durch irgendeinen Zufall zerstört worden war, konnte man sehen, dass seine ursprüngliche Form länglich gewesen war. Es war in der Tat genau so ein Streifen, wie man ihn für ein Memorandum wählen mochte – für eine Aufzeichnung von etwas, an das man sich lange erinnern und das man sorgfältig aufbewahren wollte.«

»Aber Sie sagten doch«, warf ich ein, »dass der Schädel *nicht* auf dem Pergament war, als Sie die Käferzeichnung machten. Wie können Sie also eine Verbindung zwischen dem Boot und dem Schädel entdecken – da letzterer, wie Sie selbst zugeben, zu einer Zeit (Gott allein weiß, wie oder von wem) gezeichnet worden sein muss, als Sie Ihre Skarabäusskizze bereits fertig hatten?«

»Ah, darum dreht sich das ganze Geheimnis; obgleich mir die Lösung des Rätsels in diesem Punkt verhältnismäßig wenig Schwierigkeiten machte. Meine Schritte waren sicher und konnten nur zu einem einzigen Resultat führen. Ich überlegte zum Beispiel folgendermaßen: Als ich den Skarabäus zeichnete, war kein Schädel auf dem Pergament zu sehen. Als ich die Zeichnung beendet hatte, reichte ich sie Ihnen und ließ Sie nicht aus den Augen, bis Sie sie mir zurückgaben. Folglich haben Sie den Schädel nicht gezeichnet, und niemand sonst war da, der es hätte tun können. Also war er nicht von Menschenhand entstanden. Nichtsdestoweniger war er entstanden.

In diesem Stadium meiner Überlegungen suchte ich mich an jedes Vorkommnis zu erinnern, das um die betreffende Zeit vorgefallen war – und das gelang mir auch mit vollkommener Deutlichkeit. Das Wetter war frostig (o seltener und glücklicher

Zufall!), und ein Feuer brannte im Kamin. Ich war von der Bewegung erhitzt und saß in der Nähe des Tisches. Sie aber hatten sich einen Stuhl dicht ans Feuer gezogen. Gerade als ich Ihnen das Pergament in die Hand gab und Sie es sich ansehen wollten, kam Wolf, der Neufundländer, herein und sprang an Ihnen hoch. Mit der linken Hand streichelten Sie ihn und wehrten ihn ab, während Ihre Rechte, die das Pergament hielt, schlaff zwischen Ihren Knien herabsank, in unmittelbarer Nähe des Feuers. Einen Augenblick dachte ich, die Flamme habe das Pergament erfasst, und wollte Sie warnen, doch ehe ich sprechen konnte, hatten Sie es zurückgezogen und waren damit beschäftigt, es sich anzusehen. Alle diese Einzelheiten erwägend, zweifelte ich keinen Augenblick, dass *Hitze* das Agens gewesen war, das den Schädel, den ich auf dem Pergament gezeichnet sah, ans Licht gebracht harte. Sie wissen wohl, dass es chemische Präparate gibt und seit unvordenklichen Zeiten gegeben hat, mit deren Hilfe es möglich ist, auf Papier oder Velin[6] so zu schreiben, dass die Schriftzeichen erst sichtbar werden, wenn man sie der Wirkung des Feuers aussetzt. Saflor[7], in Aqua regia[8] gelöst und mit der vierfachen Wassermenge seines Gewichts verdünnt, wird manchmal verwendet; das ergibt eine grüne Tinte. Eine rote erhält man nach Lösung des Regulus[9] von Kobalt in Salpetergeist. Diese Farben verschwinden, wenn sich das beschriebene Material nach längerer oder kürzerer Zeit abgekühlt hat, werden aber bei erneuter Erwärmung wieder sichtbar.

Ich untersuchte nun den Totenkopf mit großer Sorgfalt. Seine äußeren Linien – die Linien der Zeichnung dicht am Rand des Velins – waren weit *deutlicher* zu sehen als die übrigen. Es war klar, dass die Wirkung der Wärme unvollkommen oder ungleich gewesen war. Sofort zündete ich ein Feuer an und setzte alle Teile des Pergaments einer glühenden Hitze aus. Anfangs hatte das nur die Wirkung, die schwachen Linien des Schädels zu verstärken; doch als ich das Experiment fortsetzte, wurde in der Ecke des Blatts, die der Stelle mit der Totenkopfzeichnung diagonal gegenüber lag, eine Figur sichtbar, die ich zuerst für eine Ziege hielt. Eine genauere Untersuchung überzeugte mich jedoch, dass sie ein Zicklein darstellen sollte.«

»Ha! ha!«, lachte ich auf, »gewiss habe ich kein Recht, Sie auszulachen – anderthalb Millionen sind eine zu ernste Sache zum Spaßen –, aber Sie wollen doch wohl nicht ein drittes Glied in Ihrer Kette nachweisen – Sie werden keine spezielle Verbindung zwischen Ihren Piraten und einer Ziege finden – Piraten haben, wie Sie wissen, mit Ziegen nichts zu tun; sie gehören in den Bereich der Landwirtschaft.«

»Aber ich habe doch eben gesagt, dass die Figur *keine* Ziege darstellte.«

»Schon, also ein Zicklein – so ziemlich dasselbe.«

»So ziemlich, aber nicht ganz«, sagte Legrand. »Sie haben vielleicht schon von einem *Kapitän* Kidd[10] gehört. Ich sah in der Tierfigur sofort eine Art wortspielerische oder hieroglyphische Unterschrift. Ich sage Unterschrift, weil ihr Platz auf dem Velin diesen Gedanken nahelegte. Der Totenkopf in der diagonal gegenüberliegenden Ecke schien aus demselben Grund so etwas wie ein Stempel oder Siegel zu sein. Doch saß ich nun bös in der Klemme, da alles Übrige fehlte – die eigentliche Substanz meines vermeintlichen Dokuments – der Text zu meinem Kontext.«

»Ich nehme an, Sie hofften einen Brief zwischen Stempel und Unterschrift zu finden.«

»Irgend etwas in der Art. Tatsächlich fühlte ich mich unwiderstehlich von einer Vorahnung eines mir bevorstehenden großen Glücks durchdrungen. Ich kann kaum sagen, warum. Vielleicht war es am Ende mehr Wunsch als wirklicher Glaube – aber wissen Sie, dass Jupiters albernes Geschwätz, der Käfer sei aus massivem Gold, eine bemerkenswerte Wirkung auf meine Phantasie ausübte? Und dann die Serie von Zufällen und Koinzidenzen – diese waren doch exorbitant. Bedenken Sie, was für ein reiner Zufall es war, dass diese Ereignisse sich an dem *einzigen* Tag des ganzen Jahres abspielten, an dem es kühl genug war oder schien, um ein Feuer anzuzünden, und dass ich ohne dieses Feuer oder ohne das Eingreifen des Hundes genau in dem Augenblick, da er erschien, niemals des Totenkopfs ansichtig und somit niemals Besitzer des Schatzes geworden wäre?«

»Fahren Sie fort – ich brenne vor Ungeduld.«

»Nun, Sie haben natürlich von den vielen kursierenden Geschichten gehört – den tausend vagen Gerüchten, die im Umlauf sind, von dem Vermögen, das irgendwo an der atlantischen Küste von Kidd und seinen Genossen versteckt worden sein soll. Diese Gerüchte mussten auf irgendeinem Faktum basieren. Und dass die Gerüchte sich so lange und so ausdauernd hielten, ließ sich, wie mir schien, nur aus dem Umstand erklären, dass der vergrabene Schatz noch immer in der Erde ruhte. Hätte Kidd seinen Raub eine Zeitlang versteckt und ihn später wieder geholt, so wären die Gerüchte kaum in ihrer gegenwärtigen, unveränderten Form auf uns gekommen. Sie werden bemerkt haben, dass die umlaufenden Geschichten alle von Schatzsuchern, nicht von Schatzfindern erzählen. Hätte der Pirat sein Geld wiedererlangt, so wäre die Sache eingeschlafen. Es schien mir, als habe irgendein Ereignis – etwa der Verlust einer Aufzeichnung, in der die genaue Stelle beschrieben war – ihn der Möglichkeit beraubt, es wiederzufinden, und als sei dies Ereignis seinen Gefolgsleuten zu Ohren gekommen, die sonst wohl überhaupt nie von einem verborgenen Schatz erfahren hätten; und diese mochten dann nach vergeblichen, weil ungeleiteten Versuchen, ihn wiederzugewinnen, die Gerüchte in die Welt gesetzt und in Umlauf gebracht haben, die heute so verbreitet sind. Haben Sie jemals gehört, dass irgendein bedeutender Schatz an der Küste gehoben worden sei?«

»Nein, nie.«

»Aber dass Kidd ein ungeheures Vermögen zusammengeraubt hatte, ist wohlbekannt. Ich hielt es daher für sicher, dass es noch immer in der Erde ruhte; und Sie werden kaum überrascht sein, wenn ich Ihnen sage, dass ich eine fast zur Gewissheit ge-

wordene Hoffnung in mir verspürte, das auf so seltsame Weise
gefundene Pergament könnte eine verlorene Aufzeichnung über
den Ort des Verstecks enthalten.«

»Doch wie gingen Sie nun vor?«

»Ich hielt das Velin wieder ans Feuer, nachdem ich es stärker
angefacht hatte; doch es erschien nichts. Da kam mir der Gedanke, dass die Schmutzschicht etwas mit dem Fehlschlag zu tun
haben könnte; deshalb spülte ich das Pergament sorgfältig ab,
indem ich warmes Wasser darüber goss, und als das geschehen
war, legte ich es, den Schädel nach unten, in eine Zinnpfanne
und setzte die Pfanne auf einen Kessel mit brennender Holzkoh-
le. Als die Pfanne nach ein paar Minuten gründlich erhitzt war,
zog ich das Blatt heraus und fand es zu meiner unaussprechlichen Freude an mehreren Stellen gesprenkelt mit etwas, das in
Reihen angeordnete Zeichen zu sein schienen. Wieder legte ich
es in die Pfanne und ließ es noch eine Minute darin. Als ich es
herausnahm, war das Ganze gerade so, wie Sie es jetzt sehen.«

Hier reichte mir Legrand das Pergament, das er wieder erhitzt
hatte, zur Ansicht. Zwischen dem Totenkopf und der Ziege waren mit roter Farbe grob die folgenden Charaktere gezeichnet:

53 ≠ ≠ † 305)) 6*; 4826) 4 ≠.) 4 ≠); 806 *; 48 † 8 Π 60)) 85;
]8*:≠ *8† 83 (88) 5* †; 46 (; 88 * 96 *?; 8) * ≠ (; 485); 5* † 2:
*≠(; 4956*2 (5*– 4) 8 Π 8*; 4069285);) 6 † 8) 4 ≠ ≠; 1 (≠ 9;
48081; 8: 8 ≠ 1; 48 † 85; 4) 485 † 528806 * 81 (≠ 9; 48; (88; 4
(≠ ? 34; 48) 4 ≠; 161;: 188; ≠?;

»Aber«, sagte ich, ihm das Blatt zurückgebend, »ich tappe noch
ebenso im Dunkeln wie zuvor. Und würden mich alle Juwelen
von Golconda[11] bei der Lösung dieses Rätsels erwarten, ich
könnte sie mir, dessen bin ich sicher, nicht verdienen.«

»Und doch«, sagte Legrand, »ist die Lösung keineswegs so
schwierig, wie es Ihnen beim ersten Überfliegen der Zeichen
vorkommen mag. Diese Zeichen bilden, wie jeder leicht erraten

dürfte, eine Geheimschrift – das heißt, sie haben einen Sinn; doch nach allem, was von Kidd bekannt ist, hielt ich ihn nicht für fähig, eine der verwickelteren Geheimschriften zu erfinden. Ich entschied also sogleich, dass diese von simpler Machart sei – doch immerhin derart, dass sie dem rohen Verstand der Matrosen ohne den Schlüssel absolut unlösbar erscheinen musste.

»Und Sie haben sie wirklich gelöst?«

»Ohne weiteres; ich habe andere gelöst, die zehntausendmal verwickelter waren. Die Umstände und eine gewisse Neigung des Geistes ließen mich an solchen Rätseln Interesse fassen, und es ist wohl sehr zu bezweifeln, ob menschlicher Scharfsinn ein Rätsel ersinnen kann, das menschlicher Scharfsinn bei entsprechender Hingabe nicht wieder zu lösen vermöchte. Tatsächlich sorgte ich mich, nachdem einmal zusammenhängende und lesbare Zeichen festgestellt waren, kaum noch um die bloße Schwierigkeit, ihre Bedeutung zu erschließen.

Im vorliegenden Fall – in Wahrheit bei allen Fällen von Geheimschriften – gilt die erste Frage der *Sprache* der Chiffre; denn die Prinzipien der Lösung hängen, zumal wenn es sich um einfachere Chiffren handelt, von der Eigenart des besonderen Idioms ab und variieren entsprechend. Im Allgemeinen bleibt dem, der sich an der Lösung versucht, keine andere Wahl, als (geleitet von Wahrscheinlichkeiten) alle Sprachen durchzuprobieren, die ihm bekannt sind, bis die richtige gefunden ist. Aber bei der Chiffre hier vor uns ist alle Schwierigkeit durch die Unterschrift behoben. Das Wortspiel mit dem Namen ›Kidd‹ ist in keiner anderen Sprache als der englischen verständlich. Wäre dieser Umstand nicht gewesen, hätte ich meine Versuche mit Spanisch und Französisch begonnen, den Sprachen also, in denen ein Pirat des spanischen Meeres ein Geheimnis dieser Art wohl am ehesten aufgeschrieben hätte. Wie die Dinge lagen, nahm ich an, es sei eine Geheimschrift in Englisch.

Sie sehen, dass zwischen den Wörtern kein Abstand gelassen ist. Wären sie getrennt geschrieben, so wäre die Aufgabe verhältnismäßig einfach gewesen. In einem solchen Fall hätte ich mit einer Kollation und Analyse der kürzeren Wörter begonnen und, wäre ein Wort mit nur einem Buchstaben vorgekommen, was höchst wahrscheinlich ist (›a‹ oder ›I‹ zum Beispiel), die Lösung als gesichert angesehen. Da es aber keine Zwischenräume gab, war mein erster Schritt, die häufigsten sowie die am wenigsten häufigen Buchstaben festzustellen. Nachdem alle ausgezählt waren, stellte ich folgende Tabelle auf:[12]

Das Zeichen 8 kommt 33 mal vor

*;	”	26 mal ”
4	”	19 mal ”
‡)	”	16 mal ”
*	”	13 mal ”
5	”	12 mal ”
6	”	11 mal ”
†1	”	8 mal ”
0	”	6 mal ”
92	”	5 mal ”
:3	”	4 mal ”
?	”	3 mal ”
Π	”	2 mal ”
] –	”	1 mal ”

Nun ist im Englischen ›e‹ der Buchstabe, der am häufigsten vorkommt. Die weitere Reihenfolge ist dann: a, o, i, d, h, n, r, s, t, u, y, c, f, g, l, m, w, b, k, p, q, x, z.

›e‹ dominiert jedoch so auffallend, dass man selten einen einzelnen Satz von einiger Länge finden wird, in dem ›e‹ nicht der vorherrschende Buchstabe ist.

Hier also haben wir gleich am Anfang die Grundlage zu mehr als einer bloßen Vermutung. Wie diese Tabelle im Allgemeinen zu verwenden ist, ist offensichtlich – doch bei unserer Geheimschrift werden wir nur sehr beschränkt auf sie angewiesen sein.

Da unser häufigstes Zeichen die ›8‹ ist, wollen wir mit der Annahme beginnen, sie sei das ›e‹ des normalen Alphabets. Um sie zu verifizieren, lassen Sie uns sehen, ob die ›8‹ oft paarweise auftritt – denn ›e‹ wird im Englischen sehr häufig verdoppelt – wie zum Beispiel in Wörtern wie *meet, fleet, speed, seen, been, agree* usw. Im vorliegenden Fall finden wir es nicht weniger als fünfmal verdoppelt, obgleich die chiffrierte Mitteilung kurz ist.

Nehmen wir also die ›8‹ als ›e‹ an. Nun kommt von allen englischen *Wörtern* der Artikel *the* am häufigsten vor; sehen wir also nach, ob wir nicht Folgen von drei Zeichen in derselben Anordnung finden, deren letztes die ›8‹ ist. Falls eine solche Zeichenfolge wiederholt vorkommt, steht sie höchstwahrscheinlich für das Wort *the*. Bei der Durchsicht finden wir nicht weniger als sieben solcher Folgen, und zwar sind es die Zeichen ›; 48‹. Wir können daher annehmen, dass das Semikolon für ›t‹, ›4‹ für ›h‹ und ›8‹ für ›e‹ steht – Letzteres ist nun bereits gut bestätigt. Damit haben wir einen großen Schritt vorwärts getan.

Doch nachdem wir ein einzelnes Wort ermittelt haben, sind wir in der Lage, etwas höchst Wichtiges festzustellen, nämlich verschiedene Anfänge und Endungen anderer Wörter. Nehmen wir zum Beispiel die Stelle, wo die Kombination ›; 48‹ zum vorletzten Mal vorkommt – nicht weit vom Ende der Chiffre. Wir wissen, dass das unmittelbar folgende Semikolon den Anfang eines neuen Wortes bildet, und von den sechs Zeichen, die nach diesem *the* stehen, kennen wir nicht weniger als fünf. Setzen wir also für diese Zeichen die Buchstaben ein, die sie, wie wir wissen, vertreten, und lassen wir einen Platz für den unbekannten frei –

t eeth.

Hier können wir sofort das ›th‹ am Ende weglassen, da es kein Teil des mit ›t‹ beginnenden Wortes sein kann; denn wenn wir das ganze Alphabet nach einem in die Lücke passenden Buchstaben durchgehen, sehen wir, dass es nicht möglich ist, ein Wort zu bilden, das dieses ›th‹ enthält. So reduziert sich die Folge auf und wenn wir, falls nötig, das Alphabet wie zuvor durchgehen, stoßen wir auf das Wort *tree* als einzig mögliche Lesart. Wir gewinnen also ›r‹ als neuen Buchstaben, vertreten durch ›)‹, sowie die Wörter *the tree* nebeneinander.

Ein kurzes Stück weiter finden wir wieder die Kombination ›; 48‹, die wir zur Abgrenzung des unmittelbar Vorangehenden verwenden. Wir haben dann die Folge:

the tree; 4 *(≠ ?* 34 *the,*

oder, die Buchstaben eingesetzt, wo sie bekannt sind:

the tree thr ≠ ? 3*h the.*

Lassen wir nun an Stelle der unbekannten Zeichen einen Freiraum, oder setzen wir Punkte, lesen wir:

the tree thr . . . . h the,

und das Wort *through* drängt sich sofort auf. Doch dieser Fund liefert uns drei neue Buchstaben, nämlich ›o‹, ›u‹ und ›g‹ vertreten durch ›≠‹, ›?‹ und ›3‹.

Durchsuchen wir jetzt die Chiffre nach Kombinationen bekannter Zeichen, so finden wir, nicht weit vom Anfang, diese Gruppe:

83(88 oder *egree,*

was offenbar der Schluss des Wortes *degree* ist und uns als neuen Buchstaben das ›d‹ einbringt, vertreten durch ›†‹.

Vier Buchstaben hinter dem Wort *degree* finden wir die Kombination

; 46(; 88*.

Übersetzen wir die bekannten Zeichen und markieren die unbekannten wie zuvor durch Punkte, so lesen wir:

th. rtee.,

eine Folge, die unmittelbar auf das Wort *thirteen* hindeutet und uns zwei neue Buchstaben, ›i‹ und ›n‹, vertreten durch ›6‹ und ›*‹, liefert.

Wenden wir uns nun dem Anfang der Chiffre zu, so finden wir die Kombination

53‡‡†.

Übersetzen wir wie zuvor, so erhalten wir

good,

was uns davon überzeugt, dass der erste Buchstabe ein ›A‹ ist und die beiden ersten Worte *A good* lauten.

Um Verwirrung zu vermeiden, ist es nun Zeit, unseren Schlüssel, soweit er entdeckt ist, in einer Tabelle zu ordnen. Sie sieht so aus:

5	steht	für	a
†	”	”	d
8	”	”	e
3	”	”	g
4	”	”	h
6	”	”	i
*	”	”	n
‡	”	”	o
(	”	”	r
;	”	”	t
?	”	”	u

Wir haben also nicht weniger als zehn der wichtigsten Buchstaben gefunden, und es ist wohl unnötig, auf die Details der Lösung weiter einzugehen. Ich habe genug gesagt, um Sie davon zu überzeugen, dass Geheimschriften dieser Art leicht zu lösen sind, und Ihnen einen gewissen Einblick in die Methodik ihrer Dechiffrierung zu geben. Doch seien Sie versichert, dass unser Beispiel hier zu der allereinfachsten Art von Kryptogrammen gehört. Es bleibt mir nur noch, Ihnen die volle Übersetzung der Zeichen auf dem Pergament – enträtselt – zu geben. Hier ist sie:

›A good glass in the bishop's hostel in the devil's seat twenty-one degrees and thirteen minutes northeast and by north main branch seventh limb east side shoot from the left eye of the death's-head a bee-line from the tree through the shot fifty feet out.‹

›Ein gutes Glas im Bishop's Hostel auf dem Teufelssitz einundzwanzig Grad und dreizehn Minuten Nordnordost Hauptast siebter Zweig Ostseite schieße vom linken Auge des Totenkopfs eine gerade Linie vom Baum durch den Schuss fünfzig Fuß weit.‹«

»Aber«, sagte ich, »mir scheint das Rätsel noch genauso im Argen zu liegen wie zuvor. Wie ist es möglich, aus all dem Kauderwelsch von ›Teufelssitzen‹, ›Totenköpfen‹ und ›Bishop's Hostels‹ einen Sinn herauszupressen?«

»Ich gestehe«, erwiderte Legrand, »dass die Sache sich noch immer schwierig anlässt, wenn man nur einen flüchtigen Blick darauf wirft. Mein erstes Bestreben war, den Satz in seine normalen Teile zu zerlegen, wie es der Kryptograph im Sinn hatte.«

»Sie meinen, ihn zu interpunktieren?«

»So ungefähr.«

»Doch wie haben Sie das zustande gebracht?«

»Ich überlegte, dass es eine *Absicht* des Schreibers gewesen war, seine Worte ohne Trennung zusammenzurücken, um die Lösung weiter zu erschweren. Nun wird ein nicht allzu scharfsinniger Mensch, der dies Ziel verfolgt, die Sache fast sicher übertreiben. Kommt er im Verlauf der Abfassung seines Textes an eine Zäsur, die normalerweise eine Pause oder einen Punkt erfordern würde, so wird er stark geneigt sein, seine Zeichen an dieser Stelle enger als gewöhnlich zusammenzurücken. Wenn Sie in unserem Fall das Manuskript daraufhin ansehen, so werden Sie leicht fünf solcher ungewöhnlich zusammengedrängten Stellen entdecken. Diesem Wink folgend, nahm ich folgende Gliederung vor:

»Ein gutes Glas im Bishop's Hostel auf dem Teufelssitz – einundzwanzig Grad und dreizehn Minuten – Nordnordost – Hauptast siebter Zweig Ostseite – schieße vom linken Auge des Totenkopfs – eine gerade Linie vom Baum durch den Schuss fünfzig Fuß weit.«

»Selbst diese Gliederung«, sagte ich, »lässt mich noch immer im Dunkeln.«

»Auch ich tappte ein paar Tage im Dunkeln«, erwiderte Legrand, »währenddessen forschte ich in der Umgebung von Sullivan's Island eifrig nach einem Gebäude, das den Namen ›Bishop's Hotel‹ trug; denn selbstverständlich ließ ich mich nicht durch das veraltete Wort ›Hostel‹ beirren. Da ich darüber keine Auskunft erhielt, wollte ich schon den Umkreis meiner Nachforschung ausdehnen, als mir eines Morgens ganz plötzlich in den Sinn kam, dies ›Bishop's Hostel‹ könnte mit einer alten Familie namens Bessop zu tun haben, die vor längstvergangener Zeit im Besitz eines Herrenhauses, etwa vier Meilen nördlich der Insel, gewesen war. Ich ging also zu der Plantage hinüber und setzte unter den alten Negern am Ort meine Erkundigungen fort. Endlich sagte mir eine der betagtesten Frauen, sie habe von einem Ort namens *Bessop's Castle* gehört und glaube, mich hinführen zu können; es sei aber weder ein Kastell noch eine Herberge, sondern ein hoher Fels.

Ich bot ihr gute Bezahlung für ihre Mühe, und nach einigen Bedenken willigte sie ein, mich zu der Stelle zu begleiten. Wir fanden sie ohne Schwierigkeit, worauf ich sie entließ und daran ging, den Ort zu untersuchen. Das ›Kastell‹ bestand aus einer unregelmäßigen Anhäufung von Klippen und Felsen, von denen ein Felsblock sowohl durch seine Höhe als auch durch seine isolierte Lage und künstliche Erscheinung auffiel. Ich kletterte auf seine höchste Spitze und war nun ziemlich ratlos, was als Nächstes zu tun sei.

Während ich darüber nachsann, fiel mein Blick auf einen schmalen Vorsprung an der Ostseite des Felsens, vielleicht eine Elle unterhalb des Gipfels, auf dem ich stand. Dieser Vorsprung ragte etwa achtzehn Zoll weit vor und war nicht mehr als einen Fuß breit; eine Nische im Fels genau darüber verlieh ihm eine grobe Ähnlichkeit mit einem der hohllehnigen Sessel, wie sie unsere Vorfahren benutzten. Ich zweifelte nicht, dass dies der ›Teufelssitz‹ sei, von dem das Manuskript sprach, und mir schien, als erfasste ich nun das ganze Geheimnis des Rätsels.

Das ›gute Glas‹ konnte sich, wie ich wusste, auf nichts anderes als ein Teleskop beziehen; denn das Wort ›Glas‹ wird von Seeleuten selten in anderem Sinn gebraucht. Hier nun, das sah ich sofort, sollte ein Teleskop verwendet werden, und zwar von einem festen Standpunkt aus, von dem *nicht abgewichen werden durfte*. Auch nahm ich ohne Zögern an, dass die Ausdrücke ›einundzwanzig Grad und dreizehn Minuten‹ und ›Nordnordost‹ als Anweisung zum Einstellen des Glases gemeint seien. Hocherregt über diese Entdeckungen eilte ich heim, versah mich mit einem Fernglas und kehrte zu dem Fels zurück.

Ich ließ mich auf den Vorsprung hinab und stellte fest, dass man sich sitzend nur in einer bestimmten Position auf ihm halten konnte. Diese Tatsache bestärkte mich in meiner vorgefassten Überzeugung. So ging ich daran, das Glas zu benutzen. Natürlich konnten sich die ›einundzwanzig Grad und dreizehn Minuten‹ auf nichts anderes als die Höhe über dem sichtbaren Horizont beziehen, da die Himmelsrichtung durch das Wort ›Nordnordost‹ klar bezeichnet war. Diese stellte ich sogleich mit Hilfe meines Taschenkompasses fest; dann richtete ich das Glas, so genau ich es durch Abschätzen vermochte, in einem Winkel von einundzwanzig Grad nach oben und bewegte es vorsichtig auf und ab, bis meine Aufmerksamkeit durch eine kreisrunde Lücke oder Öffnung im Laubwerk eines großen Baumes gefesselt wurde, der seine Genossen in der Ferne überragte. Im Zentrum dieser Lücke bemerkte ich einen weißen Fleck, konnte aber zunächst nicht unterscheiden, was es war. Ich stellte das Glas schärfer ein, sah wieder hin und erkannte, dass es ein menschlicher Schädel war.

Nach dieser Entdeckung war ich zuversichtlich, das Rätsel gelöst zu haben; denn die Wendung ›Hauptast, siebter Zweig, Ostseite‹ konnte sich nur auf die Lage des Schädels auf dem Baum beziehen, und auch ›schieße vom linken Auge des Totenkopfs‹ ließ nur eine Deutung zu, nämlich die mit Bezug auf die Suche nach einem vergrabenen Schatz. Ich verstand ihren Sinn so, dass man durch das linke Auge des Schädels eine Kugel fallen lassen solle und dass eine gerade Linie, vom nächsten Punkt des Stamms durch den ›Schuss‹ (oder die Stelle, wo die Kugel herunterfiel) gezogen und von da fünfzig Fuß verlängert, einen bestimmten Punkt ergeben würde – und dass unter diesem Punkt, das hielt ich zumindest für *möglich*, wertvolles Gut verborgen lag.«

»Das alles«, sagte ich, »ist überaus klar und, wenn auch geistreich konzipiert, doch einfach und verständlich. Als Sie die ›Bischofsherberge‹ verließen, was taten Sie dann?«

»Nun, nachdem ich mir die Lage des Baums genau eingeprägt hatte, wandte ich mich heimwärts. In dem Moment jedoch, als ich den ›Teufelssitz‹ verließ, verschwand die runde Lücke; auch später konnte ich keine Spur mehr von ihr entdecken, wie immer ich mich drehte und wendete. Was mir als das Sinnreichste an der ganzen Sache erscheint, ist die Tatsache (denn wiederholtes Experimentieren hat mich überzeugt, dass es eine Tatsache *ist*), dass die fragliche kreisrunde Öffnung von keinem anderen Punkt aus sichtbar ist als dem, den der schmale Vorsprung an der Felswand bietet.

Bei dieser Expedition zur ›Bischofsherberge‹ wurde ich von Jupiter begleitet, der zweifellos seit einigen Wochen mein zerstreutes Wesen bemerkt hatte und große Sorge trug, mich nicht allein zu lassen. Doch am nächsten Tag, an dem ich sehr früh aufstand, gelang es mir, ihm zu entwischen; ich ging in die Berge, um den Baum zu suchen. Nach vieler Mühe fand ich ihn. Als ich abends heimkam, wollte mir mein Diener Prügel verpassen. Mit dem Rest des Abenteuers sind Sie, glaube ich, ebenso vertraut wie ich.«

»Ich nehme an«, sagte ich, »dass Sie die Stelle beim ersten Grabungsversuch durch die Dummheit Jupiters verfehlten, der den Käfer durch das rechte statt durch das linke Auge fallen ließ.«

»So ist es. Dieser Fehler ergab eine Differenz von zweieinhalb Zoll für den ›Schuss‹ – das heißt, für die Position des Pflocks bei dem Baum; und hätte der Schatz *unter* dem ›Schuss‹ gelegen, wäre der Irrtum von geringer Bedeutung gewesen; doch waren der ›Schuss‹ wie auch der Punkt an dem Baum nur zwei Punkte zur Festlegung einer Richtungslinie; natürlich vergrößerte sich der Fehler, so gering er anfangs auch sein mochte, als wir die Linie verlängerten, bis er nach fünfzig Fuß uns ganz von der Spur abgebracht hatte. Wäre ich nicht zutiefst überzeugt gewesen, dass hier irgendwo tatsächlich ein Schatz vergraben sei, so wäre unsere ganze Plackerei vergeblich gewesen.«

»Vermutlich wurde die Idee mit *dem Schädel* – eine Kugel durch das Auge des Schädels fallen zu lassen – Kidd durch die Piratenflagge eingegeben. Zweifellos sah er eine Art poetische Logik darin, sein Geld durch dies ominöse Emblem wiederzugewinnen.«

»Vielleicht; doch ich kann nicht umhin zu glauben, dass der gesunde Menschenverstand mit der Sache ebenso viel zu tun hatte wie irgendeine poetische Logik. Um überhaupt von dem Teufelssitz aus sichtbar zu sein, musste – wenn klein – der Gegenstand *weiß* sein; und nichts behält, ja steigert noch seine

Weiße, wenn man es allen Wechselfällen der Witterung aussetzt, wie gerade ein menschlicher Schädel.«

»Aber Ihr großspuriges Gerede und Ihr Benehmen, als Sie
den Käfer schwenkten – wie höchst seltsam! Ich war überzeugt,
Sie seien verrückt. Und warum bestanden Sie darauf, statt einer
Kugel den Käfer durch den Schädel fallen zu lassen?«

»Nun, um ehrlich zu sein, ich war etwas verärgert über Ihre
offensichtlichen Zweifel an meiner geistigen Gesundheit, und
so beschloss ich, Sie ganz sachte auf meine Weise durch eine
kleine, maßvolle Mystifikation zu bestrafen. Aus diesem Grund
schwenkte ich den Käfer, und aus diesem Grund ließ ich ihn
vom Baum werfen. Eine Bemerkung Ihrerseits über sein großes
Gewicht brachte mich auf den Gedanken.«

»Ja, ich verstehe; und nun gibt es nur noch einen Punkt, der
mir rätselhaft ist. Was ist von den Skeletten zu halten, die wir in
dem Loch fanden?«

»Das ist eine Frage, auf die ich ebenso wenig eine Antwort
weiß wie Sie selbst. Doch scheint es dafür nur eine einleuchten-
de Erklärung zu geben – und dennoch ist es furchtbar, an eine
solche Gräueltat glauben zu müssen, wie sie meine Vermutung
in sich schließt. Es ist klar, dass Kidd – falls Kidd wirklich diesen
Schatz versteckt hat, woran ich nicht zweifle – es ist klar, dass er
Hilfe gehabt haben muss. Doch als die schlimmste Arbeit getan
war, mag er es für ratsam gehalten haben, alle Mitwisser seines
Geheimnisses zu beseitigen. Vielleicht genügten zwei Schläge
mit einer Hacke, als seine Helfer noch in der Grube beschäftigt
waren; vielleicht waren ein Dutzend nötig – wer will das sagen?«

1843   *Übersetzung von Ekkehard Schöller*

Die schwarze Katze

Für die überaus wilde und doch so gewöhnliche Geschichte, die ich zu schreiben beabsichtige, erwarte ich und verlange ich keinen Glauben. Wahnsinnig wäre ich in der Tat, wollte ich ihn erwarten in einem Fall, da meine Sinne selbst ihre eigene Wahrnehmung verwerfen. Doch wahnsinnig bin ich nicht – und ganz sicher träume ich nicht. Aber morgen sterbe ich, und heute möchte ich meine Seele entlasten. Meine unmittelbare Absicht ist es, der Welt eine Reihe ganz alltäglicher Ereignisse offen, kurz und ohne Kommentar vorzusetzen. In ihren Konsequenzen haben mich diese Ereignisse erschreckt – gemartert – vernichtet. Doch will ich nicht versuchen, sie zu deuten. In mir haben sie fast nur Grauen erregt – vielen werden sie vielleicht weniger schrecklich als eher grotesk erscheinen. Später wird sich vielleicht ein Verstand finden, der meine Hirngespinste zum Gemeinplatz abschwächt – ein ruhigerer, logischer denkender und weit weniger erregbarer Verstand, der in den Umständen, die ich voll Furcht im Einzelnen erwähne, nichts anderes sieht als eine gewöhnliche Folge ganz natürlicher Ursachen und Wirkungen.

Von Kindheit an fiel die Gelehrigkeit und Menschenfreundlichkeit meines Wesens auf. Meine Sanftmut war so offenkundig, dass ich zum Gespött meiner Kameraden wurde. Besonders gern hatte ich Tiere, und meine Eltern ließen mir die mannigfaltigsten Arten von Lieblingen. Mit diesen verbrachte ich die meiste Zeit, und ich war nie glücklicher, als wenn ich Sie fütterte und liebkoste. Diese Besonderheit meines Charakters entwickelte sich, während ich heranwuchs, und als ich erwachsen war, wurde sie zu einer der Hauptquellen meines Vergnügens. Denen, die je ein liebevolles Verhältnis zu einem treuen, verständigen Hund unterhielten, brauche ich wohl kaum die Art und Intensität einer solchen Befriedigung zu erklären. Es ist etwas in der selbstlosen und aufopferungsvollen Liebe eines Tieres, das unmittelbar dem zu Herzen geht, der häufig Gelegenheit hat, die armselige Freundschaft und die fadenscheinige Treue bloßer *Menschen* auf die Probe zu stellen.

Ich heiratete früh und war glücklich, in meiner Frau eine Neigung zu entdecken, die meiner eigenen nicht unähnlich war. Indem sie meine Vorliebe für Haustiere erkannte, ließ sie keine Gelegenheit aus, für sie in der freundlichsten Weise zu sorgen. Wir hatten Vögel, Goldfische, einen schönen Hund, Kaninchen, einen kleinen Affen und eine *Katze.*

Diese letztere war ein bemerkenswert großes und schönes Tier, vollkommen schwarz und in einem erstaunlichen Maße verständig. Kam die Rede auf ihre Intelligenz, konnte sich meine Frau, die in ihrem Innern stark vom Aberglauben durchtränkt war, häufig nicht einer Anspielung auf den alten Volksglauben enthalten, der alle schwarzen Katzen als verkleidete Hexen betrachtete. Nicht, dass es ihr jemals *ernst* damit war – ich erwähne die Sache überhaupt nur aus dem Grund, weil sie mir gerade jetzt zufällig in den Sinn kommt.

Pluto – so hieß die Katze – war mein bevorzugter Liebling und Spielgefährte. Ich allein fütterte ihn, und er begleitete mich überall durch das Haus. Nur mit Schwierigkeiten konnte ich ihn davon abhalten, mir auf der Straße nachzulaufen.

Unsere Freundschaft dauerte in dieser Art mehrere Jahre, während derer jedoch mein Gemütszustand und Charakter im Allgemeinen – durch die Einwirkung des Feindes Trunksucht (ich gestehe es errötend) – eine radikale Wandlung zum Schlechteren erfahren hatte. Täglich wurde ich launischer, reizbarer und rücksichtsloser gegen die Gefühle anderer. Ich litt selbst darunter, wenn ich unbeherrschte Reden mit meiner Frau führte. Schließlich wurde ich ihr gegenüber sogar tätlich. Meine Lieblinge mussten natürlich die Veränderung in meinem Wesen spüren. Ich vernachlässigte sie nicht nur, sondern ging übel mit ihnen um. Auf Pluto jedoch nahm ich noch immer genügend Rücksicht und hütete mich, ihn zu misshandeln, so wie ich skrupellos die Kaninchen, den Affen und auch den Hund misshandelte, wenn sie mir durch Zufall oder aus Zuneigung in die Quere kamen. Aber meine Krankheit überwältigte mich – denn welche Krankheit gleicht der Alkoholsucht? –, und schließlich begann selbst Pluto, der jetzt alt und folglich etwas launisch wurde, die Wirkungen meiner Unbeherrschtheit zu erfahren.

Eines Nachts, als ich ziemlich betrunken aus einer meiner Kneipen in der Stadt zurückkehrte, bildete ich mir ein, die Katze ginge mir aus dem Wege. Ich ergriff sie, worauf sie, in ihrer Angst vor meiner Gewalttätigkeit, meiner Hand mit ihren Zähnen eine leichte Wunde beibrachte. Die Raserei eines Dämons erfasste mich augenblicklich. Ich kannte mich selbst nicht mehr. Meine ursprüngliche Seele schien auf der Stelle meinem Leib zu entfliehen. Und eine mehr als teuflische Bösartigkeit, vom Gin genährt, elektrisierte jede Faser meines Körpers. Ich nahm aus meiner Westentasche ein Taschenmesser, öffnete es, packte das arme Tier bei der Kehle und schnitt ihm mit voller Absicht ein Auge aus der Höhlung! Ich erröte, ich brenne, ich schaudere, während ich die verdammenswerte Ungeheuerlichkeit niederschreibe.

Als die Vernunft mit dem Morgen zurückkehrte – als ich die Dünste des nächtlichen Rausches ausgeschlafen hatte –, erfuhr ich ein Gefühl halb Grauen, halb Reue wegen des Verbrechens, das ich verschuldet hatte; aber es war bestenfalls ein schwaches und unentschiedenes Gefühl, und die Seele blieb unberührt davon. Ich stürzte mich wiederum in Unmäßigkeit und ertränkte bald jede Erinnerung an die Tat im Wein.

In der Zwischenzeit erholte sich die Katze langsam. Die augenlose Höhlung bot zwar einen schrecklichen Anblick, aber Pluto schien keine Schmerzen mehr zu haben. Er bewegte sich im Haus wie gewöhnlich, aber er floh in höchster Panik, wie man erwarten konnte, sobald ich mich näherte. So viel meines früheren Wesens war mir noch geblieben, dass ich zunächst betrübt war über die offensichtliche Abneigung seitens eines Geschöpfes, das mich einst so geliebt hatte. Aber dieses Gefühl wich bald der Nervosität. Und dann kam, um mich gleichsam endgültig und unwiderruflich zu überwältigen, der Geist der PERVERSITÄT. Über diesen Geist gibt die Philosophie keine Rechenschaft. Doch ebenso sicher wie meine Seele lebt, weiß ich, dass die Perversität einer der primitiven Triebe der menschlichen Seele ist – eine der unteilbaren Grundfähigkeiten oder -gefühle, die den Charakter eines Menschen bestimmen. Wer hat sich nicht schon hundertmal bei einer gemeinen oder einfältigen Handlung ertappt, die man aus keinem anderen Grund begeht, als dass man weiß, man dürfe *nicht*. Neigen wir nicht beständig trotz der Schärfe unseres Urteils dazu, das *Gesetz* zu verletzen, bloß weil wir es als solches verstehen? Dieser Geist der Perversität, behaupte ich, kam, um mich endgültig zu überwältigen. Es war dieses unendliche Verlangen der Seele, *sich selbst zu quälen* – der eigenen Natur Gewalt anzutun –, Unrecht zu tun um des Unrechts willen, das mich drängte, das Verbrechen, welches ich an dem unschuldigen Tier begangen hatte, fortzusetzen und schließlich zu vollenden. Eines Morgens warf ich kaltblütig eine Schlinge um seinen Hals und hängte es an einem Ast auf – hängte es, während die Tränen aus meinen Augen strömten und die bitterste Reue an meinem Herzen nagte – hängte es, weil ich wusste, dass es mich liebte, und weil ich fühlte, dass es mir keinen Grund zum Anstoß gegeben hatte – hängte es, weil ich wusste, dass ich damit eine Sünde beging – eine Todsünde, die meine unsterbliche Seele gefährden, ja – wenn so etwas möglich wäre – bewirken könnte, dass die unendliche Gnade des gnädigsten und schrecklichsten Gottes sie nicht erreicht.

In der folgenden Nacht, nachdem die grausige Tat geschehen war, wurde ich durch den Ruf »Feuer!« aus dem Schlaf gerissen. Die Vorhänge meines Bettes standen in Flammen. Das ganze Haus brannte. Nur mit großer Mühe entgingen meine Frau, ein Diener und ich selbst dem Verbrennen. Die Zerstörung war vollkommen. Mein gesamter weltlicher Besitz war verschlungen, und ich ergab mich von nun an der Verzweiflung.

Ich erliege nicht der Versuchung, eine Folge von Ursache und Wirkung zwischen dem Unglück und der Untat zu konstruieren. Aber ich zähle eine Kette von Fakten auf – und möchte nach Möglichkeit kein Glied auslassen. An dem Tag nach dem Feuer besichtigte ich die Ruinen. Die Wände waren mit einer Ausnahme eingestürzt. Diese Ausnahme bildete eine nicht sehr dicke Innenwand, die etwa in der Mitte des Hauses stand und an der das Kopfende meines Bettes geruht hatte. Der Mörtel hatte hier größtenteils dem Angriff des Feuers standgehalten, eine Tatsache, die ich einer kürzlichen Übertünchung zuschrieb. Um diese Wand scharte sich eine dichte Menge, und viele Leute schienen eine besondere Stelle mit sehr genauer und eifriger Aufmerksamkeit zu untersuchen. Die Worte »seltsam!« »einzigartig!« und andere ähnliche Ausdrücke erregten meine Neugier. Ich ging näher und sah, gleichsam wie im Flachrelief auf der weißen Oberfläche eingraviert, die Gestalt einer riesigen *Katze*. Der Eindruck war mit wirklich verblüffender Genauigkeit wiedergegeben. Ein Seil hing um den Hals des Tieres.

Als ich diese Erscheinung – denn als etwas anderes konnte ich es kaum ansehen – zunächst betrachtete, waren meine Verwunderung und mein Entsetzen außerordentlich. Aber schließlich kam die Reflexion zu Hilfe. Ich erinnerte mich, die Katze hatte in einem Garten gehangen, der an das Haus grenzte. Beim Feueralarm war die Menge sofort in diesen Garten geströmt – irgendjemand musste das Tier vom Baum abgeschnitten und durch ein offenes Fenster in mein Zimmer geworfen haben. Dies war wahrscheinlich geschehen, um mich aus dem Schlaf zu reißen. Die einstürzenden Wände hatten das Opfer meiner Grausamkeit in die Substanz des frisch verteilten Mörtels gepresst. Der Kalk hatte in Verbindung mit den Flammen und dem Ammoniak der Leiche das Porträt zustande gebracht, so wie ich es nun sah.

Obwohl ich so ohne weiteres meinem Verstand, wenn nicht gar meinem Gewissen, über das beunruhigende Faktum, das ich eben erwähnte, Rechenschaft ablegte, machte dies doch einen tiefen Eindruck auf meine Phantasie. Über Monate hin konnte ich mich von dem Phantom der Katze nicht freimachen; und während dieser Zeit kehrte in mir ein Halbgefühl wieder, das Reue zu bedeuten schien, aber keine war. Ich ging so weit, den Verlust des Tieres zu bedauern und mich in den gemeinen Kneipen, die ich jetzt gewöhnlich besuchte, nach einem anderen Wesen gleicher Art und etwa ähnlicher Erscheinung als Ersatz umzusehen.

Eines Nachts, als ich halbbetäubt in einer mehr als anrüchigen Höhle saß, wurde meine Aufmerksamkeit plötzlich auf einen schwarzen Gegenstand gelenkt, der auf einem der ungeheueren Gin- oder Rumfässer ruhte, welche das Hauptmobiliar des Raumes bildeten. Ich hatte minutenlang auf dieses Fass gesehen, und was mich jetzt überraschte, war die Tatsache, dass ich den Gegenstand darauf nicht früher bemerkt hatte. Ich näherte mich ihm und berührte ihn mit meiner Hand. Es war eine schwarze Katze – eine sehr große – genauso groß wie Pluto und ihm ganz ähnlich außer in einer Hinsicht. Pluto hatte nirgends an seinem Körper ein weißes Haar; aber diese Katze hatte einen großen, wenn auch formlosen weißen Fleck, der fast das gesamte Feld der Brust bedeckte.

Als ich sie berührte, erhob sie sich sofort, schnurrte laut, rieb sich an meiner Hand und schien erfreut, dass ich sie bemerkte. Das war also genau das Geschöpf, nach dem ich suchte. Sogleich machte ich dem Wirt ein Kaufangebot, aber dieser erhob keinen Anspruch – wusste nichts davon – hatte es nie zuvor gesehen.

Ich setzte meine Liebkosungen fort, und als ich mich auf den Heimweg machen wollte, zeigte das Tier Neigung, mich zu begleiten. Ich erlaubte es ihm, bückte mich gelegentlich und streichelte es beim Weitergehen. Als es das Haus erreicht hatte, fühlte es sich sofort heimisch und wurde von nun an der erklärte Liebling meiner Frau.

Ich meinerseits merkte bald, wie ein Missfallen ihm gegenüber in mir aufkam. Das war gerade umgekehrt als vorgesehen. Aber – ich weiß nicht wie oder warum – seine offenkundige Liebe zu mir ekelte mich eher an und störte mich. Ganz allmählich gingen diese Gefühle des Ekels und Ärgers in die Bitterkeit des Hasses über. Ich mied das Geschöpf, da ein gewisses Schamgefühl und die Erinnerung an meine vorige Grausamkeit mich daran hinderten, es körperlich zu misshandeln. Einige Wochen lang schlug ich es nicht und tat ihm auch sonst keine Gewalt an. Aber allmählich – ganz allmählich – konnte ich es nur mehr mit unsäglichem Abscheu ansehen, und ich floh wortlos seine verhasste Gegenwart wie den Atem der Pest.

Zweifellos steigerte meinen Hass auf das Tier die Entdeckung – am Morgen, nachdem ich es heimgebracht hatte –, dass es wie Pluto ein Auge verloren hatte. Dieser Umstand jedoch machte es meiner Frau nur lieb und teuer; denn sie besaß, wie ich schon sagte, in hohem Maße jenes menschliche Mitgefühl, das einst mich besonders ausgezeichnet hatte und die Quelle meiner einfachsten und reinsten Freuden gewesen war.

Mit meiner Abneigung gegenüber dieser Katze schien jedoch ihre Vorliebe für mich zu wachsen. Sie folgte meinen Schritten mit einer Hartnäckigkeit, die ich dem Leser nur schwer begreiflich machen könnte. Wann immer ich mich setzte, kroch sie unter meinen Stuhl oder sprang auf meine Knie und bedeckte mich mit ihren ekelhaften Liebkosungen. Wenn ich aufstand, um spazieren zu gehen, kam sie mir zwischen die Füße und brachte mich so beinahe zu Fall, oder sie heftete ihre langen scharfen Krallen in meinen Anzug und kletterte auf diese Weise an meiner Brust hoch. Obwohl mich in diesen Augenblicken das Verlangen überkam, sie mit einem Hieb zu vernichten, wurde ich davon zurückgehalten teils durch die Erinnerung an mein voriges Verbrechen, hauptsächlich aber – lasst es mich gleich gestehen – aus fürchterlicher *Angst* vor dem Tier.

Diese Angst war nicht genau wie die vor einem körperlichen Übel – und doch wüsste ich nicht, wie ich sie anders definieren sollte. Ich schäme mich beinahe – ja selbst in dieser Verbrecherzelle schäme ich mich beinahe einzugestehen –, dass der Schrecken und das Grauen, die mir das Tier einflößten, gesteigert wurden durch eine der reinsten Schimären, die man sich denken kann. Meine Frau hatte mich mehr als einmal auf die Art der weißhaarigen Markierung aufmerksam gemacht, von der ich schon gesprochen habe und die den einzigen Unterschied zwischen dem seltsamen Tier und dem, das ich vernichtet hatte, bildete. Der Leser wird sich erinnern, dass dieser Fleck zwar groß, aber ursprünglich ganz formlos gewesen war. Doch ganz allmählich – fast unmerklich, so dass mein Verstand lange versuchte, dies als Einbildung abzutun – hatte dieser schließlich einen absolut klaren Umriss angenommen. Er stellte jetzt einen Gegenstand dar, den ich voll Schauder nenne – und vor allem deshalb hasste und fürchtete ich das Monstrum und hätte mich davon befreit, *hätte ich's nur gewagt* –, er war jetzt, sage ich, das Abbild eines scheußlichen – eines grässlichen Dings – eines GALGENS! – oh, welch trauriges, schreckliches Instrument des Grauens und des Verbrechens – der Agonie und des Todes!

Und jetzt war mir in der Tat elend über das Elend bloßen Menschseins hinaus. Und ein *brutales Tier* – dessen Kameraden ich verächtlich umgebracht hatte –, *ein brutales Tier*, das mir – mir, einem Menschen, nach dem Bild des großen Gottes geschaffen – solch unerträglichen Schmerz zufügen sollte! Ach, weder bei Tag noch bei Nacht erfuhr ich mehr den Segen der Ruhe! Tagsüber ließ mich die Kreatur keinen Augenblick allein, und nachts schreckte ich stündlich aus Träumen unsäglicher Angst auf, nur um den heißen Atem des *Dings* auf meinem Gesicht und sein ungeheueres Gewicht zu fühlen – ein leibhaftiger

Alptraum, den abzuschütteln ich keine Kraft hatte – und der ewig auf meinem *Herzen* lastete!

Unter dem Druck derartiger Qualen unterlag der schwache Rest des Guten in mir. Böse Gedanken wurden meine einzigen Freunde – die finstersten und bösesten Gedanken. Meine übliche Launenhaftigkeit steigerte sich in Hass auf alle Dinge und Menschen; unterdessen erwies sich, ach, meine unverzagte Gattin als die häufigste und nachsichtigste Dulderin gegenüber den zahlreichen plötzlichen und unkontrollierten Ausbrüchen meiner Raserei, denen ich mich jetzt blindlings überließ.

Eines Tages begleitete sie mich bei einer häuslichen Besorgung in den Keller des alten Hauses, das zu bewohnen uns unsere Armut zwang. Die Katze folgte mir die steilen Stufen hinab, und während sie mich beinahe zu Fall brachte, steigerte sie meine Wut zum Wahnsinn. Ich hob eine Axt, vergaß in meinem Zorn die kindische Angst, die bisher meine Hand zügelte, und holte zu einem Schlag nach dem Tier aus, der natürlich sofort tödlich gewesen wäre, hätte er so getroffen wie ich wollte. Aber dieser Schlag wurde von der Hand meiner Frau aufgehalten. Durch dieses Eingreifen zu mehr als dämonischer Wut angestachelt, entwand ich meinen Arm ihrem Zugriff und senkte die Axt in ihr Hirn. Sie fiel auf der Stelle tot nieder, ohne einen Seufzer.

Nachdem ich diesen grässlichen Mord begangen hatte, machte ich mich mit vollem Bewusstsein an die Arbeit, die Leiche zu verbergen. Ich wusste, dass ich sie weder bei Tag noch bei Nacht vom Hause entfernen konnte, ohne Gefahr zu laufen, von den Nachbarn beobachtet zu werden. Viele Pläne gingen mir durch den Kopf. Einmal dachte ich daran, die Leiche in kleine Teile zu zerschneiden und sie im Feuer zu vernichten. Ein andermal beschloss ich, dafür ein Grab im Boden des Kellers zu graben. Dann wieder wollte ich sie in den Hofbrunnen werfen – oder mit den üblichen Vorkehrungen in eine Kiste packen wie eine Ware und einen Dienstmann kommen lassen, damit er sie vom Haus forttrüge. Endlich fiel mir etwas ein, das ich für den weitaus besten von all diesen Plänen hielt. Ich entschied mich dafür, sie im Keller einzumauern – wie die Mönche im Mittelalter ihre Opfer eingemauert haben sollen.

Für eine Absicht wie diese war der Keller gut geeignet. Seine Wände waren locker gebaut und waren erst kürzlich vollständig mit einem rohen Putz beworfen worden, der wegen der Feuchtigkeit der Luft hatte noch nicht hart werden können. Überdies war an einer der Wände ein Vorsprung, der von einem falschen Kamin oder Herd herrührte und aufgefüllt sowie dem Rest des Kellers angeglichen worden war. Ich hegte keinen Zweifel, dass ich ohne weiteres die Ziegel an dieser Stelle entfernen, die Leiche hineinsetzen und das Ganze wie zuvor zumauern könnte, so dass kein Auge irgendetwas Verdächtiges zu entdecken vermöchte.

Und bei dieser Berechnung täuschte ich mich nicht. Mit Hilfe eines Brecheisens schaffte ich die Ziegel leicht beiseite, und nachdem ich die Leiche sorgfältig gegen die innere Wand gelehnt und in dieser Lage gestützt hatte, stellte ich ohne Schwierigkeiten die gesamte Anlage wieder her, wie sie ursprünglich gewesen war. Ich besorgte mir Mörtel, Sand und Haar mit aller erdenklichen Vorsicht, machte mir einen Putz zurecht, der sich vom alten nicht unterschied, und bewarf damit sorgfältig das neue Gemäuer. Als ich damit fertig war, fühlte ich mich zufrieden, weil alles in Ordnung war. Die Wand zeigte nicht die geringste Spur davon, dass man sich an ihr zu schaffen gemacht hatte. Der Abfall auf dem Boden wurde mit äußerster Sorgfalt aufgelesen, ich blickte triumphierend um mich und sagte zu mir selbst: »Hier wenigstens ist also meine Arbeit nicht umsonst gewesen.«

Mein nächster Schritt war, nach dem Tier zu sehen, das der Grund für so viel Elend gewesen war; denn ich hatte endlich fest beschlossen, ihm den Tod zu geben. Wäre es mir gelungen, ihm in diesem Augenblick zu begegnen, dann hätte kein Zweifel über sein Schicksal bestanden. Aber es schien, als sei das intelligente Tier durch die handgreifliche Äußerung meines früheren Zornes alarmiert worden und verzichte darauf, mir in meiner gegenwärtigen Stimmung unter die Augen zu kommen. Es ist unmöglich, das tiefe, selige Gefühl der Erleichterung zu beschreiben oder sich vorzustellen, das die Abwesenheit des verfluchten Geschöpfes in meinem Herzen erregte. Es tauchte auch in der Nacht nicht auf – und so schlief ich wenigstens eine Nacht lang, seit es Einzug in dieses Haus gehalten hatte, tief und ruhig; ja, ich *schlief* sogar mit der Last des Mordes auf meiner Seele!

Der zweite und dritte Tag verging, und mein Peiniger kam immer noch nicht. Noch einmal atmete ich als freier Mann. Das Monstrum war voll Entsetzen dem Anwesen entflohen! Ich sollte es nicht mehr sehen! Mein Glück war vollkommen! Die Schuld meiner dunklen Tat störte mich nur wenig. Einige wenige Fragen waren gestellt und ohne weiteres beantwortet worden. Sogar eine Haussuchung hatte man veranstaltet – aber natürlich war nichts zu entdecken gewesen. Ich betrachtete mein künftiges Glück als gesichert.

Am vierten Tag nach dem Mord kam eine Gruppe von Polizisten völlig unerwartet ins Haus und ging daran, wiederum rigorose Nachforschungen auf dem Anwesen anzustellen. Davon überzeugt, dass mein Versteck unmöglich zu finden war, fühlte ich jedoch absolut keine Verlegenheit. Die Beamten baten mich, sie bei ihrer Suche zu begleiten. Sie ließen keinen Winkel und keine Ecke undurchforscht. Schließlich stiegen sie zum dritten oder vierten Mal in den Keller. Kein Muskel zitterte in mir. Mein Herz schlug ruhig wie das eines Mannes, der in Unschuld schlummert. Ich schritt durch den Keller von einem Ende zum anderen. Ich verschränkte die Arme über meiner Brust und lief geschäftig hin und her. Die Polizei war absolut zufrieden und bereit zu gehen. Die Freude in meinem Herzen war zu groß, als dass ich sie zurückhalten konnte. Ich brannte darauf, wenigstens ein Wort des Triumphes zu sagen und ihre Überzeugung von meiner Schuldlosigkeit zu verdoppeln.

»Meine Herren«, sagte ich endlich, als die Gruppe nach oben stieg, »ich freue mich, Ihren Verdacht entkräftet zu haben. Ich wünsche Ihnen alles Gute, und ein wenig mehr Höflichkeit. Übrigens, meine Herren, dies – dies ist ein sehr gut gebautes Haus.« (In dem rasenden Verlangen, etwas leichthin zu sagen, wusste ich kaum, was ich überhaupt sprach.) »Ich darf wohl sagen, ein *hervorragend* gut gebautes Haus. Diese Wände – gehen Sie etwa schon, meine Herren? – diese Wände sind solid zusammengefügt«; und hierbei, im puren Wahn des Übermuts, schlug ich kräftig mit einem Stock, den ich in der Hand hielt, genau auf die Stelle des Mauerwerks, hinter der die Leiche meiner geliebten Frau stand.

Möge Gott mich schützen und aus den Fängen des Erzfeindes befreien! Kaum war der Widerhall meines Schlages in der Stille versunken, da antwortete mir eine Stimme aus dem Innern des Grabes! – ein Laut, zunächst gedämpft und gebrochen wie das Schluchzen eines Kindes und dann rasch anschwellend zu einem langen, lauten, dauernden Kreischen, ganz unnormal und unmenschlich – ein Heulen – ein klagender Schrei, halb des Entsetzens, halb des Triumphes, wie er nur aus der Hölle sich erheben könnte, gemeinsam aus den Kehlen der Verdammten in ihrer Agonie und der Dämonen, die in der Verdammnis frohlocken.

Narrheit ist es, von meinen eigenen Gedanken zu sprechen. Mit schwindenden Sinnen taumelte ich an die gegenüberliegende Wand. Einen Augenblick lang verharrte die Gruppe der Polizisten regungslos, in äußerstem Schrecken und Entsetzen. Im nächsten bearbeitete ein Dutzend starker Hände die Wand. Sie fiel Stück um Stück. Die Leiche, die schon ziemlich verwest und mit geronnenem Blut überlaufen war, stand aufrecht vor den Augen der Betrachter. Auf ihrem Kopf saß mit rotem, weit aufgerissenem Rachen und dem einsamen, feurigen Auge das grässliche Tier, dessen List mich zum Mord verführt und dessen verräterische Stimme mich dem Henker überantwortet hatte. Ich hatte das Monstrum in das Grab mit eingemauert!

1843   *Übersetzung von Dietrich Klose*

Eine Geschichte vom Felsengebirge

Im Herbst 1827, als ich in der Nähe von Charlottesville in Virginia wohnte, machte ich zufällig die Bekanntschaft von Mr. Augustus Bedloe. Dieser junge Herr war in jeder Hinsicht bemerkenswert und erweckte in mir großes Interesse und Neugier. Ich fand es unmöglich, ihn zu verstehen, sowohl was seinen Geist, als was seinen Körper betraf. Über seine Familie konnte ich keinen zufrieden stellenden Bericht bekommen. Ich brachte nie heraus, woher er kam. Auch was sein Alter anlangte – obwohl ich ihn einen jungen Herrn nenne –, so war da etwas, das mich in nicht geringem Maße verwirrte. Ganz sicher *schien* er jung – und er legte Wert darauf, von seiner Jugend zu sprechen –, doch es gab Augenblicke, in denen es mir nicht schwergefallen wäre, mir vorzustellen, dass er hundert Jahre alt sei. Aber am allermerkwürdigsten war seine äußere Erscheinung. Er war auffallend groß und dünn. Er ging sehr gebeugt. Seine Gliedmaßen waren lang und ausgemergelt. Seine Stirn war breit und niedrig. Seine Gesichtsfarbe war leichenblass. Sein Mund war groß und beweglich, und seine Zähne waren zwar gesund, aber von einer grotesken Unregelmäßigkeit, wie ich es nie zuvor an einem menschlichen Schädel gesehen hatte. Sein Lächeln war jedoch in keiner Weise unangenehm, wie man es hätte vermuten können; aber es hatte etwas Starres. Es war ein Lächeln von tiefer Melancholie, von einer gleichmäßigen und unablässigen Düsterkeit. Seine Augen waren ungewöhnlich groß und rund wie die einer Katze. Bei zunehmendem Lichteinfall erweiterten sich seine Pupillen, bei abnehmendem verengten sie sich, genau wie bei der Gattung der Katzen. In Augenblicken der Aufregung glänzten die Augäpfel in fast unvorstellbarer Helligkeit; sie schienen leuchtende Strahlen nicht von reflektiertem, sondern von innerem Glanz auszusenden, wie es eine Kerze oder die Sonne tut; und doch waren sie im Normalzustand so vollkommen leer, verschleiert und trübe, dass sie den Eindruck von Augen einer lange begrabenen Leiche machten.

Diese Eigenarten seines Äußeren schienen ihm viel Ärger zu bereiten, und er spielte fortgesetzt darauf an, in einer halb erklärenden, halb entschuldigenden Weise, die mich, als ich es zum ersten Mal hörte, äußerst peinlich berührte. Ich gewöhnte mich jedoch rasch daran, und mein Unbehagen legte sich. Es schien seine Absicht zu sein, eher anzudeuten, als direkt zu behaupten, dass er äußerlich nicht immer so gewesen sei, wie er jetzt war – dass eine große Anzahl von neuralgischen Anfällen ihn von einem Zustand außergewöhnlicher äußerer Schönheit auf das reduziert hatte, was ich nun sah. Seit vielen Jahren schon wurde er von einem Arzt namens Templeton betreut – einem alten, vielleicht siebzigjährigen Herrn –, den er erstmals in Saratoga[1] getroffen hatte, und aus dessen Bemühungen er während seines dortigen Aufenthalts großen Nutzen zog oder zu ziehen meinte. Das Ergebnis war, dass Bedloe, der vermögend war, mit Dr. Templeton eine Vereinbarung getroffen hatte, nach der Letzterer, in Anbetracht einer großzügigen, jährlichen Zuwendung, zugestimmt hatte, seine Zeit und seine medizinische Erfahrung ausschließlich darauf zu verwenden, sich um den Kranken zu kümmern.

Doktor Templeton war in jüngeren Jahren viel gereist und hatte sich in Paris fast völlig zu den Lehren von Mesmer[2] bekehrt. Ganz und gar mit Hilfe von magnetischen Heilmitteln war es ihm gelungen, die heftigen Schmerzen seines Patienten zu lindern; und dieser Erfolg hatte Letzterem ganz natürlicherweise ein gewisses Vertrauen in die Anschauungen eingeflößt, auf deren Grundlage die Heilmittel entwickelt worden waren. Der Doktor jedoch, wie alle Enthusiasten, hatte schwer gekämpft, um seinen Schüler vollkommen zu bekehren, und erreichte schließlich sein Ziel insoweit, als er den Leidenden dazu brachte, zahlreiche Experimente an sich vornehmen zu lassen. Durch häufige Wiederholung dieser Experimente war man zu einem Ergebnis gekommen, das in unseren Tagen so alltäglich geworden ist, dass es wenig oder gar keine Beachtung findet, das aber zu der Zeit, über die ich schreibe, in Amerika fast unbekannt war. Ich will damit sagen, dass zwischen Doktor Templeton und Bedloe nach und nach eine sehr entschiedene und stark ausgeprägte Verbindung, eine magnetische Beziehung, entstanden war. Ich bin jedoch nicht bereit, zu behaupten, diese Beziehung sei über die schlichte Kraft, Schlaf herbeizuführen, hinausgegangen; aber diese Kraft selbst hatte eine große Intensität erreicht. Beim ersten Versuch, den magnetisch erzeugten Schlaf herbeizuführen, scheiterte der Mesmerist vollkommen. Beim fünften oder sechsten Versuch hatte er nur einen Teilerfolg, aber erst nach langer, wiederholter Anstrengung. Erst beim zwölften Versuch war der Triumph vollkommen. Danach verfiel der Wille des Patienten schnell dem des Arztes, so dass, als ich die beiden zuerst kennen lernte, der bloße Wille des Magnetiseurs den fast sofortigen Schlaf des Kranken herbeiführte, selbst wenn dieser von der Anwesenheit des Arztes nichts wusste. Erst jetzt, im Jahre 1845, wo ähnliche Wunder täglich von Tausenden bezeugt werden, wage ich diesen scheinbar unmöglichen Tatbestand als eine ernstzunehmende Tatsache aufzuzeichnen.

Bedloes Temperament war in höchstem Maße sensibel, nervös, schwärmerisch. Seine Einbildungskraft war außergewöhnlich stark und kreativ; zweifellos schöpfte sie zusätzliche Kraft aus dem gewohnheitsmäßigen Gebrauch von Morphium, das er in großen Mengen schluckte und ohne das er es unmöglich gefunden hätte, zu leben. Es war seine Gewohnheit, eine sehr große Dosis davon jeden Morgen gleich nach dem Frühstück zu nehmen – oder vielmehr unmittelbar nach einer Tasse starken Kaffees, denn er aß nichts am Vormittag –, und dann, allein oder nur von einem Hund begleitet, zu einem langen Streifzug durch die wilden und düsteren Hügel aufzubrechen, die westlich und südlich von Charlottesville liegen und dort hochtrabend das Felsengebirge genannt werden.

An einem trüben, warmen, nebligen Tag, gegen Ende November, und während des seltsamen Übergangs der Jahreszei-

ten, der in Amerika »Indianersommer« genannt wird, brach Mr.
Bedloe wie üblich zu den Hügeln auf. Der Tag verging, und noch
immer kam er nicht zurück.

Gegen acht Uhr abends waren wir ernstlich besorgt über seine lange Abwesenheit und waren im Begriff, uns auf die Suche
nach ihm zu machen, als er unerwartet auftauchte, in keinem
schlechteren Gesundheitszustand als sonst und in besserer Laune als gewöhnlich. Der Bericht, den er von seinem Ausflug und
den Ereignissen gab, die ihn aufgehalten hatten, war in der Tat
sehr ungewöhnlich.

»Sie werden sich daran erinnern«, sagte er, »dass es gegen
neun Uhr morgens war, als ich Charlottesville verließ. Ich ging
sofort in Richtung der Berge und erreichte gegen zehn Uhr eine
Felsenschlucht, die mir gänzlich unbekannt war. Ich folgte den
Windungen dieses Passes mit großem Interesse. Die Landschaft, die man auf allen Seiten sah, bot, obwohl man sie kaum
großartig nennen könnte, einen unbeschreiblichen und für
mich köstlichen Anblick von trostloser Öde. Die Einsamkeit
schien vollkommen unberührt. Ich musste einfach glauben,
dass das grüne Gras und die grauen Felsen, auf die ich trat, noch
nie von einem menschlichen Fuß berührt worden waren. Der
Eingang zu der Bergschlucht ist so vollkommen abgelegen und
in der Tat unzugänglich – außer man stößt durch eine Kette von
Zufällen auf ihn –, dass es keineswegs unmöglich ist, dass ich
wirklich der erste Abenteurer war – der allererste und einzige
Abenteurer, der je in ihre Tiefe eingedrungen war.

Der dichte und eigenartige Nebel oder Dunst, der den Indianersommer auszeichnet, und der jetzt schwer über allen Gegenständen hing, diente zweifellos dazu, den vagen Eindruck, den
diese Dinge machten, noch zu verstärken. Dieser angenehme
Nebel war so dicht, dass ich zu keiner Zeit mehr als ein Dutzend
Meter des Pfades sehen konnte. Dieser Pfad war außerordentlich
gewunden, und da die Sonne nicht zu sehen war, verlor ich bald
jede Vorstellung von der Richtung, in die ich ging. In der Zwi-

schenzeit hatte das Morphium seine gewohnte Wirkung getan – nämlich die, der ganzen äußeren Welt eine besonders starke Anziehungskraft zu verleihen. Im Zittern eines Blattes – in der Farbschattierung eines Grashalms – in der Form eines Kleeblatts – im Summen einer Biene – im Funkeln eines Tautropfens – im Hauch des Windes – in den schwachen Düften, die vom Wald herkamen – kam eine ganze Welt von Evokationen, eine lichte und buntscheckige Kette ekstatischer und wirrer Gedanken.

Ganz damit beschäftigt, wanderte ich mehrere Stunden lang weiter, während der Nebel sich um mich her so verstärkte, dass ich mich schließlich nur noch dahintasten konnte. Und jetzt ergriff ein unbeschreibliches Unbehagen von mir Besitz – eine Art nervöses Stammeln und Zittern. Ich fürchtete mich, weiterzugehen, um nicht in einen Abgrund zu stürzen. Mir fielen auch seltsame Geschichten ein, die über dieses Felsengebirge und über die unheimlichen und wilden Menschenrassen erzählt werden, die seine Haine und Höhlen bewohnten. Tausend nebelhafte Phantasien bedrückten und verwirrten mich – Phantasien, die wegen ihrer Undeutlichkeit umso quälender waren. Ganz plötzlich wurde meine Aufmerksamkeit vom lauten Schlagen einer Trommel gefangen genommen.

Mein Erstaunen war natürlich sehr groß. Eine Trommel war in diesen Hügeln etwas völlig Unbekanntes. Die Posaune des Erzengels hätte mich nicht mehr überraschen können. Aber da ergab sich eine neue und noch erstaunlichere Ursache für mein Interesse und meine Bestürzung. Es entstand ein wildes und rasselndes oder klirrendes Geräusch, wie von einem großen Schlüsselbund – und im selben Augenblick raste ein dunkelgesichtiger und halbnackter Mann mit einem Schrei an mir vorbei. Er kam so nahe an mich heran, dass ich seinen heißen Atem auf meinem Gesicht fühlte. In einer Hand trug er ein aus Stahlringen zusammengesetztes Instrument und schüttelte es kräftig, während er rannte. Er war kaum im Nebel verschwunden, als ein riesiges Tier hervorschoss, das mit offenem Maul und funkelnden Augen hinter ihm herkeuchte. Mir war kein Irrtum möglich: es war eine Hyäne.

Der Anblick dieses Ungeheuers erleichterte mich eher, als dass er mein Entsetzen verstärkte – denn jetzt war ich ganz sicher, dass ich träumte, und bemühte mich, mich zu wachem Bewusstsein zu zwingen. Ich schritt energisch und unerschrocken vorwärts. Ich rieb mir die Augen. Ich rief laut. Ich kniff mich in die Glieder. Ich kam zu einer kleinen Quelle und beugte mich nieder und wusch mir Hände, Gesicht und Nacken. Dies schien die zweideutigen Empfindungen zu vertreiben, die mich bisher geplagt hatten. Ich stand auf, wie ich dachte, als ein neuer Mensch, und setzte meinen unbekannten Weg unbeirrt und zufrieden fort.

Endlich setzte ich mich unter einem Baum nieder, ganz überwältigt von der Anstrengung und einer gewissen drückenden Schwüle der Atmosphäre. Bald kam ein matter Sonnenstrahl, und der Schatten der Baumblätter fiel schwach, aber deutlich auf das Gras. Viele Minuten lang starrte ich verwundert auf diesen Schatten. Seine Eigenart versetzte mich in lähmendes Erstaunen. Ich blickte nach oben. Der Baum war eine Palme.

Nun stand ich eilig und im Zustand angstvoller Erregung auf – denn die Einbildung, dass ich träumte, konnte mir nicht länger helfen. Ich sah – ich fühlte, dass ich meiner Sinne vollkommen Herr war – und diese Sinne brachten mir jetzt eine Welt von neuartigen und seltsamen Empfindungen. Die Hitze wurde ganz plötzlich unerträglich. Der Wind war mit einem fremdartigen Duft beladen. Ich hörte ein andauerndes, leises Murmeln, wie von einem großen, aber träge dahinfließenden Fluss, vermischt mit dem merkwürdigen Summen ungezählter menschlicher Stimmen.

Während ich mit äußerstem Erstaunen, das ich nicht zu beschreiben brauche, zuhörte, trug ein starker und kurzer Windstoß den lastenden Nebel wie mit Zauberhand hinweg.

Ich befand mich am Fuße eines hohen Berges, in eine weite Ebene hinabschauend, durch die sich ein majestätischer Strom wand. Am Ufer dieses Flusses lag eine orientalisch aussehende Stadt, wie sie in Tausendundeine Nacht geschildert wird, aber noch eigenartiger im Aussehen als irgendeine der dort beschriebenen. Von meinem Standort aus, der weit über dem Niveau der Stadt war, konnte ich jeden Winkel sehen, als ob ich auf einen Stadtplan blickte. Es schien unzählige Straßen zu geben, die sich unregelmäßig in allen Himmelsrichtungen kreuzten, aber eher lange, sich windende Gassen als Straßen waren und von Menschen wimmelten. Die Häuser waren auf eine wilde Art malerisch. Überall war ein Gewirr von Balkonen, Veranden, Minaretten, Schreinen und phantastisch geschnitzten Erkern. Überall waren Basare; und darin waren kostbare Waren in Hülle und Fülle ausgestellt – Seiden, Musseline, das funkelndste Silber, die großartigsten Juwelen und Schmuckstücke. Neben diesen Dingen konnte man überall Fahnen und Palankine sehen, Sänften mit vornehmen, dicht verschleierten Damen, Elefanten mit prächtigen Schabracken, grotesk geschnitzte Götzenbilder, Trommeln, Banner und Gongs, Speere, silberne und vergoldete Amtsstäbe. Und mitten in der Menge und dem Lärm und der allgemeinen Verwirrung – inmitten der Millionen schwarzer und gelber Menschen mit Turbanen und Gewändern und wallenden Bärten zog eine riesige Menge mit Kopfbändern geschmückter heiliger Bullen, während Legionen schmutziger, aber heiliger Affen schnatternd und schreiend über die Gesimse der Moscheen kletterten oder die Minarette und Erker umklammerten. Von den wimmelnden Straßen führten unzählige Treppenfluchten hinunter zu den Ufern des Flusses, zu den Badeplätzen, während der Fluss selbst sich unter Schwierigkeiten einen Weg zu bahnen schien zwischen den ungeheuren Flotten der hochbeladenen Schiffe, die weit und breit seine Oberfläche bedeckten. Jenseits der Stadtgrenzen ragten majestätisch zahlreiche Gruppen von Palmen und Kakaobäumen auf, zusammen mit anderen riesigen und seltsamen Bäumen von ungeheurem Alter; und hier und da konnte man ein Reisfeld, die Strohhütte eines Bauern, eine Zisterne, einen vereinzelten Tempel, ein Zigeunerlager oder ein einsames, anmutiges Mädchen sehen, das mit einem Krug auf dem Kopf auf dem Weg zu den Ufern des herrlichen Flusses war.

Sie werden jetzt natürlich sagen, dass ich träumte, aber das stimmt nicht. Was ich sah – was ich hörte – was ich fühlte – was ich dachte –, hatte nichts von der unverkennbaren Eigenheit eines Traumes. Alles war peinlich genau und folgerichtig. Zuerst zweifelte ich daran, dass ich wirklich wach war, und begann eine Reihe von Proben, die mich bald davon überzeugten, dass ich es wirklich war. Nun, wenn jemand träumt und im Traum den Verdacht hat, dass er träumt, *bestätigt sich* der Verdacht *immer*, und der Schläfer wacht beinahe sofort auf. So hat Novalis[3] recht, wenn er sagt, ›wir sind dem Erwachen nahe, wenn wir träumen, dass wir träumen‹. Wäre mir die Vision vor Augen gekommen, wie ich sie beschreibe, ohne dass ich den Verdacht gehabt hätte, sie sei ein Traum, dann hätte sie durchaus ein Traum sein können, aber so wie sie erschien und nachdem ich sie angezweifelt und gründlich untersucht hatte, bin ich gezwungen, sie unter andere Phänomena einzuordnen.«

»Sie mögen damit vielleicht nicht einmal unrecht haben«, bemerkte Dr. Templeton, »aber fahren Sie fort. Sie standen auf und gingen in die Stadt hinab.«

»Ich stand auf«, fuhr Bedloe fort und schaute den Doktor mit dem Ausdruck höchsten Erstaunens an, »ich stand auf, wie Sie sagen, und stieg in die Stadt hinab. Auf meinem Weg geriet ich in ungeheure Volksmassen, die sich durch alle Straßen alle in die gleiche Richtung wälzten und sich in größter Aufregung befanden. Ganz plötzlich und aus einem unbegreiflichen Impuls heraus packte mich ein großes persönliches Interesse an dem, was hier vor sich ging. Ich schien zu fühlen, dass ich eine wichtige Rolle zu spielen hatte, ohne genau zu verstehen, worin sie bestand. Gegen die Menge, die mich umgab, spürte ich jedoch eine tiefe Feindseligkeit. Ich wich ihr aus und gelangte auf einem Umweg rasch in die Stadt. Hier war überall der wildeste Tumult und Streit. Eine kleine Gruppe von halb indisch, halb europäisch gekleideten Männern, befehligt von Offizieren in teilweise britischer Uniform, waren in heftige Kämpfe mit dem Pöbel verwickelt, der sich in den Gassen zusammenrottete. Ich schloss mich der schwächeren Seite an, bewaffnete mich mit den Waffen eines gefallenen Offiziers und kämpfte mit der nervösen Wut der Verzweiflung gegen einen mir unbekannten Gegner. Wir waren bald von der Überzahl der anderen überwältigt und dazu gezwungen, in einer Art von Pavillon Zuflucht zu suchen. Hier verbarrikadierten wir uns und waren für den Augenblick in Sicherheit. Durch ein Guckloch ganz oben im Pavillon erspähte ich eine ungeheure Menschenmenge, die in wütender Aufregung einen glänzenden Palast über dem Fluss umzingelte und bestürmte. Bald darauf ließ sich von den oberen Fenstern dieses Palasts eine weibisch aussehende Person mit Hilfe eines Seils herab, das aus den Turbanen ihrer Bediensteten gefertigt war. Es war ein Boot in der Nähe, mit dem sie zum gegenüberliegenden Ufer des Flusses entkam.

Und nun ergriff ein neues Ziel von meiner Seele Besitz. Ich sprach einige eilige, aber energische Worte zu meinen Gefährten, und nachdem es mir gelungen war, einige zu dem zu überreden, was ich wollte, brachen wir mit verzweifelter Anstrengung aus dem Pavillon aus. Wir stürmten mitten in die Menge, die den Pavillon umringte. Zuerst zog sie sich vor uns zurück. Sie rottete sich wieder zusammen, kämpfte wie rasend und zog sich wieder zurück. In der Zwischenzeit wurden wir weit weg von dem Pavillon gedrängt und verirrten uns in den engen Straßen und zwischen den hohen, überhängenden Häusern, in deren Winkel noch nie ein Sonnenstrahl gefallen war. Der Mob stürmte wild hinter uns her, bedrängte uns mit seinen Speeren und überschüttete uns mit einem Pfeilhagel. Diese Pfeile waren sehr bemerkenswert und ähnelten in mancher Hinsicht den Krummdolchen der Malaien. Sie glichen dem Körper einer kriechenden Schlange und waren lang und schwarz mit einem vergifteten Widerhaken. Einer von ihnen traf mich an der linken Schläfe. Ich taumelte und stürzte. Sofort befiel mich eine schreckliche Übelkeit. Ich kämpfte – ich keuchte – ich starb.«

»*Jetzt* werden Sie kaum noch darauf bestehen«, sagte ich lächelnd, »dass Ihr ganzes Abenteuer kein Traum war. Sie sind nicht gewillt, zu behaupten, dass Sie tot sind?«

Als ich diese Worte sagte, erwartete ich natürlich eine lebhaft-witzige Entgegnung von Bedloe; aber zu meinem Erstaunen zögerte er, zitterte, wurde schrecklich blass und blieb stumm. Ich blickte auf Templeton. Er saß aufrecht und starr in seinem Stuhl – seine Zähne klapperten und seine Augen traten aus ihren Höhlen. »Fahren Sie fort!«, sagte er endlich heiser zu Bedloe.

»Viele Minuten lang«, fuhr der Letztere fort, »war meine einzige Empfindung – mein einziges Gefühl – das von Dunkelheit und Nichtsein, mit dem Bewusstsein des Todes. Endlich schien ein heftiger und plötzlicher Schlag durch meine Seele zu gehen, wie von Elektrizität. Mit ihm kam ein Gefühl von Leichtigkeit und Licht. Letzteres sah ich nicht – ich fühlte es. Einen Augenblick später schien ich mich vom Boden zu erheben. Ich war aber als Körper weder sichtbar, noch hörbar oder fühlbar. Die Menge war verschwunden. Der Tumult hatte aufgehört. Die Stadt befand sich in verhältnismäßiger Ruhe. Unter mir lag meine Leiche, mit dem Pfeil in der Schläfe, der ganze Kopf sehr geschwollen und entstellt. Aber alle diese Dinge fühlte ich nur, ich sah sie nicht. Ich interessierte mich für gar nichts. Sogar die Leiche schien mir eine Sache, die mich nicht betraf. Ich hatte keinerlei Willenskraft, schien aber zur Bewegung gezwungen und schwebte behände aus der Stadt hinaus, auf dem gleichen Umweg, auf dem ich in sie hineingekommen war. Als ich die Stelle in der Gebirgsschlucht erreicht hatte, wo ich der Hyäne begegnet war, erhielt ich wieder einen Schlag wie von einer elektrischen Batterie; das Gefühl der Schwerkraft und der Willenskraft, der Materie, kehrte zurück. Ich wurde wieder ich selbst und – lenkte meine Schritte heimwärts – aber das Vergangene hatte nichts von der Lebhaftigkeit der Wirklichkeit verloren – und nicht einmal jetzt kann ich meinen Verstand auch nur für einen Augenblick dazu bringen, es als Traum anzusehen.«

»Es war auch keiner«, sagte Templeton mit dem Ausdruck tiefer Feierlichkeit, »und doch wäre es schwierig zu sagen, wie man es sonst bezeichnen sollte. Lassen Sie uns nur vermuten, dass die Seele des heutigen Menschen auf der Schwelle ist zu einigen erstaunlichen übersinnlichen Entdeckungen. Lassen Sie uns mit dieser Annahme zufrieden sein. Für das Übrige kann ich eine Erklärung geben. Hier ist eine Aquarellzeichnung, die ich Ihnen schon früher hätte zeigen sollen, aber ein unerklärliches Schreckensgefühl hat mich bis jetzt davon abgehalten.«

Wir sahen uns das Bild an, das er uns zeigte. Ich sah nichts Außergewöhnliches darin; aber seine Wirkung auf Bedloe war erstaunlich. Während er darauf starrte, wurde er beinahe ohnmächtig. Und doch war es nur ein Miniaturporträt – allerdings ein erstaunlich genaues – seiner eigenen, sehr bemerkenswerten Züge. Das waren wenigstens meine Gedanken, als ich es betrachtete.

»Sehen Sie das Datum dieses Bildes«, sagte Templeton, »es ist hier, kaum zu erkennen, in dieser Ecke – 1780. In diesem Jahr wurde das Porträt gemalt. Es ist das Abbild eines alten Freundes – eines gewissen Mr. Oldeb –, an dem ich in Calcutta während der Amtszeit von Warren Hastings[4] sehr gehangen habe. Ich war damals erst zwanzig Jahre alt. Als ich Sie zum ersten Mal in Saratoga sah, Mr. Bedloe, war es die wunderbare Ähnlichkeit zwischen Ihnen und dem Porträt, die mich dazu bewegte, Sie anzusprechen, Ihre Freundschaft zu suchen und jene Arrangements herbeizuführen, die darin gipfelten, dass ich Ihr ständiger Begleiter wurde. Eine kummervolle Erinnerung an den Toten veranlasste mich teilweise, vielleicht auch hauptsächlich zu diesem Tun; aber auch zum Teil eine unbehagliche Neugierde, die nicht ganz frei von Entsetzen war, Ihre Person betreffend.

In Ihrer ausführlichen Schilderung der Vision, die Sie in den Hügeln gehabt haben, haben Sie mit akribischer Genauigkeit die indische Stadt Benares am heiligen Fluss beschrieben. Die Aufstände, die Kämpfe, das Massaker waren die tatsächlichen Ereignisse der Revolte von Cheyte Sing, die im Jahre 1780 stattfand, als Hastings in drohende Lebensgefahr geriet. Der Mann, der mit Hilfe des Turbanseils entkam, war Cheyte Sing selbst. Die Gruppe im Pavillon waren Sepoys und britische Offiziere, angeführt von Hastings. Zu dieser Gruppe gehörte auch ich, und ich tat alles, was ich konnte, um den unüberlegten und tödlichen Ausbruch des Offiziers zu verhindern, der in den überfüllten Gassen durch den vergifteten Pfeil eines Bengalen fiel. Dieser Offizier war mein bester Freund. Es war Oldeb. Sie werden aus diesen Manuskripten ersehen« (hier zeigte der Sprecher ein Notizbuch, in dem mehrere Seiten frisch geschrieben zu sein schienen), »dass genau zu der Zeit, als Sie sich diese Dinge in den Hügeln einbildeten, ich damit beschäftigt war, sie hier zu Hause zu Papier zu bringen.«

Ungefähr eine Woche nach dieser Unterhaltung erschienen folgende Zeilen in einer Zeitung von Charlottesville.

»Wir haben die traurige Pflicht, den Tod von MR. AUGUSTUS BEDLO anzuzeigen, eines Herrn, dessen liebenswürdige Umgangsformen und zahlreiche Tugenden ihn seit langem bei den Bürgern von Charlottesville beliebt gemacht haben.

Mr. B. litt seit einigen Jahren an einer Neuralgie, die oft tödlich zu enden drohte; aber diese kann nur als indirekte Todesursache angesehen werden. Die direkte Ursache war von besonderer Eigenart. Auf einem Ausflug ins Felsengebirge vor wenigen Tagen zog er sich eine leichte Erkältung und Fieber zu, verbunden mit großem Blutandrang im Kopf. Um dem abzuhelfen, wendete Dr. Templeton örtliches Aderlassen an. Blutegel wurden an den Schläfen angesetzt. Nach beängstigend kurzer Zeit starb der Patient; dabei wurde offenbar, dass in das Glas, das die Blutegel enthielt, aus Versehen einer der giftigen, wurmartigen Blutegel hineingekommen war, die ab und zu in den benachbarten Teichen vorkommen. Dieses Geschöpf saugte sich auf einer kleinen Arterie an der rechten Schläfe fest. Seine große Ähnlichkeit mit dem medizinischen Blutegel war der Grund dafür, dass der Fehler übersehen wurde, bis es zu spät war.

N. B.: Der giftige Blutegel von Charlottesville unterscheidet sich vom medizinischen Blutegel durch seine Schwärze und besonders auch durch seine sich windenden, wurmartigen Bewegungen, die fast denen einer Schlange gleichen.«

Als ich mit dem Herausgeber der betreffenden Zeitung über diesen bemerkenswerten Unfall sprach, fiel mir ein, danach zu fragen, wie es komme, dass der Name des Verstorbenen als Bedlo angegeben worden sei.

»Ich nehme an«, sagte ich, »Sie haben die Erlaubnis für diese Schreibweise, aber ich war immer der Meinung, der Name schreibe sich mit einem ›e‹ am Ende.«

»Erlaubnis? – nein«, antwortete er. »Es ist ein bloßer Druckfehler. Der Name Bedloe hat auf der ganzen Welt ein ›e‹ am Ende, und ich habe ihn in meinem ganzen Leben nicht anders geschrieben gesehen.«

»Dann«, sagte ich leise murmelnd, während ich mich auf dem Absatz umdrehte, »dann steht es jetzt wirklich so, dass eine Wahrheit seltsamer ist als jede Dichtung – denn ›Bedlo‹, ohne ›e‹, ist nichts anderes als ›Oldeb‹ rückwärts buchstabiert! Und dieser Mann sagt mir, es sei ein Druckfehler.«

1844   *Übersetzung von Silvia Böcking*

Du bist der Täter

Ich werde nun den Ödipus[1] für das Rätsel von Quasselburg spielen. Ich werde Ihnen – wie allein ich es vermag – das Geheimnis der Machenschaften erläutern, die das Wunder von Quasselburg bewirkten – das eine, das wahre, das anerkannte, das unbestrittene, das unbestreitbare Wunder, das dem Unglauben unter den Quasselburgern entschieden ein Ende setzte und alle Weltlichgesinnten, die zuvor skeptisch zu sein gewagt hatten, zu der Strenggläubigkeit alter Mütterchen bekehrte.

Dieses Ereignis – das ich wirklich nicht in einem Ton unangemessener Leichtfertigkeit erörtern möchte – trug sich im Sommer des Jahres 18.. zu. Herr Barnabas Rüttelwert, einer der wohlhabendsten und achtbarsten Bürger der Ortschaft, war seit etlichen Tagen vermisst worden, und zwar unter Umständen, die den Verdacht aufkommen ließen, ihm könnte übel mitgespielt worden sein. Herr Rüttelwert war sehr früh eines Samstagmorgens zu Pferd von Quasselburg mit der ausdrücklichen Absicht aufgebrochen, in die etwa fünfzehn Meilen entfernte Stadt – – zu reiten und am Abend desselben Tages zurückzukehren. Zwei Stunden nach seiner Abreise jedoch kehrte sein Pferd ohne ihn zurück und ohne die Satteltaschen, die ihm beim Aufbruch auf den Rücken geschnallt worden waren. Auch war das Tier verwundet und starrte vor Dreck. Diese Umstände lösten natürlich große Besorgnis unter den Freunden des Vermissten aus, und als sich am Sonntagmorgen herausstellte, dass er immer noch nicht wieder aufgetaucht war, erhob sich die ganze Ortschaft *en masse*, um loszuziehen und nach seinem Leichnam zu suchen. Allen voran regte die Suche am energischsten der Busenfreund des Herrn Rüttelwert an – ein Herr Karl Kumpel oder, wie er allgemein genannt wurde, »Karlchen Kumpel« oder »das alte Karlchen Kumpel«. Ob es nun ein wunderlicher Zufall oder ob es der Name selbst ist, der eine unmerkliche Auswirkung auf den Charakter besitzt, konnte ich bisher nie genau feststellen;

unanfechtbar aber ist die Tatsache, dass es noch nie irgendeinen Menschen mit Namen Karl gab, der nicht ein zugänglicher, mannhafter, ehrlicher, gutmütiger und offenherziger Kerl mit einer volltönenden, klaren Stimme war, die zu hören einem wohltat, und mit Augen, die einem stets gerade ins Gesicht sahen, ganz als wollten sie sagen: »Ich selbst habe ein reines Gewissen, fürchte mich vor niemandem und bin gänzlich darüber erhaben, eine gemeine Tat zu vollbringen.« Und demnach werden alle herzlichen, sorglosen Statisten beim Theater ganz gewiss Karl genannt.

Nun, obwohl »das gute alte Karlchen Kumpel« nicht länger als so ungefähr sechs Monate in Quasselburg verweilt hatte und niemand irgend etwas über ihn wusste, bevor er kam, um sich in der Nachbarschaft niederzulassen, war er auch nicht auf die allergeringsten Schwierigkeiten gestoßen, die Bekanntschaft sämtlicher ehrenwerter Leute in der Ortschaft zu machen. Nicht einer war unter den Männern, dem nicht zu jeder Zeit sein bloßes Wort als Pfand für einen Tausender genügt hätte; und was die Frauen betrifft, so ist nicht zu sagen, was sie nicht alles getan hätten, um ihm gefällig zu sein. Und all das kam daher, dass er auf den Namen Karl getauft worden war und dass er folglich jenes edelmütige Gesicht besaß, das sprichwörtlich das »allerbeste Empfehlungsschreiben« ist.

Ich habe schon gesagt, dass Herr Rüttelwert einer der achtbarsten und zweifellos der wohlhabendste Mann in Quasselburg war, indes »das alte Karlchen Kumpel« auf so vertrautem Fuß mit ihm stand, als sei er sein eigener Bruder gewesen. Die beiden alten Herren waren unmittelbare Nachbarn, und obwohl Herr Rüttelwert »das alte Karlchen« selten, wenn überhaupt besuchte und, soweit bekannt, nie eine Mahlzeit in dessen Haus einnahm, hinderte dies die beiden Freunde aber nicht daran, sich überaus nahe zu stehen, wie ich eben bemerkte; denn »das alte Kerlchen« ließ nie einen Tag verstreichen, ohne drei- oder viermal bei seinem Nachbarn einzutreten, um zu sehen, wie es ihm ginge; sehr oft blieb er auch zum Frühstück oder Tee und fast immer zum Essen; die Menge des Weins genau zu bestimmen, die dann von den beiden Kumpanen bei einer Sitzung genossen wurde, wäre wirklich eine schwierige Angelegenheit gewesen. »Karlchens« Lieblingstropfen war *Château Margaux*,[2] und es schien Herrn Rüttelwert von Herzen gutzutun, wenn er sah, wie der alte Bursche Viertel nach Viertel[3] davon leerte; so dass er seinem Kumpanen eines Tages, als der Wein *drin* war und der Verstand folgerichtig ziemlich *draußen*, auf den Rücken klopfte und sagte: »Ich sag dir, was los ist, altes Karlchen, du bist der munterste alte Knabe, dem ich mein Lebtag je über den Weg gelaufen bin, jede Wette; und da du den Wein so gern in dieser Manier runterkippst, will ich verdammt sein, wenn ich dir nicht eine große Kiste Château Margaux schenken muss. Hol' mich der Henker« (Herr Rüttelwert hatte die traurige Angewohnheit zu fluchen, wenngleich er selten über »Hol' mich der Henker« oder »Herrgott noch mal« oder »Zum Kuckuck noch mal« hinausging), »hol' mich der Henker«, sagte er, »wenn ich nicht noch heute Nachmittag eine Bestellung über eine doppelte Kiste des Besten, der zu kriegen ist, in die Stadt schicke, und ich werde sie dir schenken, ja, das werde ich! – Du brauchst jetzt kein Wort zu sagen – ich *tu's*, sag ich, und damit hat sich's; also pass auf – eines schönen Tages wird sie dir zukommen, und zwar genau dann, wenn du sie am wenigsten erwartest.« Ich erwähne dieses bisschen Freigebigkeit auf Seiten Herrn Rüttelwerts nur, um Ihnen zu zeigen, welch *sehr* inniges Verständnis zwischen den beiden Freunden herrschte.

An dem fraglichen Sonntagmorgen also, als man mit ziemlicher Sicherheit davon ausgehen konnte, dass Herrn Rüttelwert übel mitgespielt worden war, sah ich niemanden, der so tief ergriffen war wie »das alte Karlchen Kumpel«. Als er erfuhr, dass das Pferd ohne seinen Herrn nach Hause gekommen war und ohne die Satteltaschen seines Herrn, und ganz blutig von einem Pistolenschuss, der sauber quer durch die Brust des armen Tieres gegangen war, ohne es gänzlich zu töten; als er all das erfuhr, wurde er so blass, als sei der Vermisste sein eigener lieber Bruder oder Vater gewesen, und bebte und zitterte am ganzen Körper, als habe er einen Anfall von Schüttelfrost.

Zunächst war er zu sehr von Gram überwältigt, um überhaupt irgend etwas tun oder sich für irgendeinen Plan, wie nun vorzugehen sei, entscheiden zu können, so dass er lange Zeit bemüht war, Herrn Rüttelwerts anderen Freunden davon abzuraten, einen Wirbel um die Sache zu machen, da er es für das Beste halte, eine Weile zu warten – vielleicht eine Woche oder zwei, oder einen Monat oder zwei –, um zu sehen, ob sich nicht etwas ergäbe oder ob Herr Rüttelwert nicht ganz von selbst wiederkommen und seine Gründe dafür nennen würde, warum er das Pferd vorausgeschickt habe. Ich darf annehmen, dass Sie diesen Hang zum Zögern und Dinge aufzuschieben schon oft bei Leuten beobachten konnten, die sich unter der Last qualvoller Trauer dahinschleppen. Ihre Geisteskräfte scheinen wie betäubt, so dass sie jegliches Handeln verabscheuen und nichts auf der Welt so gern mögen wie still im Bett liegen und »ihren Kummer nähren«, wie es die alten Damen nennen, das heißt über ihren Sorgen brüten.

Die Leute von Quasselburg hatten tatsächlich eine so hohe Meinung von der Weisheit und Umsicht »des alten Karlchen«, dass sich der größere Teil von ihnen veranlasst sah, mit ihm übereinzustimmen und keinen Wirbel um die Angelegenheit zu machen, »bis sich etwas ergäbe«, wie der redliche alte Herr es ausdrückte; und ich glaube, dass dies letztendlich zum allgemeinen Beschluss geworden wäre, hätte nicht Herrn Rüttelwerts Neffe, ein junger Mann mit sehr liederlichen Angewohnheiten und ansonsten von ziemlich schlechtem Charakter, auf sehr verdächtige Weise eingegriffen. Dieser Neffe, mit Namen Pfennigfuchser, wollte nichts von Vernunft in Sachen »still liegen« hören, sondern bestand darauf, sofort auf die Suche nach dem »Leichnam des Ermordeten« zu gehen. Das war der Ausdruck, den er gebrauchte; und Herr Kumpel bemerkte damals betont, dass es »ein *eigenartiger* Ausdruck sei, um nichts weiter zu sagen«. Diese Bemerkung des »alten Karlchen« übte ebenfalls einen starken Einfluss auf die Menge aus; und man hörte einen der Truppe sehr eindrucksvoll fragen, »wie es käme, dass der junge Herr Pfennigfuchser so genaue Kenntnisse der Umstände habe, die in Zusammenhang mit dem Verschwinden seines reichen Onkels stünden, dass er sich berechtigt fühlte, von diesem klar und unmissverständlich als von einem »Ermordeten« zu sprechen. Hierauf gab es einige kleine Zankereien und Sticheleien zwischen verschiedenen Leuten in der Menge, besonders zwischen »dem alten Karlchen« und Herrn Pfennigfuchser – obwohl Letzteres allerdings durchaus nichts Neues war, da die Beteiligten sich in den letzten drei oder vier Monaten nicht gut gesonnen waren; und der Groll war sogar so weit gediehen, dass Herr Pfennigfuchser den Freund seines Onkels tatsächlich zu Boden geschlagen hatte, angeblich wegen eines Übermaßes an Freiheiten, die sich Letzterer im Haus des Onkels, zu dessen Bewohnern der Neffe zählte, herausgenommen habe. Bei dieser Gelegenheit soll sich »das alte Karlchen« mit beispielhafter Gelassenheit und christlicher Nächstenliebe verhalten haben. Er erhob sich von dem Schlag, richtete seine Kleider und machte keinerlei Vergeltungsversuch – murmelte bloß ein paar Worte davon, »sich bei der nächsten passenden Gelegenheit für alles zu rächen« – ein natürliches und sehr wohl zu rechtfertigendes Aufwallen von Zorn, das jedoch nichts bedeutete und zweifellos, kaum dass ihm Luft gemacht, wieder vergessen war.

Wie auch immer diese Dinge liegen mögen (die keinen Bezug zu dem derzeitigen Streitpunkt haben) – es ist ziemlich sicher, dass die Leute von Quasselburg hauptsächlich infolge der Überredungskünste Herrn Pfennigfuchsers schließlich zu dem Entschluss kamen, sich auf der Suche nach dem vermissten Herrn Rüttelwert über die anliegenden Ländereien zu zerstreuen. Ich sage, dass sie im ersten Moment zu diesem Entschluss kamen. Nachdem endgültig beschlossen worden war, dass eine Suche stattfinden sollte, erachtete man es fast als Selbstverständlichkeit, dass die Suchenden sich für eine gründlichere Erforschung der Gegend ringsumher zerstreuen, das heißt in Gruppen aufteilen sollten. Mir ist jedoch entfallen, mit welch geistreichem Gedankengang »das alte Karlchen« die Versammlung schließlich davon überzeugte, dass dies der unbesonnenste Plan sei, den man verfolgen könne. Aber er überzeugte sie – alle außer Herrn Pfennigfuchser; und zu guter Letzt kam man überein, dass die Bürger die Suche *en masse* sorgfältig und sehr gründlich einleiten sollten, wobei »das alte Karlchen« selbst den Weg anführte.

Was diesen Punkt angeht, so könnte es keinen besseren Pfadfinder als »das alte Karlchen« gegeben haben, von dem jeder wusste, dass er Adleraugen hatte; aber obwohl er sie auf Wegen, deren Existenz in der Nachbarschaft niemand jemals vermutet hätte, in jederlei abwegige Winkel und Ecken führte und obwohl die Suche fast eine Woche lang Tag und Nacht unaufhörlich fortgesetzt wurde, konnte noch keine Spur von Herrn Rüttelwert entdeckt werden. Wenn ich sage, keine Spur, darf man das jedoch nicht buchstäblich nehmen: denn Spuren gab es in einem gewissen Ausmaß sicherlich. Die Fährte des armen Mannes war anhand der Hufeisen seines Pferdes (die eigenartig waren) auf der zur Stadt führenden Hauptstraße bis zu einem Punkt ungefähr drei Meilen östlich der Ortschaft verfolgt worden. Hier bog die Fährte auf einen Seitenpfad ab, der durch ein Waldstück führte, um dann wieder in die Hauptstraße zu münden und die gewöhnliche Entfernung um ungefähr eine halbe Meile abzukürzen. Als die Truppe die Hufabdrücke entlang dieses Weges verfolgte, erreichte sie schließlich zu seiner Rechten einen Tümpel mit stehendem Wasser, der halb von Dornengestrüpp versteckt lag, und jenseits des Tümpels verlor sich jedes Anzeichen einer Fährte. Es erwies sich jedoch, dass ein Kampf irgendeiner Art hier stattgefunden hatte, und es schien, als sei ein großer, schwerer Körper, viel größer und schwerer als der eines Mannes, von dem Seitenpfad zu dem Tümpel gezerrt worden. Letzterer wurde zweimal sorgfältig durchkämmt, aber man fand nichts; und in der Aussichtslosigkeit, zu irgendeinem Ergebnis zu kommen, war die Truppe schon im Begriff fortzugehen, als eine göttliche Fügung Herrn Kumpel den Gedanken eingab, es sei ratsam, das Wasser ganz und gar abzulassen. Dieser Vorschlag wurde mit Jubel und vielen hohen Lobpreisungen auf den Scharfsinn und die Bedachtsamkeit »des alten Karlchen« entgegengenommen. Da viele Bürger einen Spaten mitgebracht hatten, in der Annahme, sie seien möglicherweise genötigt, den Leichnam auszugraben, bewältigte man das Ablassen geschwind und mit Leichtigkeit; und kaum, dass der Grund sichtbar war, entdeckte man mitten im verbliebenen Schlamm eine schwarze, seidensamtene Weste, die fast jeder der Anwesenden sofort als das Eigentum Herrn Pfennigfuchsers wiedererkannte. Die Weste war arg zerfetzt und blutbefleckt, und es gab einige Leute in der Truppe, die sich genau daran erinnerten, dass sie an eben dem Morgen, an dem Herr Rüttelwert nach der Stadt aufgebrochen, von ihrem Besitzer getragen worden war; wie es wiederum andere gab, die nötigenfalls bereit waren, unter Eid zu bezeugen, dass Herr P. das fragliche Kleidungsstück zu *keiner* Stunde des *restlichen* denkwürdigen Tages mehr getragen habe; noch konnte man jemanden behaupten hören, er habe es zu irgendeiner Zeit nach dem Verschwinden Herrn Rüttelwerts auf Herrn P.s Leib gesehen.

Die Angelegenheit erwies sich nun als sehr ernst für Herrn Pfennigfuchser, und als unzweifelhafte Bestätigung der Verdachtsmomente, die gegen ihn erhoben wurden, beobachtete man, dass er außerordentlich blass wurde und, danach befragt, was er für sich vorzubringen habe, völlig sprachlos war. Daraufhin ließen ihn die wenigen Freunde, die sein schwelgerischer Lebenswandel ihm gelassen hatte, unverzüglich bis auf den letzten Mann im Stich und verlangten sogar noch ungestümer als seine alten, eingeschworenen Feinde nach seiner augenblicklichen Verhaftung. Aber im Gegensatz dazu strahlte die Großherzigkeit Herrn Kumpels in nur noch größerem Glanz. Er hielt eine warme, äußerst wortgewandte Verteidigungsrede für Herrn Pfennigfuchser, in der er mehr als einmal darauf anspielte, dass er selbst dem wilden jungen Herrn – »dem Erben des ehrbaren Herrn Rüttelwert« – die Beleidigung vergeben habe, die er (der junge Herr) ihm (Herrn Kumpel) zweifellos in der Hitze heftiger Erregung zuzufügen für richtig befunden hatte. »Er vergab sie ihm«, sagte er, »aus dem tiefsten Grund seines Herzens; und weit entfernt davon, die verdächtigen Umstände, die sich, wie er leider zugeben musste, wirklich gegen Herrn Pfennigfuchser erhoben hatten, auf die Spitze zu treiben, wolle er (Herr Kumpel) seinerseits nichts unversucht lassen, was in seiner Macht läge, und das bisschen Beredsamkeit, über das er verfüge, ganz dazu benützen, die schlimmsten Züge dieses wahrhaft überaus bestürzenden Geschäftes zu – zu – zu – mildern, soweit er dies mit seinem Gewissen vereinbaren könne.«

In diesem Ton, der sowohl seinem Kopf als auch seinem Herzen alle Ehre machte, fuhr Herr Kumpel noch eine gute halbe Stunde fort; aber solch warmherzige Menschen sind selten gewandt in ihren Äußerungen – in ihrem hitzköpfigen Eifer, einem Freund zu dienen, verhaspeln und verstricken sie sich auf allerhand Weisen und leisten sich die komischsten Versprecher – und tragen so, oft in der besten Absicht von der Welt, unendlich viel mehr dazu bei, dessen Sache Abbruch zu tun, als ihr Vorschub zu leisten.

So war es auch im vorliegenden Fall mit all der Beredsamkeit, »des alten Karlchen«; denn obwohl er aufrichtig bemüht war, stellvertretend für den Verdächtigten zu sprechen, kam es dennoch auf die eine oder andere Weise dazu, dass jede Silbe, die er zwar nicht eigens, doch unabsichtlich mit einer dahingehenden Tendenz verlauten ließ, den Sprecher in der guten Meinung seiner Zuhörerschaft zu erheben, die Wirkung hatte, den Verdacht zu vertiefen, der der Person, zu deren Gunsten er sprach, schon anhaftete, und die Wut der Menge gegen sie entbrennen zu lassen.

Einer der unverantwortlichsten Fehler, die der Redner beging, war seine Anspielung auf den Verdächtigen als »der Erbe des ehrbaren alten Herrn Rüttelwert«. Daran hatten die Leute vorher wirklich nie gedacht. Sie hatten sich bloß an gewisse Enterbungsdrohungen erinnert, die ein oder zwei Jahre zuvor von dem Onkel (der außer dem Neffen keinen lebenden Verwandten hatte) geäußert worden waren, und hatten die Enterbung deshalb stets als besiegelte Sache betrachtet – solch ein biederer Menschenschlag waren die Quasselburger; aber die Bemerkung des alten Karlchen brachte sie sogleich dazu, diesen Punkt zu überdenken, und ließ sie so die Möglichkeit erkennen, dass die Drohungen *nichts weiter* als eine Drohung gewesen waren. Und daraufhin stellte sich natürlich geradewegs die Frage nach dem *cui bono?* – eine Frage, die sogar mehr als die Weste dazu gereichte, den jungen Mann des Verbrechens zu beschuldigen. Erlauben Sie mir hier, aus Furcht vor einem Missverständnis einen Moment abzuschweifen, lediglich um zu bemerken, dass der außerordentlich kurze und einfache lateinische Ausdruck, dessen ich mich bediente, durchgehend falsch übersetzt und falsch verstanden wird. *Cui bono* wird in all den Romanen erster Garnitur und anderswo – in denen von Frau Gore[4] zum Beispiel (der Autorin von *Cecil*), einer Dame, die aus allen Sprachen, vom Chaldäischen[5] bis zum Tschikasa[6], zitiert und der einem systematischen Plan gemäß von Herrn Beckford[7] »nach Bedarf« zu ihren Kenntnissen verholfen wird – in *allen* Romanen erster Garnitur, sage ich, beginnend bei denen von Bulwer und Dickens bis zu denen der Schreiberlinge und Ainsworths[8], werden die zwei lateinischen Wörtchen *cui bono* mit »zu welchem Zweck« wiedergegeben oder (als ob es *quo bono* hieße) »zu welchem Nutzen«. Nichtsdestoweniger ist ihre wahre Bedeutung »wem zugute«. *Cui*, wem; *bono*, kommt es zugute? Es ist ein rein juristischer Ausdruck, anwendbar auf eben solche Fälle, wie wir hier einen erwägen, in denen die Wahrscheinlichkeit, ob jemand als Täter der Tat in Frage kommt, von der Wahrscheinlichkeit abhängt, ob dieser betreffenden Person aus der Durchführung der Tat ein Vorteil erwächst. Im vorliegenden Fall nun ließ die Frage *cui bono*? ganz eindeutig auf Herrn Pfennigfuchser schließen. Sein Onkel hatte ihm, nachdem er ein Testament zu seinen Gunsten gemacht hatte, mit Enterbung gedroht. Aber die Drohung war nicht wirklich wahrgemacht worden; es erwies sich, dass das ursprüngliche Testament nicht geändert worden war. *Wäre* es geändert worden, so wäre das einzig denkbare Mordmotiv auf Seiten des Verdächtigten gewöhnliche Rachsucht gewesen; und selbst diesem wäre durch die Hoffnung, das Wohlwollen des Onkels wiederzuerlangen, entgegengewirkt worden. Aber da das Testament unverändert war, während die Drohung, es zu ändern, über dem Haupt des Neffen schwebte, leuchtet der allerstärkste mögliche Beweggrund für die abscheuliche Tat auf einmal ein; und diesen Schluss zogen denn auch sehr scharfsinnig die werten Bürger des Quasselortes.

Herr Pfennigfuchser wurde also auf der Stelle verhaftet, und nach einigem weiteren Suchen machte sich die Menge mit ihm in ihrem Gewahrsam auf den Heimweg. Auf der Strecke ergab sich jedoch noch ein anderer Umstand, der dazu gereichte, den gehegten Verdacht zu bestätigen. Man sah, wie Herr Kumpel, der in seinem Eifer der Gruppe stets etwas voraus war, plötzlich ein paar Schritte vorwärts lief, sich bückte und dann anscheinend einen kleinen Gegenstand aus dem Gras aufhob. Nachdem er ihn kurz untersucht hatte, wurde auch beobachtet, dass er eine Art halben Versuch machte, ihn in seiner Rocktasche zu verbergen; aber diese Handlung wurde, wie ich bereits sagte, bemerkt und infolgedessen verhindert; dann fand man heraus, dass der aufgehobene Gegenstand ein spanisches Messer war, welches ein Dutzend Leute sogleich als das Eigentum von Herrn Pfennigfuchser wiedererkannten. Obendrein waren seine Initialen auf den Griff graviert. Die Klinge dieses Messers war aufgeklappt und blutig.

Nun blieb kein Zweifel an der Schuld des Neffen, und sobald man Quasselburg erreicht hatte, wurde er vor einen Untersuchungsrichter gebracht.

Hier nahm die Sache wieder einen äußerst ungünstigen Verlauf. Nach seinem Aufenthaltsort am Morgen des Verschwindens von Herrn Rüttelwert befragt, besaß der Gefangene die Dreistigkeit einzugestehen, dass er an eben jenem Morgen mit seinem Gewehr auf der Pirsch gewesen war, und zwar in der unmittelbaren Nachbarschaft des Tümpels, wo man die blutbefleckte Weste durch den Scharfsinn Herrn Kumpels entdeckt hatte.

Letzterer trat nun vor und bat mit Tränen in den Augen um die Erlaubnis, verhört zu werden. Er sagte, dass ein strenges Verständnis der Pflicht, die er seinem Schöpfer nicht weniger als seinen Mitmenschen schulde, es ihm nicht länger erlaube zu schweigen. Bislang habe ihn die aufrichtigste Zuneigung für den jungen Mann (trotz der üblen Behandlung, die Letzterer ihm, Herrn Kumpel, hatte widerfahren lassen) dazu bewogen, jede Hypothese, auf die einen die Vorstellungskraft nur kommen ließ, aufzustellen, um Erklärungen dafür zu finden, was an den Umständen so ernsthaft gegen Herrn Pfennigfuchser sprach; aber diese Umstände seien nun insgesamt *zu* überzeugend – *zu* verdammend; er wolle nicht länger zögern, er wolle alles sagen, was er wisse, obwohl sein Herz (Herrn Kumpels) bei diesem Bestreben schlechterdings entzweibrechen werde. Dann ging er dazu über, auszusagen, an dem Nachmittag, der der Abreise Herrn Rüttelwerts nach der Stadt vorausgegangen war, habe der werte alte Herr seinem Neffen gegenüber vor seinen (Herrn Kumpels) Ohren erwähnt, dass der Zweck seiner morgigen Reise in die Stadt der sei, eine ungewöhnlich große Summe Geldes in die Genossenschaftsbank einzuzahlen, und besagter Herr Rüttelwert habe dann und dort besagtem Neffen gegenüber deutlich seinen unwiderruflichen Beschluss bekundet, das ursprüngliche Testament für ungültig zu erklären und ihn bis auf den letzten Heller zu enterben. Sodann forderte er (der Zeuge) den Angeklagten feierlich dazu auf, auszusagen, ob das, was er (der Zeuge) gerade ausgesagt habe, in allen wesentlichen Punkten der Wahrheit entspreche oder nicht. Zum großen Erstaunen eines jeden Anwesenden gab Herr Pfennigfuchser offen zu, dass es *wahr* sei.

Der Untersuchungsrichter sah es nun als seine Pflicht an, ein paar Schutzleute loszuschicken, die das Zimmer des Angeklagten im Haus des Onkels durchsuchen sollten. Von dieser Suche kehrten sie fast augenblicklich mit der wohlbekannten, stahlgesäumten, rotbraunen, ledernen Brieftasche zurück, die der alte Herr seit Jahren mit sich zu führen pflegte. Ihr wertvoller Inhalt war jedoch entnommen worden, und vergeblich versuchte der Untersuchungsrichter aus dem Gefangenen herauszubekommen, welchen Gebrauch er davon gemacht hatte oder an welchem Ort er ihn versteckt hielt. Der leugnete aber jede Kenntnis der Angelegenheit. Zwischen dem Bettzeug und der Matratze des unglücklichen Mannes entdeckten die Schutzleute auch ein Hemd und ein Halstuch, beide mit den Initialen seines Namens gekennzeichnet und beide grässlich mit dem Blut des Opfers besudelt.

Zu diesem kritischen Zeitpunkt wurde bekannt gegeben, dass das Pferd des Ermordeten gerade an den Folgen der ihm zugefügten Wunde im Stall verendet sei; und Herr Kumpel schlug vor, sofort eine Obduktion des Tieres vorzunehmen mit dem Ziel, nach Möglichkeit die Kugel zu finden. Der Vorschlag wurde befolgt; und als wolle er die Schuld des Angeklagten restlos beweisen, war es Herrn Kumpel nach beträchtlichem Suchen in der Brusthöhle möglich, ein Geschoss von sehr außergewöhnlicher Größe zu entdecken und hervorzuziehen, von dem man mittels einer Probe herausfand, dass es genau zu dem Kaliber des Gewehres von Herrn Pfennigfuchser passte, während es für die Gewehre aller anderen Personen des Ortes oder seiner Nachbarschaft viel zu groß war. Was den Fall sogar noch sicherer machte, war die Entdeckung, dass die Kugel einen Fehler oder eine Furche im rechten Winkel zur üblichen Gussnaht aufwies; eine Untersuchung ergab, dass diese Furche genau einer zufälligen Unebenheit oder Erhöhung in einer Gussform entsprach, die der Angeklagte selbst als sein Eigentum anerkannte. Nach dem Auffinden dieser Kugel weigerte sich der Untersuchungsrichter, sich weitere Zeugenaussagen anzuhören, und überwies den Gefangenen dem Gericht zur sofortigen Aburteilung – wobei er es entschieden ablehnte, ihn gegen Kaution freizulassen, obwohl Herr Kumpel mit viel Wärme gegen diese Strenge eintrat und sich als Bürge gegen jedweden Betrag, der nötig sei, anerbot. Diese Großzügigkeit »des alten Karlchen« stand nur in Übereinstimmung mit der ganzen Art seines liebenswerten und ritterlichen Verhaltens während der vollen Länge seines Aufenthalts in dem Quasselort. Im gegenwärtigen Fall ließ sich der ehrenwerte Mann so völlig von der übermäßigen Wärme seines Mitgefühls hinreißen, dass er, als er sich anerbot, für seinen jungen Freund Bürgschaft zu leisten, vollkommen vergessen zu haben schien, dass er selbst (Herr Kumpel) auf dem ganzen Erdenrund nicht einmal den Besitz im Wert eines einzigen Dollars sein eigen nennen konnte.

Der Beschluss des Gerichts ist leicht vorauszusehen. Herrn Pfennigfuchser wurde unter den lauten Verwünschungen ganz Quasselburgs bei der nächsten Gerichtssitzung der Prozess gemacht, wo die Verkettung der gegen ihn zeugenden Umstände – verstärkt gewissermaßen durch einige zusätzliche verdammende Tatsachen, die dem Gericht vorzuenthalten Herrn Kumpel seine empfindsame Gewissenhaftigkeit verbot – als so bruchlos und so durchgehend schlüssig erachtet wurde, dass die Geschworenen ihn unmittelbar, ohne ihre Plätze zu verlassen, »des vorsätzlichen Mordes schuldig« befanden. Bald darauf empfing der Elende sein Todesurteil und wurde in das Landesgefängnis gebracht, um dort die unerbittliche Vergeltung des Gesetzes zu erwarten.

In der Zwischenzeit hatte das edle Verhalten »des alten Karlchen« diesem die doppelte Zuneigung der ehrenhaften Bürger der Ortschaft eingetragen. Er stand in zehnmal höherer Gunst als je zuvor; und als ein natürliches Ergebnis der Gastfreundschaft, mit der er behandelt wurde, mäßigte er gleichsam gezwungenermaßen seine Gewohnheiten äußerster Sparsamkeit, die seine Armut ihn bislang einzuhalten genötigt hatte, und gab sehr häufig kleine *réunions* in seinem eigenen Haus, wo Witz und Lustigkeit die Oberherrschaft führten – ein wenig gedämpft *natürlich* durch die gelegentliche Erinnerung an das unabwendbare, betrübliche Schicksal, das dem Neffen des verstorbenen, seligen Busenfreundes des freigebigen Gastgebers bevorstand.

Eines schönen Tages wurde dieser großmütige alte Herr von dem Erhalt des folgenden Briefes angenehm überrascht:

K. K. K. Handelsgesellschaft   – –, den 21. Juni 18 . .

Herrn
Karl Kumpel, Hochwohlgeboren
Quasselburg

<u>Betr.:</u> Chât. Mar. A. – Nr. 1–6 Dutzend Flaschen ($\frac{1}{2}$ Gros)

Euer Hochwohlgeboren!
In Erledigung eines gleichlautenden Auftrages, der unserer Firma vor etwa zwei Monaten von unserem geschätzten Geschäftsfreund, Herrn Barnabas Rüttelwert, erteilt wurde, haben wir die Ehre, heute morgen eine Doppelkiste Château Margaux der Sorte Antilope, violettes Siegel, an Ihre Adresse abgehen zu lassen (Nummer und Aufschrift der Kiste s. o.).

Wir verbleiben, werter Herr,
Ihre ergebensten Diener
Kröte, Kot und Köter
Handelsgesellschaft

<u>P. S.:</u> Die Kiste wird sie als Frachtgut einen Tag nach Erhalt dieses Briefes erreichen. Unsere Empfehlung an Herrn Rüttelwert. K. K. K. H. Ges.

Tatsächlich hatte Herr Kumpel seit dem Tod Herrn Rüttelwerts jegliche Hoffnung aufgegeben, den versprochenen Château Margaux je zu erhalten; deshalb sah er ihn *nun* als eine Art Walten der Vorsehung zu seinen Gunsten an. Er war natürlich hoch erfreut und lud in seiner überschwänglichen Fröhlichkeit einen großen Kreis von Freunden für den darauf folgenden Tag zu einem *petit souper* ein, um das Geschenk des guten alten Herrn Rüttelwert anzuzapfen. Nicht, dass er den »guten alten Herrn Rüttelwert« mit einem Wort *erwähnte*, als er die Einladungen formulierte. Er hatte wirklich viel darüber nachgedacht und beschlossen, überhaupt nichts zu sagen. Er erwähnte *niemandem* gegenüber – wenn ich mich richtig erinnere –, dass er den Château Margaux als Geschenk erhalten hatte. Er bat seine Freunde lediglich, zu kommen und ihm einen Tropfen von bemerkenswert guter Qualität und voller Blume trinken zu helfen, den er vor ein paar Monaten aus der Stadt bestellt habe, und den er am folgenden Tag in Empfang nehmen würde. Es hat mir oft Kopfzerbrechen bereitet, mir vorzustellen, *warum* »das alte Karlchen« den Entschluss gefasst hatte, nichts davon zu sagen, dass er den Wein von seinem alten Freund bekommen hatte, aber ich konnte den Grund für sein Schweigen nie genau verstehen, obwohl er zweifellos einen *ganz* besonderen, sehr hochherzigen Grund hatte.

Der folgende Tag traf schließlich ein und mit ihm im Haus des Herrn Kumpel eine sehr große und höchst ehrbare Gesellschaft. Es war in der Tat die halbe Ortschaft dort – ich selbst war unter der Schar –, aber sehr zum Verdruss des Gastgebers traf der Château Margaux erst zu später Stunde ein, als die Gäste dem köstlichen Abendmahl, das Herr Kumpel reichte, ausgiebig Genüge getan hatten. Er traf jedoch schließlich ein – es war eine ungeheuer große Kiste – und da die ganze Gesellschaft sich in überaus guter Laune befand, wurde einstimmig beschlossen, die Kiste auf den Tisch zu heben und ihren Inhalt unverzüglich freizulegen.

Gesagt, getan. Ich legte Hand mit an, und im Nu hatten wir die Kiste auf dem Tisch inmitten all der Flaschen und Gläser, von denen nicht wenige in dem Getümmel zu Bruch gingen. »Das alte Karlchen«, das ziemlich berauscht war und übermäßig rot im Gesicht, nahm nun mit einer Miene aufgesetzter Würde am Kopf der Tafel Platz und hämmerte ungestüm mit einer Karaffe darauf herum, wobei er die Gesellschaft dazu aufrief, »während der feierlichen Enthüllung des Schatzes« Ordnung zu bewahren.

Nach einigem Lärmen war die Ruhe endlich wieder völlig hergestellt, und es folgte, wie es in ähnlichen Fällen oft geschieht, ein bemerkenswert tiefes Schweigen. Als ich dann gebeten wurde, den Deckel aufzustemmen, willigte ich selbstverständlich »mit dem allergrößten Vergnügen« ein. Ich setzte ein Stemmeisen an, und nach ein paar leichten Hammerschlägen sprang der Deckel der Kiste plötzlich mit Heftigkeit ab, und hoch, in eine sitzende Lage, schnellte in demselben Moment, das Gesicht direkt dem Gastgeber zugewandt, die zerschundene, blutige und beinahe verweste Leiche des ermordeten Herrn Rüttelwert persönlich. Einige Augenblicke lang starrte sie Herrn Kumpel mit ihren fauligen, glanzlosen Augen mitten ins Gesicht, gab langsam, aber deutlich und nachdrücklich die Worte »Du bist der Täter!« von sich, fiel dann, gleichsam durch und durch zufriedengestellt, über die Seite der Kiste und streckte zuckend ihre Glieder über den Tisch.

Die Szene, die darauf folgte, ist ganz und gar unbeschreiblich. Der Ansturm auf Fenster und Türen war fürchterlich, und viele der robustesten *Männer* im Raum fielen vor schierem Entsetzen geradewegs in Ohnmacht. Aber nach dem ersten, wilden, schrillen Ausbruch des Schreckens richteten sich die Augen aller auf

Herrn Kumpel. Sollte ich tausend Jahre alt werden, so werde ich doch nie die mehr als mörderische Seelenqual vergessen können, die sich auf seinem totenbleichen Gesicht, das vor so kurzem noch von Triumph und Wein gerötet war, abzeichnete. Etliche Minuten lang saß er wie versteinert da, wobei seine Augen in der gespannten Leere ihres starren Blickes nach innen gekehrt und in die Betrachtung der eigenen, elenden Mörderseele versunken zu sein schienen. Schließlich brach ihr Ausdruck unversehens in die Außenwelt hervor, als er mit einem plötzlichen Satz von seinem Stuhl aufsprang, schwer mit Kopf und Schultern auf den Tisch schlug, dabei die Leiche berührte und rasch und heftig ein detailliertes Geständnis des abscheulichen Verbrechens hervorstieß, für das Herr Pfennigfuchser derzeit eingesperrt und zum Tode verurteilt war.

Was er erzählte, war im Wesentlichen dies: Er folgte seinem Opfer bis in die Nähe des Tümpels; dort schoss er mit einer Pistole auf dessen Pferd, erledigte den Reiter mit dem Kolben, bemächtigte sich der Brieftasche und zerrte das Pferd, das er für tot hielt, mit großer Mühe in das Dornengestrüpp bei dem Teich. Auf sein eigenes Tier band er die Leiche des Herrn Rüttelwert und brachte sie so durch die Wälder zu einem sicheren, weit entfernten Versteck.

Die Weste, das Messer, die Brieftasche und die Kugel waren von ihm selbst in der Absicht, sich an Herrn Pfennigfuchser zu rächen, an ihren Fundorten platziert worden. Ebenso hatte er die Entdeckung des besudelten Halstuchs und Hemdes in die Wege geleitet.

Gegen Ende dieses Vortrags, der einem das Blut in den Adern erstarren ließ, versagte die Stimme des elenden Schuldigen und wurde hohl. Als die Geschichte schließlich ganz heraus war, stand er auf, taumelte rückwärts vom Tisch und – sank *tot* zu Boden.

Die Mittel, mit denen dieses zeitlich geschickt abgestimmte Geständnis erpresst wurde, waren, wenngleich wirksam, in der Tat einfach. Herr Kumpels Übermaß an Freimütigkeit hatte mich angewidert und meinen Verdacht von Anfang an erregt. Ich war zugegen, als Herr Pfennigfuchser ihn geschlagen hatte, und der teuflische Ausdruck, der damals, wenn auch nur flüchtig, auf seinem Gesicht erschien, versicherte mir, dass seine Rachedrohung, wenn irgend möglich, unerbittlich ausgeführt würde. Daher war ich darauf vorbereitet, das *Manövrieren* »des alten Karlchen« in einem ganz anderen Licht zu betrachten, als es die guten Bürger von Quasselburg taten. Ich sah sogleich, dass all die belastenden Entdeckungen entweder direkt oder indirekt von ihm ausgingen. Aber die Tatsache, die mir die wahre Lage des Falles deutlich vor Augen führte, war die Angelegenheit mit dem Geschoss, das von Herrn K. in dem Kadaver des Pferdes *gefunden* worden war. *Ich* hatte nicht vergessen, wie die Quasselburger es *hatten*, dass es ein Loch gab, wo die Kugel in das Pferd eingedrungen war, und ein weiteres, wo sie *ausgetreten* war. Wenn sie dann in dem Tier gefunden wurde, nachdem sie es doch verlassen hatte, so war mir klar, dass sie von der Person, die sie fand, hineingelegt worden sein musste. Das blutige Hemd und Halstuch bestätigten den Gedanken, den das Geschoss hervorrief; denn in einer Untersuchung erwies sich das Blut als vorzüglicher Rotwein und nichts weiter. Als ich über diese Dinge nachdachte und auch über die in letzter Zeit zunehmende Freigebigkeit und Verschwendung auf Seiten Herrn Kumpels, hegte ich einen Verdacht, der dadurch, dass ich ihn gänzlich für mich behielt, kein bisschen an Stärke einbüßte.

In der Zwischenzeit stellte ich genaue, private Nachforschungen nach Herrn Rüttelwerts Leiche an und suchte mit gutem Grund an Orten, die von denen, wohin Herr Kumpel seinen Trupp führte, so weit wie möglich abgelegen waren. Das Ergebnis war, dass ich nach einigen Tagen auf einen alten, versiegten Brunnen stieß, dessen Schacht fast von einem Gebüsch versteckt wurde; und hier auf dem Grund entdeckte ich, wonach ich suchte.

Nun hatte es sich so ergeben, dass ich die Unterhaltung zwischen den zwei Busenfreunden zufällig mitangehört hatte, als es Herrn Kumpel gelungen war, seinen Gastgeber durch Schmeicheleien dazu zu bringen, ihm eine Kiste Château Margaux zu versprechen. Auf diesen Wink hin handelte ich. Ich besorgte mir ein steifes Stück Fischbein, stopfte es die Kehle der Leiche hinunter und setzte diese in eine alte Weinkiste – wobei ich darauf Acht gab, den Körper derart herunterzubeugen, dass das Fischbein mitgebogen wurde. So musste ich kräftig auf den Deckel drücken, um ihn niederzuhalten, während ich ihn festnagelte; ich erwartete natürlich, dass, sobald die Nägel entfernt würden, der Deckel *auf-* und der Körper *hoch*springen würde.

Als ich die Kiste auf diese Weise hergerichtet hatte, markierte, nummerierte und adressierte ich sie wie bereits erwähnt; dann schrieb ich einen Brief im Namen der Weinhändler, mit denen Herr Rüttelwert Geschäfte machte, und gab meinem Diener die Anweisung, die Kiste auf ein bestimmtes Zeichen von mir hin zu Herrn Kumpels Tür zu karren. Was die Worte anging, die ich die Leiche sprechen lassen wollte, verließ ich mich vertrauensvoll auf meine bauchrednerischen Fähigkeiten; was deren Wirkung betraf, so zählte ich auf das Gewissen des lumpigen Mörders.

Ich glaube, es gibt weiter nichts zu erklären. Herr Pfennigfuchser wurde auf der Stelle freigelassen, erbte das Vermögen seines Onkels, zog seine Lehren aus dieser Erfahrung, änderte sich und führte von jener Zeit an ein glückliches, neues Leben.

1844   *Übersetzung von Erika Engelmann*

Der entwendete Brief

Nil sapienitiae odiosius acumine nimio.

Nichts ist der Weisheit lästiger als
übermäßiger Scharfsinn.

SENECA

Es war in Paris an einem stürmischen Abend im Herbst 18 .. gerade nach Einbruch der Dunkelheit. Ich erfreute mich des zweifachen Genusses besinnlichen Nachdenkens und einer Meerschaumpfeife in Gesellschaft meines Freundes C. Auguste Dupin in seiner kleinen rückwärtigen Bibliothek oder Studierstube,
im dritten Stock des Hauses Nr. 33 *in der Rue Dunôt, Faubourg
St-Germain.* Wenigstens eine Stunde lang hatten wir tiefes
Schweigen bewahrt; dabei mochte es einem zufälligen Beob-
achter vorgekommen sein, als wären wir intensiv und ausschließlich mit den sich kringelnden Wirbeln des Rauchs beschäftigt, der auf die Atmosphäre des Zimmers drückte. Ich
selbst jedoch ging im Geiste gewisse Punkte durch, die Gegenstand unserer Unterhaltung zu einer früheren Zeit des Abends
gewesen waren; ich meine die Affäre in der Rue Morgue und das
Geheimnis, das den Mord an Marie Rogêt[1] umgab. Deshalb betrachtete ich es als eine merkwürdige Art des Zusammentref-
fens, als die Tür unseres Zimmers aufging und unser alter Bekannter, Monsieur G., der Präfekt der Pariser Polizei, eintrat.

Wir hießen ihn herzlich willkommen; denn der Mann hatte
mehr Unterhaltsames als Verächtliches an sich, und wir hatten
ihn einige Jahre lang nicht gesehen. Wir hatten im Dunkeln gesessen, und Dupin stand nun auf, um die Lampe anzuzünden;
aber er setzte sich wieder, ohne es zu tun, als G. sagte, er sei vorbeigekommen, um uns um Rat zu fragen, d. h. eher um die Meinung meines Freundes in einer offiziellen Angelegenheit zu hören, die eine Menge Staub aufgewirbelt hatte.

»Wenn es sich um etwas handelt, das Nachdenken erfordert«, bemerkte Dupin, während er darauf verzichtete, den Docht anzufachen, »werden wir es besser im Dunkeln untersuchen.«

»Dies ist wieder eine von Ihren seltsamen Vorstellungen«, sagte der Präfekt, der die Angewohnheit hatte, alles ›seltsam‹, zu nennen, was über seine Fassungskraft ging, und der auf diese Weise mit einer vollen Legion von ›Seltsamkeiten‹ lebte.

»Sehr wahr«, sagte Dupin, während er seinen Besucher mit einer Pfeife versorgte und ihm einen bequemen Stuhl zuschob.

»Und was macht jetzt Schwierigkeiten?«, fragte ich. »Hoffentlich nichts, was wieder mit Mord zu tun hat.«

»O nein, nichts Derartiges. Tatsache ist, der Fall ist *sehr* einfach, wirklich, und ich zweifle nicht, dass wir ganz gut selbst damit fertig werden. Aber dann dachte ich, Dupin würde vielleicht gern die Einzelheiten hören, weil alles so außerordentlich *seltsam* ist.«

»Einfach und seltsam«, sagte Dupin.

»Nun ja, und doch nicht genau das eine oder das andere. Tatsache ist, wir sind alle etwas irre geworden, weil die Sache so *einfach* ist und wir dennoch völlig zum Narren gehalten werden.«

»Vielleicht ist es gerade die Einfachheit des Falles, die Sie fehlgehen lässt«, sagte mein Freund.

»Was für Unsinn Sie reden!«, antwortete der Präfekt und lachte herzhaft.

»Vielleicht ist das Geheimnis etwas *zu* offenkundig«, sagte Dupin.

»Guter Gott! Hat jemand schon mal so etwas gehört?«

»Etwas *zu* selbstverständlich.«

»Hahaha! – Hahaha! – Hohoho!«, brüllte unser Besucher, zutiefst belustigt. »O Dupin, Sie sind noch mein Tod!«

»Und worum *geht* es nun eigentlich?«, fragte ich.

»Nun, ich will es Ihnen sagen«, erwiderte der Präfekt, während er eine lange, ununterbrochene, nachdenkliche Rauchwolke von sich gab und sich auf dem Stuhl niederließ. »Ich will es Ihnen mit ein paar wenigen Worten sagen; aber bevor ich beginne, lassen Sie sich belehren, dass dieser Fall größte Verschwiegenheit verlangt und dass ich höchstwahrscheinlich meine jetzige Stellung verlieren würde, sollte es bekannt werden, dass ich ihn irgend jemandem anvertraut hätte.«

»Also weiter«, sagte ich.

»Oder auch nicht«, sagte Dupin.

»Also gut; ich habe von höchster Stelle eine persönliche Information erhalten, dass ein bestimmtes Dokument von dringender Wichtigkeit aus den königlichen Gemächern entwendet worden ist. Die Person, die es entwendet hat, ist bekannt, und zwar ohne jeden Zweifel. Sie wurde gesehen, als sie es an sich nahm. Außerdem ist bekannt, dass es sich noch in ihrem Besitz befindet.«

»Wieso ist das bekannt?«, fragte Dupin.

»Dies kann klar aus der Art des Dokuments erschlossen werden«, antwortete der Präfekt, »und daraus, dass bestimmte Resultate ausgeblieben sind, die sich sofort ergeben hätten, sobald es aus dem Besitz des Diebes entschwunden wäre – d. h. sobald er es so verwendet hätte, wie er es nach seinem Plan am Ende verwenden muss.«

»Erklären Sie sich etwas genauer!«, sagte ich.

»Also, ich darf wohl so weit gehen zu sagen, dass das Schriftstück seinem Besitzer bestimmte Macht in einer bestimmten Position gibt, wo solche Macht ungeheuer wertvoll ist.« Der Präfekt liebte die diplomatische Ausdrucksweise.

»Ich verstehe doch noch nicht ganz«, meinte Dupin.

»Nein? Also die Enthüllung des Dokuments gegenüber einer dritten Person, die nicht genannt werden soll, würde die Ehre einer Persönlichkeit in überaus exponierter Stellung in Zweifel ziehen; und diese Tatsache gibt dem Besitzer des Dokuments Macht über die erlauchte Persönlichkeit, deren Ehre und Seelenfriede somit auf dem Spiel stehen.«

»Aber diese Macht«, warf ich ein, »würde von dem Wissen des Diebes abhängen, dass der Bestohlene den Dieb kennt. Wer würde wagen –«

»Minister D. ist der Dieb«, sagte G. »Er wagt alles, sowohl was sich für einen Mann ziemt, als auch was sich nicht ziemt. Die Methode des Diebstahls war ebenso genial wie kühn. Die bestohlene Person hatte das betreffende Dokument – einen Brief, um es offen zu sagen – erhalten, als sie allein im königlichen Boudoir war. Während sie ihn las, wurde sie plötzlich durch den Eintritt jener anderen erlauchten Persönlichkeit unterbrochen, vor der sie ihn besonders zu verbergen wünschte. Nach einem eiligen, aber vergeblichen Versuch, ihn in eine Schublade zu stecken, wurde sie gezwungen, ihn offen auf einen Tisch zu legen. Die Adresse war indessen zuoberst, und während der Inhalt so verborgen blieb, entging der Brief der Aufmerksamkeit. In diesem Moment tritt Minister D. ein. Sein Luchsauge erspäht sofort das Schriftstück, erkennt die Handschrift der Adresse, bemerkt die Verwirrung der Person, an die der Brief gerichtet ist, und geht ihrem Geheimnis auf den Grund. Nach einigen geschäftlichen Erledigungen, die er in gewohnter Manier eilig vornimmt, zieht er einen Brief hervor, der dem besagten etwa ähnelt, öffnet ihn, gibt vor, ihn zu lesen und legt ihn dann ganz nahe an den anderen. Wiederum unterhält er sich etwa fünfzehn Minuten lang über Staatsangelegenheiten. Schließlich nimmt er beim Abschied den Brief vom Tisch, auf den er keinen Anspruch hatte. Seine rechtmäßige Besitzerin sah dies, wagte aber natürlich nicht, in Gegenwart der dritten Person, die unmittelbar neben ihr stand, die Aufmerksamkeit auf diesen Akt zu lenken. Der Minister machte sich davon, seinen eigenen – absolut unwichtigen – Brief auf dem Tisch zurücklassend.«

»Hier also«, sagte Dupin zu mir, »haben Sie genau das, was Sie zu einer absoluten Machtvollkommenheit brauchen – das Wissen des Diebes, dass die bestohlene Person den Dieb kennt.«

»Ja«, erwiderte der Präfekt, »und die so erworbene Macht ist in den vergangenen Monaten in äußerst gefährlichem Maße für politische Zwecke ausgenützt worden. Die bestohlene Person ist von Tag zu Tag mehr von der absoluten Notwendigkeit überzeugt, dass sie ihren Brief zurückfordern muss. Aber dies kann natürlich nicht offen geschehen. Kurz, zur Verzweiflung getrieben, hat sie die Sache mir anvertraut.«

»Denn kein scharfsinnigerer Agent«, sagte Dupin inmitten eines vollkommenen Rauchwirbels, »ließe sich vermutlich wünschen oder gar ausdenken.«

»Sie schmeicheln mir«, erwiderte der Präfekt, »aber es ist möglich, dass eine derartige Ansicht verbreitet sein mag.«

»Es ist klar«, sagte ich, »dass der Brief, wie Sie bemerken, noch im Besitz des Ministers ist, denn eben der Besitz, und nicht die Verwendung des Briefes, verleiht die Macht. Mit der Verwendung schwindet die Macht.«

»Sehr wahr«, sagte G., »und aufgrund dieser Überzeugung ging ich vor. Meine erste Sorge galt einer völligen Durchsuchung des Palastes des Ministers. Und dabei musste ich besonders der Notwendigkeit Rechnung tragen, dass ohne sein Wissen durchsucht werde. Vor allen Dingen war ich vor der drohenden Gefahr gewarnt, ihm Grund zum Verdacht gegen unseren Plan zu geben.«

»Aber«, sagte ich, »Sie sind in derartigen Nachforschungen *au fait*. Die Pariser Polizei hat so etwas oftmals zuvor getan.«

»O ja; und deshalb bin ich auch nicht verzweifelt. Die Gewohnheiten des Ministers gereichten mir außerdem zum Vorteil. Er ist oft die ganze Nacht von zu Hause abwesend. Seine Diener sind keineswegs zahlreich. Sie schlafen in einiger Entfernung von den Gemächern ihres Herrn, und da es hauptsächlich Neapolitaner sind, lassen sie sich leicht betrunken machen. Wie Sie wissen, habe ich Schlüssel, mit denen ich jedes Zimmer und jedes Kabinett in Paris öffnen kann. Drei Monate verging keine Nacht, während deren ich nicht, größtenteils persönlich, damit beschäftigt war, den Palast D.s zu durchstöbern. Meine Ehre steht auf dem Spiel und, um ein großes Geheimnis nicht unerwähnt zu lassen, die Belohnung ist enorm hoch. So gab ich die Suche nicht auf, bis ich mich vollständig davon überzeugt hatte, dass der Dieb schlauer ist als ich. Ich glaube, dass ich jede Ecke und jeden Winkel des Anwesens untersucht habe, in dem möglicherweise das Schriftstück verborgen sein kann.«

»Aber ist es nicht möglich«, warf ich ein, »dass der Brief zwar im Besitz des Ministers ist, worüber kein Zweifel besteht, dass er ihn aber irgendwo anders als auf seinem Anwesen verborgen hat?«

»Das ist kaum möglich«, sagte Dupin. »Die gegenwärtige besondere Situation am Hofe und vor allem der Verlauf der Intrigen, in die D. bekanntermaßen verwickelt ist, dürften die augenblickliche Verfügbarkeit des Dokuments – die Möglichkeit seiner sofortigen Verwendung – fast ebenso wichtig machen wie seinen Besitz selbst.«

»Die Möglichkeit seiner Verwendung?«, fragte ich.

»Das heißt, seiner *Vernichtung*«, sagte Dupin.

»Richtig«, bemerkte ich, »das Schriftstück ist also offenbar auf dem Anwesen. Dass es der Minister bei sich trägt, können wir wohl ausschließen.«

»Vollkommen«, sagte der Präfekt. »Er wurde zweimal zum Schein von Straßenräubern überfallen, und man durchsuchte seine Person rigoros vor meinen eigenen Augen.«

»Diese Mühe hätten Sie sich sparen können«, sagte Dupin. »D. ist wahrlich kein Narr, möchte ich annehmen; und wenn nicht, musste er mit diesen Überfällen selbstverständlich gerechnet haben.«

»Wahrlich kein Narr«, sagte G., »aber ein Dichter, und somit nicht weit vom Narren entfernt.«

»Richtig«, erwiderte Dupin nach einem langen, nachdenklichen Zug aus der Meerschaumpfeife, »obwohl ich mich selbst gewisser Reimproduktionen schuldig gemacht habe.«

»Sie können uns doch wohl die Einzelheiten Ihrer Untersuchung mitteilen«, sagte ich.

»Also, Tatsache ist, wir nahmen uns Zeit, und wir suchten *überall.* Ich habe reiche Erfahrung in solchen Dingen. Ich nahm mir das gesamte Gebäude vor, Zimmer für Zimmer, wobei ich einem jeden die Nächte einer ganzen Woche widmete. Wir prüften zunächst das Mobiliar eines jeden Gemaches. Wir öffneten jede mögliche Schublade; und ich darf wohl annehmen, Sie wissen, dass es für einen richtig ausgebildeten Polizeibeamten so etwas wie ein *Geheimfach* nicht gibt. Ein Tölpel ist, wer zulässt, dass ihm bei einer derartigen Suche ein Geheimfach entgeht. Die Sache ist ja so einfach. In jedem Schrank ist ein gewisses Quantum – Rauminhalt – zu berücksichtigen. Außerdem haben wir genaue Regeln. Nicht der fünfzigste Teil eines Zolls konnte uns entgehen. Nach den Schränken kamen die Stühle dran. Die Polster untersuchten wir mit feinen langen Nadeln, wie ich sie in Ihrer Gegenwart schon verwendet habe. Von den Tischen entfernten wir die Platten.«

»Warum das?«

»Manchmal wird die Platte eines Tisches oder eines ähnlich gebauten Möbelstücks von der Person, die einen Gegenstand verbergen will, entfernt; dann wird das Bein ausgehöhlt, der Gegenstand in die Höhlung deponiert und die Platte wieder aufgesetzt. Die oberen und unteren Enden von Bettpfosten werden in gleicher Weise behandelt.«

»Aber könnte man den Hohlraum nicht durch Abklopfen entdecken?«, fragte ich.

»Keineswegs; wenn nämlich der deponierte Gegenstand mit genügend Watte umwickelt worden ist. Außerdem waren wir in unserem Fall gehalten, ohne Lärm vorzugehen.«

»Aber Sie konnten doch nicht *alle* Möbelstücke, in denen man möglicherweise etwas in der erwähnten Weise deponieren konnte, entfernen – oder in Stücke zerlegen. Einen Brief kann man zu einer dünnen Spirale zusammenrollen, welche sich kaum in Form und Volumen von einer dicken Stricknadel unterscheidet, und in dieser Form könnte man ihn z. B. in eine Stuhlleiste einführen. Sie haben doch nicht alle Stühle auseinander genommen?«

»Gewiss nicht. Aber wir machten es noch besser – wir untersuchten jede Stuhlleiste in dem Haus und sogar die Fugen jedes Möbels welcher Art auch immer mit Hilfe eines überaus starken Mikroskops. Hätte es Spuren irgendeiner erst kurz zurückliegenden Beschädigung gegeben, wir hätten sie unfehlbar sofort entdeckt. Ein einziges Staubkörnchen, das z. B. von einem Bohrer herrührte, wäre uns so deutlich wie ein Apfel erschienen. Jede Unregelmäßigkeit der Leimung – jeder ungewöhnliche Spalt in den Fugen – hätte zur sicheren Entdeckung genügt.«

»Ich nehme an, Sie haben auch bei den Spiegeln nachgesehen, zwischen Rahmen und Platten, und haben Betten und Betttücher sowie die Vorhänge und Teppiche untersucht.«

»Natürlich, und als wir mit jedem Möbelteilchen auf diese Weise vollständig fertig waren, durchforschten wir das Haus selbst. Wir teilten seine gesamte Fläche in Abschnitte ein und nummerierten sie, so dass keiner ausgelassen wurde. Dann suchten wir jeden einzelnen Quadratzentimeter des Anwesens mit dem Mikroskop ab, wie zuvor, einschließlich der beiden unmittelbar anschließenden Häuser.«

»Die beiden anschließenden Häuser!«, rief ich aus. »Sie müssen eine Menge Arbeit gehabt haben.«

»So ist es; aber die ausgesetzte Belohnung ist außerordentlich.«

»Sie bezogen auch den *Grund und Boden* rings um die Häuser mit ein?«

»Er ist vollständig mit Ziegeln bepflastert und machte uns verhältnismäßig wenig Mühe. Wir untersuchten das Moos zwischen den Ziegeln und fanden es nicht beschädigt.«

»Sie sahen unter D.s Papieren nach, natürlich, und bei den Büchern in der Bibliothek?«

»Gewiss; wir öffneten jedes Paket und jedes Bündel. Wir öffneten nicht nur jedes Buch, sondern blätterten alle Seiten jedes

Bandes durch, indem wir uns nicht wie einige unserer Beamten mit einem bloßen Ausschütteln zufrieden gaben. Auch maßen wir die Dicke jedes Buch*deckels* höchst genau nach und ließen jedem die akkurateste Untersuchung mit dem Mikroskop angedeihen. Hätte sich jemand an einem der Einbände kürzlich zu schaffen gemacht, so wäre diese Tatsache unmöglich unserer Beobachtung entgangen. Etwa fünf oder sechs Bände, die frisch vom Buchbinder kamen, prüften wir sorgfältig der Länge nach mit den Nadeln.«

»Sie forschten unter den Teppichen nach?«

»Kein Zweifel. Wir entfernten jeden Teppich und untersuchten die Bretter mit dem Mikroskop.«

»Und die Tapeten?«

»Ja.«

»Sie schauten in den Kellern nach?«

»So ist es.«

»Dann«, sagte ich, »haben Sie sich verkalkuliert, und der Brief befindet sich nicht auf dem Anwesen, wie Sie vermuten.«

»Ich fürchte, da haben Sie recht«, meinte der Präfekt, »und nun, Dupin, was würden Sie mir raten?«

»Das Anwesen nochmals einer gründlichen Untersuchung zu unterziehen.«

»Das ist absolut unnötig«, antwortete G. »So sicher, wie ich atme, ist der Brief nicht in dem Palast.«

»Einen besseren Rat kann ich Ihnen nicht geben«, sagte Dupin. »Sie besitzen doch wohl eine genaue Beschreibung des Briefes?«

»O ja!« – Und hier zog der Präfekt ein Notizbuch hervor und ging daran, einen genauen Bericht über die innere und besonders die äußere Gestalt des vermissten Dokuments laut vorzulesen. Bald nach Beendigung der Beschreibung nahm er seinen Abschied, weitaus deprimierter, als ich den guten Herrn je zuvor gesehen hatte.

Etwa einen Monat später besuchte er uns wieder und fand

uns fast in derselben Weise beschäftigt. Er nahm eine Pfeife und einen Stuhl und begann eine normale Unterhaltung. Schließlich sagte ich:

»Nun. G., was ist denn mit dem entwendeten Brief? Ich nehme an, Sie sind letztlich zu der Einsicht gekommen, dass es nicht möglich ist, den Minister zu überlisten?«

»Verdammt, ja! Ich nahm eine neuerliche Untersuchung vor, wie Dupin riet – aber es war verlorene Mühe, wie ich geahnt hatte.«

»Wie viel, sagten Sie, war als Belohnung ausgesetzt?«, fragte Dupin.

»Nun, eine ganze Menge – eine *sehr* großzügige Belohnung – ich möchte nicht sagen, wie viel genau. Ich will aber doch sagen, dass ich persönlich ohne weiteres einen Scheck über 50 000 Francs demjenigen geben würde, der mir diesen Brief besorgte. Tatsache ist, dass er täglich wichtiger wird; und die Belohnung ist kürzlich verdoppelt worden. Jedoch auch wenn sie verdreifacht würde, könnte ich nicht mehr tun, als ich getan habe.«

»Ja also«, sagte Dupin gedehnt, zwischen Zügen aus seiner Meerschaumpfeife, »wirklich – ich glaube, G., Sie haben in dieser Sache noch nicht – das Äußerste – getan. Sie könnten doch, glaube ich, noch etwas – mehr – tun, nicht wahr?«

»Wie? – Auf welche Weise?«

»Nun – paff, paff – Sie könnten – paff, paff – einen Gutachter in der Sache bemühen, nicht? – paff, paff, paff. Erinnern Sie sich an die Geschichte, die von Abernethy[2] erzählt wird?«

»Nein, zum Teufel mit Abernethy!«

»Gewiss! Zum Teufel mit ihm, und das herzlich gern. Einstmals fasste ein reicher Geizhals den Plan, von diesem Abernethy ein medizinisches Gutachten herauszuschlagen. Zu diesem Zweck begann er in einer privaten Gesellschaft eine gewöhnliche Unterhaltung und trug dem Arzt seinen Fall als den einer fiktiven Person vor.

›Nehmen wir an‹, sagte der Geizhals, ›das sind die Symptome; nun, Doktor, was hätte er nach *Ihren* Anweisungen nehmen sollen?‹

›Nehmen!‹, sagte Abernethy. ›Nun, auf jeden Fall, einen Arzt!‹«

»Aber«, sagte der Präfekt, ein wenig verwirrt, »ich bin ja *völlig* dazu bereit, mir einen Rat geben zu lassen und dafür zu zahlen. Ich würde *tatsächlich* demjenigen 50 000 Francs geben, der mir in dieser Sache hülfe.«

»In diesem Fall«, erwiderte Dupin, zog eine Schublade auf und ein Scheckbuch hervor, »können Sie genauso gut mir den Scheck über den genannten Betrag ausstellen. Sobald Sie ihn unterschrieben haben, werde ich Ihnen den Brief aushändigen.«

Ich war verblüfft. Der Präfekt schien förmlich wie vom Donner gerührt. Einige Minuten lang blieb er sprach- und reglos und schaute meinen Freund mit offenem Mund an und mit Augen, die aus ihren Höhlen hervorzutreten schienen. Als er sich dann offensichtlich in gewisser Weise etwas erholt hatte, ergriff er eine Feder, schrieb schließlich, nach einigen Pausen und leeren Blicken, einen Scheck über 50 000 Francs aus, unterzeichnete ihn und reichte ihn Dupin über den Tisch. Dieser prüfte ihn gewissenhaft und steckte ihn in sein Taschenbuch, dann schloss er ein Schreibkästchen auf, entnahm ihm einen Brief und gab ihn dem Präfekten. Der Beamte griff danach in einer vollkommenen Agonie der Freude, öffnete ihn mit zitternder Hand, warf einen schnellen Blick auf seinen Inhalt, taumelte dann hastig zur Tür und stürzte schließlich ohne Umschweife aus dem Zimmer und aus dem Haus. Er hatte keine Silbe gesprochen, seit Dupin ihn aufgefordert hatte, den Scheck auszustellen.

Als er gegangen war, gab mein Freund einige Erklärungen ab.

»Die Pariser Polizei«, sagte er, »ist auf ihre Weise außerordentlich kompetent. Sie ist ausdauernd, einfallsreich, geschickt und durchaus in den Kenntnissen versiert, welche ihre Pflichten hauptsächlich zu verlangen scheinen. Als uns deshalb G. die Art und Weise schilderte, wie das Anwesen von D.s Palast untersucht worden war, hatte ich volles Vertrauen, dass er seine Nachforschungen zufrieden stellend vorgenommen hatte – soweit seine Bemühungen gingen.«

»Soweit seine Bemühungen gingen?«, fragte ich.

»Ja«, sagte Dupin, »die angewandten Maßnahmen waren nicht nur die bestmöglichen, sondern sie wurden auch mit absoluter Perfektion durchgeführt. Hätte der Brief im Bereich ihrer Nachforschungen gelegen, hätten ihn diese Burschen ohne Frage gefunden.«

Ich lachte nur – aber er meinte alles, was er sagte, durchaus ernst.

»Also, die Maßnahmen«, fuhr er fort, »waren an sich gut und wurden gut durchgeführt. Der Fehler lag darin, dass sie nicht auf den Fall und den Mann anwendbar waren. Eine gewisse Anzahl höchst ingeniöser Hilfsmittel ist für den Präfekten eine Art Prokrustesbett, dem er gewaltsam seine Pläne anpasst. Aber er macht ständig Fehler, weil er entweder zu tiefschürfend oder zu oberflächlich in dem betreffenden Fall vorgeht; und manch ein Schuljunge kombiniert besser als er. Ich kannte einen von acht Jahren, dessen Erfolg im Ratespiel ›Gerade oder Ungerade‹ allgemeine Bewunderung erregte. Dieses Spiel ist einfach und wird mit Murmeln gespielt. Ein Spieler hält eine Anzahl dieser Kugeln in der Hand und fragt einen anderen, ob es eine gerade oder ungerade Summe ist. Wenn der Betreffende richtig rät, hat er eine gewonnen; wenn falsch, eine verloren. Der Junge, den ich meine, gewann alle Murmeln der Schule. Natürlich hatte er ein Prinzip beim Raten; und es beruhte auf der bloßen Beobachtung und dem Abschätzen der Schläue seiner Gegner. Nehmen wir an, der Gegner ist ein ausgemachter Dummkopf: er hält seine geschlossene Faust hoch und fragt: ›Gerade oder ungerade?‹ Unser Schuljunge antwortet ›ungerade‹ und verliert. Aber beim nächsten Versuch gewinnt er, denn er sagt sich: ›Der Dummkopf hatte beim ersten Mal gerade, aber beim zweiten Mal reicht seine Überlegung nur so weit, dass er jetzt ungerade macht; deshalb rate ich auf ungerade.‹ – Er rät auf ungerade und gewinnt. Bei einem Dummkopf von nächsthöherem Grad hätte er so kombiniert: ›Dieser Bursche merkt, dass ich beim ersten Mal ungerade geraten habe, und beim zweiten Mal wird er zunächst Lust zu einer simplen Abwechslung von gerade zu ungerade haben wie der erste Dummkopf. Aber dann wird ihm ein zweiter Gedanke kommen, dass dies nämlich eine zu simple Veränderung sei, und schließlich wird er sich wieder wie vorher zu gerade entscheiden. Deshalb rate ich auf gerade.‹ – Er rät auf gerade und gewinnt. Nun, welcher Art ist diese Kombination des Schuljungen, den seine Kameraden ›vom Glück begünstigt‹ nannten – wenn man sie letztlich analysiert?«

»Lediglich eine Identifikation des Intellektes des Kombinierenden mit dem seines Gegners«, sagte ich.

»So ist es«, erwiderte Dupin, »und als ich den Jungen fragte, wie er die *vollkommene* Identifikation, auf der sein Erfolg beruhte, erreicht habe, erhielt ich folgende Antwort: ›Wenn ich herausfinden möchte, wie klug oder wie dumm, wie gut oder wie böse jemand ist, oder was er gerade denkt, so forme ich meinen Gesichtsausdruck so genau wie möglich nach dem seinen. Und dann warte ich ab, welche Gedanken oder Gefühle in meinem Gehirn oder Herzen entstehen, welche gleichsam dem Gesichtsausdruck entsprechen.‹ Diese Antwort des Schuljungen macht den Grund des ganzen scheinbaren Tiefsinns aus, den man etwa Rochefoucauld, La Bougive, Machiavelli oder Campanella[3] zugeschrieben hat.«

»Und die Identifikation des Intellekts des Ratenden mit dem seines Gegners«, sagte ich, »hängt, wenn ich Sie recht verstehe, von der Genauigkeit ab, mit der der Intellekt des Gegners eingeschätzt wird.«

»Ihr praktischer Wert hängt davon ab«, erwiderte Dupin, »und der Präfekt und seine Leute machen so häufig Fehler, erstens, weil es an der Identifikation mangelt, und zweitens, weil der Intellekt, mit dem sie es zu tun haben, falsch oder eher gar nicht eingeschätzt wird. Sie ziehen nur ihre *eigenen* Vorstellungen von Scharfsinn in Betracht; und wenn sie nach etwas Verborgenem suchen, kommen sie nur auf die Methoden, mit denen *sie* es verborgen hätten. Sie haben insoweit recht, als ihr eigener Scharfsinn den der großen *Masse* getreulich repräsentiert. Aber wenn die Schlauheit des einzelnen Verbrechers wesentlich von ihrer eigenen abweicht, dann werden sie natürlich von ihm überspielt. Das geschieht immer, wenn jene größer, und meist, wenn sie geringer ist als ihre eigene. Sie verändern ihre Prinzipien bei den Untersuchungen keineswegs; bestenfalls erweitern oder übertreiben sie ihre alten *Methoden*, wenn sie durch eine unerwartete Notlage dazu gedrängt werden – oder durch irgendeine besonders hohe Belohnung –, aber ihre Prinzipien tasten sie nicht an. Was ist zum Beispiel im Falle von D. zur Veränderung der Handlungsprinzipien geschehen? Was bedeutet das Bohren, Testen, Ausloten und Untersuchen mit dem Mikroskop, die Aufteilung der Oberfläche des Gebäudes in registrierbare Quadratzentimeter? – Doch nichts anderes als die übertriebene *Anwendung* des einen oder der einen Reihe von Untersuchungsprinzipien, die wiederum auf der einen Reihe von Vorstellungen über den menschlichen Scharfsinn beruhen, die sich der Präfekt in langer Berufsroutine angewöhnt hat. Sie sehen, er hielt es für ausgemacht, dass *alle* Menschen so vorgehen; dass sie einen Brief, wenn schon nicht in einer nadelgroßen Stuhlbeinhöhlung, so doch wenigstens in *irgendeiner* entlegenen Höhlung oder Ecke verstecken, besessen von derselben Vorstellung, die jemanden dazu drängen könnte, einen Brief in einer nadelgroßen Stuhlbeinhöhlung verschwinden zu lassen. Und außerdem sehen Sie, dass solche ausgetüftelten Winkel nur bei gewöhnlichen Gelegenheiten zum Verstecken benutzt werden, und nur von gewöhnlichen Geistern. Denn in allen Fällen, wo es ums Verstecken geht, wird zunächst einmal als wahrscheinlich angenommen, dass über den zu versteckenden Gegenstand verfügt wird – in dieser ausgetüftelten Weise verfügt wird. Und so hängt seine Entdeckung keineswegs von der Schlauheit, sondern lediglich von der Sorgfalt, Geduld und Entschlossenheit der Suchenden ab. Und wenn es sich um einen wichtigen Fall handelt – oder, was vom polizeilichen Gesichtspunkt auf das Gleiche hinausläuft: wenn die Belohnung hoch ist –, haben die betreffenden Eigenschaften bekanntlich *immer* zum Ziel geführt. Sie verstehen jetzt, was ich meinte, als ich zu bedenken gab, dass ohne jede Frage der entwendete Brief entdeckt worden wäre, wenn er im Bereich der Untersuchung des Präfekten verborgen gewesen wäre – mit anderen Worten: wenn sich das Prinzip des Versteckens mit den Prinzipien des Präfekten gedeckt hätte. Dieser Beamte ist jedoch vollkommen an der Nase herumgeführt worden, und der tiefste Grund für seine Niederlage liegt in seiner Annahme, dass der Minister ein Narr ist, weil er sich Ruhm als Dichter erworben hat. Alle Narren sind Dichter: das hat der Präfekt im *Gefühl.* Und er hat sich lediglich einer *non distributio medii*[4] schuldig gemacht, da er daraus schloss, dass auch alle Dichter Narren seien.«

»Aber ist es wirklich der Dichter?«, fragte ich. »Es gibt, wie ich weiß, zwei Brüder, und beide haben sich literarischen Ruhm erworben. Der Minister hat, glaube ich, einen gelehrten Beitrag zur Differentialrechnung verfasst. Er ist Mathematiker, nicht Dichter.«

»Sie irren sich, ich kenne ihn gut; er ist beides. Als Dichter *und* Mathematiker pflegt er sehr vernünftig zu denken. Wäre er lediglich Mathematiker, hätte er wohl überhaupt nicht vernünftig denken können und wäre der Gnade des Präfekten ausgeliefert gewesen.«

»Sie überraschen mich durch diese Ansichten, die der landläufigen Meinung widersprechen«, sagte ich, »Sie wollen doch nicht etwa eine jahrhundertealte, wohlerwogene Vorstellung über Bord werfen. Die mathematische Vernunft galt lange als die Vernunft *par excellence.*«

»Il y a à parier«, antwortete Dupin, indem er Chamfort[5] zitierte, »que toute idée publique, toute convention reçue, est une sottise, car elle a convenu au plus grand nombre. Die Mathematiker, versichere ich Ihnen, haben ihr Bestes dazu getan, den volkstümlichen Irrtum, auf den Sie anspielen, zu verbreiten, und trotzdem ist es ein Irrtum, mag er noch so sehr als Wahrheit verbreitet werden. Mit einer Kunstfertigkeit, die einer besseren Sache würdig wäre, haben sie zum Beispiel dem Begriff ›Analyse‹ in der Algebra zur Anwendung verholfen. Die Franzosen sind die Urheber des Betruges in diesem besonderen Fall. Aber wenn ein Begriff noch Bedeutung haben soll – wenn Worte irgendeinen Wert aus ihrer Verwendung ableiten –, dann hat ›Analyse‹ ebenso viel mit ›Algebra‹ zu tun wie das lateinische *ambitus* mit ›Ambition‹, *religio* mit ›Religion‹ oder *homines honesti* mit ›einer Gruppe Ehrenmännern‹.«[6]

»Ich sehe«, sagte ich, »Sie liegen mit einigen Pariser Algebraikern im Streit; aber fahren Sie fort.«

»Ich bestreite die Verfügbarkeit und damit den Wert einer Vernunft, die in einer speziellen abstrakt-logischen Form verschieden ausgebildet wird. Ich wende mich insbesondere gegen eine Vernunft, die auf mathematischen Studien beruht. Mathematik ist die Wissenschaft von Form und Quantität. Mathematische Vernunft ist lediglich Logik, angewendet auf die Beobachtung von Form und Quantität. Der große Irrtum liegt darin, zu vermuten, dass selbst die Wahrheiten der so genannten *reinen* Algebra abstrakte oder allgemeine Wahrheiten sind. Und dieser Irrtum ist so ungeheuerlich, dass ich über die weltweite Verbreitung beunruhigt bin. Mathematische Axiome sind *nicht* Axiome von allgemeiner Gültigkeit. Was für die *Relation* – von Form und Quantität – richtig ist, ist oft falsch z. B. im Hinblick auf die Ethik. In dieser Wissenschaft ist es nämlich meist nicht richtig, dass die Summe der Teile gleich dem Ganzen ist. In der Chemie gilt das Axiom ebenfalls nicht, und in Hinsicht auf die Motivation stimmt es auch nicht: denn zwei Motive von bestimmtem Wert ergeben in der Vereinigung nicht notwendig denselben Wert wie die Summe der einzelnen gesonderten Werte. Es gibt viele andere mathematische Wahrheiten, die nur innerhalb der Grenzen der

Relation stimmen. Aber die Mathematiker gehen gewöhnlich von ihren *begrenzten Wahrheiten* aus, als seien sie absolut und generell anwendbar – wie die Welt auch tatsächlich glaubt. Bryant[7] erwähnt in seiner überaus gelehrten *Mythologie* eine ähnliche Quelle des Irrtums, wenn er sagt: ›Die heidnischen Märchen werden zwar nicht geglaubt, aber wir vergessen uns ständig und schließen von ihnen auf vorhandene Wirklichkeiten.‹ Bei den Algebraikern jedoch, die selbst Heiden sind, *werden* die ›heidnischen Märchen‹ geglaubt, und man zieht daraus Schlüsse, weniger aus Gedächtnisschwund als vielmehr in einer unbegreiflichen geistigen Verwirrung. Kurz, ich habe noch nie einen reinen Mathematiker getroffen, dem man über die Quadratwurzel hinaus trauen konnte oder der nicht heimlich fest daran glaubte, dass $x^2 + px$ absolut und unbedingt gleich q sei. Bitte sagen Sie einem dieser Herren, versuchsweise, Sie glaubten, in bestimmten Fällen brauche $x^2 + px$ gar nicht gleich q zu sein, und erklären Sie ihm, was Sie meinen: dann bleibt Ihnen nur übrig, sich so rasch wie möglich außer Reichweite zu begeben, denn zweifellos wird er versuchen, Sie zusammenzuschlagen.

Damit möchte ich sagen«, fuhr Dupin fort, während ich über seine letzten Bemerkungen nur lachen konnte, »wäre der Minister lediglich ein Mathematiker gewesen, hätte für den Präfekten keineswegs die Notwendigkeit bestanden, mir den Scheck zu geben. Ich kannte ihn jedoch als Mathematiker und Dichter«, und meine Maßnahmen richteten sich nach seinen Fähigkeiten unter Einbeziehung der Umstände, denen er sich gegenübersah. Ich kannte ihn auch als Mann von Hofe, und als kühnen Intriganten. Ein solcher Mann, dachte ich, musste sich über die normalen Polizeimethoden im Klaren sein. Er musste mit Überfällen rechnen, die man gegen ihn unternahm – und die Ereignisse haben ja gezeigt, dass er damit gerechnet hat. Er musste, überlegte ich, die heimlichen Durchsuchungen seines Anwesens vorhergesehen haben. Seine häufige nächtliche Abwesenheit von zu Hause, die der Präfekt als gewisse Hilfe für ein erfolgreiches Vorgehen begrüßte, betrachtete ich lediglich als *List*. Damit wollte er der Polizei Gelegenheit zu gründlicher Durchsuchung geben und sie umso eher zu der Überzeugung bringen, zu der G. schließlich gelangte – dass nämlich der Brief nicht auf dem Anwesen sei. Ich hatte auch das Gefühl, dass alle Gedanken, die ich Ihnen eben mühsam auseinandersetzte, hinsichtlich des starren Prinzips polizeilicher Handlungsweise bei der Suche nach verborgenen Gegenständen – dass diese Gedanken notwendig auch dem Minister durch den Kopf gehen mussten. Sie würden ihn mit kategorischer Bestimmtheit dazu bringen, alle normalen Versteck*winkel* zu verschmähen. Er konnte sich nicht die Blöße geben, dachte ich, zu übersehen, dass das komplizierteste und entfernteste Versteck seines Palastes den Augen, Sonden, Bohrern und Mikroskopen des Präfekten ebenso sichtbar sei wir der gewöhnlichste Schrank. Endlich sah ich, dass er ganz natürlich zur Simplizität gedrängt wurde, falls er sie nicht von vornherein mit Bedacht wählte. Sie erinnern sich wahrscheinlich, wie der Präfekt furchtbar lachen musste, als ich bei unserer ersten Unterhaltung zu bedenken gab, dass ihn dieses Geheimnis möglicherweise deshalb so verwirrte, weil es so ganz selbstverständlich sei.«

»Ja«, sagte ich, »ich erinnere mich seiner Heiterkeit wohl. Ich dachte wirklich, er würde Krämpfe bekommen.«

»Die materielle Welt«, fuhr Dupin fort, »ist reich an sehr genauen Analogien zur immateriellen Welt. Und so hat das rhetorische Dogma einen Anschein von Wahrheit erhalten, welches besagt, dass Metapher und Gleichnis dazu dienen können, ein Argument zu stützen oder eine Beschreibung auszuschmücken. Das Prinzip der *vis inertiae*[8] scheint z. B. identisch in der Physik und in der Metaphysik. So gilt für Erstere, dass ein größerer Körper schwerer zu bewegen ist als ein kleinerer und dass die folgende Bewegung zu dieser Schwierigkeit im Verhältnis steht, und analog für Letztere, dass Intellekte von größerer Fassungskraft zwar kraftvoller, beständiger und wirksamer in ihren Bewegungen sind als Intellekte von geringeren Graden, jedoch auch schwerer beweglich, eher verlegen und zögernd in den ersten Schritten, die sie unternehmen. Und dann: haben Sie je bemerkt, welche Straßenschilder über den Ladentüren am meisten Aufmerksamkeit erregen?«

»Darauf habe ich noch nie geachtet«, sagte ich.

»Es gibt ein Puzzlespiel«, fuhr er fort, »das man auf einer Landkarte spielt. Die eine Spielpartei verlangt von der anderen, ein gegebenes Wort zu finden – den Namen einer Stadt, eines Flusses, eines Staates oder Reiches –, kurz, ein beliebiges Wort auf der bunten, verworrenen Karte. Ein Neuling in diesem Spiel sucht im Allgemeinen seine Gegner dadurch in Verlegenheit zu bringen, dass er ihnen die Namen mit den kleinsten Buchstaben aufgibt. Aber der Fortgeschrittene wählt solche Wörter, die sich in großen Typen von einem Ende der Karte zum anderen erstrecken. Ebenso wie übergroß beschriftete Schilder und Plakate an Straßen, entgehen diese der Beobachtung, weil sie allzu auffallend sind. Und hier liegt die genaue Analogie zwischen physischem Übersehen und geistiger Unachtsamkeit, wodurch der Intellekt jene Gedanken unbemerkt durchgehen lässt, die in allzu aufdringlicher und auffälliger Weise selbstverständlich sind. Aber dies ist anscheinend ein Punkt, der für das Verständnis des Präfekten etwas zu hoch oder zu niedrig ist. Er hielt es keinen Augenblick für wahrscheinlich oder möglich, dass der Minister den Brief ganz offen vor aller Welt sichtbar liegen ließ, wodurch er am sichersten verhinderte, dass auch nur irgendjemand ihn bemerkte.

Aber je länger ich über den kühnen, eleganten und urteilsfähigen Scharfsinn D.s nachdachte: über die Tatsache, dass das Dokument stets zur Hand sein musste, wollte er es sinnvoll verwenden; über die entschiedene Evidenz (die der Präfekt erlangt hatte), dass er nicht in dem normalen Suchbereich dieses Würdenträgers verborgen war – desto zufriedener stellte ich fest, dass der Minister, um diesen Brief zu verbergen, auf den begreiflichen und schlauen Ausweg gekommen war, erst gar nicht zu versuchen, ihn zu verbergen.

Erfüllt von diesen Gedanken, beschaffte ich mir eine grüne Brille und sprach an einem schönen Morgen ganz zufällig im Palast des Ministers vor. Ich traf D. zu Hause an, gähnend, faulenzend, trödelnd wie üblich und anscheinend ungeheuer gelangweilt. In Wirklichkeit ist er vielleicht das aktivste menschliche Wesen, das im Augenblick existiert – aber nur, wenn ihn niemand sieht.

Um eine Chance zu haben, klagte ich über meine schlechten Augen und die Notwendigkeit, eine Brille tragen zu müssen; unter deren Schutz musterte ich vorsichtig und eingehend das gesamte Zimmer, während ich mich offenbar ganz auf die Unterhaltung mit meinem Gastgeber konzentrierte.

Besondere Aufmerksamkeit widmete ich einem großen Schreibtisch, neben dem er saß und auf dem einige ganz verschiedenartige Briefe und Papiere, ein oder zwei Musikinstrumente und ein paar Bücher durcheinander lagen. Jedoch sah ich nach langer und sehr sorgfältiger Prüfung hier nicht, was besonderen Verdacht erregen konnte.

Während meine Augen die Runde durch das Zimmer machten, fielen sie schließlich auf einen lumpigen Filigranbriefständer aus Pappe, der an einem schmutzigen blauen Band von einem kleinen Messingknopf genau in der Mitte des Kaminsimses herabbaumelte. In diesem Ständer, der drei oder vier Fächer hatte, befanden sich fünf oder sechs Visitenkarten und ein vereinzelter Brief. Letzterer war arg verschmutzt und zerknittert. Er war in der Mitte fast in zwei Hälften zerrissen – als ob zunächst eine Absicht bestanden habe, ihn als wertlos ganz und gar zu zerreißen; als ob diese aber im nächsten Augenblick geändert oder aufgegeben worden sei. Er war mit einem schwarzen Siegel versehen, das die Initiale D. *sehr* deutlich lesbar trug und in einer winzigen Frauenschrift an den Minister D. persönlich adressiert war. Man hatte ihn achtlos und anscheinend sogar verächtlich in eines der obersten Fächer des Ständers geworfen.

Sobald ich diesen Brief erblickt hatte, kam ich zu dem Schluss, dass er der gesuchte war. Gewiss, er unterschied sich äußerlich radikal von dem, den uns der Präfekt so detailliert beschrieben hatte. Hier war das Siegel groß und schwarz mit der Initiale D.; da war es klein und rot mit dem herzoglichen Wappen der Familie S. Hier war die Adresse, an den Minister, winzig und von weiblicher Hand, da die Anschrift, an eine gewisse Person aus dem Königshaus, bemerkenswert kühn und entschlossen; allein die Größe bildete einen Punkt der Übereinstimmung. Jedoch andererseits: die *radikalen* Unterschiede waren außergewöhnlich; der Schmutz, der zerknitterte und zerrissene Zustand des Schriftstückes, so völlig unvereinbar mit den *wahren* Methoden und Gewohnheiten D.s und so deutlich in der Absicht, den Betrachter dazu zu verleiten, das Dokument für wertlos zu halten – diese Fakten, dazu die allzu auffällige Position des Dokuments, jedem Besucher voll sichtbar und genau in Übereinstimmung mit den Folgerungen, zu denen ich vorher gekommen war; diese Fakten, sage ich, bestärkten ungemein den Verdacht bei einem, der gekommen war, um zu verdächtigen.

Ich zog meinen Besuch so lange wie möglich hin, und während ich eine sehr lebhafte Diskussion mit dem Minister unterhielt über ein Thema, das ihn, wie ich wusste, unfehlbar zu interessieren und aufzuregen pflegte, richtete ich meine Aufmerksamkeit in Wahrheit auf den Brief. Bei dieser Prüfung prägte ich meinem Gedächtnis ein, wie er aussah und wie er in dem Ständer postiert war. Und ich machte schließlich auch noch eine Entdeckung, die den letzten Zweifel, den ich hegen mochte, beseitigte. Als ich nämlich die Kanten des Papiers untersuchte, fand ich heraus, dass sie mehr *abgewetzt* waren als nötig. Sie zeigten das *brüchige* Aussehen, das entsteht, wenn ein einmal gefaltetes und mit einem Falzbein gepresstes, steifes Papier umgekehrt gefaltet wird, und zwar entlang der Kniffe und Kanten der ursprünglichen Faltung. Diese Entdeckung genügte. Mir war klar, dass der Brief wie ein Handschuh von innen nach außen gewendet, neu adressiert und neu versiegelt worden war. Ich wünschte dem Minister einen guten Morgen und wandte mich sofort zum Gehen, während ich eine goldene Schnupftabakdose auf dem Tisch zurückließ.

Am nächsten Morgen fragte ich nach der Schnupftabakdose, und wir nahmen die Unterhaltung vom Vortag sehr eifrig wieder auf. Als wir so beschäftigt waren, ertönte ein lauter Knall, wie von einer Pistole, unmittelbar unter den Fenstern des Palastes, dem eine Reihe fürchterlicher Schreie und die Rufe der erschreckten Menge folgten. D. stürzte zu einem Fenster, öffnete es und schaute hinaus. Unterdessen trat ich zu dem Briefständer, nahm den Brief, steckte ihn in meine Tasche und ersetzte ihn durch ein Faksimile (wenigstens äußerlich), das ich sorgfältig zu Hause hergestellt hatte, indem ich die Initiale D. ganz einfach mit Hilfe eines aus Brot geformten Siegels nachmachte.

Der Aufruhr auf der Straße war durch das verrückte Benehmen eines Mannes mit einer Muskete ausgelöst worden. Er hatte damit in eine Menge von Frauen und Kindern geschossen. Es zeigte sich jedoch, dass keine scharfe Kugel darin gewesen war, und man ließ den Burschen laufen, weil man ihn für einen Verrückten oder Betrunkenen hielt. Als er fort war, kam D. vom Fenster zurück, wohin ich ihm gefolgt war, gleich nachdem ich den betreffenden Gegenstand sicher verwahrt hatte. Bald darauf verabschiedete ich mich. Der angebliche Verrückte war von mir selbst bezahlt worden.«

»Aber was bezweckten Sie damit«, fragte ich, »als Sie den Brief durch ein Faksimile ersetzten? Wäre es nicht besser gewesen, sich des Briefes beim ersten Besuch offen zu bemächtigen und zu verschwinden?«

»D. ist ein desperater Mann, ein Mann des Risikos«, erwiderte Dupin. »Auch ist sein Palast voll von Dienern, die um seinen Vorteil bemüht sind. Hätte ich den ungestümen Versuch unternommen, den Sie andeuten, wäre ich wohl der Gegenwart des Ministers nicht lebend entronnen. Die guten Leute von Paris hätten nie mehr von mir gehört. Aber es gab für mich noch etwas außerhalb dieser Überlegungen. Sie kennen meine politischen Ansichten. In diesem Fall stehe ich auf Seiten der betroffenen Dame. Achtzehn Monate lang hatte der Minister sie in seiner Gewalt. Jetzt hat sie ihn in ihrer, da er, ohne zu wissen, dass der Brief nicht mehr in seinem Besitz ist, seine Erpressungen weiter fortsetzen wird, als sei nichts geschehen. So wird er sich unvermeidlich mit einem Mal selbst politisch zugrunde richten. Auch sein Sturz wird ebenso plötzlich wie peinlich sein. Es ist sehr leicht, über *facilis descensus Averni*[9] zu reden, aber bei jeder Art von Kletterei ist es, wie die Catalani[10] über das Singen sagte, viel leichter hinauf- als wieder hinunterzukommen. Gegenwärtig habe ich kein Mitgefühl – wenigstens kein Mitleid – mit dem, der hinabsteigt. Er ist jenes *monstrum horrendum*, ein Genie ohne Grundsätze. Ich bekenne jedoch, dass ich sehr gern den genauen Charakter seiner Gedanken kennen lernen würde, wenn er, herausgefordert von ihr, die der Präfekt ›eine gewisse Persönlichkeit‹ nennt, sich gezwungen sieht, den Brief zu öffnen, den ich ihm auf dem Briefständer hinterließ.«

»Wie? Haben Sie etwas Besonderes hineingesteckt?«

»Nun – ich hielt es nicht für ganz richtig, die Innenseite leer zu lassen – das wäre ein Hohn gewesen. In Wien hat mir D. einmal einen Streich gespielt, und ich sagte ihm gutgelaunt darauf, ich würde mich daran erinnern. Da ich nun wusste, dass er eine gewisse Neugier empfinden würde hinsichtlich der Person, die ihn überlistet habe, hätte ich es für bedauerlich gehalten, ihm keinen Hinweis zu geben. Er kennt meine Handschrift gut, und so schrieb ich in die Mitte des leeren Bogens lediglich die Worte

Un dessein si funeste,
S'il n'est digne d'Atrée, est digne de Thyeste.

Sie finden sich in Crébillons[11] *Atreus*.«

1845   *Übersetzung von Dietrich Klose*

Die Tatsachen im Fall Valdemar

Natürlich will ich nicht so tun, als hielte ich es für verwunderlich, dass der außergewöhnliche Fall Valdemar so viel Anlass zur Diskussion gegeben hat. Das Gegenteil wäre ein Wunder gewesen – vor allem unter den gegebenen Umständen. Aufgrund des Wunsches aller Beteiligten, nichts über die Affäre verlauten zu lassen, wenigstens vorläufig oder bis uns Gelegenheit zur weiteren Untersuchung gegeben war, und aufgrund unserer diesbezüglichen Bemühungen gelangte ein entstellter oder übertriebener Bericht an die Öffentlichkeit, der zur Quelle vieler unerfreulicher falscher Darstellungen wurde und, was nur natürlich ist, auf erheblichen Unglauben stieß.

So ist es nun also notwendig, dass ich die *Tatsachen* berichte – soweit ich selbst sie verstehe. Es sind, kurz zusammengefasst, die folgenden:

Während der letzten drei Jahre hatte das Thema Mesmerismus[1] wiederholt meine Aufmerksamkeit gefesselt; und vor etwa neun Monaten fiel mir plötzlich auf, dass man in der Reihe der bis dahin vorgenommenen Experimente bemerkenswerter- und unerklärlicherweise etwas unterlassen hatte: kein Mensch war bis jetzt *in articulo mortis*[2] mesmerisiert worden. Es blieb herauszufinden, erstens, ob der Patient in diesem Zustand überhaupt eine Empfänglichkeit für die magnetische Beeinflussung besaß; zweitens, ob diese Empfänglichkeit, falls er sie besaß, durch den Zustand verringert oder erhöht wurde; drittens, inwieweit oder wie lange das Eintreten des Todes durch den Prozess aufgehalten werden könnte. Es waren noch andere Punkte zu klären, aber diese reizten meine Neugier am meisten – ganz besonders der letzte, wegen der ungeheuren Bedeutung der Konsequenzen.

Als ich mich nach einem Objekt umsah, an dem ich diese Besonderheiten untersuchen könnte, kam mir mein Freund M. Ernest Valdemar in den Sinn, der bekanntermaßen die »Bibliotheca Forensica« zusammengetragen und (unter dem Pseudonym Issachar Marx) den *Wallenstein* und den *Gargantua* ins Polnische übertragen hatte. M. Valdemar, der seit dem Jahre 1839 überwiegend in Harlem, N.Y., wohnte, fällt (oder fiel) besonders durch seine außergewöhnliche Magerkeit auf – seine unteren Gliedmaßen waren denen John Randolphs[3] sehr ähnlich – und durch seinen weißen Backenbart, der in starkem Kontrast zu seinem schwarzen Haar stand, das die meisten Leute deshalb irrtümlich für eine Perücke hielten. Er war von Natur aus äußerst nervös und daher für mesmerische Experimente denkbar gut geeignet. Ich hatte ihn bei zwei oder drei Gelegenheiten ohne Schwierigkeit in Schlaf versetzt, war jedoch im Hinblick auf andere Ergebnisse, die ich aufgrund seiner besonderen Konstitution normalerweise erwartet hätte, enttäuscht worden. Zu keiner Zeit harte ich seinen Willen wirklich ganz und gar unter Kontrolle, und was die *clairvoyance*[4] anging, so erreichte ich mit ihm keine zuverlässigen Resultate. Meinen Misserfolg in diesen Punkten führte ich stets auf seinen angegriffenen Gesundheitszustand zurück. Denn einige Monate, bevor ich seine Bekanntschaft machte, hatten seine Ärzte eine unheilbare Tuberkulose bei ihm festgestellt. Tatsächlich pflegte er völlig gelassen über seinen nahenden Tod zu sprechen wie über eine Sache, die weder zu umgehen noch zu bedauern war.

Als mir die erwähnten Gedanken zum ersten Mal kamen, dachte ich natürlich sofort an M. Valdemar. Ich kannte die nüchterne Anschauungsweise des Mannes zu gut, um irgendwelche Bedenken *seinerseits* zu befürchten, und er besaß in Amerika keine Angehörigen, die möglicherweise Einspruch erheben würden. Ich sprach offen mit ihm über das Thema, und zu meiner Überraschung schien die Sache sein lebhaftes Interesse zu wecken. Ich betone, zu meiner Überraschung; denn obwohl er seine Person meinen Experimenten stets bereitwillig zur Verfügung gestellt hatte, hatte er bisher noch keinerlei Anzeichen von Sympathie für meine Tätigkeit erkennen lassen. Die Art seines Leidens ließ es zu, den Zeitpunkt genau zu berechnen, an dem der Tod eintreten würde, und wir kamen schließlich überein, dass er etwa vierundzwanzig Stunden vor der Zeit, für die seine Ärzte sein Ableben ankündigen würden, nach mir schicken sollte.

Es ist jetzt gut sieben Monate her, dass ich von M. Valdemar persönlich die folgende Nachricht erhielt:

Mein lieber P.,
es wäre gut, wenn Sie *jetzt* kämen. D. und F. sind übereinstimmend der Ansicht, dass ich höchstens bis morgen um Mitternacht leben werde, und ich glaube, sie haben den Zeitpunkt ziemlich genau getroffen.

Valdemar

Ich erhielt diese Zeilen eine halbe Stunde, nachdem sie geschrieben worden waren, und nur fünfzehn Minuten später befand ich mich im Zimmer des Sterbenden. Ich hatte ihn seit zehn Tagen nicht gesehen und war entsetzt über die schreckliche Veränderung, die in diesem kurzen Zeitraum mit ihm vorgegangen war. Sein Gesicht war von einem bleiernen Grau; die Augen waren völlig glanzlos und die Abmagerung so extrem, dass die Backenknochen durch die Haut hervorgetreten waren. Er hatte übermäßig starken Auswurf. Der Puls war kaum wahrnehmbar. Nichtsdestoweniger bewahrte er bemerkenswerterweise seine Geisteskraft wie auch ein gewisses Maß an physischer Stärke. Er sprach deutlich, nahm ohne fremde Hilfe ein Linderungsmittel zu sich und war, als ich das Zimmer betrat, gerade dabei, Vermerke in ein Notizbuch einzutragen. Er wurde durch Kissen im Bett gestützt. Die Doktoren D. und F. waren bereits anwesend.

Nachdem ich Valdemar die Hand gedrückt hatte, nahm ich die Ärzte beiseite und ließ mir von ihnen einen detaillierten Bericht über den Zustand des Patienten geben. Die linke Lunge war seit achtzehn Monaten halb verknöchert beziehungsweise verknorpelt und natürlich gänzlich unbrauchbar für die Erhaltung der Lebenskraft. Der obere Abschnitt der rechten Lunge war ebenfalls teilweise, wenn nicht sogar ganz verknöchert, während der untere Bereich nur noch aus einer Masse eitriger, ineinander übergehender Tuberkeln bestand. Es waren mehrere großflächige Durchbrüche vorhanden und an einer Stelle eine feste Verwachsung mit den Rippen. Diese Erscheinungen im rechten Lungenflügel waren vergleichsweise jungen Datums. Die Verknöcherung war mit außergewöhnlicher Schnelligkeit fortgeschritten; noch einen Monat zuvor war kein Anzeichen davon zu entdecken gewesen, und die Verwachsung hatte man erst während der letzten drei Tage erkannt. Unabhängig von der Tuberkulose befürchtete man bei dem Patienten eine krankhafte Erweiterung der Aorta, doch machten die Verknorpelungen eine genaue Diagnose in diesem Punkt unmöglich. Es war die Ansicht beider Ärzte, dass M. Valdemar am folgenden Tag (einem Sonntag) gegen Mitternacht sterben würde. Jetzt war es Samstagabend, sieben Uhr.

Bevor sie sich vom Bett des Kranken entfernten, um sich mit mir zu besprechen, hatten die Ärzte D. und F. ihm ein letztes Lebewohl gesagt. Es war nicht ihre Absicht gewesen, wiederzukommen, doch auf meine Bitte hin willigten sie ein, gegen zehn Uhr am nächsten Abend noch einmal nach dem Patienten zu sehen.

Als sie gegangen waren, sprach ich offen mit M. Valdemar über seinen bevorstehenden Tod und insbesondere über das geplante Experiment. Er zeigte sich noch immer geneigt, ja geradezu begierig, es durchführen zu lassen, und drängte mich, sofort damit zu beginnen. Ein Pfleger und eine Pflegerin standen bereit. Aber ich fühlte mich ganz und gar nicht dazu berechtigt, mich auf ein derart schwieriges Unterfangen einzulassen ohne glaubwürdigere Zeugen, als es diese beiden Personen im Falle eines plötzlichen Unglücks vielleicht waren. Deshalb verschob ich die Prozedur bis gegen acht Uhr am nächsten Abend, wo die Ankunft eines Medizinstudenten, den ich recht gut kannte (Mr.

Theodore L- - l), mich von diesem Problem befreite. Ich hatte ursprünglich vorgehabt, auf die Ärzte zu warten; doch aufgrund der dringenden Bitten M. Valdemars und meiner Überzeugung, dass keine Sekunde zu verlieren war, da er zusehends verfiel, sah ich mich veranlasst zu beginnen.

Mr. L- - l war so freundlich, meinem Wunsch zu entsprechen und über alles, was vor sich ging, Notizen zu machen; und was ich nun zu berichten habe, beruht größtenteils, zusammengefasst oder wortwörtlich, auf seinen Aufzeichnungen.

Es waren noch etwa fünf Minuten bis acht, als ich die Hand des Kranken nahm und ihn bat, so deutlich wie möglich Mr. L- -l gegenüber zu erklären, ob er (M. Valdemar) völlig damit einverstanden sei, dass ich den Versuch unternähme, ihn in seinem jetzigen Zustand zu mesmerisieren.

Er antwortete leise, aber gut vernehmbar: »Ja, ich möchte mesmerisiert werden«, um sofort hinzuzusetzen: »Ich fürchte nur, Sie haben zu lange gewartet.«

Noch während er dies sagte, begann ich mit den Strichen, die ich schon als die wirksamsten erkannt hatte, um ihn schläfrig zu machen. Bereits als ich ihm zum ersten Mal mit der Hand seitwärts über die Stirn strich, zeigte er sich offensichtlich beeinflusst; aber obwohl ich all meine Kraft einsetzte, konnte ich keine weitere wahrnehmbare Reaktion erzielen, bis einige Minuten nach zehn, gemäß unserer Vereinbarung, die Doktoren D. und F. erschienen. Ich erklärte ihnen in wenigen Worten, was ich beabsichtigte, und da sie nichts dagegen einzuwenden hatten und darauf hinwiesen, dass sich der Patient bereits im Todeskampf befinde, fuhr ich ohne zu zögern mit meinen Handlungen fort; wobei ich jedoch die seitlichen Streichbewegungen durch abwärts verlaufende ersetzte und meinen Blick ausschließlich auf das rechte Auge des Leidenden richtete.

Sein Puls war inzwischen nicht mehr wahrnehmbar, und sein Atem ging röchelnd und in Abständen von einer halben Minute. Dieser Zustand blieb eine Viertelstunde lang nahezu unverändert. Nach Ablauf dieser Zeit jedoch entrang sich der Brust des Sterbenden ein natürlicher, wenn auch sehr tiefer Seufzer, und das röchelnde Atmen hörte auf, das heißt, das Röcheln war nicht mehr zu vernehmen, die Abstände blieben gleich. Die Glieder des Kranken waren eiskalt.

Um fünf Minuten vor elf erkannte ich eindeutige Anzeichen des mesmerischen Einflusses. Das glasige Augenrollen wich jenem Ausdruck unruhiger *Innen*betrachtung, dir nur im Zustand des Schlafwachens anzutreffen ist und die man unmöglich missdeuten kann. Mit ein paar schnellen seitlichen Strichen brachte ich seine Augenlider wie beim Einschlafen zum Beben, und mit ein paar weiteren schloss ich sie ganz. Das genügte mir jedoch nicht, sondern ich setzte die Prozedur mit aller Kraft und äußerster Willensanstrengung fort, bis es mir gelungen war, die Glieder des Schlafenden, nachdem ich sie zuvor in eine anscheinend bequeme Lage gebracht hatte, in völlige Starre zu versetzen. Die Beine waren lang ausgestreckt, die Arme lagen etwas angewinkelt in geringem Abstand vom Körper auf dem Bett. Der Kopf war ganz leicht angehoben.

Als dies vollbracht war, war es genau Mitternacht, und ich bat die anwesenden Herren, M. Valdemars Zustand zu untersuchen. Nach einigen Versuchen bestätigten sie, dass er sich in außergewöhnlich tiefer mesmerischer Trance befinde. Die Neugier beider Ärzte war aufs höchste geweckt. Dr. D. beschloss sofort, die ganze Nacht bei dem Patienten zu bleiben, während Dr. F. sich mit dem Versprechen verabschiedete, bei Tagesanbruch wiederzukommen. Mr. L- - l und die Pfleger blieben da.

Wir ließen M. Valdemar bis gegen drei Uhr morgens völlig ungestört; dann trat ich zu ihm und fand ihn in genau derselben Verfassung, in der er beim Weggang von Dr. F. gewesen war, das heißt, er lag in der gleichen Position; der Puls ging unmerklich, der Atem schwach (er war nur wahrzunehmen, wenn man einen Spiegel an die Lippen des Kranken hielt), die Augen waren auf natürliche Weise geschlossen und die Glieder so starr und kalt wie Marmor. Noch immer war der äußere Eindruck keineswegs der des Todes.

Als ich zu M. Valdemar getreten war, unternahm ich den schwachen Versuch, seinen rechten Arm so zu beeinflussen, dass er den sachten Auf- und Abbewegungen folgte, die ich mit meinem Arm über seinem Körper ausführte. Dergleichen Experimente waren mir bei diesem Patienten noch nie zufrieden stellend gelungen, und ich hatte gewiss wenig Hoffnung, dass dies jetzt der Fall sein könnte; aber zu meiner Überraschung folgte sein Arm bereitwillig, wenn auch schwach, in jede Richtung, in die ich ihn mit meinem Arm dirigierte. Ich beschloss, ein Gespräch zu wagen.

»M. Valdemar«, sagte ich, »schlafen Sie?« Er gab keine Antwort, aber ich gewahrte ein Zucken um seine Lippen, was mich veranlasste, die Frage mehrmals zu wiederholen. Bei der dritten Wiederholung durchlief ein leichter Schauer die ganze Gestalt; die Augenlider öffneten sich und ließen einen weißen Streifen des Augapfels erkennen; die Lippen bewegten sich langsam, und in einem kaum vernehmlichen Wispern kamen von ihnen die Worte:

»Ja, ich schlafe jetzt. Wecken Sie mich nicht! – Lassen Sie mich so sterben!«

Ich befühlte seine Glieder; sie waren unverändert steif. Sein rechter Arm gehorchte wie zuvor der Richtung meiner Hand. Erneut fragte ich den Schlafwacher:

»Haben Sie noch Schmerzen in der Brust, M. Valdemar?«

Er antwortete jetzt sofort, aber noch leiser als vorher:

»Keine Schmerzen – ich sterbe.«

Ich hielt es nicht für ratsam, ihn gerade jetzt noch weiter zu stören und sagte oder tat nichts mehr bis zum Erscheinen von Dr. F., der kurz vor Sonnenaufgang kam und sein grenzenloses Erstaunen darüber bekundete, den Kranken noch lebend anzutreffen. Nachdem er ihm den Puls gefühlt und einen Spiegel an die Lippen gehalten hatte, bat er mich, nochmals zu dem Schlafwacher zu sprechen. Das tat ich mit den Worten:

»M. Valdemar, schlafen Sie noch?«

Wie zuvor verstrichen einige Minuten, bis eine Antwort erfolgte; der Sterbende schien während dieser Zeit seine Kräfte zu sammeln, um zu sprechen. Auf meine vierte Wiederholung der Frage sagte er leise, fast unhörbar:

»Ja, ich schlafe noch – ich sterbe.«

Es war nun die Ansicht oder besser der Wunsch der Ärzte, M. Valdemar in seinem jetzigen, offensichtlich ruhigen Zustand ungestört zu lassen, bis der Tod eintreten würde – was nach der einhelligen Meinung aller innerhalb weniger Minuten der Fall sein musste. Ich entschloss mich jedoch, noch einmal zu ihm zu sprechen, und wiederholte lediglich meine vorhergehende Frage.

Während ich sprach, ging mit dem Gesichtsausdruck des Schlafwachers eine auffällige Veränderung vor sich. Die Augen öffneten sich langsam, und die Pupillen verschwanden nach oben; die Haut nahm im Ganzen eine leichenblasse Färbung an, die nicht so sehr dem Pergament als vielmehr weißem Papier glich, und die kreisförmigen hektischen Flecken, die sich bis jetzt scharf in der Mitte jeder Wange abgezeichnet hatten, *erloschen* mit einem Male. Ich gebrauche bewusst diesen Ausdruck, weil die Plötzlichkeit ihres Verschwindens mich an nichts so sehr erinnerte wie an das Erlöschen einer Kerze, die ausgeblasen wird. Gleichzeitig zog sich die Oberlippe von den Zähnen, die sie bis dahin völlig bedeckt hatte, nach oben, während der Unterkiefer mit einem hörbaren Ruck nach unten sackte, was den Mund weit offen stehen ließ und den Blick auf die geschwollene, schwarz gewordene Zunge freigab. Ich nehme an, dass keinem der damals Anwesenden die Schrecken des Totenbettes fremd waren; doch das Aussehen M. Valdemars war in diesem Augenblick so über alle Maßen entsetzlich, dass alle aus der Umgebung des Bettes zurückwichen.

Ich fühle, dass meine Erzählung nun an einem Punkt angelangt ist, an dem sie bei jedem Leser auf absoluten Unglauben stoßen wird. Dennoch ist es meine Pflicht, einfach fortzufahren.

An M. Valdemar war nicht mehr das leiseste Anzeichen von Leben zu entdecken; und da wir zu dem Urteil kamen, dass er tot sei, wollten wir ihn der Obhut der Pfleger überlassen, als plötzlich starke Vibrationen der Zunge zu beobachten waren. Diese hielten etwa eine Minute lang an. Dann kam zwischen den weit geöffneten, bewegungslosen Kinnladen eine Stimme hervor – es wäre Wahnsinn, wenn ich versuchen wollte, sie zu beschreiben. Es gibt wohl zwei oder drei Eigenschaftswörter, die man als teilweise treffend ansehen könnte; so könnte ich zum Beispiel sagen, dass der Laut rau und gebrochen und hohl klang; doch das entsetzliche Ganze ist unbeschreiblich, aus dem einfachen Grund, weil noch nie dergleichen Laute an ein menschliches Ohr gedrungen sind. Dennoch gab es zwei Besonderheiten, die man, wie ich damals dachte und heute noch denke, zu Recht als typisch für den Klang bezeichnen könnte – als gut geeignet, eine gewisse Vorstellung von seiner unirdischen Eigentümlichkeit zu vermitteln. Erstens schien die Stimme unsere Ohren – wenigstens die meinen – aus ungeheurer Entfernung oder aus einer tiefen Höhle im Erdinnern zu erreichen. Zweitens wirkte sie auf mich so (ich fürchte, es gelingt mir wirklich nicht, mich verständlich zu machen), wie eine gallertartige und klebrige Masse auf den Tastsinn wirkt.

Ich habe sowohl von »Laut« als auch von »Stimme« gesprochen. Damit will ich sagen, dass das, was ertönte, eine deutliche – eine geradezu wundersam und erregend deutliche Bildung von Silben war. M. Valdemar *sprach* – er antwortete offensichtlich auf die Frage, die ich ihm ein paar Minuten zuvor gestellt hatte. Ich hatte ihn, man wird sich erinnern, gefragt, ob er noch schlafe. Nun sagte er:

»Ja; – nein; – ich *habe* geschlafen – und jetzt – jetzt – *bin ich tot.*«

Keiner der Anwesenden machte auch nur den Versuch, den unaussprechlichen, grausigen Schauder zu verleugnen oder zu unterdrücken, den diese wenigen, auf diese Weise gesprochenen Worte hervorriefen. Mr. L--l, der Student, wurde ohnmächtig. Die Pfleger verließen augenblicklich das Zimmer und waren nicht mehr zur Rückkehr zu bewegen. Meine eigenen Eindrücke dem Leser verständlich zu machen, will ich gar nicht erst versuchen. Fast eine Stunde lang bemühten wir uns schweigend – ohne ein Wort zu sprechen – Mr. L--l wiederzubeleben. Als er zu sich kam, nahmen wir erneut eine Untersuchung von M. Valdemars Zustand vor.

Er blieb in jeder Hinsicht so, wie ich ihn zuletzt beschrieben habe, ausgenommen, dass auf dem Spiegel keine Atmung mehr zu erkennen war. Der Versuch, dem Arm Blut zu entnehmen, schlug fehl. Ich sollte auch erwähnen, dass dieser Arm nicht länger meinem Willen unterworfen war. Vergebens bemühte ich mich, ihn der Richtung meiner Hand folgen zu lassen. Der einzige wirkliche Beweis für den mesmerischen Einfluss bestand jetzt tatsächlich in der Vibration der Zunge, die jedesmal dann eintrat, wenn ich M. Valdemar eine Frage stellte. Er gab sich anscheinend Mühe zu antworten, hatte jedoch nicht mehr genügend Willenskraft. Für Fragen, die eine andere Person außer mir an ihn richtete, schien er völlig unempfänglich – obwohl ich mich bemühte, zwischen ihm und jedem einzelnen Anwesenden eine mesmerische Beziehung herzustellen. Ich glaube, ich habe nun alles berichtet, was nötig ist, um über den Zustand des Schlafwachers zu diesem Zeitpunkt im Bilde zu sein. Andere Pflegekräfte wurden besorgt, und um zehn Uhr verließ ich in Begleitung der beiden Ärzte und Mr. L--ls das Haus.

Am Nachmittag kehrten wir zurück, um nach dem Kranken zu sehen. Sein Zustand war völlig unverändert. Wir erörterten nun, ob es richtig und sinnvoll sei, ihn aufzuwecken; aber wir waren uns schnell einig, dass dies keinem guten Zweck dienen würde. Es war offenkundig, dass der Tod (oder was man gemeinhin als Tod bezeichnet) bis jetzt durch den mesmerischen Prozess aufgehalten worden war. Es schien uns allen klar, dass

M. Valdemar aufzuwecken lediglich hieße, seinen sofortigen oder zumindest raschen Tod zu bewirken.

Von diesem Zeitpunkt an bis Ende letzter Woche – *über einen Zeitraum von fast sieben Monaten also* – setzten wir unsere täglichen Besuche bei M. Valdemar fort, hin und wieder begleitet von befreundeten Ärzten oder anderen Bekannten. Die ganze Zeit über blieb der Schlafwacher in *genau* dem Zustand, wie ich ihn zuletzt beschrieben habe. Die Pfleger betreuten ihn ohne Unterbrechung.

Es war am vergangenen Freitag, als wir endlich beschlossen, das Experiment zu machen, ihn aufzuwecken, beziehungsweise es zu versuchen; und es ist der (vielleicht) unglückliche Ausgang dieses Experiments, was in privaten Kreisen so viel Anlass zur Diskussion gegeben hat – zu so viel meiner Ansicht nach ungerechtfertigter allgemeiner Erregung.

Um M. Valdemar aus seiner mesmerischen Trance zu erlösen, wendete ich die üblichen Striche an. Diese blieben eine Zeitlang ohne Erfolg. Das erste Anzeichen für die Wiederbelebung war ein leichtes Herabsinken der Iris. Als besonders bemerkenswert wurde beobachtet, dass dieses Herabsinken der Pupille vom reichlichen Ausfluss eines unter den Lidern hervorlaufenden gelblichen Blutwassers begleitet war, das einen beißenden und höchst widerwärtigen Geruch verbreitete.

Nun wurde angeregt, dass ich wie bereits zuvor versuchen solle, den Arm des Patienten zu beeinflussen. Ich machte den Versuch, und er misslang. Daraufhin richtete Dr. F. die Bitte an mich, eine Frage zu stellen. Das tat ich wie folgt:

»M. Valdemar, können Sie uns erklären, was Sie jetzt fühlen oder wünschen?«

Sofort kehrten die hektischen runden Flecken auf seine Wangen zurück: die Zunge zuckte beziehungsweise rollte heftig im Mund hin und her (obwohl Kinnladen und Lippen unverändert starr blieben), und schließlich brach dieselbe entsetzliche Stimme hervor, die ich bereits beschrieben habe:

»Um Gottes willen! – schnell! – schnell! – versetzen Sie mich in Schlaf – oder, schnell! – wecken Sie mich auf! – schnell! – *Ich sage Ihnen, ich bin tot!*«

Ich war völlig außer mir, und einen Augenblick lang wusste ich nicht, was ich tun sollte. Zuerst machte ich den Versuch, den Kranken wieder zu beruhigen; da mir dies jedoch aufgrund des Fehlens jeglicher Willenskraft nicht gelang, brach ich diese Maßnahme ab und bemühte mich nun ebenso intensiv, ihn aufzuwecken. Bald merkte ich, dass ich damit Erfolg haben würde – oder ich sah mich zumindest in Gedanken schon dem Erfolg nahe – und ich bin sicher, dass alle, die in dem Zimmer versammelt waren, damit rechneten, den Patienten erwachen zu sehen.

Denn auf das, was wirklich geschah, konnte wahrhaftig kein menschliches Wesen gefasst sein.

Als ich schnell die mesmerischen Striche ausführte, während von der Zunge, nicht von den Lippen des Leidenden die Ausrufe »tot! tot!« geradezu *hervorstürzten*, geschah es, dass seine ganze Gestalt auf einmal innerhalb einer einzigen Minute oder weniger unter meinen Händen schrumpfte – zerfiel – völlig *verweste*. Auf dem Bett, vor unser aller Augen, lag eine fast flüssige Masse von ekelerregender, abscheulicher Fäulnis.

1845   *Übersetzung von Stefanie Kuhn-Werner*

Das Fass Amontillado

Fortunatos tausendfältige Kränkungen hatte ich, so gut ich vermochte, ertragen, doch als er sich erdreistete, noch Schmach hinzuzufügen, schwor ich Rache. Ihr, die ihr die Natur meiner Seele kennt, werdet sicherlich nicht annehmen, dass ich auch nur eine einzige Drohung äußerte. Doch *am Ende* würde ich gerächt werden, dies stand unumstößlich fest, und die Entschiedenheit, mit der es feststand, sollte auch jede Idee von Risiko von vorneherein ausschließen. Ich musste nicht nur strafen, sondern ungestraft strafen. Denn ein Unrecht ist nicht gerächt, wenn den Rächer selbst die Vergeltung ereilt. Und es ist ebenso wenig vergolten, wenn es dem Rächer nicht gelingt, sich demjenigen zu erkennen zu geben, der ihm das Unrecht tat.

Wohlverstanden, weder durch Wort noch Tat hatte ich Fortunato jemals Anlass gegeben, an meinem Wohlwollen zu zweifeln. Ganz wie es meine Gewohnheit war, fuhr ich fort, ihm ins Gesicht zu lächeln, und er bemerkte nicht, dass ich *nun* bei dem Gedanken lächelte, ihn zu beseitigen.

Er hatte einen schwachen Punkt, dieser Fortunato, obwohl er in anderer Hinsicht durchaus ein Mann war, der geachtet, ja sogar gefürchtet wurde. Er rühmte sich seiner Weinkennerschaft. Nun sind nur wenige Italiener wahre Kenner auf diesem Gebiet. Meistenteils zielt ihr Enthusiasmus darauf, Zeit und Gelegenheit zu finden, um britische oder österreichische Millionäre hinters Licht zu führen. Was Malerei und Schmuckkunde anbelangte, so war Fortunato, wie alle seine Landsleute, ein Hochstapler, doch von alten Weinen verstand er etwas. In diesem Punkt unterschied ich mich nicht wesentlich von ihm; ich kannte mich auch in seltenen italienischen Weinen aus und kaufte sie in großen Mengen, wann immer ich Gelegenheit fand.

Es war in der Dämmerung, eines Abends auf dem ausgelassenen Höhepunkt der Karnevalszeit, da begegnete ich zufällig meinem Freund. Er begrüßte mich mit äußerster Herzlichkeit, denn er hatte schon reichlich getrunken. Er war im Narrenkostüm. Er trug ein enganliegendes, buntgescheicktes Gewand, und auf seinem Kopf thronte eine spitz zulaufende Schellenkappe. Ich war so erfreut, ihn zu sehen, dass ich kaum aufhören konnte, ihm die Hand zu schütteln.

Ich sagte zu ihm: »Mein lieber Fortunato, welch Glück, Euch zu treffen. Wie bemerkenswert gut Ihr heute ausseht. Ich habe eben ein Fass Wein erhalten, der angeblich Amontillado[1] sein soll, doch hege ich so meine Zweifel.«

»Was«, sagte er, »Amontillado? Ein ganzes Fass? Unmöglich! Doch nicht mitten im Karneval!«

»Ich bezweifle es auch«, erwiderte ich, »aber ich war töricht genug, den vollen Preis für Amontillado zu zahlen, ohne Euch vorher in dieser Angelegenheit zu Rate gezogen zu haben. Ihr wart nicht aufzufinden – und so befürchtete ich, ein gutes Geschäft zu verpassen.«

»Amontillado!«

»Ich habe meine Zweifel.«

»Amontillado!«

»Und ich muss meine Zweifel ausräumen.«

»Amontillado!«

»Da Ihr beschäftigt seid, will ich zu Luchresi gehen. Wenn es jemanden gibt, der kritisches Urteilsvermögen besitzt, so ist er es. Er wird mir sagen können –«

»Luchresi kann nicht einmal Sherry von Amontillado unterscheiden.«

»Und dennoch behaupten einige Dummköpfe, sein Geschmack könne sich mit dem Euren messen.«

»Kommt, lasst uns gehen.«

»Wohin?«

»Zu Eurem Keller.«

»Aber nein, mein Freund. Ich möchte Eure Liebenswürdigkeit nicht ausnutzen. Ich bemerke wohl, Ihr habt eine Verabredung. Luchresi –«

»Ich habe keine Verabredung – kommt!«

»Nein doch, mein Freund. Es ist nicht nur die Verabredung, sondern auch die böse Erkältung, an der Ihr leidet. Die Gewölbe sind unerträglich feucht. Sie sind mit Salpeter überzogen.«.

»Lasst uns dennoch gehen. Die Erkältung ist nicht der Rede wert. Amontillado! Ihr seid betrogen worden. Und was Luchresi angeht, der kann nicht einmal Sherry von Amontillado unterscheiden.«

So sprach Fortunato und ergriff mich beim Arm; und während ich eine schwarze Seidenmaske aufsetzte und mich dicht in eine *roquelaure*[2] hüllte, gestattete ich ihm, mich eilig zu meinem Palast zu drängen.

Es waren keine Bediensteten im Haus. Sie hatten sich heimlich davongemacht, um sich der Jahreszeit entsprechend zu amüsieren. Ich hatte ihnen gesagt, dass ich nicht vor dem Morgen zurückkehren würde, und hatte ihnen den ausdrücklichen Befehl erteilt, nicht das Haus zu verlassen. Diese Anordnungen reichten aus, um, wie ich sehr wohl wusste, sicher zu gehen, dass sie verschwinden würden, sobald ich ihnen den Rücken gekehrt hatte.

Ich nahm zwei Fackeln aus ihren Halterungen, gab eine Fortunato und geleitete ihn höflich durch mehrere Zimmerfluchten bis zu dem Bogengang, der in die Gewölbe führte. Ich stieg eine lange gewundene Treppe hinab und bat ihn, vorsichtig zu sein, als er mir folgte. Schließlich kamen wir ans Ende der Stiege und standen gemeinsam auf dem feuchten Grund der Katakomben der Montresors.

Der Gang meines Freundes war unsicher, und als er voranschritt, klingelten die Glöckchen an seiner Kappe.

»Das Fass«, sagte er.

»Es ist noch weiter unten«, sagte ich, »aber seht nur das weiße Geflecht, das an diesen Höhlenwänden glitzert.«

Er wandte sich mir zu und schaute mich mit glasigen Augen an, aus denen die Feuchte der Trunkenheit quoll.

»Salpeter?«, fragte er schließlich

»Salpeter«, erwiderte ich, »wie lange habt Ihr schon diesen Husten?«

»Ugh! Ugh! Ugh! – Ugh! Ugh! Ugh!«

Mein armer Freund konnte mir minutenlang nicht antworten.

»Ach, es ist nichts«, sagte er schließlich.

»Kommt«, sagte ich entschlossen, »wir wollen zurückgehen; Eure Gesundheit ist kostbar. Ihr seid reich, geachtet, bewundert und geliebt; Ihr seid ein Mann, den man vermissen würde. Ich bin nicht so wichtig. Wir wollen zurückgehen; Ihr werdet noch krank werden, und ich kann die Verantwortung nicht übernehmen. Außerdem gibt es ja noch Luchresi –«

»Genug«, sagte er, »der Husten ist völlig unbedeutend. Er wird mich nicht umbringen. Ich werde sicherlich nicht an einem Husten sterben.«

»Wahr – sehr wahr«, antwortete ich, »ich wollte Euch in der Tat auch nicht unnötig beunruhigen – aber Ihr solltet schon recht vorsichtig sein. Ein Schluck von diesem Médoc³ wird uns vor den feuchten Dämpfen schützen.«

Bei diesen Worten brach ich den Hals einer Flasche, die ich aus einer langen Reihe anderer Flaschen gezogen hatte, welche auf einer Stellage lagerten.

»Trinkt«, sagte ich und hielt ihm den Wein entgegen.

Mit lüsternem Grinsen hob er die Flasche an die Lippen. Dann hielt er inne und nickte mir vertraulich zu, während seine Glöckchen klingelten.

»Ich trinke auf die Toten, die um uns ruhen.«

»Und ich auf Euer langes Leben.«

Er nahm mich wieder beim Arm, und wir gingen weiter.

»Diese Gewölbe sind weitläufig«, sagte er.

»Die Montresors«, erwiderte ich, »waren eine große und zahlreiche Familie.«

»Wie war noch Euer Wappen, ich vergaß es?«

»Ein riesiger menschlicher Fuß in Gold, im blauen Feld; der Fuß zertritt eine sich aufbäumende Schlange, die ihre Zähne in seine Ferse geschlagen hat.«

»Und der Wahlspruch?«

»Nemo me impune lacessit.«[4]

»Gut!«, sagte er.

Der Wein glänzte in seinen Augen, und die Glöckchen klingelten. Auch meine Phantasie erwärmte sich vom Médoc. Wir waren vorbeigegangen an langen Wällen von aufeinandergeschichteten Skeletten, zwischen denen hier und da Fässer und Bottiche standen, bis in den hintersten Winkel der Katakomben. Ich hielt wiederum an, und diesmal wagte ich, Fortunato am Oberarm zu ergreifen.

»Der Salpeter«, sagte ich, »seht Ihr, die Ablagerungen nehmen zu. Der Salpeter hängt wie Moos an den Gewölben. Wir sind nun unter dem Bett des Flusses. Die Feuchtigkeit rinnt und rieselt zwischen den Gebeinen. Kommt, lasst uns zurückgehen, ehe es zu spät ist. Euer Husten – –«

»Es ist wirklich nicht der Rede wert«, sagte er, »lasst uns nur weitergehen. Doch zuerst noch einen Schluck Médoc.«

Ich öffnete eine Flasche De Grâve[5] und reichte sie ihm. Er leerte sie in einem Zug. In seinen Augen war ein wildes Flackern. Er lachte und warf die Flasche empor mit einer Gebärde, die ich nicht zu deuten wusste.

Überrascht schaute ich ihn an. Er wiederholte die groteske Geste.

»Versteht Ihr nicht?«, sagte er.

»Ganz und gar nicht«, erwiderte ich.

»So gehört Ihr also nicht zur Bruderschaft.«

»Was meint Ihr?«

»Ihr gehört nicht zu den Maurern.«[6]

»Doch doch«, sagte ich, »doch, doch.«

»Ihr? Ein Maurer? Unmöglich!«

»Ein Maurer«, erwiderte ich.

»Ein Zeichen«, sagte er, »ein Zeichen.«

»Schaut her«, antwortete ich und zog aus den Falten meines Rockelor eine Maurerkelle hervor.

»Ihr scherzt«, rief er, indem er einige Schritte zurückwich. »Aber lasst uns nun endlich zum Amontillado gehen.«

»So sei es«, sprach ich und verbarg das Werkzeug wieder in meinem Mantel und bot ihm erneut meinen Arm. Er stützte sich schwer auf mich. Wir setzten unseren Weg auf der Suche nach dem Amontillado fort. Wir schritten durch eine Reihe von niedrigen Bögen, stiegen abwärts, gingen weiter, stiegen abermals hinab und gelangten tief unten in eine Krypta, in der die Luft so stickig und modrig war, dass unsere Fackeln nur noch glimmten, statt zu leuchten.

Am äußersten Ende der Krypta befand sich ein weiteres, weniger geräumiges Gewölbe. An seinen Wänden entlang waren wie in den großen Pariser Katakomben menschliche Gebeine so hoch aufeinandergeschichtet worden, dass sie bis an die Gewölbedecke reichten. Drei Seiten dieser inneren Krypta waren immer noch auf diese Weise geschmückt. An der vierten Seite aber hatte man die Knochen heruntergeworfen, und sie lagen jetzt kreuz und quer auf dem Boden verstreut und bildeten an einer Stelle eine Erhebung von ansehnlicher Größe. In der Wand, die durch das Entfernen der Knochen freilag, bemerkten wir eine weitere eingelassene Krypta oder Nische, etwa vier Fuß tief, drei Fuß breit und sechs oder sieben Fuß hoch. Sie schien für keinen besonderen eigenen Zweck errichtet zu sein, sondern bildete lediglich den Zwischenraum zwischen zwei der riesigen Pfeiler, welche die Decke der Katakomben trugen; sie wurde von einer der sie umgebenden Mauern aus massivem Granit nach hinten abgeschlossen.

Vergeblich versuchte Fortunato, indem er seine verglimmende Fackel emporhob, in das Innere der Nische zu spähen. Ihre Rückwand war durch das schwache Licht für uns nicht sichtbar.

»Geht nur weiter«, sagte ich, »dort drinnen ist der Amontillado. Was nun Luchresi betrifft –«

»Er ist ein Ignorant«, unterbrach mich mein Freund, als er schwankend voranging, während ich ihm auf dem Absatz folgte. Gleich darauf hatte er das äußerste Ende der Nische erreicht und stand dort in törichter Verblüffung, da ihm ein Weitergehen durch den Fels verwehrt wurde. Im nächsten Augenblick hatte ich ihn an die Granitwand gekettet. Dort waren zwei eiserne Krampen im Abstand von etwa zwei Fuß auf gleicher Höhe angebracht. Von einer dieser Krampen hing eine kurze Kette und von der anderen ein Vorhängeschloss herab. Es war das Werk weniger Sekunden, ihm die Kettenglieder um den Leib zu schlingen und das Schloss zu schließen. Er war zu erstaunt, um Widerstand zu leisten. Ich zog den Schlüssel ab und trat aus der Nische zurück.

»Streicht mit Eurer Hand über die Mauer«, sagte ich, »und Ihr könnt nicht umhin, den Salpeter zu fühlen. Wirklich, es ist *sehr* feucht hier drinnen. Lasst Euch nochmals *eindringlich* bitten umzukehren. Nein? Dann muss ich Euch leider endgültig verlassen. Aber zuvor will ich Euch unbedingt noch all die kleinen Aufmerksamkeiten erweisen, die in meiner Macht stehen.«

»Der Amontillado!«, stieß mein Freund hervor, der sich noch nicht von seiner Überraschung erholt hatte.

»Richtig, der Amontillado«, erwiderte ich.

Und bei diesen Worten machte ich mich an dem Knochenhaufen zu schaffen; den ich zuvor erwähnt habe. Ich warf die Knochen beiseite und deckte darunter Bausteine und Mörtel auf. Mit diesen Materialien und mit Hilfe meiner Maurerkelle begann ich voller Energie, den Eingang der Nische zuzumauern.

Kaum hatte ich die erste Schicht des Mauerwerks gelegt, als ich feststellte, dass Fortunatos Trunkenheit in großem Maße gewichen war. Das erste Anzeichen dafür war ein schwaches, klagendes Stöhnen aus der Tiefe der Nische. Dies war *nicht* das Stöhnen eines trunkenen Mannes. Dann folgte ein langes, hartnäckiges Schweigen. Ich legte die zweite, die dritte und die vierte Mauerschicht; und dann hörte ich das wilde Rasseln der Kette. Das Geräusch hielt mehrere Minuten lang an, in denen ich meine Arbeit unterbrach und mich auf den Gebeinen niederließ, um ihm mit ungestörter Genugtuung zu lauschen. Als schließlich das Gerassel verstummte, nahm ich die Kelle wieder auf und legte ohne Unterbrechung die fünfte, die sechste und die siebte Steinschicht. Die Mauer reichte mir nun schon fast bis zur Brust. Wiederum hielt ich inne und warf, indem ich die Fackel emporhielt, einige schwache Strahlen auf die Gestalt hinter dem Mauerwerk.

Eine Folge von lauten und schrillen Schreien, die plötzlich aus der Kehle des Angeketteten hervorbrachen, schien mich mit Gewalt zurückzustoßen. Für einen kurzen Moment zögerte, ja zitterte ich. Ich zog meinen Degen und begann mit ihm unsicher in der Nische herumzustochern; doch ein Augenblick der Überlegung gab mir die Sicherheit zurück. Ich legte meine Hand auf das massive Gestein der Katakomben und fühlte mich befriedigt. Ich näherte mich wieder der Mauer; ich antwortete auf die Schreie dessen, der dort tobte; ich erwiderte sie, ich stimmte ein, ich übertraf sie an Lautstärke und Gewalt. Dies tat ich, und der Tobende wurde still.

Es war um Mitternacht, und mein Werk näherte sich dem Ende. Ich hatte die achte, die neunte und die zehnte Lage vollendet. Nun war auch schon ein Teil der letzten und elften beendet, und es blieb nur noch ein einziger Stein einzupassen und einzumauern. Ich kämpfte mit seinem Gewicht und brachte ihn nur zum Teil an die vorgesehene Stelle. Da kam aus der Nische ein schwaches Lachen, das mir die Haare zu Berge stehen ließ. Dann eine traurige Stimme, die ich nur mit Mühe als die des großen Fortunato zu erkennen vermochte. Die Stimme sagte:

»Hahaha! Hehehe! ein wirklich gelungener Scherz – ein ausgezeichneter Streich. Wie oft werden wir noch herzlich darüber lachen im Palast – hehehe! – über unserem Wein – hehehe!«

»Der Amontillado!«, sagte ich.

»Hehehe! – hihihi! – ja, der Amontillado. Aber wird es nicht

allmählich etwas spät? Werden sie nicht auf uns warten im Palast, die Lady Fortunato und die anderen? Lasst uns gehen.«

»Ja«, sagte ich, »wir wollen gehen.«

»*Um Gottes Erbarmen willen, Montresor!*«

»Ja«, sagte ich, »um Gottes Erbarmen willen!«

Nach diesen Worten lauschte ich vergebens auf eine Erwide-
rung. Ich wurde ungeduldig. Ich rief laut:

»Fortunato!«

Keine Antwort. Ich rief wiederum:

»Fortunato!«

Noch immer keine Antwort. Ich stieß eine Fackel durch die
verbleibende Öffnung und ließ sie hinunterfallen. Doch als
Antwort ertönte nur das Klingeln der Glöckchen. Mir wurde eng
ums Herz; doch es war wohl die Feuchte der Katakomben, die
dies bewirkte. Ich eilte, mein Werk zu Ende zu bringen. Ich
zwang den letzten Stein an seinen Platz; ich mauerte ihn ein. Vor
das neue Mauerwerk häufte ich wieder den alten Wall von Gebeinen. Ein halbes Jahrhundert lang hat kein Sterblicher sie berührt. *In pace requiescat!*[7]

1846   *Übersetzung von Thekla Zachrau*

Zu dieser Ausgabe

Die Übersetzungen folgen der Ausgabe:

The Complete Works of Edgar Allan Poe. Edited by James A. Harrison. New York: Virginia Edition, 1902.

Die Übersetzerinnen und Übersetzer sind jeweils am Ende einer Geschichte genannt.

Die Reihenfolge der Geschichten richtet sich chronologisch nach dem Jahr der ersten Veröffentlichung, das ebenfalls jeweils am Schluss angegeben ist.

Die Geschichten sind dem Band von Reclams Universal-Bibliothek entnommen:

Erzählungen. Hrsg. und mit einem Nachw. von Manfred Pütz. Stuttgart: Reclam, 1989. [Universal-Bibliothek. 8619.]

Die Anmerkungen zu den einzelnen Erzählungen stammen, sofern nichts anderes vermerkt ist, von den jeweiligen Übersetzerinnen und Übersetzern.

Anmerkungen

Ein Manuskript per Flaschenpost

1 Philippe Quinault (1635–1688), französischer Dramatiker.
2 Skeptizismus; nach der Lehre des Pyrrho von Elis (365–275 v. Chr.), der die Möglichkeit sicheren Wissens bezweifelte.
3 Irrlicht.
4 Früherer Name für Djakarta, Indonesien.
5 Hartes, für den Schiffsbau sehr gut geeignetes Holz aus Malabar, einer Küstenregion Südwestindiens.
6 Inselgruppe im Indischen Ozean nördlich der Malediven.
7 1 Faden = 6 Fuß, d. h. 1,85 m.
8 Heißer, trockener Sandsturm in den Wüsten Vorderasiens und Nordafrikas.
9 Australien.
10 Meeresungeheuer der nordischen Mythologie.
11 Schifffahrtslinie der Holländischen Ost-Indien-Gesellschaft, deren Schiffe mit einem Mittelmaß von zwölfhundert Tonnen zu den größten und schnellsten der damaligen Zeit zählten.
12 (Ruinen-)Stadt, heute in Syrien.
13 Palmyra, Ruinenstadt in einer Oase der Syrischen Wüste.
14 (Ruinen der) Hauptstadt des altpersischen Reiches.
15 Anm. Poes. – Mercator (Gerhard Kremer, 1512–1594) zeichnete die ersten wissenschaftlich richtigen Karten mit winkeltreuer Projektion.

Das Stelldichein

1 Erstveröffentlichung in *Godey's Lady's Book* unter dem Titel »The Visionary« (»Der Träumer«).
2 Andrea Palladio (1508–1590), italienischer Architekt.
3 Gestalt der griechischen Mythologie, brüstete sich mit ihren zahlreichen Kindern, die daraufhin alle an einem Tag von Apoll und Artemis getötet wurden. Sie selbst wurde in Stein verwandelt.
4 Plinius d. J. (62–113), *Epistulae* V,6,16: »mollis et paene dixerim liquidus«.
5 Römischer Kaiser (161–192).

6 Sir Thomas More (1478–1535), Staatsphilosoph und Kanzler Heinrichs VIII. von England, widersetzte sich dessen Reformationsideen und Ehescheidungen, wurde daraufhin des Verrats bezichtigt und geköpft. Er war bekannt für beißenden Humor und unerschöpfliche gute Laune, die ihn selbst auf dem Schafott noch scherzen ließ.

7 Gemeint ist Jean Tixtier de Ravisi (16. Jh.), *Theatrum Poetarum* (1556). Die Überschrift des hier angesprochenen Kapitels lautet »Über Frohsinn und Lachen im Sterben« (»De gaudio et risu mortui«).

8 (griech.) das Lachen.

9 Guido Reni (1575–1642), italienischer Maler. Seine Madonna della Pietà ist heute in der Pinakothek von Bologna zu sehen.

10 Antonio Canova (1757–1822), italienischer Bildhauer.

11 Antinous (110–130) war der Liebling des römischen Kaisers Hadrian; seine schöne Jünglingsgestalt ist auf zahlreichen Statuen und Reliefs verewigt.

12 »Was auch des größten Künstlers Geist erdenkt,
Ist in des Marmors Übermaß enthalten.«
(Übersetzung von Heinrich Nelson. 1914.)

13 (Ruinen der) Hauptstadt des altpersischen Reiches.

14 Schäferspiel (1472) des italienischen Dichters und Humanisten Angelo degli Ambrogini, gen. Poliziano (1454–1494).

15 George Chapman (?1559–1634), englischer Dichter und Dramatiker. Die Tragödie *Bussy D'Ambois* wurde 1607 veröffentlicht.

16 Küstenregion Kleinasiens mit den Inseln Chios und Samos, übte großen Einfluss auf die Kultur des griechischen Mutterlandes aus.

17 Im Mittelalter nahm man an, dass Gefäße aus venezianischem Glas zerspringen, wenn sie mit vergifteten Getränken gefüllt werden.

Ligeia

1 Joseph Glanvill (1636–1680) war ein bekannter englischer Theologe und Philosoph, der im weitesten Sinne den »Cambridge Platonists« zugerechnet werden kann. Er befasste sich in seinen Schriften u. a. mit Manifestationsformen der unsterblichen Seele. Das vorgebliche Zitat aus Glanvill konnte bisher nicht verifiziert werden.

2 Poe scheint hier die Namen *Ashtoreth* und *Topheth* zu verschmelzen. *Ashtoreth* taucht als syrisch-phönizische Liebes- und Fruchtbarkeitsgöttin im Alten Testament auf, während *Topheth* mit dem Hinnon-Tal

südlich von Jerusalem assoziiert wird und als Inbegriff der Hölle und des Götzendienstes gilt. Vgl. Jer 19,6.

3 Griechische Insel, die als Geburtsort von Apollo und Artemis galt.

4 Vgl. dazu Francis Bacons (1561–1626) *Essay Of Beauty*.

5 Kleomenes ist der Name mehrerer griechischer Bildhauer, die aus Athen stammten. Es kann nicht mit Sicherheit festgestellt werden, welchen Kleomenes Poe hier meinte.

6 Vgl. dazu Frances Sheridans (Mutter von Richard Brinsley Sheridan) Romanze *The History of Nourjahad* (1767).

7 Schöne Jungfrauen, die nach dem Koran das Paradies der Moslems bevölkern.

8 Anspielung auf die Lehre des Demokritos von Abdera (460–371), der neben Leukippos der Hauptvertreter des Atomismus war. Vgl. dazu auch das Motto von Poes »Im Wirbel des Maelström« (hier S. 177).

9 Gattin des Spartanerkönigs Tyndareos, die nach umstrittener Überlieferung dem Zeus, der sich ihr als Schwan näherte, die Zwillinge Kastor und Pollux gebar. Die so genannten Dioskuren (d. h. Söhne des Zeus) galten u. a. als Schutzherren der Seefahrer, denen sie als Zwillingsgestirn den Weg wiesen.

10 Vgl. das Motto der vorliegenden Geschichte.

11 Bei den Juden wie auch bei den Moslems jener Engel, der beim Tode die Seele vom Körper trennt.

12 Die vielleicht berühmteste ägyptische Ausgrabungsstätte am Nil, gegenüber von Luxor.

In der Klemme

1 Erstveröffentlichung in *The American Museum* unter dem Titel »The Scythe of Time« (»Die Sense der Zeit«).

2 Zitat aus John Milton (1608–1674), *Comus* (1634), V. 277.

3 *Ju-kiao-li*; Jo-Go-Slow (engl.): Jo, geh langsam!

4 Dass das N-Wort hier wie auch in der Geschichte »Der Goldkäfer« explizit Verwendung findet, bedingt die historische Korrektheit. Andere Vokabeln würden dem historischen Hintergrund und dem beabsichtigten Wortlaut Poes nicht entsprechen.

5 Suky (amerik., ugs.): schlampige Dienerin.

6 Epidendrum Flos Aeris: Orchideenart; happydandy (engl.): vergnüglich, eitel.

7 clench-eye (engl.): Schielauge.

8 insomnia Jovis: Jupiters Schlaflosigkeit.

9 (engl., ugs.) sehr langweiliger Feind; oder Verballhornung von *anemonae verborum* ›Wortwindröschen‹.

10 Pseudonym, unter dem Poes Kontrahent Willis Gaylord Clark im *Knickerbocker Magazine* schrieb.

Der Untergang des Hauses Usher

1 Pierre-Jean de Béranger (1780–1857), französischer Liederdichter.

2 Carl Maria von Weber (1786–1826), deutscher Komponist.

3 Johann Heinrich Füßli (1741–1825), schweizerischer Maler phantastischer Sujets, lebte in England.

4 Watson, Dr. Percival, Spallanzani und insbesondere der Bischof von Llandaff. – Siehe *Chemische Essays*, Bd. 5 [Anm. Poes]. – William Watson (1710–1787), Thomas Percival (1740–1804), englische Mediziner; Lazaro Spallanzani (1729–1799), italienischer Biologe; Bischof von Llandaff, Irland, ein Freund von Benjamin Franklin.

5 Jean-Baptiste-Louis Gresset (1709–1777), französischer Lyriker und Dramatiker; Niccolò Machiavelli (1469–1527), italienischer Staatsphilosoph und Historiker; Emanuel von Swedenborg (1688–1772), schwedischer Naturforscher und Theosoph; Ludvid Holberg (1684–1754), norwegisch-dänischer Komödiendichter und Historiker; Robert Fludd (1574–1637), englischer Arzt und Theosoph, Mitglied der Rosenkreuzer; Jean d'Indaginé (16. Jh.), elsässischer Geologe; De la Chambre (17. Jh.), französischer Forscher; Ludwig Tieck (1773–1853), deutscher Dichter; Tommaso Campanella (1568–1639), italienischer Philosoph.

6 Generalinquisitor für Kastilien (um 1320–1399); das Handbuch der Inquisition erschien 1503.

7 Römischer Schriftsteller (1. Jh.), Verfasser der ältesten heute erhaltenen lateinischen Länderkunde *De chorographia*.

8 Ein Anfang des 16. Jhd.s erschienenes Brevier über die Liturgie der Totenmessen im Bistum Mainz.

9 Weder der Verfasser noch der Titel konnten bisher identifiziert werden.

William Wilson

1 William Chamberlayne (1619–1689) veröffentlichte sein heroisches Gedicht *Pharonnida* 1659.

2 Römischer Kaiser (204–222), der den Sonnenkult zur Staatsreligion erhob.

3 *Lustrum* bezeichnet im Lateinischen ein Sühneopfer, das alle fünf Jahre fällig wurde. Von daher wurde der Begriff später zur Bezeichnung für jede fünfjährige Zeitspanne verwendet.

4 Die Stelle auf einer Münze, an der Prägeort oder -datum angegeben werden.

5 Griechischer Rhetor (101–177), Vertreter der Zweiten Sophistik, galt als reichster Mann der Antike.

6 Französisches Kartenspiel.

Der Massenmensch

1 Jean de La Bruyère (1645–1696), französischer Schriftsteller. Das Zitat stammt aus den *Caractères* (1688).

2 (frz.) Langweile.

3 Homer, *Ilias*, V. 127; dt.: Der Dunst, der früher darüber lag. – Athene lüftet den Dunstschleier von den Augen des Diomedes, um ihn im Kampf die Götter erblicken zu lassen.

4 Gottfried Wilhelm Leibniz (1646–1716), deutscher Universalgelehrter: Philosoph, Mathematiker, Physiker und Techniker, Jurist und politischer Schriftsteller, Geschichts- und Sprachforscher.

5 Griechischer Sophist (um 485–390 v. Chr.); Hauptperson in Platons gleichnamigem Dialog, von diesem wegen seiner »amoralischen« Redekunst getadelt.

6 Adel im alten Athen.

7 Lukian von Samosata (um 125–180), vergleicht in *Symposion* eine solche Statue mit seiner Sicht der zukünftigen Entwicklung finanzieller Institutionen.

8 Christlicher Schriftsteller (um 160 – um 220).

9 Friedrich August Moritz Retzsch (1779–1857), deutscher Maler, der u. a. Goethes *Faust* illustrierte.

10 (frz.) Rockelor, loser Herrenreisemantel, benannt nach dem Herzog von Roquelaure (gest. 1738).

11 *Hortulus Animae cum Oratiunculis Aliquibus Superadditis*, um 1500 von Johannes Grüninger herausgegebene und gedruckte Sammlung katholischer Tagzeitengebete für Laien.

Die Morde in der Rue Morgue

1 Edmund Hoyle (1672–1769), englischer Schriftsteller, Verfasser einer Abhandlung über das Whistspiel.
2 Im Original: *mender of soles*. Anspielung auf William Shakespeares *Julius Caesar* I,1, wo *mender of soles* wegen seines Gleichklangs mit *mender of souls* ›Seelenflicker‹ doppeldeutig verwendet wird.
3 (lat.) und diese ganze Gattung.
4 Es verlor der erste Buchstabe seinen alten Klang (Zitat aus Ovids *Fasti*).
5 20-Franc-Stück in Gold.
6 Art Neusilber.
7 Schlafrock – um die Musik besser hören zu können (Anspielung auf Molières Komödie *Der Bürger als Edelmann* [1,2]).
8 François-Eugène Vidocq (1775–1857) war ein berüchtigter Verbrecher, der später seine kriminalistischen Fähigkeiten in den Dienst des Staates stellte und als Polizeichef legendären Ruhm erlangte.
9 Portiershäuschen.
10 (frz.) ich sie zu nehmen wusste.
11 Georges Cuvier (1769–1832), ein großer französischer Naturforscher, der die vergleichende Anatomie begründete und u. a. eine vielbändige zoologische Gesamtdarstellung verfasste.
12 (frz.) Schwänze, Zöpfe.
13 Botanischer Garten mit bedeutendem Tierpark.
14 Göttin der Diebe, die Poe in einem anderen Zusammenhang ebenfalls als einen »Kopf ohne Körper« bezeichnet.
15 Rousseau, *Nouvelle Héloïse* [Anm. Poes]: dt.: das zu leugnen, was ist, und das zu erklären, was nicht ist.

Im Wirbel des Maelström

1 Demokrit aus Abdera (um 460 – 370 v. Chr.), einer der Vorsokratiker, Vertreter der Atomlehre.
2 Englischer Philosoph (1636–1680); das Motto stammt aus *Essays on Several Important Subjects in Philosophy and Religion* (1676).

3 Inselgruppe vor Norwegen.

4 Gemeint ist Edrisi oder Idrisi (1099–1180), der von Sizilien eine Beschreibung der bewohnten Welt in arabischer Sprache verfasste.

5 sich zur Seite neigte.

6 Norwegischer Pfarrer (1649–1718), Verfasser der Schrift *Norriges
Beskrivselse*.

7 Poe unterscheidet nicht zwischen der Inselgruppe der Lofoten und
dem Ort Lofotodden.

8 1 Faden = 6 Fuß, d. h. 1,85 m.

9 Zweiter Sonntag vor Aschermittwoch.

10 Strom der Unterwelt.

11 Athanasius Kircher (1602–1680), deutscher Gelehrter. Professor für
Mathematik, Philosophie und orientalische Sprachen in Würzburg
und Rom. Er gab die erste Karte über Meeresströmungen in Druck.

12 Überhang am Heck.

13 Siehe Archimedes, *De Incidentibus in Fluido*, lib. 2 [Anm. Poes]. – Poe
meint offenbar das Werk *De Insidentibus in Humido*, wo sich derartige
Aussagen aber nicht finden.

Eleonora

1 Das Raymond Lully oder Ramón Llull (1235–1316), einem spanischen Theologen, Philosophen und Dichter, zugeschriebene Zitat ist
mehrdeutig.

2 Vermutlich eine Anspielung auf die *Geographid Nubiensis* des arabischen Astronomen und Geographen Edrisi oder Idrisi (1099–1180).
Das Zitat aus der lateinischen Fassung (Paris 1619) der ursprünglich
arabischen Schrift besagt: »Sie haben sich hinausgewagt auf das Meer
der Finsternisse, um zu erforschen, was in ihm sei.«

3 *Lustrum* bezeichnet in Lateinischen ein Sühneopfer, das alle fünf Jahre
fällig wurde. Von daher wurde der Begriff später zur Bezeichnung für
jede fünfjährige Zeitspanne verwendet.

4 Eine der höchsten Engelsgestalten der himmlischen Hierarchie. Vgl.
dazu Jes 6,2–4.

5 Hafis oder Häfez von Schiras, bedeutender persischer Lyriker des
14. Jahrhunderts. Seine »Ghaselen« regten u. a. Goethe zum *West-
östlichen Divan* an.

Das ovale Porträt

1   Thomas Sully (1783–1872), amerikanischer Maler.

Die Maske des Roten Todes

1   Drama von Victor Hugo (1802–1885), 1830 uraufgeführt.

Das verräterische Herz

1   Anspielung auf den so genannten Totenkäfer (auch Poch- oder Klopf-
    käfer), einen zwei bis drei Zentimeter langen dunklen Holz- und Pflan-
    zenschädling, der besonders nachts beim Nagen durch das Aufschlagen
    mit dem Kopf ein unheimliches Pochgeräusch in den Wänden verur-
    sacht.

Die Grube und das Pendel

1   Feierliche Vollstreckung eines Inquisitionsurteils in Gegenwart der
    geistlichen und weltlichen Obrigkeit.
2   Thule: nach griechisch-römischer Überlieferung sagenhafte Insel im
    hohen Norden; sprichwörtlich ›die äußerste Grenze‹.
3   Antoine Chevalier Collinet, Comte de Lasalle (1775–1809), französi-
    scher General.

Der Goldkäfer

1   Die Quelle des Mottos ist fingiert, die Zeilen finden sich nicht in Arthur
    Murphys erstmals 1761 aufgeführter Komödie *All in the Wrong*.
2   Jan Swammerdam (1637–1680), holländischer Insektenforscher.
3   Nordamerikanische Walnuss.
4   So benannt nach einem alten Wasserzeichen.
5   (lat.) Menschenkopf-Skarabäus.
6   Weiches Schreibpergament.
7   Unreines Kobaltoxid.
8   Königswasser, eine Säuremischung, die Gold auflöst.
9   Aus Erzen gewonnenes, gediegenes Metall.

10 William Kidd (1645–1701), legendärer Pirat, der 1701 in London ge-
henkt wurde. – kid (engl.): Zicklein; ugs. auch Kind.

11 Indische Stadt in der Nähe von Haiderabad, einst ein Zentrum der
Diamantenschleiferei.

12 Die Tabelle enthält mehrere Ungenauigkeiten und deckt sich nicht
ganz mit der Geheimschrift selbst.

Eine Geschichte vom Felsengebirge

1 Stadt im Bundesstaat New York.

2 Franz Anton Mesmer (1734–1815) begründete eine Therapie, die auf
der Lehre vom animalischen Magnetismus beruhte.

3 Friedrich von Hardenberg (1772–1801). Das Zitat stammt aus den *Pa-
ralipomena zum Blütenstaub* (1798; Denkspruch Nr. 121).

4 Hastings (1732–1818) war der erste Generalgouverneur von Britisch-
Indien.

Du bist der Täter

1 Auf seiner Rückkehr nach Theben traf Ödipus die Sphinx, ein geflü-
geltes Ungeheuer, halb Löwe, halb Frau, das die Einwohner Thebens,
die die von ihr gestellten Rätsel nicht lösen konnten, verschlang.
Ödipus aber löste ihr Rätsel, und aus Ärger darüber tötete sich die
Sphinx.

2 Bordeauxwein aus Médoc, Dept. Gironde, der zu Poes Zeiten in Amerika außerordentlich teuer war.

3 Viertel einer amerikanischen Gallone, etwa 0,95 Liter.

4 Catherine Grace Gore (1799–1861), englische Schriftstellerin. Ihren
1841 erschienenen Roman *Cecil* hatte Poe im gleichen Jahr rezensiert.

5 (Semitische) Umgangssprache im biblischen Babylonien zur Zeit
Christi.

6 Sprache eines nordamerikanischen Indianervolkes am nördlichen
Mississippi.

7 William Beckford (1759–1844), englischer Schriftsteller, Autor des
Schauerromans *Vathek*.

8 Englische Schriftsteller: Edward George Bulwer-Lytton (1803–1873),
verfasste eine Reihe von Büchern über interessante Kriminalfälle;
Charles Dickens (1812–1870); William Harrison Ainsworth (1805–

1882), schrieb viele historische Romane, gespickt mit detaillierten Schreckensbildern.

Der entwendete Brief

1 »The Murders in the Rue Morgue« (hier S. 131–176) und »The Mystery of Marie Rogêt« (1842/43) sind Titel vorausgehender Kriminalgeschichten Poes.

2 John Abernethy (1764–1831), ein berühmter Londoner Chirurg.

3 François de La Rochefoucauld (1613–1680), französischer Schriftsteller, bekannt durch seine *Reflexionen und Maximen*; La Bougive nicht weiter bekannt; Niccolò Machiavelli (1469–1527), italienischer Staatsphilosoph und Historiker; Tommaso Campanella (1568–1639), italienischer Philosoph, bekannt durch seine Utopie *Der Sonnenstaat.*

4 Die Nichtzerlegung des Mittelsatzes einer dreiteiligen logischen Aussage.

5 Sébastien Roch Nicolas, gen. Chamfort (1741–1794), Verfasser von *Pensées, maximes, anecdotes, dialogues*; dt.: Es ist zu wetten, dass jede öffentliche Idee, jede akzeptierte Übereinkunft eine Torheit ist, weil sie von einer größeren Menge gebilligt wird.

6 *ambitus* ›das Umhergehen‹; Ambition: Ehrgeiz; *religio* ›Sorgfalt, Gewissenhaftigkeit‹, später jedoch auch ›Religion‹; die Gleichsetzung von *honestus* und *honourable* hatte Poe schon in *Pinakidia* (August 1836) anlässlich John Drydens Vergil-Übersetzung kritisiert.

7 Jacob Bryant, ein Zeitgenosse Poes, Verfasser von *A New System; or An Analysis of Ancient Mythology.*

8 (lat.) Energie der Ruhe.

9 Leicht ist der Abstieg in die Unterwelt (Zitat aus Vergil, *Aeneis* 6,126).

10 Angela Catalani (1780–1849), berühmte italienische Koloratursängerin.

11 Prosper Jolyot de Crébillon (1674–1762), französischer Dramatiker; dt.: Ein so teuflischer Plan, wenn nicht würdig des Atreas, dann würdig des Thyestes.

Die Tatsachen im Fall Valdemar

1 Lehre vom animalischen Magnetismus, benannt nach ihrem Begründer Franz Anton Mesmer (1734–1815), deutscher Arzt und Naturphilosoph; gilt heute als Ursprung der Hypnosetherapie.

2 (lat.) im Augenblick des Todes.

3 Amerikanischer Politiker (1773–1833), bekannt für seine Eloquenz wie für seine ungewöhnliche Gesichts- und Körperform.

4 (engl.) Hellsehen.

Das Fass Amontillado

1 Ein besonders kostbarer, heller und trockener Sherry, für dessen Güte seine Herkunft aus dem spanischen Montilla bürgte.

2 (frz.) Rockelor, loser Herrenreisemantel, benannt nach dem Herzog von Roquelaure (gest. 1738).

3 Französischer Rotwein aus dem Gebiet Médoc, südlich der Gironde.

4 (lat.) Niemand reizt mich ungestraft.

5 Französischer Rotwein aus dem Gebiet De Grâve bei Bordeaux. Im Original Anspielung auf engl. *grave*, ›Grab‹.

6 Im Original spielt Poe hier mit der Doppelbedeutung des Wortes *mason*, das ›Maurer‹ als Berufsstand, aber auch ›Freimaurer‹ bedeuten kann.

7 (lat.) Ruhe in Frieden.

Zeittafel

1809 Am 19. Januar wird Edgar Poe als Sohn des Schauspielerehepaares David und Elisabeth Poe in Boston geboren.

1811 Am 8. Dezember stirbt seine Mutter, die schon ein Jahr vorher von ihrem Mann verlassen wurde. Edgar wird von dem Kaufmann John Allan und seiner Frau in Pflege genommen: Daher der Name Edgar Allan Poe.

1815–20 Aufenthalt und Besuch verschiedener Privatschulen in England.

1821–25 Aufenthalt und Schulbesuch in Richmond (USA).

1826 Am 14. Februar Immatrikulation an der University of Virginia, Charlottesville; Spielschulden, die der Pflegevater nicht zahlt; Abbruch des Studiums.

1827 Boston, Eintritt in die Armee; erste Veröffentlichung auf eigene Kosten: *Tamerlane and Other Poems, By a Bostonian*.

1830 Militärakademie West Point.

1831 Entlassung wegen grober Pflichtverletzung und Befehlsverweigerung; Aufnahme bei seiner Großmutter in Baltimore; Beginn der lebenslangen finanziellen Schwierigkeiten; immer wieder Hinweise auf Trunksucht.

1833 Erzählpreis des *Baltimore Saturday Visiter* für die Erzählung *MS. Found in a Bottle* (*Ein Manuskript per Flaschenpost*).

1835 Mitarbeiter am *Southern Literary Messenger*; ständige schriftstellerische Tätigkeit; Veröffentlichungen in verschiedenen Zeitschriften.

1836 Am 16. Mai Hochzeit mit der 13-jährigen Virginia Clemm.

1838 Die erste Buchveröffentlichung erfolgt: *The Narrative of Arthur Gordon Pym* (*Die denkwürdigen Erlebnisse des Arthur Gordon Pym*).

1839   Mitarbeit an *Burton's Gentleman's Magazine*.

1840   *Tales of the Grotesque and Arabesque* in zwei Bänden, 750 Exemplare Auflage, 20 Freiexemplare, kein Honorar.

1841   Mitarbeit an *Graham's Magazine*; der Versuch, eine eigene Zeitschrift zu gründen, scheitert.

1842   Beginn der Krankheit seiner Frau; Treffen mit Charles Dickens in Philadelphia; Veröffentlichung der Gedichte »The Haunted Palace«, »The Coliseum« und »The Sleeper« in Griswolds Anthologie *The Poets and Poetry of America*.

1844   Der Plan mit Lowell für den Zusammenschluss amerikanischer Autoren hat keinen Erfolg.

1845   Plagiatstreit mit Longfellow; *The Raven*; Herausgeber des *Broadway Journal*, das ein Jahr später eingeht.

1846   Erste französische Übersetzungen seiner Erzählungen erscheinen in Pariser Zeitschriften.

1847   Am 30. Januar stirbt seine Frau, Poe erleidet einen Nervenzusammenbruch; *Ulalume* erscheint anonym; Arbeit an *Eureka*.

1848   Baudelaires erste Poe-Übersetzung, »Révélation Magnétique«, in *La Liberté de Penser*. Poes heftiges Werben um Mrs. Sarah Helen Whitman endet erfolglos; daraufhin unternimmt er einen Selbstmordversuch.

1849   Nachdem er Ende September für etwa eine Woche verschwunden ist, wird Edgar Allan Poe am 3. Oktober in Baltimore in verwirrtem und krankem Zustand auf der Straße gefunden. Trotz Einlieferung ins Hospital stirbt er am 7. Oktober. Umstände und Ursache seines Todes sind bis heute ungeklärt.

Inhalt

RECLAM TASCHENBUCH Nr. 20608
2020 Philipp Reclam jun. Verlag GmbH,
Siemensstraße 32, 71254 Ditzingen
Umschlaggestaltung: Anja Grimm Gestaltung
Umschlagabbildung: © Gutentag-Hamburg
Umschlagmaterial: PEYVIDA puro 270 g/m², peyer graphic gmbh
Druck und Bindung: GGP Media GmbH,
Karl-Marx-Straße 24, 07381 Pößneck
Printed in Germany 2024
RECLAM ist eine eingetragene Marke
der Philipp Reclam jun. GmbH & Co. KG, Stuttgart
ISBN 978-3-15-020608-9

Auch als E-Book erhältlich

www.reclam.de

Lieblingsbücher
im Reclam Taschenbuch

Klassiker für schöne Lesestunden

»Vom Schlechten kann man nie zu wenig,
und das Gute nie zu oft lesen.«

ARTHUR SCHOPENHAUER

RECLAM

372 Seiten
ISBN 978-3-15-020595-2
Auch als E-Book erhältlich

Sherlock Holmes löst mit Dr. John Watson an seiner
Seite die kniffligsten Kriminalfälle. In 12 spannenden
Erzählungen beweist er, dass er nicht ohne Grund der
wohl berühmteste Detektiv aller Zeiten ist.

608 Seiten
ISBN 978-3-15-020352-1
Auch als E-Book erhältlich

Seite für Seite offenbart sich in Bram Stokers Meister-
werk eine fürchterliche Bedrohung, vor der es kein
Entrinnen gibt. Ein verzweifelter Kampf gegen das
Böse, bei dem nicht wenige Beteiligte ihr Blut lassen
werden.

www.reclam.de

RECLAM